博物馆·往事回首

珍奇柜

探秘神圣罗马帝国的收藏

[美]杰弗里·齐普斯·史密斯 著

燕 子 译

中国科学技术出版社
·北 京·

图书在版编目（CIP）数据

珍奇柜：探秘神圣罗马帝国的收藏 /（美）杰弗里·齐普斯·史密斯著；燕子译. -- 北京：中国科学技术出版社，2025.1. --（博物馆·往事回首）. -- ISBN 978-7-5236-1083-1

Ⅰ. K885

中国国家版本馆 CIP 数据核字第 2024091TL6 号

著作权合同登记号：01-2024-2709

Kunstkammer: Early Modern Art and Curiosity Cabinets in the Holy Roman Empire by Jeffrey Chipps Smith was first published by Reaktion Books, London, UK, 2022. Copyright © Jeffrey Chipps Smith 2022.

Rights arranged through CA-Link International LLC

本书已由 Jeffrey Chipps Smith 授权中国科学技术出版社有限公司独家出版，未经出版者许可不得以任何方式抄袭、复制或节录任何部分。

版权所有，侵权必究

策划编辑	王轶杰
责任编辑	徐世新　王轶杰
封面设计	中文天地
正文设计	中文天地
责任校对	焦　宁
责任印制	李晓霖

出　　版	中国科学技术出版社
发　　行	中国科学技术出版社有限公司
地　　址	北京市海淀区中关村南大街 16 号
邮　　编	100081
发行电话	010-62173865
传　　真	010-62173081
网　　址	http://www.cspbooks.com.cn

开　　本	710mm×1000mm　1/16
字　　数	388 千字
印　　张	22.75
版　　次	2025 年 1 月第 1 版
印　　次	2025 年 1 月第 1 次印刷
印　　刷	河北鑫兆源印刷有限公司
书　　号	ISBN 978-7-5236-1083-1 / K·459
定　　价	108.00 元

（凡购买本社图书，如有缺页、倒页、脱页者，本社销售中心负责调换）

目录

引言 …………………………………………………… 4

第1章　布置与展示 …………………………………… 17

第2章　艺术收藏馆的起源与私人收藏 ……………… 35

第3章　维特尔斯巴赫家族与慕尼黑艺术收藏馆 …… 57

第4章　斐迪南二世大公与安布拉斯城堡 …………… 94

第5章　阿尔贝蒂娜·维廷斯家族与德累斯顿珍奇馆 … 139

第6章　鲁道夫二世在布拉格的珍奇馆 ……………… 182

第7章　格拉茨、斯图加特和卡塞尔的珍奇馆 ……… 216

第8章　珍奇柜里的世界 ……………………………… 243

结束语 ………………………………………………… 262

致谢 …………………………………………………… 268

参考文献 ……………………………………………… 270

精选参考文献 ………………………………………… 330

插图列表 ……………………………………………… 341

索引 …………………………………………………… 356

引言

> 地和其中所充满的，世界和住在其间的，都属耶和华。
> 他把地建立在海上，安定在大水之上。
> ——《旧约·诗篇》第24章（和合本）第1~2句

    珍奇柜是作为一种非常特殊的收藏方式出现的，它在一个房间中容纳艺术、自然、人种志和其他各式各样珍奇物品，通常情况下将这些物品混合摆放。摆放多个珍奇柜的建筑，可称为艺术与珍宝馆（艺术与珍品间或艺术与奇观室），它是审美史上的重要篇章。这些艺术品与自然物的新颖组合产生于一个风云变幻的世界。从广义上来说，那是一个发现的年代。欧洲船只满载非洲、亚洲和美洲的各种物品归来。当时诸多学者，如瑞士苏黎世的博物学家、目录学的创始人康拉德·格斯纳（Conrad Gessner，1516—1565）和意大利博洛尼亚的博物学家乌利塞·阿尔德罗万迪（Ulisse Aldrovandi，1522—1605）、佛兰德（欧洲历史地名，位于中欧低地西部、北海沿岸，包括今比利时的东佛兰德省和西佛兰德省、法国的加来海峡省和北方省、荷兰的泽兰省，编者注）的解剖学家安德烈亚斯·韦萨柳斯（Andreas Vesalius，1514—1564）以及数学家兼天文学家尼古劳斯·哥白尼（Nicolaus Copernicus，1473—1543）和约翰内斯·开普勒（Johannes Kepler，1571—1630），基于一种好奇文化，对自然界和人体进行探索。这种好奇文化实际上是在对艺术与珍宝馆的墙壁上和展柜中珍宝的兴趣升华而来的。

何为艺术与珍宝馆？如其名称所指，它是艺术作品与各类其他物品一同保存和展示的场所。理论上说，它是一处涉猎很广或包含所有学科的收藏地，目的是供其所有者欣赏、使用，同时受其熏陶教化。其作用是一个"世界场景"，很像佛兰德地理学家、现代地图集的发明者亚伯拉罕·奥特柳斯（Abraham Ortelius，1527—1598）的地图汇编《世界大观》（*Theatrum orbis terrarum*，1570），其收集的53幅地图为读者提供了包含在其封面中的世界制图景观。只需翻动页面，人们就可以进行一次虚拟旅程，前往熟悉和大部分尚不熟悉的地方。同样，这些"引发人们无限遐想的艺术残存、各种天然与人造、千变万化的奇珍异宝"为人们思考与反省提供了"原料"。[1] 有些藏品超越了简单的条目分类，另一些则引发意想不到的对比。这些物品从其原始自然环境或生产场所迁移过来，同其他流离失所的物件重新混合搭配，形成一组全新的收藏品，目的是展示有关更大范围的欧洲及以外世界、藏品本身有规则的结构以及很多人心目中关于神的秘密等方面的见解。一个人走入"一间房间，其中各类物品摆放得满满当当，它们似乎将时空都压缩了"[2]。

第一批艺术与珍宝馆于16世纪50—60年代在维也纳和慕尼黑设立，随后推广至神圣罗马帝国的其他城镇。这些艺术与珍宝馆大都由显赫的贵族创办，藏品最初来自他们手头上的物品，每当可以购得新品，他们就会迅速补充。它们占据一个或多个房间，有些建筑是为保存和展示这些物品而专门修建的。一些艺术与珍宝馆有数千件藏品。由于任何收藏都只有很少一部分能够随时可见，所以不少藏品被存放在箱子和柜子里，或者摆放在展柜和架子上不显眼的地方。艺术与珍宝馆有一个相互关联的结构编排体系，涉及自然、工艺、科学和新奇等方面。规模较大的收藏须设看守人和宫廷官员监督它们的保管、分类、展览和（与所有者及代理人一同）扩充。17世纪，对贵族家庭、富裕商人和知识分子来说，拥有自己的珍奇柜或艺术与珍宝馆是一种时尚。有些艺术珍品被集中起来放入一件带有一排排抽屉和空格（参见图166、图169和图183）的家具——珍奇柜中。

艺术收藏馆、珍宝收藏馆和艺术珍宝馆等词汇出现在16世纪50年代[3]之初的一些文本上。1554年的哈布斯堡王朝（哈布斯堡伯爵艾伯特创立的德意志家族，统治过神圣罗马帝国、奥地利、西班牙、匈牙利和波希米亚等国家和地区，译者注）宫廷文件使用了"艺术收藏馆"一词，代指1526～1564年在位的匈牙利和波希米亚国王（不久成为神圣罗马帝国皇帝，译者注）斐迪南一世（Ferdinand Ⅰ，1503—1564）位于维也纳[4]的特别收藏室。莱奥·奎切伯格（Leo Quiccheberg）的弟弟萨穆埃尔撰写了有关神圣罗马帝国皇帝马克西米利安二世（Maximilian Ⅱ，1527—1576）的论文（1565年问世），他在为此论文草拟的未曾发表的献词稿中，使用了"艺术收藏馆"一词。齐梅恩伯爵威廉·维尔纳（Wilhelm Werner，1485—1575）与蒙特福特伯爵乌尔利希四世（Ulrich Ⅳ），都把他们种类繁多的收藏描述为一间"珍宝收藏馆"。"艺术收藏馆"一词在巴伐利亚阿尔布雷希特四世（Albrecht Ⅳ）大公的一份1576年的收藏清单中屡屡出现。这些能够互换的词汇最初创造出来之时，它们并不像后来被广泛使用那样重要。其他衍生出来的词汇包括"艺术及古玩间""艺术及珍品屋"和"艺术及自然珍宝馆"。[5]

理论上，作为一种知识载体，每件作品（微观世界）都有展示更广阔世界（宏观世界）某些事物的潜力。塞穆埃尔·奎切伯格提出了排列此类收藏具体内容的详尽框架，并推测所有者如何通过凝视沉思以感悟它们的意义、实际用途以及历练个人细心周到品格的作用。许多后来的作家都强调大自然的象征性或比喻性特征以及万物间固有的联系。在《亚里士多德的望远镜》（Cannocchiale aristotelico，1654和1670）赞美大自然智慧的篇章中，诗人埃马努埃莱·泰绍罗（Emanuele Tesauro）写道［经朱塞佩·奥尔米（Giuseppe Olmi）改写］："如果大自然通过这样的隐喻表达自己，那么这些包罗万象、作为所有隐喻总和的收藏，自然而然地成为全世界的主要隐喻。"[6]这种微观与宏观相互关联的观点，被看作艺术收藏馆的一个基本方向，将在后面的章节中进行验证。

想想看，一只非洲或印度犀牛角（图1）抵达葡萄牙里斯本或塞维利亚后，流入一家慕尼黑或布拉格[7]的艺术收藏馆，会有什么情况发生。这只未经打磨加工的犀牛角，因原始状态中固有的美而备受珍视，人们将它看作异域生物的奇观。技艺精湛的金匠常常将这些犀牛角制作成豪华的饮酒器皿。

图1 树胶水彩画《犀牛角、犀牛牙、兽皮和车床旋制犀牛容器》

1611年，尼科劳斯·普法夫（Nikolaus Pfaff）将1只犀牛角与1对非洲疣猪的獠牙、1只鲨鱼牙齿的化石以及制作精良的镀银装饰结合到一起，制作成一只独一无二的酒杯（图2），献给了鲁道夫二世皇帝（Emperor Rudolf II）。[8] 普法夫将这只犀牛角的部分表面雕刻成珊瑚枝的形状，惟妙惟肖。蜥蜴、青蛙和小龙虾的铸件栩栩如生，盘踞在盖子和底座之上。尽管这只酒樽和类似器皿各有其特定功能，却都是非常稀少且价格不菲的奢华展示品。

图2 《酒杯》（1611）

如果说犀牛角本身是大自然或自然界的象征，那么在其基础上制作完成的酒樽则是人造工艺品的例证，它是大自然的奇迹，经由工艺人——这里是一位金匠和雕刻家的灵感与技巧，重获新生，化作一只酒杯。自然之奇妙与人类巧夺天工之技艺完美结合，成就了新奇之物。这只犀牛的角，无论其本身还是化作一只酒杯，均与独角兽的角一样，在世人看来都具有解毒的功效。普法夫此处模仿制作的珊瑚，则等价于祛邪避祸的护身符。

凝视这只犀牛角，能让人感悟到上帝创造的世界真可谓千姿百态，令人叹为观止；或者，在脑海中浮现出这只犀牛在一个遥远国度中的出生地。它提供了一种方式，弥缝了因南亚与欧洲在地理上的距离而产生的认知不足。作为整个动物的一部分，这只犀牛角开拓了人们对所有异域野兽的外观和特征的固有观念。对普法夫、鲁道夫二世以及当时大多数人而言，他们头脑中犀牛的样子来自阿尔布雷希特·丢勒（Albrecht Dürer，1471—1528）于1515年完成的著名的木刻版画（图3），画中是一只于1513年运抵里斯本、作为礼物献给葡萄牙国王曼努埃尔一世（Manuel I of Portugal，1469—1521）的印度犀牛。[9] 观赏者全神贯注地端详犀牛角、酒杯和画作，体现了一座艺术收藏馆中所提供的各种发现机会。在更基本的层面上，一个人的审美鉴赏力或所有者身份的影响力也同样重要。所有这些因素都集中在17世纪早期一只带有一尊小雕像的犀牛杯上，雕像仿自收藏于斯图加特艺术收藏馆中丢

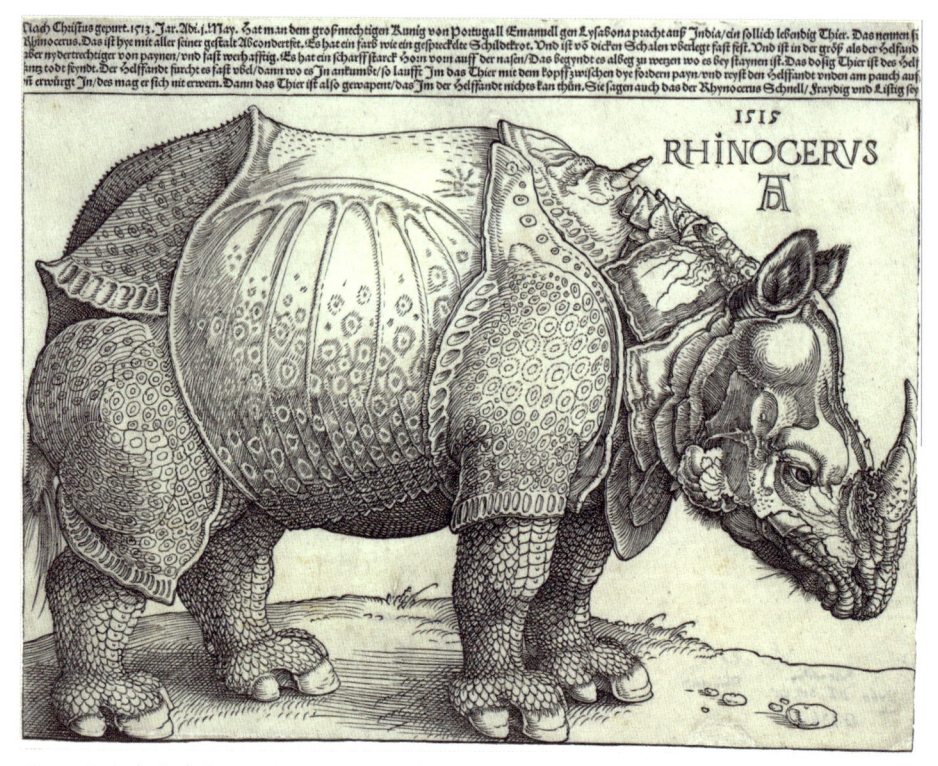

图3　阿尔布雷希特·丢勒的木刻版画《犀牛》（1515）

勒版画的原作（图159）。

当时，一座艺术收藏馆的收藏品通常分为三大类：自然类、工艺类和科技类。其中，科技类古物藏品，有时被视为工艺类的子集。新奇类事物则能够在前两类中被发现，这取决于所述物体是天然的（如一只制成标本的犰狳）还是人工制成的（如一个阿兹特克人的玉面具）。自然类藏品可以是动物、植物和矿物，包括从天空、水域和陆地上的生物到植物标本，开采出的矿石以及半珍贵石材等原料。工艺类藏品指的是人类艺术品，是将天然物品转化为某种全新物品（如将水晶制作成一只带有镀银配件的碟子），包括绘画、雕塑、版画、书籍和装饰性艺术品。这个过程中常常伴随某种竞争因素，因为艺术家要与大自然一比高下，换句话说，他面临模仿并超越大自然艺术效果的挑战。科技类藏品是指测量时间、实体空间和宇宙运动的精密仪器。各种制作精巧的钟表、光学和天文仪器以及机械装置（如在桌上转动的同时播放音乐并发射"炮弹"的玩具加农炮），都得到很高的赞誉。除实际用途（包括作为最为重要的展示品）外，这些仪器还有象征意义，或更简单地说，显示其所有者的博学和富有。古物类藏品主要包括古典硬币、奖牌、雕塑品。

新奇类物品包括来自远方国度和民族的物品，货品清单和标签上的其他记录往往并不准确，[10]从伊斯兰世界来的物品被称作土耳其的，偶尔也会被称作是摩尔人（中世纪时西欧西班牙人和葡萄牙人对北非穆斯林的贬称，编者注）的。被记述为印度的物品可能源自新大陆（16世纪以来欧洲人对美洲及其邻近岛屿的合称，译者注）、非洲或南亚和东亚。"莫斯科的"指俄国和更广阔的斯拉夫国家。17世纪初，随着越来越多的进口货物运抵欧洲，对原产地的记录也更加准确。

有些物品被称作"不可思议或令人惊叹"，被划为"新奇类"或"自然类"的一个子集，或被划归于自己的类别之中。一只双头牛犊、被浓密毛发遮掩着的西班牙红衣主教、政治家佩德罗·冈萨雷斯（Pedro Gonzalez，1428—1495）及其子女的身体的肖像、一只恶魔困在琥珀中的雕像以及犹大用来上吊的一段绳子，这些都被视作罕见的奇观（图82和图187）。人们尤其将刻有几十幅肖像的鲜红色石头等这样的小型或微型物件，看作大自然或人类技艺给人以赏心悦目的展示。[11]

在同一时期自然史研究中，这些类别差异都有与其对应的内容。在《学术的进步》（*Advancement of Learning*，1605）一书中，英国哲学家、政治家、共济会会员和论说文学家弗朗西斯·培根（Francis Bacon，1561—1626）在与世俗史和基督教会史相对立的意义上，把自然史细分为三种："演变进程中的自然、出错或变化的自然以及被改变或被打造的自然"的历史，"即生物史、奇迹史和艺术史"。[12] 它们分别对应自然类、新奇类和工艺类。艺术收藏馆通常只是若干分散展示空间中的一个，而每处展示空间都有其特殊作用，都在位于某个豪华宫殿建筑群之内。一间牢固可靠的珍贵物品储存室（宝库）是艺术收藏馆的前身，通常储藏那些不能让与的家族标志和珍贵物品、钱财、珠宝首饰、成套餐具、昂贵服饰、文物和信物、盔甲和一些武器等。《马克西米利安一世皇帝的凯旋门》（*The Triumphal Arch of Emperor Maximilian I*，1515）用理想化的形式描绘了他位于维也纳新城（图4）[13] 中的皇宫宝库。该画作的作者是与丢勒同时代的德国画家阿尔布雷

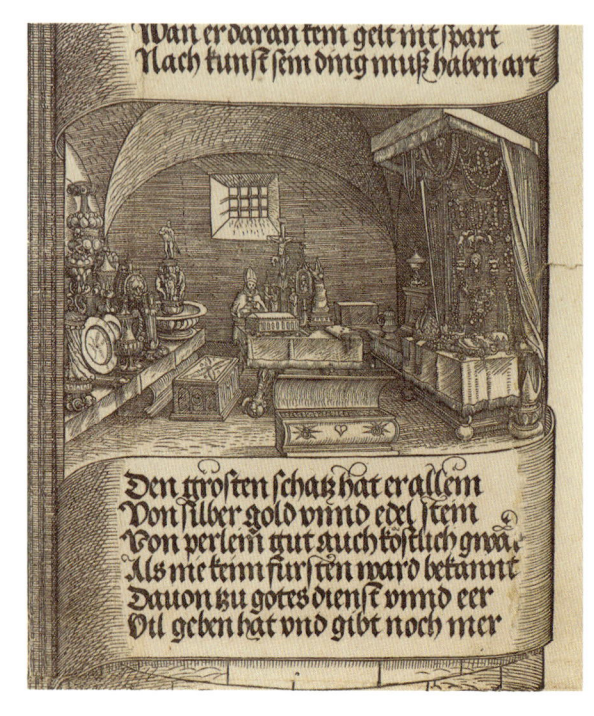

图4 阿尔布雷希特·阿尔特多费的木版画《马克西米利安一世皇帝的凯旋门》（1515）中的宝库细节

希特·阿尔特多费（Albrecht Altdorfer，1480—1538），他在画作中表现了这间宝库厚厚的墙壁和一根根金属窗栅。左边的展柜上摆满了用黄金打造的杯子、碟子和器皿，一套小型人造喷泉格外显眼。前面的箱子装满了钱币。马克西米利安一世的圣物箱和宗教宝物则放在后面带兽爪的展柜上。向右，能看到两顶皇冠、金羊毛骑士勋位（一种骑士勋位，由勃艮第公国菲利普三世于1430年效仿英国嘉德勋位创立，译者注）的项链、念珠、链子以及更多器皿。放眼看去，其他储物容器尽收眼底。需要用钱时，这些金银财宝可以出售、典当、熔化或以其他方式用来筹集资金。

游客很少参观这座宝库，他们的游览线路可能包括图书馆、肖像廊、军械库、马厩、特殊工艺作坊以及花园——也许这是一座除艺术收藏馆之外或取代它的主打洞穴、游乐场所或动物园的花园。马克西米利安一世在慕尼黑的皇宫有著名的古物馆，而在安布拉斯城堡则拥有一个军械陈列室，收藏有历史名人的盔甲和异国他乡的武器。鲁道夫二世在布拉格的赫拉德斯琴皇宫还分别设立了绘画馆和雕塑馆。根据主人的意愿或受托管理收藏品的保管人的决定，一件特定物品的摆放可以不断变化。一件华丽夺目的金器或一截独角兽（独角鲸）的兽角或许收藏在艺术收藏馆（宝库）中或餐厅的餐具橱里。至于谁可以进入艺术收藏馆以及在什么情况下可以进入的问题，将在后面的章节中加以讨论。

自尤利乌斯·冯·施洛瑟（Julius von Schlosser）的经典《后文艺复兴时期的艺术和珍宝馆：对收藏史的贡献》（*Kunst-und Wunder-kammern der Spätrenaissance. Ein Beitrag zur Geschichte des Sammelwesens*，1908）问世以来，此类艺术和自然收藏一直得到广泛研究。[14] 它成了一个欧洲范围内的现象，这在奥利弗·英庇（Oliver Impey）和阿瑟·麦格雷戈（Arthur MacGregor）编写的论文《博物馆起源：16和17世纪欧洲的珍品陈列室》（*The Origins of Museums: The Cabinet of Curiosities in Sixteenth- and Seventeenth-Century Europe*，1985）以及二人1989年创立的《收藏史期刊》（*Journal of the History of Collections*）的许多文章里都清晰可见。从20世纪80年代起，大量新的优秀学术成果不断涌现，如精心编辑的慕尼黑和德累斯顿艺术收藏馆藏品目录清单抄本。鉴于除位于奥地利福希滕斯泰因城堡（图186）的埃斯泰尔哈吉家族（匈牙利马扎尔贵族世家，历史上产生过多位外交官、军官和艺术爱好者或赞助人，家族财富比其所支持的哈布斯堡王朝还多，译者注）的收藏室外，其他原始艺术收藏馆无一接近完好无缺，因而这些文本研究可谓弥足珍贵。即使其中最完整的收藏——现在分别安置在因斯布鲁克之外的皇宫安布拉斯城堡和维也纳的若干机构中的斐迪南大公二世在蒂罗尔的藏品——也仅暗示其过去数多量大而已。由于连年战争、品味变化以及经济需要，大多数藏品都在以后的岁月中不知去向或数量大幅减少。本书的写作材料大多取自于有关艺术收藏馆和私人收藏的大量著述，这些著述将恰如其分地呈现于各篇章中而不是在单独一节中加以引用。

藏品目录清单蕴含着重要信息，人们必须清楚其长处和局限，以及编纂时的具体情况。[15] 许多清单是在某个统治者死后编制的，此时，未偿债务、遗产继承决定和其他法律事务都需要有个结论。即使藏品目录清单是在其所有者在世时编制的，但所有者也很少参与其中。有些编纂者非常博学，尤其表现为对那些长期有看护人看护的收藏品所知甚详。而在其他情况下，被指定从事此类任务的账务员和宫廷官员对收藏品和它们的独特故事的直观了解则几乎为零。某件特定藏品或许比其他藏品更令他们青睐。大多数藏品目录清单不过是简单的记录，除标明某件藏品珍贵、精巧或稀有外，几乎没有评价性内容。艺术家的名字也很少列在清单中。考虑到一家艺术收藏馆能够容纳数千件可移动藏品，那么其藏品目录清单大多数记录都十分简短也就不足为奇了。一个带有很多抽屉的柜子可能仅被记录为装有古钱币、宝石或土耳其货品，此外便没有提供任何细节。即使最详细的藏品目录清单也省略了大量有价值的信息。

编纂者决定一份藏品目录清单从何处着手。难道他的选择是由一间屋子或几间屋子的陈列方式决定的吗？即使在编纂者开始编纂时所处的一间特殊房间内，编纂程序也会影响未来人们理解陈列品及其引发的联想。该程序推定（常常不准），存在一个包罗万象的概念体系。有些不动产财产清单将宫殿里的全部财产纳入其中，而艺术收藏馆只不过是需要编纂者关注的大量房间中的一间而已。藏品目录清单提供了观察早期收藏的窗户，但人类对早期艺术收藏馆的观察依然不完整，这就有些令人心灰意冷。

作为一种艺术收藏形式，艺术收藏馆最初兴起于16世纪50年代的神圣罗马帝国，本书对这个时期一些最为重要的早期王公贵族艺术收藏馆中的佼佼者作了介绍。当然，收藏行为当时并不只限于贵族达人，也没有只限定在说德语的地方。本书聚焦王公贵族的例子经过精挑细选，作为研究艺术收藏馆现象以及展示与接待史的案例。本书旨在寻找收藏原因，即什么激发势力强大的王公贵族收集各种自然与人造物品，然后在一间有人看护的房间或邻近的几个房间中展示出来。是否存在某种理论基础——如寻求知识、极度个人好奇，或拥有藏品所带来的自豪，在推动这些个体收藏者？[16] 这些艺术收藏馆提升了其所有者的声望和自我表现力。17世纪，他们的宫殿不少都成了名门望族和精英人士豪华观光旅程的热门停留地。

接下来的几章将着重探讨萨穆埃尔·奎切伯格（Samuel Quiccheberg）和加布里尔·卡尔特马克（Gabriel Kaltemarckt）在若干论文中提出的理论和安排布置方面的知识。艺术收藏馆绝非源于空穴来风，因此需要简单探讨一下其前身，如学者的书房、王侯的书斋，以及位于比利时梅赫伦的哈布斯堡王朝公主奥地利的玛格丽特（Margaret of Austria，1480—1530）、位于多瑙河畔的诺伊堡（德国巴伐利亚州最古老的城市之一，多瑙河经中心城区蜿蜒而过，编者注）的巴拉丁选帝侯奥特海因里希（Palatinate Elector Ottheinrich）和位于瑞士巴塞尔的大学教授们的收藏。位于慕尼黑、安布拉斯城堡（因斯布鲁克之外）、德累斯顿、布拉格、格拉茨、斯图加特和卡塞尔的艺术收藏馆作为案例研究的对象。虽然这些收藏馆中的藏品通常包括配偶和其他女性家庭成员收集的物品，[17] 但它们都归男性统治者所有。一个例外是玛利亚（Maria，1551—1608），她是巴伐利亚阿尔布雷希特五世大公（DukeAlbrecht V of Bavaria）（统治时期为1551—1579年）的女儿，她积极扩展格拉茨艺术收藏馆，特别是在其丈夫内奥地利（InnerAustria）[18] 大公卡尔二世（Karl Ⅱ，1540—1590）去世后。这些艺术收藏馆激励了整个说德语的土地上其他不计其数的收藏者。本书重点关注从16世纪50年代到三十年战争（Thirty Years

War，1618—1648）开始的收藏形成期。即使在那时，有些收藏，主要是在慕尼黑和布拉格的收藏，正不断减少，并将在随后那场灾难性战争中遭受洗劫。如果用建设性眼光看，这些战利品往往成为艺术收藏在丹麦和瑞典等其他国度中得以扩展的催化剂。

官方宫廷记载、访客名单以及现存物品[19]对七个艺术收藏馆进行了描述，它们为探索收藏史和每处收藏的特征提供了基础，包括中间人作用以及在获取心仪物品时的家庭关系。在分析这些东西时，作者时常感觉到自己身临其境，真的走进并漫步于它们的物理空间之中。它们的所有者或看护人在无数可能的选项中最终选择了什么？费兰托·因佩拉托（Ferrante Imperato）的木版画《小溪（德尔）的自然史·第二十八卷》（*Dell'historia naturale, libri XXVIII*, 1599）的扉页画是最早的插图收藏目录之一，表现的是三位衣着得体的绅士到访拿破仑的药剂师所称的"自然景观"，指的是他在格拉维纳宫（Palazzo Gravina，图5）[20]的收藏室。柜子、墙壁和顶棚上到处都展示了各种天上、陆地和水中动物以及植物和地质的标本。因佩拉托的儿子弗朗西斯科使用一根长长的木质指示标，让人们一眼就看到吊在顶棚上的一只巨型鳄鱼。人们很容易想象他编造有关这只可怕动物的来源以及如何成为他们家族纹章标记的故事的情形。一张书桌连同几把椅子占据了外飘窗的窗沿。

如此场面，引发一个更宽泛的问题，即参观者从这样的收藏[21]中能体验到什么？人的双眼最初可能会投向物品摆得满满当当的房间，从一件件物品上一扫而过。人们也许被一只容器或一台精密仪器的抛光金属表面所反射的光线所吸引，抑或目不转睛地盯着碧玉或孔雀石制品泛出的深红色或绿色光泽，要不然被一顶来自美洲带羽毛的头饰深深吸引，还有可能被从顶棚吊下来的一头大腹便便的巨兽吓得目瞪口呆。由于逗留时间有限，大多数参观者对收藏品形成的认知主要受藏品主人、看护人或导游提供的讲述、最抢眼的展品和信息的影响。它们的吸引力在于某种好奇心，而不是通常萨穆埃尔·奎切伯格所倡导的带着吸收功利实用知识的目的进行详细研究的机会。

与艺术收藏馆同时兴起的，是艺术收藏柜（或珍奇柜）的诞生。在单

图 5　费兰托·因佩拉托的木版画《小溪（德尔）的自然史·第二十八卷》（1599）的扉页画

独一件家具的许多抽屉中，各式各样自然、工艺和仪器的精选品等待着所有者的展示，或某位参观者的不期而遇。它们往往起到压缩版艺术收藏馆的作用，正如德国奥格斯堡的商人、银行家、外交官和艺术收藏家菲利普·海因霍夫（Philipp Hainhofer of Augsburg，1578—1647）制作的罕见珍奇柜，这一点会在第八章加以讨论。珍奇柜反过来促进用错视画形式让收藏人的柜子或展柜进一步缩小，如约翰·格奥尔格·欣茨［JohannGeorg Hinz，又称海因茨（Hainz）］的作品（图6）。[22] 这位汉堡画家在一连串开放的架子上摆放了许多珍稀昂贵的自然、艺术、科学和新奇等各类收藏样品。他一丝不苟地模仿精美的贝壳、珍珠、珊瑚、一条链子上的一块胃结石以及与蚀刻玻璃罐放在一起的其他自然物品，其中一只罐子刻画的是阿波罗在追逐达芙妮（希腊神话中居住在山林水泽中的仙女，为逃避阿波罗的热烈追求而变为月桂树，译者注）；还有威尼斯玻璃（13世纪在意大利威尼斯开始制作的一种玻璃，因艳丽多彩、制作精美而闻名于世，译者注）、一块水晶和珍贵宝石打造的珠宝箱、一只日本漆器盒、一台小型座钟、豪华的象牙饮酒器皿以及一幅丹麦国王克里斯蒂安四世（Christian Ⅳ，1577—1648）嵌宝石肖像画。

图 6 约翰·格奥尔格·欣茨（海因茨）的油画《收藏柜》（1666）

第1章
布置与展示

每一位收藏家都要应对如何布置和展示其艺术收藏馆中藏品的挑战。对此，他们开发出各种各样不同的方式，但并没有一个标准、成体系的解决方案。当年，两位学者，即慕尼黑的萨穆埃尔·奎切伯格和德累斯顿的加布里埃尔·卡尔特马克（Gabriel Kaltemarckt）曾就艺术收藏馆的理论和应用属性撰写过论文。尽管两人的论文在当时没有立即引起多大反响（主要是能拜读的人相对较少），但它们却是早期收藏史弥足珍贵的资料。另外，奥格斯堡（今德国巴伐利亚州的城市，编者注）商人菲利普·海因霍夫（Philipp Hainhofer）曾简要指导过他的一位客户如何建造一座艺术收藏馆，而戈托尔夫城堡藏品监护人亚当·奥勒留斯（Adam Olearius, 1603—1671）则强调了对藏品进行详尽研究而获得的各种启示。

萨穆埃尔·奎切伯格的《指南》（*Inscriptiones*，1565）

1559年，萨穆埃尔·奎切伯格在慕尼黑开始为巴伐利亚州阿尔布雷希特五世公爵效力。[1] 他生于安特卫普，1539年随家搬迁至纽伦堡。1553年返回纽伦堡之前，奎切伯格曾先后在巴塞尔、弗赖堡和因戈尔施塔特的大学里学医。安东·福格尔（Anton Fugger）是一位富有的奥格斯堡银行家和商人，1555年，他雇奎切伯格作为他的私人医生。两年以后，汉斯·雅各布·福格尔（Hans Jakob Fugger）聘用奎切伯格整理他巨大图书馆。阿尔布雷希特公爵的艺术收藏品增长迅速，不久将跻身神圣罗马帝国收藏最丰富之列。为此，汉斯·雅各布·福格尔向公爵推荐了奎切伯格。虽然奎切伯格曾于1563年前往意大利并为公爵带回了一些文物，但是他在巴伐利亚宫廷里的具体职责并没有文字记载。[2] 在慕尼黑公爵宫殿的图书馆、古物室和艺术收藏馆的形成阶段，奎切伯格曾向阿尔布雷希特公爵提出过确切的建议。

1565年，奎切伯格的短篇著作《理想博物馆的建设指南》(*Inscriptiones vel tituli theatri amplissimi*) 简称《指南》，由慕尼黑宫廷出版人亚当·博格（Adam Berg）出版（图7）。[3] 经过翻译和研究，该著作名的含义是："编目；即，全世界经典物品和独特画像收藏最丰富展馆的各种称谓。因此，人们也可以将该展馆恰如其分地称为：一切巧夺天工之物以及一切稀有财宝、珍贵物品、构成派雕塑和画作的储藏室。建议将这些珍品集中到这家展馆内，通过对它们频繁观看和触摸，可使人们能够快速、从容、自信地获得万物独特的知识，感悟它们的奇妙。"奎切伯格将艺术收藏馆设想为一个知识汇集场所。从整个巴伐利亚，以及欧洲其他的地区、非洲、亚洲和美洲大陆收集来的天然和人工物品汇集在一处。该原始博物馆为人们提供了更好地理解大自然和人类创造力的机会。微观世界中的一件或者一组物品能起到洞察宏观世界，即宇宙的作用。它的一个实际目的是让这些物品的所有者增强对世界的理解，使他或者她成为一位更加智慧、谨慎、成功的统治者或富甲一方的商人。奎切伯格写到，基于一组井然有序的收藏品，观赏者"可以衡量自己对所有藏品的了解程度，继而能够受到激励，开始推测研究其他事物"。[4] 换言之，获得的知识可以用于更好地统治自己的领地，就像智慧的所罗门（以色列国王，以智慧

图7 萨穆埃尔·奎切伯格所著《理想博物馆的建设指南》（1565）的扉页

著称，在位期间发展贸易，以武力维持其统治，使国家达到鼎盛，译者注）一样。这部著作致马克西米利安二世皇帝的献词由萨穆埃尔·奎切伯格的兄弟利奥整理，当时并未发表，它强调了创办艺术珍宝馆与"能够为陛下的足智多谋添砖加瓦的"东西之间的联系。[5]足智多谋是大多数中世纪和早期现代王侯的行为准则以及贵族行为指南的核心内容。此处的不同在于，赋予这些具体物品的作用。作为一种情感媒介，它唤起其所有者的"光荣与赞誉"之感。

奎切伯格这部60页的著作给出了一个安排布置方案和一个需要囊括在内的物品"愿望单"。他承认，即便是有，但真正能够拥有清单上所列全部物品的君主或商人也只是凤毛麟角。这部著作的正文被分成五个大类，每个大类又细分成10~12个题目。一些题目下有许多毫不相关的论述或细枝末节的解释。第一个大类包括：神圣的历史场面、家族宗谱、创建者及其家人和祖先的肖像、领地版图、欧洲及欧洲以外主要城市地图；包括著名战役、战争场面、光荣凯旋、祝捷在内的各种军事内容；少见或稀有动物及其他生物的油画；建筑模型和小型实用机器。[6]

第二个大类包括：显赫统治者、男人和众神的雕像，偶尔也有动物的雕像；用金属、木头、宝石和其他各种材料制作的手工艺品；稀有或国外的精巧物品和器皿；测量仪器；古代和现代硬币；统治者和杰出人物的肖像；有象征意义的小型金属件；微型镀金工艺品和版画。[7]

第三个大类包括：稀有动物和其他生物；铸造的动物模型；包括骨骼在内的各种动物令人印象深刻的器官；种子、果实、蔬菜、药草和天然材料，特别是"外国的、神奇的或者散发芳香气味的东西"；矿物质和金属；珠宝以及嵌入首饰和器皿中的宝石；奇石；染料或颜料；陶制材料和液体。[8]

第四个大类包括：各种器具和工具，[9]有乐器、测量和数学计算工具、书写和绘画的用品、抬升工具、破碎和牵引器具、熟练操作人员使用的作坊和实验室仪器、手术和解剖工具、打猎装备、比赛器材、外国武器、异国服饰以及包括创建人的祖先穿过的稀有耐用衣服。

第五个大类包括：著名艺术家的油画、水彩画和版画、诸如年表和家谱这样的宗教和世俗分类表、名人系列肖像、盾徽、挂毯和刺绣、对应分组藏品的书面格言，最后是储存和展示收藏品的各种容器。[10]

简而言之，奎切伯格的方案几乎包罗万象。他强调，藏品不仅对其拥有者要有实际用途，而且对学者和手工艺者要有实用价值，他们可以研究或借用藏品。按照奎切伯格的设想，艺术收藏馆只是王侯宫殿内由具备实用功能房间构成的体系之一。[11] 若要发挥作用，其内部应参照下列地点进行设计：图书馆，印刷工坊，配置车床和连接工具的车工车间，药房，铸造车间，为油画、版画、地图等特殊藏品准备的独立壁橱或房间，有存储空间的小礼拜堂，军械库。[12] 奎切伯格承认，慕尼黑宫殿是他的典范。他说过：

> 碰巧，在巴伐利亚公爵这位亲王的家里，找到了很久以前我就打算进行分类的所有东西，它们现在仍然在公爵位于慕尼黑的豪华宫殿和建筑里高调展示，显得愈发珍贵。[13]

奎切伯格对那个时期神圣罗马帝国的主要收藏家了然于心。他在论文的末尾，用很长的篇幅列出了当时著名的收藏家。[14] 不出意外，他对顺序的排列是按照清晰的政治和社会等级进行的。按照当时的惯例，排序从马克西米利安二世皇帝开始，其后是帝国选帝侯（美因茨、特里尔和科隆的大主教，以及宫廷的、勃兰登堡和萨克森的统治者们）；上德国（巴伐利亚、斯瓦比亚和弗兰克尼亚）的贵族，包括阿尔布雷希特公爵、来自瓦尔德堡的红衣主教奥托·特鲁克泽斯（Otto Truchsess）、维尔茨堡的主教弗里德里希·冯·维尔斯伯格（Friedrich von Wirsburg）和其他教堂的主教；牧师和宫廷官员；学者，如人文学者、古物研究者康拉德·波伊廷格（Konrad Peutinger，1465—1647）；商人，如奥格斯堡的雷蒙德（Raymund）和汉斯·雅各·福格尔，以及纽伦堡的维利巴尔德·因霍夫（Willibald Imhoff）。奎切伯格极力兜售他的关系网和各种证书，犹如他正在谋取更高的宫廷职位。[15] 他的榜样是布鲁日的钱币专家胡贝图斯·戈尔齐乌斯（Hubertus Goltzius，1526—1583），此人参观过当时许多顶级的硬币收藏，并对它们进行了分类编目。[16]

奎切伯格曾打算在 1565 年短篇著作的基础上编著内容更加广泛的第二版，但因疾病缠身于 1567 年去世，致使这个愿望未能实现。由于奎切伯格在晚年一贫如洗，阿尔布雷希特公爵出钱为他举行了葬礼。海因里希·潘塔莱昂（Heinrich Pantaleon）在 1570 年出版的奎切伯格传略中提到，阿尔布雷希特"经常带着他浏览豪华的收藏，萨穆埃尔·奎切伯格由此得以勤勉地探究万物"。[17] 他们的对话是集中于特定的藏品，还是在如何展示这些收藏品，或者两者兼而有之，我们不得而知，因为容纳艺术收藏馆的那幢建筑当时正在建设中。奎切伯格是否向阿尔布雷希特公爵表达了他过于理论化的观点，即收藏对公爵本人及其统治的种种好处？他是否根据慕尼黑已经存在的藏品打造出自己的布局结构？奎切伯格本人或他去世后他的论著，是否对慕尼黑艺术收藏馆的藏品布局和设计理念有过任何直接的影响，现在都无法确定。

他建议的大类和编目为展示数量庞大、种类繁杂的藏品提供了一个灵活的体系。奎切伯格的编写才能在抵达慕尼黑之前就经过了历练。[18] 1553 年，当还在因戈尔施塔特市时，他就出版过一套帮助医生掌握从一般理论到具体病症的医学图表，向他们讲解药理知识和各种治疗技术。1565 年，经增补的第二版面世。1553 年返回纽伦堡时，奎切伯格受雇于药剂师格奥尔格·奥林格尔（Georg Öllinger），此人当时正在编辑一本大型插图草药药典。不久，他帮助汉斯·雅各·福格尔安排布置位于奥格斯堡的图书馆。奎切伯格显然采用了苏黎世医师康拉德·格斯纳设计的体系。康拉德·格斯纳曾出版《世界书目》（*Bibliotheca universalis*，1545），它是一份著名的拉丁、希腊和希伯来作者的名单，附有格斯纳对他们的著述的评论。

16 世纪中叶，大批学者系统研究了自然界，发表了很多重要的分类学出版物。格斯纳的《动物志》（*Historiae animalium*，1551）是四卷本插图大部头，是关于四足动物、两栖动物、鸟类和鱼类的专著。《植物志》（*Historia plantarum*）[19] 还没完成他就去世了。格斯纳被认为是现代动物学和植物学的创始人之一。在奎切伯格对第三大类的额外叙述上，他提到了格斯纳关于动物方面的著作、伦哈德·富克斯（Leonhard Fuchs）关于植物物种方面的研究以及格奥尔吉乌斯·阿格里科拉（Georgius Agricola，1490—1555）对金属的描述。[20]1563年，奎切伯格拜访过博洛尼亚大学（University of Bologna）首位自然科学教授乌利塞·阿尔德罗万迪，尽管此事发生在1568年其著名的植物园建立之前，但那时他早已因自然类收藏而名满天下了。[21]将这些学者联系在一起的线索是他们坚信自己的观察和经验，而不是简单地接受亚里士多德、普林尼、盖伦和其他古代圣贤们的公认观点。他们偏爱视觉观测以及通过仔细观察所获得的知识。尤其是格斯纳和富克斯，他们与艺术家们合作，创作出大量供他们研究使用的动植物版画，每幅都惟妙惟肖。[22]

正如奎切伯格在短篇著作的标题中所提及的那样，他提出了一个前后协调一致、便于检索知识的方案。他没有进一步解释人们如何才能真正获得"对万物怀有敬佩之心的理解"。他写道：

因此，依据这些大类，人们可以衡量自己对万物了解的程度，继而或许激励他们去思考探究其他的事物。的确，我还推断，没有任何一个口若悬河的人能够说清楚，到底有多少治国理政的智慧和能力——既可以是民事领域和军事领域的，也可以是宗教和文化领域的，可以通过观察和研究我们所提及的形象和物体而获得。[23]

在正文的结尾，奎切伯格褒扬了所罗门的聪明才智，包括植物、"负重的牲畜、飞翔的动物、爬行的生物以及鱼类"[24]等方面的知识。由此，对于像阿尔布雷希特公爵这样的人来说，熟悉自然和人类的创造力能助他成为一个更贤达、更英明的统治者。[25]

朱利奥·卡米罗（Giulio Camillo）在1550年出版的《剧院理念》（*Idea del theatro*），对奎切伯格关于物理空间作为记忆场所的概念产生了重要影响。[26]卡米罗设计了一个半圆形的剧场，据称剧场很大，足够让两个人进入并站立在中央舞台上。从中心舞台向外望去，能看到七根柱子，被称作所罗门才智之屋的七根支柱。剧院的每个区域都与七个行星天体中的一个对应，有七个拱形或七个标记，放置在剧院逐渐上升的七个楼层或七级台阶之上。这49个标志都贴有着色徽标或其他标志,象征性地对应着装有卷轴附属小屋。卡米罗设想,这些视觉形象可以让人们富有见地地就任何相关话题发表高见。实际上,卡米罗的方案——经典记忆屋的一种有序变种,非常含糊不清,可能永远行不通。然而,卡米罗关于一个有序空间内的语言和物体能够激发记忆力的想法对奎切伯格极具吸引力。当时,《指南》是神圣罗马帝国学者安排布置由各种不同物品构成的大型收藏场所以传播知识的解决方案。

奎切伯格的专著有何影响?这本1565年出版的《指南》发行量极少。按照斯特凡·布拉肯西克(Stephan Brakensiek)的说法,仅有八本留存至今,尽管实际数量可能略大。[27]《指南》以由称赞作者及其著作的七个短篇构成的附录结束。阿尔布雷希特的宫廷医生佩屈斯·科尔托奈佑斯(Petrus Cortonaeus)写道:"这座展厅拉开了无穷宇宙的幕布。实际上,其本身就能清楚地感知宇宙的特征。"[28] 在这里,特殊性(微观世界)揭示出宇宙(宏观世界)。参观者不是赞美阿尔布雷希特公爵"睿智的头脑",就是称赞展厅的展品是"整个地球"的替代物,或者赞扬这些藏品是如何成为"缪斯们的新神殿"的。[29]

尽管有如此追捧,但实际上奎切伯格的短篇著作在很长一段时间内并不为人所知,直到1704年才在丹尼尔·威廉·莫勒(Daniel Wilhelm Moller)《关于驾驭自然术或德国艺术与自然展馆的评论》(*Commentatiode Technophysiotameis sive Germanicae von Kunst- und Naturalien-Kammern*)[30] 一书中被首次引用。1674年出版的《对普通艺术和自然展馆的开创性思考》(*Unvorgreifflichen Bedencken vonKunst- und Naturalien-Kammern*)的作者约翰·丹尼尔·梅杰(Johann Daniel Major)认为,奎切伯格是第一位博物馆理论家。[31] 但是,无论是梅杰、伦哈德·克里斯托夫·斯图姆(Leonhard Christoph Sturm)还是保罗·雅各布·马尔佩格(Paul Jacob Marperger),这些人个个在1700年前后几十年中笔耕不辍、大作频出,然而对奎切伯格的著作都不熟悉。直到19世纪,他的想法才被人们更加仔细地加以研究。

加布里埃尔·卡尔特马克的《思考》（*Bedencken*，1587）

1586年，克里斯蒂安一世（1586～1591年在位）继承他父亲奥古斯特一世（1553～1586年在位）的爵位，并成为萨克森的选帝侯。一年后，加布里埃尔·卡尔特马克将他50页的短篇手稿《思考一下如何建立一个艺术馆》（*Bedencken, wie eine Kunstcammer aufzurichten seyn möchte*）献给了克里斯蒂安一世。[32] 这两个人至少从1579年起就彼此认识，那时卡尔特马克将一幅画作献给了克里斯蒂安一世。他或许应当成为克里斯蒂安一世的绘画教师。[33] 奥古斯特一世于1560年（或许稍晚）创立了德累斯顿艺术收藏馆。相较于艺术作品，他更喜欢实用仪器。卡尔特马克曾于1586年到访过意大利，他尽其所能劝说克里斯蒂安一世扩大自己的收藏。他说，一个统治者因拥有"充足的军需品和军事装备……一座庞大的图书馆和众多图书收藏，（和）……技艺高超的雕塑和绘画"而"赢得朋友和敌人永远的尊重"。[34] 他接着补充道，克里斯蒂安已经有了前两项收藏，但还没有艺术收藏。他的著作提供了"关于什么才算得上艺术收藏，这些收藏应该如何布置，以及如何使它们与日俱增并不断完善的各种思考"。[35]

在"什么才算得上艺术收藏"的标题下，卡尔特马克提出，它应该包括雕塑、绘画以及

第三类，来自国内外由金属、石头、木头和草本植物制作的稀奇物品——无论它来自地上还是地下，也无论来自河流湖泊还是浩瀚海洋。下一类是用于饮酒或者吃饭的器皿，它们要么自然形成，要么由人类通过技艺将相关材料塑造或加工而成。最后一类是鹿角、爪子、羽毛和属于稀奇古怪动物、鸟或鱼的其他部位，包括它们的骨骼结构。[36]

他补充道：他将只讨论前两类，因为第三类在神圣罗马帝国比比皆是。

卡尔特马克构想出了一个雕塑和绘画的历史发展阶段。他列举了三个时期的艺术家：活跃在基督诞生前后若干世纪的希腊和罗马艺术家；"当野

蛮的哥特人、温德人（位于今德国东北部的古代民族，译者注）和匈奴人蹂躏意大利并将这些艺术品埋葬在地下时"的那个年代的艺术家；当代艺术大师，"此时这些艺术再次开始在意大利，特别是在佛罗伦萨繁荣，并且在我们这个年代仍在完成和创作中"[37]。接着，在略过野蛮时期进而直接被称赞的那些"重新发现"雕塑艺术的大师，包括意大利画家和建筑师乔托（Giotto，1267—1337）、意大利雕刻家和建筑师安德里亚·皮萨诺（Andrea Pisano，1270—1348），佛罗伦萨画派雕刻家卢卡·德拉·罗比亚（Luca della Robbia，1400—1482）和菲利波·布鲁内莱奇（Filippo Brunelleschi，1377—1446）之前，他提供了一份很长的古典雕塑家的名单，其中包括对《拉奥孔》（*Laocoön*）和为数不多的其他著名雕塑的简要评论。现代雕塑家的名单中包括从意大利雕塑家多那太罗（Donatello，1386—1466）到米开朗琪罗，加上少数荷兰和德国大师。

卡尔特马克接下来列出了从埃及的菲洛克勒斯（Philocles）到当代的画家。最后，他列出了42位版画家的名字，从阿尔布雷希特·丢勒开始，以荷兰雕刻师科内利斯·科特（Cornelis Cort，1536—1578）结束。尽管卡尔特马克用荷兰特别是德意志的艺术家补充他的人员名单，但他还是从意大利画家、建筑师吉奥尔吉奥·瓦萨里（Giorgio Vasari，1511—1574）的《艺术家们的生活》（*Lives of the Artists*，1550 & 1568）一书中抄录了大量内容，以充实其著名艺术大师的名册。[38]

卡尔特马克的手稿半数以上篇幅都用在了这个艺术家的名单上。他承认，不可能获得绝大多数大师的原作。虽然一些德意志和意大利王公贵族一旦得知克里斯蒂安一世的偏好，就会向他敬献一些此类艺术品，但他们不会割舍自己的上佳藏品。卡尔特马克的解决办法是委托制作雕塑的石膏模型和著名画作的复制品。他还建议克里斯蒂安一世定购佛罗伦萨柏拉图学园派的一本图书，书中包含了从意大利佛罗伦萨画家西马布埃（Cimabue，约1240—1300）到当时的素描的临摹作品。[39]他有言在先，说这项收藏不会很快完成，但假以时日，将会逐渐扩大。

约阿希姆·门泽奥森（Joachim Menzhausen）和其他一些人将卡尔特马

克的这篇著作形容为因抱有被任命为德累斯顿收藏监护人的希望而卖弄学问。卡尔特马克指出："假如一个人所雇的人有全面的理解力，能够鉴别每位艺术家的作品，那么他就能获得这些大师的精品力作。"[40]卡尔特马克对从意大利或者从中欧运送物品到德累斯顿的最佳路线进行了评论。他补充道，艺术品的安排布置首先取决于收藏，其次取决于监护人的能力。

作为结束语，卡尔特马克敦促搬走构成奥古斯特艺术收藏馆的大部分藏品。他写道：

最后要说的是，乐器、天文仪器和几何工具，以及钱币收藏家、金匠、雕塑家、木工和磨工的用具，应该与艺术收藏品分开保存。因为它们本身不是艺术品，仅仅是制作艺术品的手段和工具而已，他们应该放置在靠近图书馆的人文类物品中的特定位置。[41]

他对艺术收藏馆的看法与奎切伯格的概念有天壤之别。早在他的著作中，卡尔特马克就提出，显赫的贵族

应该建立画廊或者艺术收藏馆（无论人们打算如何称呼它们），以便在书本里或者通过一幅幅素描和绘画作品回到历史事件中，邂逅历史事件的人物，在一饱眼福和加深记忆的同时，它们还能够在现实生活中激发人们扬善抑恶，并且成为热爱艺术的年轻人的一个学习来源。[42]

艺术收藏应该占据支配地位。对王公贵族的显赫地位而言，卡尔特马克在第三大类中所列的天然类和人工类收藏并不太重要。

克里斯蒂安一世于1591年去世，年仅30岁。没有证据表明他曾雇用过卡尔特马克或者受到其论著的影响。实际上，虽然这本未曾发表过的论著可能为后来德累斯顿艺术收藏馆的监护人卢卡斯·布鲁恩（Lucas Brunn）和托比亚斯·比特尔（Tobias Beutel）所熟知，但影响微乎其微，充其量也就是提供了其作品应被收录进来的艺术家的名单。[43]该未发表的手稿直到19世

纪才被重新发现。

除了写作的目的是指导王侯收藏家并且据推测是获取某个宫廷职位，或者获得金钱回报之外，奎切伯格和卡尔特马克的论著几乎没有什么不同之处。奎切伯格划分的包含目录列表的五大类别，详细解释了一座艺术收藏馆应该拥有的藏品类型，但没有提及任何一位艺术家。《指南》是一部有理论支撑的实践指南。对藏品的研究能够增加一个人的知识水平、强化其严谨美德并提升其意志品质，而这些可以助力某位王公贵族实施更加有效的统治。一组组罗马皇帝、教皇、红衣主教、名人和某个大家庭的肖像画，为英明的统治者提供了积极效仿的典范。无论是外来文化的艺术效果和大自然的奇观，一只雕刻的脑壳传递出的生命短暂的信息，奎切伯格的艺术收藏馆的方案为人们身临其境进行沉思、对比和发现提供了广阔机会。

卡尔特马克在其构想中，预料将出现的雕塑、油画、版画和素描等专门艺术收藏。他提及了在那一时期艺术收藏馆中，常有诸如新奇类和自然类仪器等奢华的艺术应用品，但对它们表现出了十分不屑。卡尔特马克将长长的艺术家名单按年代和国别进行排列，以此展示自己对艺术史了然于心。除了提出运送物品的最佳路线和铸件的使用外，名单中没有什么实用信息。

两位学者拥有一个共同的坚定信念，即结构布置良好的收藏，体现了统治者的高贵与名望。尽管角度不同，但二人都提到了宗教的作用。奎切伯格的初衷是为天主教统治者服务的。他书中的第一个门类包括宗教历史中的画像，而神职人员的肖像和宗教物品则被放进了其他类别。奎切伯格很可能从来没有想过不将宗教物品和奇特东西放在一起，因为这种观念在天主教文化中根深蒂固。[44] 与此相反，卡尔特马克写给的是一位路德教派（马丁·路德在 16 世纪宗教改革时创立了基督教新教派，译者注）的贵族。萨克森是新教改革——包括就破坏宗教偶像以及宗教艺术的作用（假如有的话）所进行的激烈辩论的核心。正如门泽奥森指出的那样，卡尔特马克为在路德教派环境中收藏宗教艺术做了意识形态上的辩护。[45] 他将真正的宗教（路德教派）及其信徒正确使用偶像的能力与异教徒、天主教徒、加尔文教徒以及误用或完全禁止宗教艺术的土耳其人区分得泾渭分明。卡尔特马克写道：

这些艺术令人愉悦是不争的事实，因为音乐通过听取、视觉艺术通过观赏能够激发人发自内心的快乐，它们是上帝慷慨的赠予。正因如此，人们在教堂中祭拜上帝时，总是使用这两种艺术，因此它们比所有其他艺术更受欢迎。[46]

他最后写道：

因此，我们应该由衷地感谢全能的上帝，感谢他除了赐予我们他神圣至善的圣言外，还赋予我们欣赏视觉艺术的能力，因此，在这样的感恩之情之外，我们还应该请求上帝，允许我们将这种知识或见地富有成效地付诸实践。[47]

他列举的多数艺术家是制作宗教艺术品的天主教徒。

当时有关艺术收藏馆的其他评论包括菲利普·海因霍夫关于如何管理收藏品的简短且非常务实的建议，以及亚当·奥利瑞斯关于从藏品中获取精神内涵的简明论述。奥格斯堡收藏家和商人海因霍弗与波美拉尼亚－斯德丁公爵菲利普二世［Duke Philipp Ⅱ of Pommern（Pomerania）–Stettin，1606～1618年在位］在1610～1618年通信往来十分频繁。1615年12月2日，海因霍夫致信这位公爵，提出如何布置于1616年开始建造的斯德丁宫的新配殿（图8）。配殿还打算容纳公爵的图书馆以及艺术品和盔甲收藏。他写道："在马厩（Marstall）建筑事务所设计的新建筑中，为图书馆、艺术收藏馆和威风凛凛的兵器铠甲馆安排建造不同的空间，是值得赞扬和大有裨益的。"

如果它的安排井然有序、引人注目,（尊贵的亲王殿下）肯定会十分高兴。我也将尽自己最大的努力，看看能否灵光闪现，想出类似建筑的任何模型和设计，将它们呈交给您（尊贵的亲王殿下），供您参考。这些房间最

图8 马太·梅里安绘制《波美拉尼亚-斯德丁公爵的宫殿》，该宫殿为勃兰登堡及波美拉尼亚公国的选帝侯所有

完美的一点是，它们又高大又宽敞，有很多高大的窗子，能够让大量光线进到屋内。慕尼黑艺术收藏馆四面全都有窗子。而如果您（尊贵的亲王殿下）将这三个房间摆起来，（将）艺术收藏馆布置在最上面，图书馆安排在中间（层），下面（底层）是兵器铠甲馆，这样，所有房间（将）都有窗子。而且，在窗子和窗子之间，还要放些带锁的箱子，用于存放最贵重和（次）贵重的物品。在艺术收藏馆中，（人们）不仅可以在窗边放置几张正方形或长方形的展柜，而且可以在房子的中间摆上几个长展柜。在展柜下面放置几只带锁的箱子，第一只（装有）酒具样品、第二只装有外国的杯盘餐具、第三只装有一些莫斯科（珍宝）、（第四只装有印度的）各种物品、第五只装的是海洋产品、第六只是矿物。因此，从现在开始，在每只箱子和每张展柜上（都放置了）相同类型的特定物品。展柜按照门类分开摆放，摆放天然类物品的集中起来排成一行，摆放人工类物品的排成另一行。大件物品，如写字台、图片以及其他大件，都放在陈列柜中，（摆在）房子中间的长条桌上。肖像画和其他小尺寸板面油画间或悬挂在窗子旁边的柱子上。大尺寸油画一般放在其他娱乐房间中，或安置并悬挂在专门存放油画的单独房间里，但是微型物件（将）放入抽屉展柜，或者也放进箱子里。写字台［波美拉尼亚艺术柜（Pomeranian Kunstschrank）］和庄园（Meierhof）本身需要有个展柜进行摆放，这样人们就围着它们边走边看。[48]（图169、图170）

作为为艺术收藏馆的各类物品进行归属的收藏家和经销商，海因霍夫早在他参观慕尼黑艺术收藏馆期间就已观察到，良好的照明和体系化的陈列至关重要。他极力主张将收藏品放在光线最好的顶层，在图书馆的正上方，而在底层布置马厩和兵器库。1618年2月，菲利普公爵离开人世，此时距新配殿完工还有一年，所以不清楚海因霍夫的建议是否得以采纳。

虽然奎切伯格和卡尔特马克的理论可能对早期收藏家的影响十分有限，但当时人们有一个更为广泛、更为基本的看法，即自然界展现了上帝的创造力。人们即使凝视很小的东西，也能获得对上帝十分深刻的启示。亚当·奥利瑞斯在他1666年《戈托普艺术厅》（Gottorffische Kunst-Kammer）——一部关于收藏在石勒苏益格（德国北部濒临波罗的海的港口城市，译者注）戈托普宫的自然奇观目录（图9）的书籍中表达了这种信念。[49] 在《戈托普艺术厅》一书中，他告诉读者：

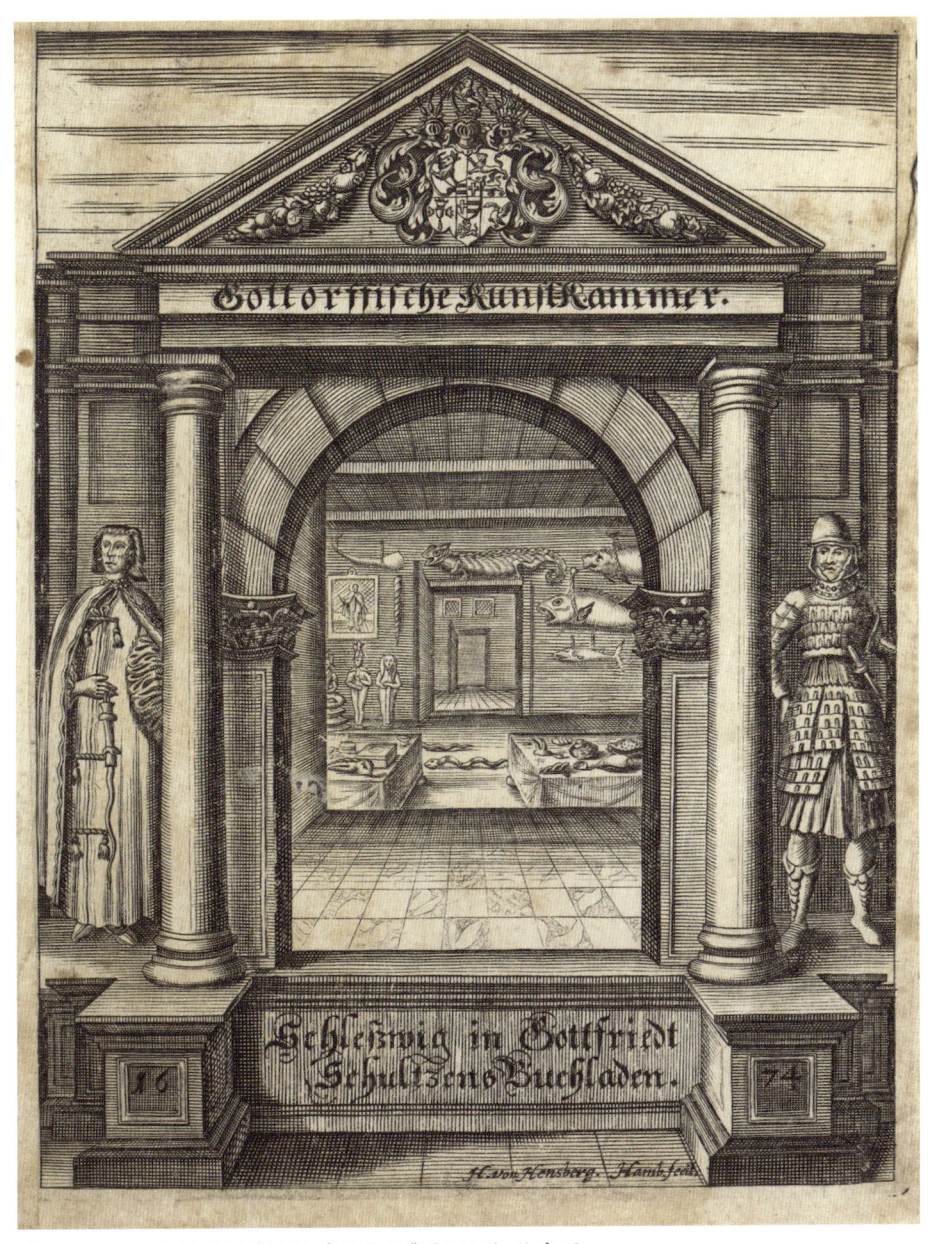

图9　亚当·奥利瑞斯《戈托普艺术厅》（1666）的扉页

当一位聪明的父亲或者一位勤奋的教师打算让孩子或学生们第一次接触艺术和科学事物，并且希望向他们讲解时，他不仅需要用自己的嘴，还要动用手中的笔。他写写画画，在他们面前呈现出各种各样的数字和图画，希望他们懂得什么是以小见大……一位天文学家在一部手动星象仪上用所有可见天体展示巨大天空的构造，一个点即代表一颗星星。同样，一位地理学家在一部小型地球仪上展示地球风貌，如高山平原、江河湖海，一个点代表一座城市，一条线代表一条河，一个拇指大小的点代表一片辽阔的海域。

我们共同的天父和最聪明的教师——上帝，以同样的方式教导我们这些孩子和学生。除了启示性语言，他还为我们写就了一部伟大的奇观之书，即《世界》，他用两页讲解"天堂"和"人世"，这样，我们便可以从中学习，从而学会认识伟大的上帝——造物主本身以及他的尊严和权威。

某件与众不同的物品，无论是大自然的馈赠还是巧夺天工的神来之笔，都可能吸引、激励并启发观赏者。它无出其右的物质性吸引人们的注意力，或许还能令好奇心、愉悦感或敬畏感油然而生。正如星象仪上的一个小圆点表示一颗星星，这个物品暗示它可能代表比它自身大得多的东西。对专注的学生来说，任何事情本身都有可能向他们展现上帝的设计或更广阔的世界。这就是一座艺术收藏馆为参观者许下的可望而不可即的诺言。

在理想状态下，正如卡斯珀·弗里德里克·奈歇尔（Caspar Friedrich Neickel）于1727年在莱比锡（今德国萨克森州最大的城市，译者注）和布雷斯劳（又称弗罗茨瓦夫，波兰下西里西亚省首府，奥得河沿岸城市，译者注）出版的《博物馆志》（*Museographia*）在卷首插画中所描绘的那样，这位学者风范的收藏家安静地坐在他的艺术珍宝馆（图10）中。[50] 各种图画、书籍、仪器和自然类物品摆满了长桌，而他则在展柜上查阅从左边书架中抽出一本相关文献。各种艺术品和自然奇观排列在书架上，或装进嵌入式贮存抽屉，或悬挂在墙壁和天花板上，或安放在靠墙矗立庄重精美的珍奇柜中。这个静谧的场地是冥想的完美环境，使人与物紧密接触，有利于个人对知识的追求。这种场景或许仅为主人和其他有限的几个人所享用。奎切伯格冗长的标题建议,在追求知识的过程中要对事物"反复观看并经常触碰",就像奈歇尔卷首插画中的人正做的事一样。1670年,约翰·丹尼尔·梅杰曾经发问,假如参观者不能接触并试用藏品,这样的收藏有什么效用。他写道:"你或

图 10　卡斯珀·弗里德里克·奈歇尔《博物馆志》(1727)的卷首插图

许到处都能看到许多东西，但在一大堆东西中几乎什么都分辨不清。你可以用双眼去推测那是什么，但绝不可能用双手获得任何东西。一句话，人们或许会说：如果不让使用，那么只让观赏有什么意思？"[51]

艺术收藏馆创建者对他们自己的收藏及其功能是如何考虑的？令人遗憾的是，除了为数不多的几份文件规定收藏品在其主人去世后应保持原封不动外，大量书面资料都基本未触及此问题。在这方面，没有一份书面材料比得上 17 世纪 40 年代罗马收藏家弗朗赛斯科·安杰洛尼（Francesco Angeloni）写作的《关于自然与艺术之完美作品研究的对话》（*Dialogue on the Study of Beautiful Works of Nature and Art*）一书。[52] 作者引导一位虚构参观者穿行于他的各类收藏——艺术品、古代文物、自然物品、科学仪器和工具、外国武器以及其他奇珍异宝之间。他的这位朋友夸赞道，这个博物馆是"您自己和您高尚心灵的写照"。安杰洛尼承认，获取各种藏品并欣赏它们能够给他带来愉悦。然而，对他来说，这些聚集在一个狭小空间里的东西激发他的好奇心，促进知识的增长，而且甚至通过最不起眼的物品，注定神秘地充当"大自然在我们面前摆放的巨大阶梯"的头几级"阶梯"，引领我们更好领悟大自然的无限能力、无尽仁慈和宇宙秩序。尽管安杰洛尼更多从内省的角度发表上述言辞，但总体上反映了多数人关于艺术收藏馆的藏品能为兴致勃勃的观众带来什么益处的态度。

第 2 章
艺术收藏馆的起源与私人收藏

作为一种独特的收藏形式，艺术收藏馆有很多起源。教堂的宝库就是历经数世纪获得的各类不同物品的储藏室。除了礼拜仪式用的器皿和圣骨匣以外，人们可以发现各种珍贵的自然类和新奇类物品，如一块来自各各他（耶稣被钉死在十字架上的地方，译者注）的石头或一截真十字架（耶稣被钉死在其上的十字架，译者注）上的小木片、奢华的拜占庭和穆斯林纺织品、宝石玉器、珠宝首饰、手稿、古代钱币和奖章，以及信徒捐赠的大量其他物品。[1] 诸如奇异贝壳、鸵鸟蛋或动物的角等天然原材料，由金匠按照《圣者书》（*Heiltumsbücher*）或圣徒遗留书籍的记载，打造为收藏圣徒遗骨的器皿。圣徒遗留书籍包括1510年威滕伯格的选帝侯、萨克森智者弗里德里西（Friedrich）的藏品目录（图11），以及1520年哈雷的红衣主教阿尔布雷希特·冯·勃兰登堡（Albrecht von Brandenburg）的藏品目录。[2]

存放在艺术收藏馆中的许多物品之前很可能散落在早期王侯公爵堆积如山、包罗万象的藏品中。法国的瓦卢瓦王朝（1328～1589年统治法国，译者注）的国王和王公贵族因拥有的财产数量大、种类多而闻名于天下，这一点为让·德·贝里公爵（Jean, ducde Berry, 1340—1416）的详尽藏品清单所证实。[3] 参观布鲁塞尔库德伯格宫的宫廷编年史家和达官贵人对好人菲利普（Philip the Good），即勃艮第公爵（duke of Burgundy, 1419～1467年在位）的收藏感到惊讶不已。他们描述了挂毯遮盖的墙壁、四只独角兽的角（比法国的任何一只都大）以及一排排摆满金箔和镀金银器打造的器皿、水晶器

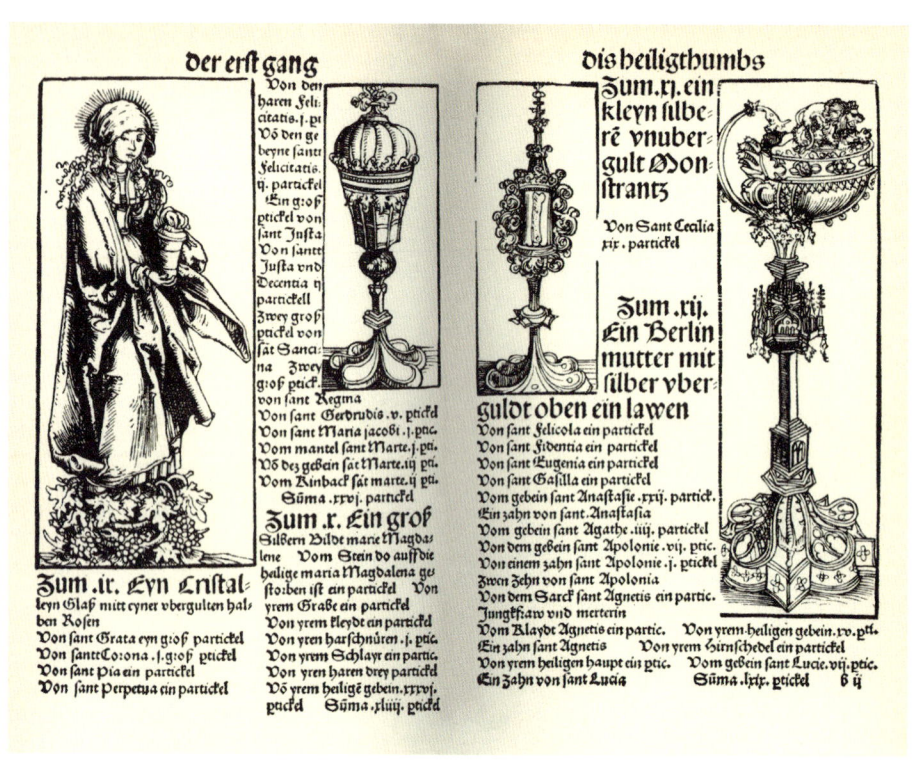

图 11 弗里德里西的藏品目录的一页

具、珍珠、宝石玉器、珠宝首饰（其中有些物品有像"三兄弟"这样的名字）、钟表、来自君士坦丁堡的异国珍宝及昂贵的手稿的陈列柜。[4] 一位参观者惊呼道："据说世界上没有任何一个地方有如此贵重的珍宝。"[5] 虽然这位公爵拥有一个世纪后出现在一座艺术收藏馆的各类藏品中的许多珍宝，但它们从未被集中放在同一房间或同一个套房里。与大多数同期宫廷珍宝一样，它们的展示只是为了炫耀，而不是向人们提供关于大千世界或个人品位的深刻见解。

本章研究探讨那些让我们更仔细地了解艺术收藏馆在概念、学术和空间上特点的其他先例。在简要介绍学者的书房和艺术工作室后，我们将探访位于梅赫伦的奥地利的玛格丽特宫、位于多瑙河畔诺伊堡的巴拉丁·奥特海因里奇伯爵的私人书房和位于巴塞尔的专业贵族"博物馆"。

书房和艺术工作室

私人书房一直以来就是静思和创作的场所。威尼斯画家维托雷·卡尔帕乔（Vittore Carpaccio）的《书房中的圣·奥古斯丁》（*St Augustine in His Study*）是他为圣乔治德利夏沃尼学校（Scuola di San Giorgio degli Schiavoni）创作的七幅画作中的一幅，描绘的是一位拉丁教会神父正在创作（图12）。[6]画中的房间到处都是任何一个人文学者朝思暮想的物品。除了书籍、文件和书写工具外，书桌上还有一只贝壳和一个小巧的金属铸铃。书桌旁边有一架大型浑天仪、若干件测量仪器和一个沙漏。一尊小铜马塑像和一尊裸女塑像，外加古董、器皿等其他物品矗立在画面左侧的长架子上，而他的图书则整齐地摆放在画面上方伸出的隔板上。侧面墙壁上装有手臂形状的烛台。在画面后部的祭坛上，摆放着一尊大型基督雕像以及各种各样礼拜用品。在隔壁的房间里，书架周围挂着几件科学和天文仪器。这幅学者书房的理想画作中包括少量天然物品、人工制品、科学仪器，以及古董的样品。卡尔帕乔在画中描绘了富有的威尼斯家庭都可能拥有的和在这座喧闹的港口城市能够买到的各类物品。

图12　维托雷·卡尔帕乔的蛋彩版画《书房中的圣·奥古斯丁》（1502—1507）

作为一个私人空间，这样的一个房间非常受追捧。1513年，佛罗伦萨思想家尼科洛·马基雅维利（Niccolò Machiavelli，1469—1527）描绘了他回到书房、坐在书桌前阅读经典著作时的喜悦。他是这样说的：

我进入古人的宫廷，在那里受到热情款待。我从容淡定地与他们侃侃而谈并询问他们如此款待我的原因，他们彬彬有礼地回答了我的问题。四个小时，我毫不厌倦，忘却了一切烦恼；我不惧怕贫困，死亡也不足以令我恐惧。古人[7]令我彻底着迷。

这间房间的物品可供人娱乐、学习和自我提升，当然这些藏品还使人产生自豪感。这间书房也是一个社交的场所。收藏在当时是一项受人尊敬的活动，能给慧眼识珠的所有者赢得声望。[8]应他或她的邀请，亲朋好友进入被多拉·桑顿（Dora Thornton）称作的"欢乐"书房，此时，它的空间和所有物品由所有人共享。[9]桑顿在这里辨别出三种关系：第一种，个人与其居住地点之间的关系；第二种，个人与其生活空间中艺术品之间的关系；第三种，个人与被允许进入其书房的朋友或艺术家之间的关系。[10]这三种关系或许不那么亲密，但也不啻为艺术收藏馆的特征。

几位意大利贵族开发出了一种更加私密的隐居所或隐蔽密室——画室或者小工作间。[11]这是一间狭小、有时无窗的家庭内室。15世纪70年代，费德里科三世·达·蒙特费尔特罗（Federico Ⅲ da Montefeltro，1422—1482）下令为他在乌尔比诺（今意大利马尔凯大区佩萨罗和乌尔比诺省的一座小山城，编者注）和古比奥（位于今意大利佩鲁贾省东北部，译者注）的两处公爵宫殿修建的画室采用错综复杂的细木镶嵌工艺制作的逼真立体画（intricate trompe l'oeil intarsia）进行装饰。[12]乌尔比诺的画室实测面积仅为12.06平方米，里面整齐排列着一排充满错觉的装饰架，架上摆放着乐器，还有一个敞开的陈列柜，柜里装满了书籍，以及一个沙漏、一个星盘和浑天仪、武器和许多其他物品。在其他储藏柜上，28幅名人的油画整齐地排列着。这些布置反映出这位领主的人文爱好以及他从中能够获得的灵感。

位于佛罗伦萨维奇奥宫（又称"旧宫"，编者注）的弗朗西斯科一世·德·美第奇（Francesco I de' Medici）的工作室（1570—1575），面积为 29.75 平方米，相较其意大利前辈（图 13），在藏品和布置方面，从本质上

图 13　位于佛罗伦萨维奇奥宫（旧宫）的弗朗西斯科一世·德·美第奇的画室

更接近于北方的艺术收藏馆。[13] 从维森佐·博尔吉尼（Vincenzo Borghini）设计的一个方案入手，吉奥尔吉奥·瓦萨里和其他大师在陈列柜和天花板上绘制了许多神话人物，包括大自然以及作为艺术化身的普罗米修斯。除他的书桌、椅子和几尊青铜雕像外，这个房间中的所有藏品都隐藏在这些紧闭的陈列柜中。弗朗西斯科（Francesco）在陈列柜中存放他的书籍、工具和大量自然标本。受老普林尼（Pliny，23—79）的《博物志》（Natural History）启发，这些标本按照材料进行排列。在其他艺术收藏馆，尤其是安布拉斯城堡，按照材料编排成为主要布置原则之一。弗朗西斯科与这些北方哈布斯堡王朝的皇亲贵族非常熟识，彼此通婚，且经常交换礼物。1565 年，作为未来的托斯卡纳（今意大利中西部行政区，昔为大公国，译者注）大公弗朗西斯科一世（1574～1587 年在位），他翻越阿尔卑斯山来到因斯布鲁克和维也纳，与神圣罗马帝国皇帝斐迪南一世（Ferdinand I）的小女儿奥地利的乔安娜（Joanna of Austria）协商婚约。当年 12 月，蒂罗尔（今奥地利西部与意大利北部地区，译者注）大公斐迪南二世护送他的侄女远赴佛罗伦萨举行婚礼。斐迪南二世和弗朗西斯科对艺术、人体以及自然界的神秘特性都有浓厚的兴趣，这在当时的精英和知识分子中非常流行。

奥地利的女大公玛格丽特及其位于梅赫伦的宫殿

奥地利的女大公玛格丽特是文艺复兴时期最著名的艺术收藏家之一。[14] 尽管在她的宫殿——位于梅赫伦镇的萨伏依宫中的许多收藏品被分散到数不清的公用和更多的私人房间中，而非集中在一个房间（图 14），但其中所展示的艺术品和奇珍异宝则胸有成竹地预见到了以后艺术收藏馆的特征。她是马克西米利安一世皇帝和勃艮第女公爵玛丽的女儿，寡居过两次。玛格丽特从 1507 年开始就出任尼德兰（勃艮第大公所统治的地区，除荷兰外，还包括卢森堡和法国东部部分地区，译者注）的总督，在她的侄子查理五世（Charles V，1500—1558）未成年时期，曾做过摄政王（1509—1515）。在 1519 年，查理五世被选为神圣罗马皇帝，他任命玛格丽特为尼德兰（尤指 1581 年之前由西班牙和奥地利统治的地区，译者注）总督和摄政王（1519—1530）。

图14　位于梅赫伦镇的萨伏依宫的庭院

　　萨伏依宫是一座小型城市宫殿，由梅赫伦镇出资修建，作为一处与玛格丽特身份相称的官邸使用。[15]除一个例外，那些在我们看来最重要的房间都位于拥抱花园庭院（图15）的南翼和西翼的二层。南翼包括玛格丽特的大图书馆，位于西南角的小礼拜堂，它也兼作宫殿的大厅。[16]在西翼，重要的房间在文件资料中被标注为第一个带壁炉的房间（餐厅）和第二个带壁炉的房间（玛格丽特的卧室），这两个大房间面对庭院。西翼临街的一面是大陈列厅（小听讲堂）；接下来是一间对开房间，通向一个盘旋楼梯，紧接着来到小陈列室，然后是一条连接西翼和玛格丽特位于街道对面圣·彼得教堂中的祈祷室的走廊，最后是金库。花园中的陈列室坐落在庭院的底层。

　　人们对玛格丽特的藏品的了解，基于1516年、1523—1524年以及1531年的藏品目录清单，其他宫廷账目，保存下来的文物精品。[17]藏品目录清单，特别是1523—1524年的清单，是按照房间排序的。从揭示出来的每个房间看，我们很难得到太多藏品展示的细节。玛格丽特是一位著名的藏书家

```
Mechelen, Hof van Savoyen
Westflügel, 1. Stock
Rekonstruktion des Wohntrakts
der Margarete von Österreich

A) chappelle
B) première chambre à chemynée
C) seconde chambre à chemynée
D) riche cabinet
E) petit cabinet
F) garderobbe
G) gallerie de la chappelle
H) Schatzkammer
I) Zugang zur Wendeltreppe
J) Zugang zur Wendeltreppe
K) Festsaal
L) Großer Empfangssaal
a) Toreinfahrt Voochstraat
b) Treppenhaus Süd
c) Innenhof mit Garten
d) Treppe an der Keizerstraat
```

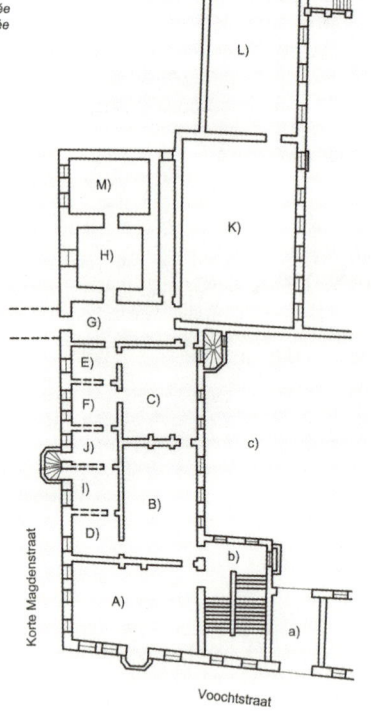

图 15 位于梅赫伦镇的萨伏依宫的平面图

和文学赞助人。她的图书馆是当时一位女贵族拥有的最大的图书馆之一，存放了她 380 份（本）手稿或书籍中的大部分。[18] 此外，里面还有一些个人及政治纪念物，如玛格丽特和她的丈夫萨伏依的菲利贝托（Philibert of Savoy，1480—1504）的大理石半身塑像、一本《马克西米利安一世皇帝凯旋门》的未装订副本、统治者的肖像画、战争油画 [例如，1525 年查理五世在帕维亚（今意大利西北部的村镇，译者注）的胜利]、古希腊雕塑品《拔刺的男孩》（Spinario）的大理石复制品以及各种玻璃和水晶制品。图书馆藏有来自中美洲的 80 件"奇珍异宝"，即阿兹特克人（墨西哥印第安人）的统治者莫克特苏马（Moctezuma，1480—1520）的财宝，是玛格丽特 1523 年从查尔斯五世那里收到的礼物，[19] 其中包括羽毛装饰的斗篷、头饰和其他服装，有些还饰有金盘；黄金、白银、翡翠和绿松石镶嵌首饰；盾牌和兵器；面罩和其他物品。那个巨大的银月亮,重约10千克,放在一面缀满繁星的蓝色帷幕后面,显然是这些宝物中最有价值的一件。在图书馆中还能看到几件"土耳其"兵器和领巾以及罕见的天然物,如江豚(sea boar,又称江猪、海猪,编者注)的巨大牙齿和两只用干草填充的海洋生物。[20]

玛格丽特的餐厅兼作一个包罗万象、跨越朝代的肖像画廊,画的是勃艮第、哈布斯堡、西班牙和英格兰都铎王朝的贵族。[21] 相邻卧室和小陈列室中悬挂的油画大多出自尼德兰大师之手,如简·凡·爱克(Jan van Eyck,1385—1441)的《阿尔诺尔菲尼肖像》(Arnolfini Portrait,1434)和《喷泉旁的麦当娜和孩子》(Madonna and Child at the Fountain,1439),特别值得一提的还有罗吉耶·范·德尔·魏登(Rogier van der Weyden,1400—1464)、迪里希·鲍茨(Dieric Bouts,?—1475)、汉斯·梅姆林(Hans Memling,1430—1494)、希罗尼穆斯·博什(Hieronymus Bosch,1450—1516)、朱斯·范·克利夫(Joos van Cleve)和伯纳德·范·奥利(Bernard van Orley,1491—1542)的画作。[22] 卧室中还有一个祭坛、一张祷告长凳、各种宗教雕像图像和两幅世界地图(mappamundi)。大陈列厅以绿色和蓝色织物作为内衬,当作她的小型听讲堂。[23] 这个房间的主要装饰品有一张银饰可折叠胡桃木展柜,两把扶手椅以及装裱在一个带有银框的折合式双连书写板中20幅由胡安·德·弗兰德斯(Juan de Flandes)所作的情意绵绵的场景。珠宝首饰、金盘银碟、其他贵重物品和传家宝存放在宝库,即珠宝间中长木凳上的九只保险箱内。[24]

挨着她卧室的小陈列厅用作她个人的密室和写作间,里面有一张覆盖着绿色天鹅绒的展柜和10套木制搁架。68件物品中的大多数,即奖章和钱币,都是小尺寸的物品,被公开展示。玛格丽特在自己的周围摆放了:雕塑,包括一尊琥珀质地圣母玛利亚塑像以及由康拉德·梅特(Conrad Meit)用黄杨木制作的玛格丽特和萨瓦的菲利贝尔的半身像;三本价值连城的祈祷书,一本为意大利作家、诗人薄伽丘(Boccaccio,1313—1375)所著,其他两本为民间文本,还有一个放在象牙器皿中的银书签;画家的写生簿和素描作品;几副纸牌;家族肖像画;奖章和钱币;还有人物半身像(图16)。比较具有

图16 康拉德·梅特用黄杨木制成的半身像作品《奥地利的玛格丽特和萨瓦的菲利贝尔》（约1515—1525）

异国情调的物品是她的瓷盘、水晶容器、黄金和白银矿样品（或许来自美洲）和一只极乐鸟。[25]

花园中的陈列室是一间在花园庭院中特意设计的展示房间，是小陈列室的扩充，存放的物品量是小陈列室的近4倍。1523—1524年的藏品目录清单按照四大类排列：纯银制品、经过装饰的作品、无银物品和珊瑚。第一类包含银烛台、瓶子、托盘、盘子、一个沙漏、一个理发师的啤酒杯、一部榨橙机、发簪、一只铸造的银制蜜蜂和一个用野生动物造型装饰的长方形箱子。第二类包括由水晶、动物角、象牙、宝石或者珍珠母打造的各种物件，它们都带有金银配件，如银架眼镜和一台书本形状的象限仪。第三类是不含银的作品，由木头、黏土、赤土和其他各种不同材料制成。玛格丽特拥有大量镀金黄铜机械钟；各种棋盘和棋子；画家简·格赛尔特（Jan Gossaert，？—1532）的油画《赫玛弗洛狄忒斯和萨尔马奇斯》（*Hermaphroditus and Salmacis*，约1520），以及他为勃艮第主教菲利普绘制的肖像画；一些小型雕塑，如康拉德·梅特的镀金铜器《亚当和夏娃》（*Adam and Eve*）和一尊象牙雕刻《托德林》（*Tödlein*）。人们可以看到玻璃瓶中的一条船、彩绘陶器中的两个苹果和一根黄瓜、被装饰的亚洲贝壳、狮身鹰首兽爪形状的动物角饮具和两只独角兽的角（独角兽是西方神话中一种虚构的生物，此角可能是独角鲸的，编者注）的碎片。第四类是珊瑚，玛格丽特拥有大约55根白色和红色的珊瑚枝，其中一些安装在岩石或石膏基座上，并被雕刻成表现耶稣受难、圣·塞巴斯蒂安（St Sebastian）殉教以及圣母玛利亚（Virgin Mary）与一位天使在一起的场景。

达格玛·艾希贝格尔（Dagmar Eichberger）评论道，奥地利的玛格丽特同她的收藏品生活在一起，对它们钟爱有加。这些收藏品通过继承、达官贵人的赠予和个人收购积累而成。[26] 她的藏品除了作为鉴赏之物、家族记忆的承载物和祈祷用品外，还反映出王侯的奢华和修养。有主要来自美洲的异国珍品、以原始采矿样品和贝壳形式出现的天然物品以及采用金、银、水晶、宝石或珍珠母制作的人工制品。她还拥有一些科学仪器和古董，但她对它们并没有太大兴趣。相反，她在宫殿内摆放了家族历代肖像、15和16世纪一些著名大师的油画、豪华挂毯和大量小型宗教艺术品。

玛格丽特的藏品命运是许许多多王侯和富有贵族的藏品命运的典型代表，这些藏品中的物件随主人的过世而散落四方。她的藏品于1531年重新清点造册，转给了神圣罗马帝国查理五世皇帝。[27] 珠宝和挂毯等高价值物品被运到了布鲁塞尔。她藏品中的大多数油画和雕塑，尽管在艺术上有较高价值，但在当时被认为值不了多少钱，在梅赫伦又多待了几年。那些没有被纳入更庞大的哈布斯堡皇室的藏品，被作为礼品赠予他人，或变卖以支付债务。

位于多瑙河畔诺伊堡的奥特海因里奇的私人书房

关于什么被视作与其他王侯或贵族的收藏不同的早期艺术收藏馆，这个问题总是不太好回答。是把奇珍异宝都集中在单独一个房间里吗？是否有一套确保与艺术收藏馆相关的标准藏品目录（天然物品、人工制品、科学仪器等）存在的检验方式或核对清单？许多艺术收藏馆——如慕尼黑的巴伐利亚阿尔布雷希特五世公爵的艺术收藏馆——并非自然形成。作为威特尔斯巴赫家族上一代成员中的一位，奥特海因里奇曾任法耳茨－诺伊堡的巴拉丁领地（Palatinate of Pfalz-Neuburg）伯爵（1505～1559年在位）和巴拉丁领地选帝侯（1556～1559年在位），他是当时最主要的文艺复兴收藏家之一。除了在多瑙河畔诺伊堡和奥特海因里奇萨堡（Ottheinrichsbau）建造自己的宫殿或海德堡城堡（Heidelberg Castle）的侧翼之外，他还收藏书籍和钱币，并因此名满天下。迪特里希·施罗（Dietrich Schro）为奥特海因里奇塑造的雪花石膏半身像，表现的是他端坐在一把装饰精美的椅子上，手里紧紧攥着一本书（图17）。[28] 巴拉丁领地图书馆最初位于海德堡的海尔盖斯特教堂（Heiliggeistkirche），在三十年战争期间，馆中藏书于1623年被当作战利品予以收缴，并送至罗马梵蒂冈图书馆。奥特海因里奇从1544年到1552年被流放到海德堡，在此期间他的顾问恢复了他损失惨重的资产；1546年，神圣罗马帝国皇帝查理五世的军队攻占多瑙河畔诺伊堡，随后发生了抢劫；1689年，法国国王路易十四的军队对海德堡进行了炮轰。因此，我们对他的藏品所知甚少。

奥特海因里奇的私人书房位于诺伊堡宫一个配殿中，是这位具有人文主

图17 迪特里希·施罗创作的雪花石膏半身像《奥特海因里奇》（约1556）

义倾向伯爵的一处个人隐居所。编制于 1557 年的藏品目录清单显示，奥特海因里奇在自己周围摆放的正是人们在早期艺术收藏馆看到的藏品类型。[29] 米里亚姆·霍尔·基尔希（Miriam Hall Kirch）恰如其分地评论道："奥特海因里奇的画室在其四壁内放置一套小型的已知世界百科全书。"[30] 这个房间与他的图书馆、货币收藏室和挂有豪华挂毯的其他房间完全不同。这份清单首先根据藏品的类型按标题排列：油画、书籍、镜子、钟表、铸造文物和铸造雕塑、大理石雕塑、骨雕、轻质材料和银器。接下来，这份清单按照存放地点记录其他藏品：在木盒内、在展柜上、在窗台上、挂在墙上、放在托架和箱子上、在展柜上方（包括挂在天花板上）以及在奥特海因里奇的信件箱中。人们不难想象，一个挤得满满的房间，里面的物件争奇斗艳，为的是博得这位伯爵或其客人的关注。

除其他物品外，这个房间特别展示了各式各样的宝石和半宝石、银粉和金粉、手工操作碾磨石、试金石、两只树蛙、挂在拱顶上的五条海鱼、各种珊瑚、一个印度琴弦枕、一只印度麋鹿的角和一对野兔。用天然材料制作的手工艺品包括珠宝、一座珊瑚山、一只骨哨、棋子、一只由珍珠母制成的天鹅以及一个镶有大大小小 33 只蛇的舌头（鲨鱼牙齿）的玄武斑岩戒指。

奥特海因里奇的收藏品包括九台钟表、若干沙漏和指南针、一个星盘及一架天平。这位伯爵是一位虔诚的炼金术士，发现诸如水银沉淀物和小玻璃瓶等类别样品就不足为奇了。16 世纪 50 年代后期，他的财务主管兼印刷工汉斯·基利安（Hans Kilian）制作了一个诺伊堡宫殿中奥特海因里奇的炼金工具的图示目录。[31] 1554 年，他委托图宾根市的菲利普·伊姆瑟（Philipp Imsser）和格哈特·埃莫瑟（Gerhard Emmoser）制作一台精密复杂的行星钟。[32] 这座钟于 1561 年完工，此时奥特海因里奇已不在人世，而这座尚存的行星钟是他所期盼的优良品质的典范。

私人书房有几件异国宝物，比如一把土耳其汤勺、几件珊瑚和一个印度琴弦枕。诺伊堡女修道院院长的胆结石、一把会飞的笤帚掸子和一条由女人的头发结成的绳索、一尊由奥特海因里奇已故兄弟菲利普（Philipp，1503—

1548）雕刻的圣母玛利亚大理石浮雕，都是这间屋子不同寻常的特征。奥特海因里奇于1521年对圣地朝圣之旅的一些纪念品或许保存在这里。他的罗马碑文浮雕和古典钱币则在诺伊堡宫的其他地方和海德堡展示。人们很难断定，这个房间中那尊年代久远、手持一根小棒的赫尔克勒斯（希腊神话中的大力神，宙斯之子，译者注）的铸像，或断了一只手的赫尔克勒斯的雕像是古代的还是现代的。奥特海因里奇有七座墨丘利〔古罗马神话中的众神的使者，相对应于古希腊神话的赫尔墨斯（Hermes），译者注〕——与化学元素汞（水银）有关的正统神灵的铸像，而水银是炼金术试验中七种关键金属之一。[33]

这个房间中唯一值得注意的家具是他的信件箱，有28个抽屉，里面装有信件、小册子和报纸，神学家、宗教改革者马丁·路德（Martin Luther，1483—1546）与其同事菲利普·梅兰克森（Philipp Melanchthon）的肖像画，版画，设计草图和一座珊瑚山（a coral mountain）。这位博学的伯爵出于兴趣和研究的需要在身边摆满了各类奇珍异宝，相比之下，如何对这个房间和其中的藏品进行归类，特别是它是否构成了一座艺术收藏馆，对人们来说已无足轻重。在奥特海因里奇生命的最后几年，他在海德堡城堡的卧室后面修建了一间类似的私密房间。[34]

巴塞尔的贵族收藏

收藏通常是大规模的。在1600年前后的几十年中，收藏由讲德语的城镇的学者和城市精英推动兴起。为了简要说明这一点，下面将集中介绍富有的城市巴塞尔。巴塞尔位于莱茵河畔，地处多条重要跨国同上线路的交叉点上，它是三位著名早期收藏家——巴西利厄斯二世·阿默巴赫（Basilius II Amerbach，1533—1591）、菲利克斯·普拉特（Felix Platter，1536—1614）和安德里亚斯安·里夫（Andreas Ryff，1550—1603）的家乡。[35]虽然他们不具有本书讨论过的那些统治者所拥有的财力，但是他们收集了独具特色的藏品，特别是天然物品或艺术品，如果把它们放在一起，无异于王侯艺术收藏馆中的藏品。由于阿默巴赫的藏品于1661年被巴塞尔市政府和巴塞尔大学收购，大部分藏品才得以保存至今。令人遗憾的是，普拉特的自然界博物馆中的藏品和里夫陈列室中那些更普通的藏品彻底消失了。[36]下面将主要介绍阿默巴赫和普拉特的私人收藏。

巴西利厄斯二世·阿默巴赫

巴西利厄斯二世·阿默巴赫是巴塞尔大学的法律教授，出身于一个贵族家庭。他的祖父老约翰（Johann the Elder，约1441—1513）是巴塞尔著名的早期图书出版商之一。[37]他的父亲波尼法修斯（Bonifacius，1495—1562），是巴塞尔大学的法律教授和第五任校长。作为一名著名的人道主义者，波尼法修斯是鹿特丹的伊拉兹谟斯（Erasmus，1466/1469—1536）的密友和唯一继承人。1560年，巴西利厄斯二世在博洛尼亚获得博士学位后返回巴塞尔。他一年后结婚，但他的妻子、儿子波尼法西奥勒斯（Bonifaciolus）和父亲波尼法修斯均于1562年离开人世。巴西利厄斯二世未再婚，全身心投入自己的事业和私人收藏。

巴西利厄斯二世从他父亲那里继承了家族宅邸凯撒施图尔庄园，它位于克莱因巴塞尔的莱茵加塞23号，该地区是横跨莱茵河两岸、上流社会居住的市郊（图18）。除了他的祖父和父亲积累起来的包括伊拉兹马斯的著作和手稿在内的图书馆之外，巴西利厄斯二世还收藏了绘画艺术家小汉斯·霍尔拜因（Hans Holbein the Younger，约1497—1543）创作的16幅油画、许多带有肖像的奖章和古钱币。由于他从1563年或1565～1591年所做的详细记录和4份藏品目录清单，他的藏品增长迅速被充分证实。[38]1585年或1587年的最后一份藏品目录清单列出了67幅油画、1900幅素描、3900件版画、2000多枚钱币和奖章、大量乐器及约1万本图书和手稿。

随着巴西利厄斯二世的收藏品的增长，其所需的空间也随之增长。1578年，新的艺术陈列馆开始建设。[39]它位于巴西利厄斯二世住宅后院中的一座两层楼房的顶层，底层是一间洗衣房。这个"新房间"大约有28平方米，窗户朝向院子，为确保安全，各种各样的锁具、门闩以及窗户栅栏一起上阵。主体建设工程于1580年完工，而马赛尼斯·吉热（Mathias Giger）制作的木制护墙和展示储藏柜两年后才完成。[40]正如巴西利厄斯二世描述的那样，

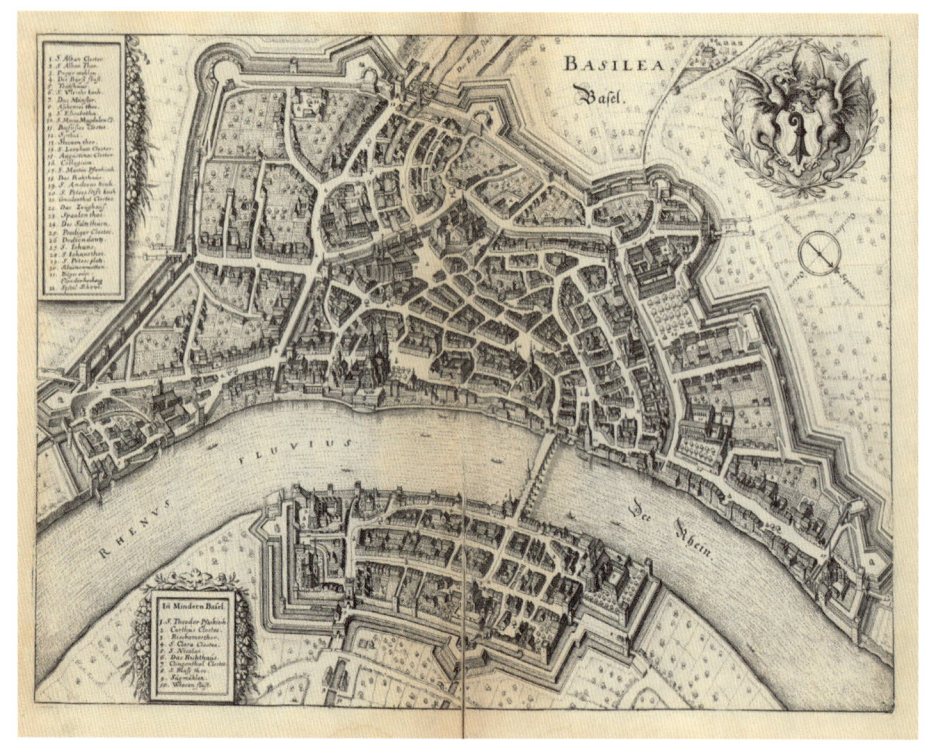

图18 马太·梅里安（Matthäus Merian）的巴塞尔平面图

"一条带有石栏杆的开放式走廊将这个房间和宅子里'我的书房或图书馆'连接了起来。"这样的布置可以让巴西利厄斯二世在图书馆和艺术陈列馆之间自由走动。由于后者没有供热，所以在寒冷的月份特定藏品可能要搬进图书馆进行检查。

据1585年或1587年的藏品目录清单，这间陈列馆有至少49幅汉斯和安布罗修斯·霍尔拜因（Ambrosius Holbein，1494—1519）、尼克劳斯·曼纽尔·多伊奇（Niklaus Manuel Deutsch）以及像老汉斯·博克（Hans Bock the Elder）和雅各布·克劳泽（Jakob Clauser）这样年代较近的画家的油画。[41] 大多数藏品储存在储藏柜和箱子里，并没有公开展示。由巴西利厄斯二世制作的钱币箱据称出自圣地兄弟会（在欧美的一种非宗教的社团组织，编者注）会员马赛厄斯·吉热之手，是这间房间中唯一保存下来的家具（图19），[42] 由胡桃木、橡木、松木、椴木、山毛榉和枫木制成。朱庇特、维纳斯和墨丘利的青铜雕像占据了箱子开敞前部的三个适当位置。[43] 它的 120 个抽屉曾存放了大约 3780 枚钱币和奖章。希腊和古罗马的钱币放在右侧抽屉，奖章放在后面抽屉，金币、小片珍珠母、宝石、多彩浮雕宝石和未切割的宝石等贵重物品则放在右侧抽屉。1576 年，巴西利厄斯二世购买了都灵萨伏依公爵的顾问卢多维奇·德穆兰·德·罗切福特（Ludovic Demoulin de Rochefort）的钱币收藏。巴西利厄斯二世收藏的一些钱币和一块马赛克碎片来自奥古斯塔·劳里卡（位于今瑞士的大型古罗马考古地点内，译者注）——巴塞尔东约 30 千米处的原古罗马殖民地遗址。1582 年，市议会启动了其古露天圆形剧场的挖掘工作。[44]

金器装满了 6 个储藏柜，每个都齐腰高，并带有 6～10 个抽屉，紧靠长长的无窗墙壁。[45] 1576—1584 年，巴西利厄斯二世购买了三家巴塞尔金匠铺的成品。[46] 他从萨穆埃尔·霍夫曼（Samuel Hoffmann）那里得到了制作各种球体的机械装置以及 175 套制作人物、动物、树叶和装饰图案的小型银制和铅制模型。萨穆埃尔于 1577 年死于腺鼠疫，年仅 22 岁。[47] 这些物品中

图 19　马赛厄斯·吉热于约 1578 年为巴西利厄斯二世·阿默巴赫制作的木制钱币箱

的大多数是16世纪早期作品，以前属于萨穆埃尔的父亲雅各布一世——一位成功的金匠和市议会议员。1578年，巴西利厄斯二世买下了约尔格·施魏格尔（Jörg Schweiger）金匠铺的许多东西，其中包括工具、金匠的草图和模型。1584年，巴托洛缪·梅里安（Bartholomäus Merian）出让了自己的金匠铺，巴西利厄斯二世又从他这里得到了许多模型、铸件、金属饰纹印模，包括78件彼得·弗律特纳（Peter Flötner）的作品和出自温策尔·雅姆尼策（Wenzel Jamnitzer, 1507—1508）作坊的其他物件（图20）。[48]这间屋子的第一个金匠的储藏柜中装有480多件工具，应验了萨拜因·索尔-陶赫特（Sabine Söll-Tauchert）的说法，即巴西利厄斯二世之所以对它们感兴趣，在于它们是手工工具——构思并制作精美金器的方法。[49]但是，这些东西被他收藏后，就再没有为制作金器使用过。不过，巴西利厄斯二世经常和画家雅各布·克劳泽一起，仿照钱币和印章制作石膏模型。至少一部地球仪于1662年被列为"出自尊贵的阿默尔巴希博士大人之手"。[50]该艺术陈列馆有两个大储藏柜，分别带有37个和20个或者22个抽屉，用来存放16世纪上半叶大师创作的平面造型艺术作品。[51]

吉热的胡桃木展柜占据房间的中央，带有两个大抽屉，存放着昂贵和奇特的物品，如一颗刻有一只独角兽浮雕的海象牙、伊拉兹马斯的私章和印章戒指、一个仿自雕刻家马丁·肖恩劳尔（Martin Schongauer, 1448—1491）版画的银制圣像牌、青蛙和蜥蜴活灵活现的银制铸件以及几块曾属于伊拉兹马斯的黄金和白银矿石。[52]第二个抽屉放置的是天然物品，有一片1492年11月7日坠落在阿尔萨斯地区（今法国东北部的地区，译者注）恩西塞

图20 温策尔·雅姆尼策及其工作室制作马德里皇家赤脚修女会（Descalzas Reales）中圣·维克托圣骨匣上的一条雕带所使用的铅制金匠模板（约1570）

姆的流星碎片、一只鹿蹄、一根象牙、一个装满各种贝壳箱子和一盏古罗马油灯。

巴西利厄斯二世的新艺术陈列馆装满了精美的艺术品,但没有对自然物品、人工制品和异国珍品中的任何一类进行集中展示。他的住宅曾是巴塞尔的著名打卡地之一。[53] 他允许外人进入他的图书馆,但很少让他们跨进艺术陈列室。1576 年 1 月 12 日,未来的巴伐利亚公爵威廉五世(1579～1597 年在位)来到巴塞尔,在人道主义者亨利-潘塔莱昂陪同下游遍全城。停下来参谒过位于巴塞尔大教堂的鹿特丹的伊拉兹马斯的陵墓之后,他们渡过莱茵河来到克莱因巴塞尔,会见了巴西利厄斯二世,并欣赏了他的收藏品。[54] 1579 年,法国议会主席、历史学家雅克·奥古斯特·德·图(Jacques Auguste de Thou,1553—1617)参观了巴西利厄斯二世的收藏。

巴西利厄斯二世的住宅和财产传给了他的外甥路德维格·艾斯林·莱因纳(Ludwig Iselin Ryhiner,1559—1612),路德维希又传给了他唯一存活下来的孩子巴西利厄斯·艾斯林(Basilius Iselin,1611—1648)。[55] 在 1661 年,巴塞尔市议会以 9000 泰勒(15—19 世纪德意志诸国使用的大银币,译者注)收购了巴西利厄斯二世的财产,以防止将它被售给阿姆斯特丹的马丁·布伦博士(Dr Martin Bürren)。他们的做法开创了城市公众艺术收藏的先河。[56] 巴西利厄斯二世的收藏品在 1771 年之前一直保存在凯泽施图尔(Kaiserstuhl)的家宅中,当年出于防火的考虑,被转移到了巴塞尔大教堂广场上的米克宫(Haus zur Mücke)里,其中的藏品于 19 世纪中叶被分给了本地博物馆和巴塞尔大学。

费利克斯·普拉特

巴西利厄斯二世·阿默巴赫和费利克斯·普拉特是亲密的朋友,他们共同的爱好是音乐和收藏。由于三个姐姐死于腺鼠疫,普拉特在蒙彼利埃大学学医,之后成为巴塞尔大学的医学教授和一名内科医师。[57] 他在位于圣彼得广场附近的私人宅邸恩格尔庄园〔Haus zum Engel,后来称为萨姆森庄园(Haus zum Samson)〕修建了一个著名花园,园内有一个植物标本室,以及多种罕见的植物、鸟类和其他动物。在老汉斯·博克于1584年为普拉特所画的肖像画中，普拉特的两侧分别是一棵橙子树和一张摆放其他水果和马铃薯的展柜（图21），[58] 普拉特手捧其最新出版的《人类的结构和功能》（*de corporis humani structura etusu*，1583）。他身后经典的废墟暗含他对奥古斯塔·劳里卡古迹遗址的痴迷。宅邸中有两间专用陈列室，分别展示天然物品和艺术品，两间陈列室附带一间书房和两个配备有蒸馏装置和工具的车间。

普拉特最著名的收藏品是天然物品。1554年，他在蒙彼利埃将一个装满贝壳和海洋生物及一副老鼠骨架的箱子运送回家，这副老鼠骨架是他亲自制作的。1565年，他获得部分康拉德·格斯纳的天然物品和植物插图。普拉特的朋友伦沃德·齐塞特（Renward Cysat）是一位卢塞恩（现为瑞士度假胜地，译者注）的药剂师，他曾提到，在1585～1586年和1612～1613年

图21　老汉斯·博克绘制的帆布油画《费利克斯·普拉特》（1584）

他两次拜访普拉特期间，普拉特的收藏量翻了一番多，欣赏他的全部收藏需要花费一个多礼拜的时间。据齐塞特的描述，第一个房间存放来自天空、陆地、海洋与河流的生物，以及来自本地区但同样奇形怪状的动物和难得一见的东西。这些收藏中有许多"之前从未见过"的珍稀藏品，如1577年在卢塞恩州赖登发现的一头猛犸象的部分身体。[59]《费利希斯－普拉泰利药典》（Suppellex medica Felicis Plateri）曾经由49卷构成，书中都是版画、素描及压平在羊皮纸上的植物。[60]一个带有60个抽屉的储藏柜装有矿物和石块，以及果实，大约800种木材、药草、坚果、蘑菇、树皮在内的植物和源自人和动物身上的某些东西。[61]普拉特的第二个房间存放他的藏书、异国服装（例如印度的鞋子）、许多外国神像、古董及他的钱币收藏。[62]他拥有一块船体残骸，来自"金鹿"号（Golden Hind）——该船为1577～1580年英国探险家弗朗西斯·德雷克（Francis Drake，1540—1596）环球航行用船。目前，有关他的艺术品收藏的具体信息还不太多。[63]

他的遗产传给了他同父异母的兄弟托马斯二世·普拉特，而托马斯二世将大部分钱币、金光闪闪的金器和其他收藏品廉价出售，这样他就可以在靠近克莱因巴塞尔的贡德尔丁根（Gundeldingen）购买房产。由于他的后裔在接下来的两个世纪中变卖了剩余藏品，普拉特的收藏品现已几乎荡然无存。1822年，巴塞尔药剂师希罗尼穆斯二世·伯努利（Hieronymus Ⅱ Bernoulli）将《辅助药物》（Suppellex medica）的若干卷赠送给了巴塞尔城市图书馆。

正如阿默巴赫和普拉特，当时的学者和商人都有一个共同的愿望，那就是拥有大自然和人工技艺所创造出的各种奇迹。阿默巴赫和普拉特一旦得到藏品，特别是矿物、生物和植物样本以及钱币和奖章，便将它们按照种类、时序或来源地进行系统排序。他们个个知识渊博，都痴迷于自己的收藏，事无巨细总是亲自过问，还专设了存放藏品房间。两人都欢迎客人来访，不过普拉特显然比阿默巴赫更加乐此不疲，而且还时常收取门票费。[64]1579年，雅克·奥古斯特·德·图到访并参观了普拉特的收藏，一年后，法国哲学家和散文家米歇尔·德·蒙田（Michel de Montaigne，1533—1592）也造访此处。到访过的客人包括与他职业相同的人，如伦沃德·齐塞特，以及包括乌尔利希·冯·蒙特福德（Ulrich von Montfort，1574 年）和女伯爵巴巴拉·冯·祖尔茨（Barbaravon Sulz）在内的贵族圈中的熟人。直到 18 世纪，参观者仍源源不断参访普拉特的宅邸。

后来一些到访巴塞尔的参观者也前去参观历史学家、画家和法律教授雷米吉乌斯·菲斯奇（Remigius Faesch）的收藏（1595—1667）。[65] 为装下其大量藏书和其他藏品，菲斯奇教授于 1653 年购买了位于圣彼得广场上一幢带花园的大房子（有继承产权的房子）。位于二层的三个展室存放有天然物品、文物古董、人工制品、异国珍宝、盖世奇观和科学仪器，构成了一个真正的艺术和奇观展厅。[66] 艺术家约阿希姆·冯·桑德拉特（Joachim von Sandrart，1606—1688）对他的收藏大加称赞。[67] 菲斯奇教授的访客留名簿记录了显要参观者的名字和参观日期，不伦瑞克-沃尔芬比特尔的安东·乌尔利希公爵（Duke Anton Ulrich，1685～1714 年在位）于 1655 年就到此一游。[68] 随着菲斯奇博物馆声名渐起，雷米吉乌斯·菲斯奇的后裔不断对其扩建，直到 1823 年被移交给巴塞尔大学为止。阿默巴赫和菲斯奇的收藏品构成了该市几座公众博物馆的核心。

第3章
维特尔斯巴赫家族与慕尼黑艺术收藏馆

一座在整个欧洲不仅罕见而且独特的博物馆

以上这句话是普洛斯彼罗·维斯孔蒂（Prospero Visconti）于1578年5月参观完慕尼黑艺术收藏馆之后所作的评价。[1] 维斯孔蒂是巴伐利亚公爵阿尔布雷希特五世（Albrecht V，1550～1579年在位）在米兰的一位艺术品代理商，他的这句话当时可能只被当作一句夸张的奉承话。不过，同时代的其他一些信息来源，也支持了他的这一评价。维斯孔蒂花了两天时间从头到尾浏览了慕尼黑艺术收藏馆的藏品。他是一位知识渊博、见多识广的参观者，能够鉴赏出所见藏品的美学优点、艺术价值、相对价格以及稀有性（如条件允许）。维斯孔蒂可能还辨认出了他所购买的藏品。我们今天不知道哪些收藏品引起了他的注意，或者他对这些收藏品的保存和展示是如何看待的。他被允许在整个艺术收藏馆里自由走动，还是更有可能在一位博学且熟悉藏品的保管人的引导下进行参观呢？

虽然我们只能对维斯孔蒂的这次参观情况进行推测，但是慕尼黑艺术收藏馆中藏品的稀有性和独特性在1598年约翰浸礼会教友菲克勒的详细藏品目录清单中有所记载。[2] 这份目录清单有3407个条目，总共涵盖6000余件藏品，不包括大量私人收藏的版画、素描和硬币，也不包括奥地利的公爵夫人安娜的玩具小屋中各种微缩制品。菲克勒的藏品目录清单从头到尾条理清晰地记录着藏品，从中我们知晓它们始于西北角的展示情况。[3] 这种排列布置能与现在尚存的艺术收藏馆建筑物的结构相当精确地匹配。大约有430件（也可能有600～800件）原来保存在该收藏馆中的藏品幸存了下来。[4] 总而言之，这一证据证明，阿尔布雷希特公爵与他的儿子威廉五世（Wilhelm V，1579～1597年在位）建立了欧洲首批规模宏大的艺术收藏馆之一。当然，后者的作用并不十分显著。

阿尔布雷希特五世公爵（Albrecht V）

尽管维特尔斯巴赫家族声称他们有神圣罗马帝国维特尔斯巴赫王朝路易四世皇帝（Emperor Ludwig Ⅳ，1314～1347年在位）的血统，但其作为一个主要统治势力并占据优势地位则是在16世纪。该家族的阿尔布雷希特出生于1528年，父母是威廉四世公爵（Wilhelm Ⅳ，1508～1550年在位）和玛丽·雅各芭·冯巴登（Marie Jakobäa von Baden）。[5] 他在英戈尔施塔纳（Ingolstadt，在巴伐利亚中部多瑙河畔，译者注）接受教育。威廉四世没有后裔的弟弟巴伐利亚的兰茨胡特－施特劳宾（Bavaria Landshut-Straubing，1516～1545年在位）公爵路德维希十世（Ludwig Ⅹ）死后，这个公国分开的两部分又重归统一。1546年，阿尔布雷希特与奥地利的安娜结婚，安娜是斐迪南一世（FerdinandⅠ）——波希米亚和匈牙利国王（1526～1564年在位）以及后来的神圣罗马帝国皇帝（1558～1564年在位，不列颠百科全书中认为1556～1564年在位）的女儿。与奥地利哈布斯堡家族的联姻对阿尔布雷希特非常有利，大大增强了他的雄心壮志。他是一名虔诚的天主教徒，自从《奥格斯堡宗教和约》（Peace of Augsburg，1555）[6] 签订后，就致力于在所管辖的公国内强化对忏悔的认同与笃信作为自己的法律权利。

阿尔布雷希特和安娜喜爱音乐、艺术和奢华生活。汉斯·米利希（Hans Mielich）在公爵夫人安娜1552年装潢华丽、图片丰富的《珍宝书》（图22）[7] 卷首对开微缩画中，描绘了公爵夫妇下国际象棋的情景。在1557年7月3日，巴伐利亚地方议会因公爵大手大脚地挥霍和使用公国的资金而向他提出警告：

此外，本议会也应该提醒各位，在获取千奇百怪的奢侈品方面，公爵大人阁下不应效仿这里的市民和商人，因为这些商人偏偏绞尽脑汁引导各位伟

图 22 汉斯·米利希绘制的羊皮画《下国际象棋的阿尔布雷希特公爵和公爵夫人安娜》（1552）

大的统治者、选帝侯和诸侯得出这样的结论：由于他们的挥霍和铺张，他们必须筹措资金来维持其显赫和奢侈。[8]

这段文字显现出来议会特别关注阿尔布雷希特追求"千奇百怪的奢侈品"的品位，矛头直指他作为一位收藏家所从事的活动。议会官员们责备市民和商人的情趣误导了阿尔布雷希特和其他的贵族。5天后，在公爵的授意下，汉斯·雅各布·福格尔（Hans Jakob Fugger）严厉地斥责了议会。福格尔是一个奥格斯堡的商人和图书收藏家，当时已向阿尔布雷希特就他的收藏提供建议，1565~1575年，他长期担任巴伐利亚宫廷图书馆的馆长，这是一个非常高级且博学的职位。[9]那时，地方议会的委员们几乎并没有意识到阿尔布雷希特的雄心以及他的收藏范围将在今后几年中扩展到怎样的程度。阿尔布雷希特的资金常常捉襟见肘，不过这未能减缓他大兴土木的计划和购

买收藏品的步伐。

阿尔布雷希特的几座新建筑

阿尔布雷希特和安娜于1569年一起到访安娜在维也纳的娘家之行，显然给公爵留下了深刻的印象，因为不久之后，公爵最重要的艺术工程就动工了。一份1558年的报告首次提及在霍夫堡宫（Hofburg，亦译胡浮堡）修建一座艺术收藏馆。霍夫堡宫位于维也纳的哈布斯堡王室的宫殿群中，[10]这个艺术收藏馆是一座相对比较朴素的二层建筑，毗连城堡巷上旧城堡西北侧的新舞厅楼，而城堡巷则是通向奥古斯丁回廊的通道（图23）。[11]

此前，神圣罗马帝国皇帝的少量收藏品存放在霍夫堡宫外的一处排屋里。[12]1563年，这座新的艺术收藏馆正式成为哈布斯堡王室宫殿群的一部分。对它的修缮以及二层的附加建设一直持续到马克西米利安二世（Maximilian II，1564～1576年在位）和鲁道夫二世（Rudolf II，1576～1612年在位）的

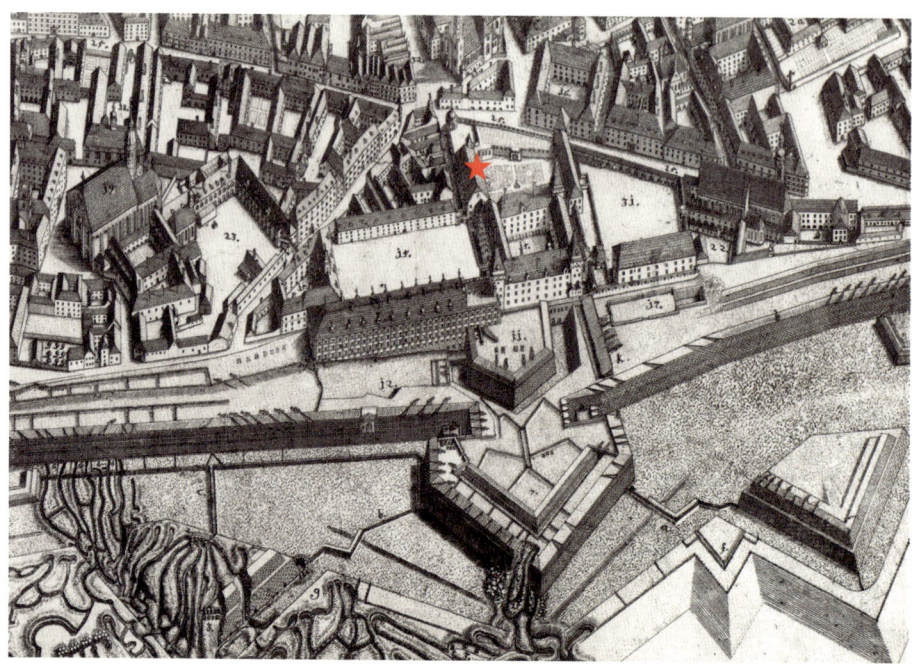

图23 丹尼尔·祖廷格（Daniel Suttinger）绘制的《霍夫堡宫的鸟瞰图》（bird's-eye view of the Hofburg）

统治时期。斐迪南一世建造的艺术收藏馆被誉为德语地区首座博物馆，但如今已几乎荡然无存。

16世纪60年代，阿尔布雷希特在位于慕尼黑的宫殿群的王宫里建立4个独立的机构：艺术收藏馆、珍宝馆、文物馆和宫廷图书馆。在1565年，公爵及夫人在新韦斯特（Neuveste）的银塔内建立了珍宝馆，作为一个存放王朝王权标志、珠宝和其他贵重物品中最重要、最有价值宝物的安全稳妥的储藏室，其中一些物品在法律上被指定为不可剥夺的维特尔斯巴赫家族财产。[13] 1568年，位于艺术收藏馆与天主教圣方济会修道院旧花园中新韦斯特之间的文物馆开始规划。它宽阔的大厅有798.49平方米，是北欧第一座无支柱独立式文物陈列馆，也是文艺复兴建筑中最令人难忘的典范之一（图24）。[14] 该文物馆由雅各布·斯特拉达（Jacopo Strada）与伯纳德（Bernard）和西蒙·茨维策尔（Simon Zwitzel）合作设计，于1572年竣工。1566年，阿尔布雷希特花费了6000枚奥地利金币购买了汉斯·雅各布·福格尔的父亲雷蒙德·福格尔（Raymund Fugger）的文物收藏品。1566~1570年，作为维也纳皇家宫廷古文物收藏者和建筑师的斯特拉达，代表阿尔布雷希特购买了罗马和威尼斯的其他古典雕塑，其中包括安德烈亚·洛雷当（Andrea Loredan）的著名收藏品。公爵的文物收藏品中包含大约230个头部雕像、104尊雕像和小雕像、72件浮雕、140尊青铜像和3293枚硬币，当时约合27138枚奥地利金币。[15] 这些藏品中有许多最后都存放到了公爵的艺术收藏馆里。历代神圣罗马皇帝和其家人的半身塑像——常常是古代碎片和现代修补的结合，沿艺术收藏馆长廊的侧壁一字排开。为了增强艺术收藏馆富丽堂皇的效果同时提升它作为宴会大厅和庆典大厅的功能，公爵威廉五世下令，将大厅的地面降低，并在墙上和天花板上绘制了精致的怪诞图案和寓意画。[16]

1558年，阿尔布雷希特建立了新的公爵图书馆，还买下了巴伐利亚兰茨胡特东方学者约翰·阿尔布雷希特·魏德曼斯泰特（Johann Albrecht Widmannstetter）的藏书。随着公爵大量购买图书，尤其是于1571年购买了汉斯·雅各布·福格尔的藏书，公爵的图书馆拥有约1.7万卷藏书，一跃成

图 24　雅各布·斯特拉达、伯纳德和西蒙·茨维策尔设计的艺术收藏馆

为神圣罗马帝国最大的图书馆。[17]1571 年，他的图书馆搬到了艺术收藏馆的楼上。

慕尼黑艺术收藏馆及其构造

艺术收藏馆的设立早于珍宝馆、文物馆和图书馆。1563 年，阿尔布雷希特下令在旧宫（Alter Hof）和新韦斯特之间的位置，建造一座大型新颖、独立无柱的石制建筑物（图 25）。[18] 这座 3 层楼的建筑物，从 1807 年起成为众所周知的皇家造币厂，由围绕一个中央庭院的 4 座带拱廊独立翼楼组成。[19] 新马厩占据了底层，能容纳 200 匹马，马具室和马厩主管及其 1 名助手的住处都在 2 层。2 层其余部分，则是阿尔布雷希特的艺术收藏馆。尽管这座建筑物于 1567 年建成，但它的内部装修，包括展台和展柜的制作，一直持续到 1579 年春季。阿尔布雷希特将此处称作"我们的艺术收藏馆"（unnser Chunnstchamer）。[20] 尽管将马厩与艺术收藏品混放在一起似乎怪怪的，然而这种安排体现了当时人们对珍贵马匹的高度重视。如此混搭也同样出现在因

图25 慕尼黑从前的马厩和艺术收藏馆（1563—1567），后为老造币厂

斯布鲁克的安布拉斯城堡（Schloss Ambras）、布拉格、德累斯顿和1591～1593年的卡塞尔（Kassel，今德国东部城市，译者注）的宫殿群中。[21]

如果要进入该艺术收藏馆，可以走位于马厩院子西北角的门廊，即前厅。另外，跨越街道的拱廊通道直接将艺术收藏馆建筑物西侧的二层向北与新韦斯特、向南与旧宫连接起来。雅各布·桑特纳（Jakob Sandtner）制作的慕尼黑模型完成于1571年，最初在公爵的艺术收藏馆里展出，它提供了该宫殿群不同部分连接的早期最佳视图（图26）。[22] 这样，居住在新韦斯特的阿尔布雷希特就能从容不迫且悄无声息地观赏自己的收藏品。慕尼黑的艺术收藏馆在结构上比维也纳的要大得多。因为慕尼黑艺术收藏馆的建筑是不太规则的四边形，所以尽管建筑内所有空间统一都是7米宽、5米高，但是每个侧翼的长度不尽相同。北翼最长，被分成相互毗连、长约35米的房间，在东北角则是约10米长。[23] 一位德国贵族弗里德里希·冯·多纳（Friedrich von Dohna）于1592年参观了慕尼黑的艺术收藏馆，他评论道："在这幢建筑中，人们有可能一圈圈不停地走下去，因为它没有被内墙阻断的地方。"[24]

图 26　慕尼黑王宫和马厩的局部，截取雅各布·桑特纳于1571年用椴木制成的慕尼黑模型（后来做过修改）

全部 4 个侧翼构成了一个面积约 1200 平方米的统一空间。

我们对这个空间得以了解要归功于洛伦茨·泽利希（Lorenz Seelig）所做的详细研究，是他首次将菲克勒的藏品目录清单与现存空间以及 1807 年这座建筑物被改造（图 27）时安德烈亚斯·格特纳（Andreas Gärtner）所绘制的平面图进行了比较。[25] 在泽利希的平面图中，标记各大展台的数字编号（1 ~ 43）以及字母（A ~ D）表露出菲克勒所指定的标签。他用小字体另行增加了独立编号（1 ~ 99），并与他为识别不同陈列的一般藏品所制作的图例标识联系在一起。本书以下的评述，主要是依据菲克勒的藏品目录清单的 2004 年抄本和一流的两卷注释版以及随附的 2008 年论文集。[26]

阿尔布雷希特和访客一穿过前厅，即刻就走进了长长的北屋。这里的展品布置从头到尾保持一致。至少有 43 个展台沿中轴线的一侧一字排开。据泽利希粗略估计，每张展台上能看到 20 ~ 120 件藏品，它们或被储藏在展台下锁闭的盒子和箱子中。入口附近立着一个淡灰色的大展示柜（展台 1 号，泽

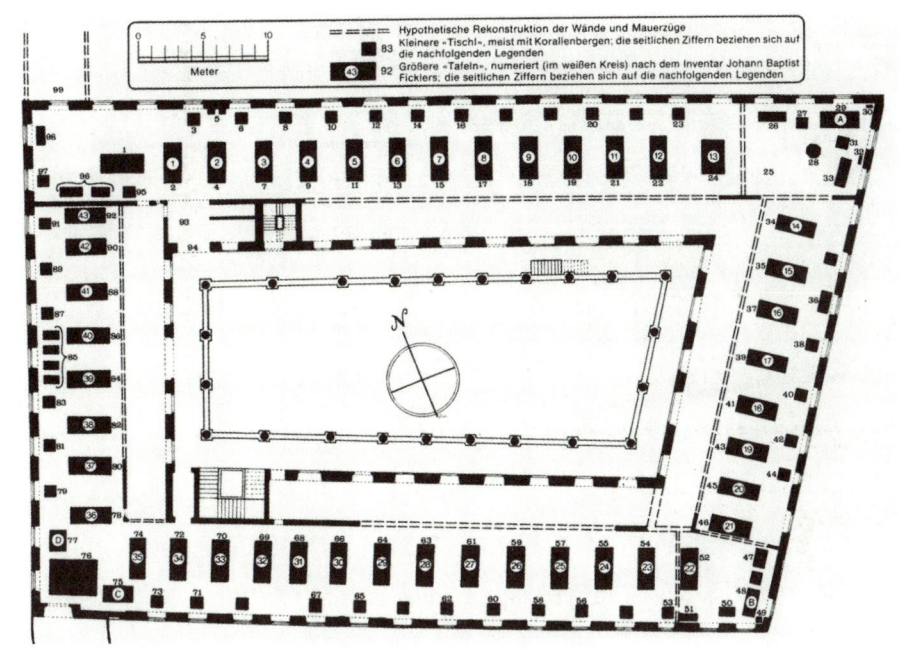

图 27 慕尼黑艺术收藏馆的平面图，带有图例

利希 2 号），有 74 个抽屉，装有雕刻、木刻和绘画。[27] 展示柜顶上是一个用玻璃罩住的盒子，里面装着一个微缩山景和一座城堡、一片载有船只的湖面和一些动物，包括部分由稀有珊瑚和小石子制作的鹿。较小的展台被放置在每扇外飘窗内侧的下面。墙壁则用肖像画、镜子和猎获的动物加以装饰。两个摆放小件文物、青铜器和其他雕塑的搁架沿每个侧翼的内墙或天井院墙排列。[28]

对参观者来说，第一眼印象一定是目不暇接，无论他们身在何处，都能看到大量吸引眼球的藏品。这是数量、品质和多样性的展示。不过，要找出其布置藏品的基本原则仍然困难重重。最有可能的情况是，与安布拉斯城堡不同，这样的原则就从未完整地存在过。试图将阿尔布雷希特的艺术收藏馆中藏品的布置方式与他的宫廷图书馆馆长萨穆埃尔·奎切伯格的理论联系起来的种种说法，不能令人信服，他只是听从了后者关于收藏何物的泛泛之谈。正如泽利希注释的那样，尽管不是很严格，但艺术收藏馆的藏品也能分为 10 个种类：与巴伐利亚有关的和与维特尔斯巴赫家族有关的藏品、具有异国情调的藏品、天然的及增强了艺术魅力的天然品、人造物品、科学仪器、微型景观和小型物品、纪念品、绘画、雕塑和古文物。[29] 也许我们最好把这看作一个包含各类物品的大型收藏,强调的是阿尔布雷希特的气派、他对领土的认同,在更广泛的意义上说,是他的审美品位。该艺术收藏馆中的很多藏品是从慕尼黑宫殿的其他部分和其他城镇的贵族住宅区转移过来的。一份1565~1566年的宫廷记录显示,8辆四轮马车将31个大箱子从兰茨胡特市的贵族住宅区运送到慕尼黑。[30] 尽管箱子里装的东西没有被列出,但车队可能运送的是各种类型的艺术品,包括绘画以及一位热心赞助人路德维希十世公爵所拥有的其他珍贵物品。

菲克勒的1598年藏品目录清单还记载了阿尔布雷希特和威廉五世的各种活动,是这些藏品的主要资料来源。它是一份静态文件,适时记录了公爵及后来的选帝侯马克西米利安一世(1597~1651年在位)在位伊始的某一特定时期的收藏。目录中的文字并没有解释慕尼黑艺术收藏馆演变发展的过程,因此它在16世纪70年代或80年代看上去能有多么不同。泽利希、彼得和多萝西娅·迪默(Dorothea Diemer)以及其他学者貌似有理地认为,藏品的排序和外观反映了阿尔布雷希特及其顾问的决定。威廉五世增加了许多肖像画和其他藏品,其中一些来自"我年轻时的艺术室"(Mein Junge Kunst Kamer),是存放在兰茨胡特市特劳斯尼茨城堡(Burg Trausnitz)中他自己的藏品,这些藏品一直存放到1579年他继任父亲的爵位并移居慕尼黑为止。[31] 新公爵让人将72个箱子运往慕尼黑。然而威廉五世并没有对慕尼黑艺术收藏馆进行任何后续布置或概念方面的明显改变。

参观慕尼黑艺术收藏馆

人们也许会在慕尼黑艺术收藏馆丰富多样的藏品中人眼花缭乱,更有可能感到精疲力竭。数千件藏品甚至塞满了4个相当宽敞的侧翼,多接待一位参观者都是挑战。除非由公爵或者一位保管人在一条确定的路线上轻松愉快地加以引导,否则参观者将面临多重抉择:从哪里开始、朝哪个方向走、应予特别关注的藏品有哪些等。在开始探究那些堆积在展台上或隐藏在许多展示柜和箱子中的藏品之前，艺术馆的豪华气派及藏品会给参观者留下深刻的印象。阿尔布雷希特，也许还包括像菲利普·海因霍夫这样的人，有大把机会进入这座或其他艺术收藏馆，除他们之外，大多数参观者既不可能尽览所有藏品，也不可能对遇见的藏品想看多长时间就看多长时间。这些都是今天任何参观现代博物馆的人都会遇到的常见问题。

参观始于西北角。进入慕尼黑艺术收藏馆之前，参观者要穿过天井院楼梯旁一间拱形前厅。其墙壁贴有 8 幅著名宫廷小丑（中世纪贵族家中或宫廷内供人娱乐的弄臣，译者注）的肖像画，包括汉斯·米利希（Hans Mielich）绘制的《默特尔·维茨》（Mertl Witz，1545），画中的主人服侍过威廉四世（图 28）。[32] 一幅现在已遗失的画家、雕刻家阿尔布雷希特·丢勒（Albrecht Dürer，1471—1528）的油画肖像十分醒目地悬挂在慕尼黑艺术收藏馆的大门上，[33] 据目录记载，这幅画是由奥格斯堡的画家、雕刻家汉斯·布克迈尔（Hans Burgkmair，1473—1531）创作的。首先映入参观者眼帘的不同风格的藏品有两尊陈列在大门上方用白色大理石制作的克莱奥帕特拉（Cleopatra）和马克·安东尼（Mark Antony）浮雕；一个大海龟壳，壳中间是被海豚和其他海洋生物包围着的海神尼普顿（Neptune）的黄铜塑像；描绘一位席地而坐的土耳其妇女与一位骑着马的土耳其苏丹苏莱曼一世（Süleyman the Magnificent，1594—1566）的油画。[34]

这个前厅中陈列的藏品让人们渴望对源自古代遗迹、异国土地和自然界的奇迹先睹为快。宫廷小丑的肖像画暗示艺术收藏馆作为休闲、娱乐、收获惊奇、进行探索之处的重要性。[35] 布克迈尔绘制的肖像画可能只是收藏者对拥有丢勒肖像画的所有权的骄傲展示，因为丢勒的作品在 1598 年的藏品中比比皆

图 28　汉斯·米利希的油画《默特尔·维茨》（1545）

是。[36]因此，马克西米利安公爵不遗余力地收集到了与这位纽伦堡艺术大师有关的更多油画、版画以及其他艺术品。[37]

步入慕尼黑艺术收藏馆后，参观者看到的是一系列全身肖像画，首先映入眼帘的是蒂罗尔的大公斐迪南二世（Ferdinand II）以及他的妹妹的肖像画。他的妹妹是奥地利的埃莉诺拉（Eleanora），即曼托瓦（Mantua）公爵古列尔莫（Guglielmo）的妻子。[38]威廉五世公爵又在这个系列中增添了一些肖像画。[39]第一个特大展示柜（泽利希1号）中装有大量书籍、手稿、版画和油画，由于这些藏品的内容，它们才被存放在这里，而不是宫廷图书馆里。如果要研究阿尔布雷希特存放在慕尼黑艺术收藏馆内其他地方的硬币收藏，人们可以查阅雅各布·斯特拉达、埃内亚·维科（Enea Vico）和亚伯拉罕·奥特柳斯（Abraham Ortelius）所著各种有关古罗马硬币的手抄本和书籍。[40]有些卷册上有罗马及其古典建筑的版画，另一些卷册则是关于古代战争和兵器的。这个展示柜中装的下列藏品格外引人瞩目：乔凡尼·巴蒂斯塔·丰塔纳（Giovanni Battista Fontana）写的有关罗慕路斯和雷穆斯（Romulus and Remus）的过往经历（1573—1575）；著名人物的肖像画；不同宗教场景画，包括丢勒刻制的《耶稣受难的小木版画》（*Small Woodcut Passion*）；各种金饰图案；剑术、射击、烟火和书法方面的书籍；绘有水生动物的油画和版画；服装；表现比赛的画作；表现胜利场面的画作；地理学家杰拉杜斯·墨卡托（Gerardus Mercator，1512—1594）的《地图集》（1569）的副本以及彼得·韦纳（Peter Weiner）的《巴伐利亚的地图》（1579）。[41]展示柜内还有14本建筑学方面书籍，包括古罗马作家、建筑师和工程师维特鲁维乌斯（Vitruvius）、利昂·巴蒂斯塔·阿尔贝蒂（Leon Battista Alberti）、塞巴斯蒂亚诺·塞利奥（Sebastiano Serlio，1475—约1554）以及安东尼奥·拉巴科（Antonio Labacco）的专著。菲克勒用特定艺术家的名字命名艺术品，特别是像希罗尼穆斯·科克（Hieronymus Cock，1510—1570）、丢勒、弗吉尔·索利斯（Virgil Solis）、约斯特·安曼（Jost Amman，1539—1591）和弗兰·赫根贝格（Frans Hogenberg）的艺术家。一本黑色全皮面精装卷册中全是丢勒的刻画艺术作品，包括一幅以他本人的肖像画为特色的卷首插画。[42]

在毗连的展台的上面，有一个前面曾经提到过的大箱子，有74个抽屉，里面装满了版画和素描作品。菲克勒将这个展台贴上了1号标签（泽利希2号）。地图和书籍可以在2号展台（泽利希4号）查阅。这个展台的上面是一座珊瑚山，卡戎（Charon，希腊神话中厄瑞玻斯和夜女神之子，在冥河上摆渡亡魂去阴间的神，译者注）在他的小船里，两只海豚陪伴左右。[43] 3号展台（泽利希7号）摆放的是诸如犹太教割礼仪式上使用的一把包皮环切小刀和五花八门的东方金属灯具和器皿。[44]

4号展台（泽利希9号）的特色是"印度"（印第安）藏品，品类包括从巴西的戒指和项链到中国的漆器盒子和杯子、西非的象牙勺子、由一片巨大植物叶子制成的色泽艳丽的东亚扇子以及各式各样非欧洲本土兵器。[45]几十枚带有肖像的勋章，包括带有雷蒙德·福格尔的、萨穆埃尔·奎切伯格的和安德烈亚·多里亚（Andrea Doria，Andrea Doria，1466—1560）的肖像勋章以及约100个栩栩如生的蜥蜴、蟾蜍和毒蛇的铸件，在这个展示柜的抽屉里都有一席之地。慕尼黑艺术收藏馆藏品的总体布置和具体摆放的动机不是很明确，有可能只是让人吃惊。在窗子旁边一个高大箱子下的地面上是展现采矿场景（图60）的另一座矿山。[46]这里的藏品主打此类由岩石、矿石、水晶和珊瑚制作而成的缩微景观。在这个大箱子的上面，放置了几对畸形鹿角，这是诸多自然变态的一种，却令阿尔布雷希特及其同代人神魂颠倒、欲罢不能。[47]这个大箱子旁边的窗子下面的墙上，有一块黄色的大理石，尺寸约为5130平方厘米，也许来自一件古文物。[48]在这扇窗户临近的柱子上挂有一面水晶墙镜，配有华丽的镜框。[49]

艺术收藏馆北翼的这部分，收藏了大量自然奇观，如环绕一个马刺长出的一截木头，一棵从一只动物头盖骨中发芽的树，分别长有4只眼睛和3只眼睛的两头牛犊的头部，两幅暹罗连体双胞胎的绘画，还有一幅一个畸形儿的绘画。[50]参观者还会看到一个雕刻精美的木制头骨，上面刻有"你们，经过这里的所有人，等等"（O vos omnes qvi hic transitis. etc.）；一尊亚克托安（Actaeon，又译为阿克特翁，希腊神话中著名的狩猎者。因无意中窥见狄安娜女神沐浴，被她变成牡鹿，被自己的50条猎犬追逐撕碎，译者注）陶俑小雕像；装有《公爵夫人安娜的珍宝书》（Kleinodienbuch of Duchess Anna）等书籍和绘画的另一个展示柜；几尊半身雕塑像，如一尊用象牙雕刻而成的塞内卡（Seneca，古罗马哲人）的半身雕塑像；4个素描卷轴，均系模仿罗马图拉真（Trajan，约53—117，罗马皇帝，98～117年在位）纪念碑上的浮雕。[51] 两条体内装有填充物的大鳄鱼（18只工装鞋长）和一个大乌龟壳吊在天花板上。[52] 侧墙挂满了各类艺术品，尤其值得一提的是教皇、红衣主教、皇帝和英雄豪杰的肖像画。[53] 在艺术馆北翼的第1～4个窗子和第6～11个窗子上方的壁龛里，装有从罗马帝国第一代皇帝奥古斯都（Augustus，前63—14）开始的10位皇帝的石膏半身雕塑像的圆壁龛。[54]

艺术收藏馆的东北角是一个宽敞明亮的展览空间。[55] 在它的中央（泽利希28号）是一个在佛罗伦萨制造的八角形大理石展台。[56] 展台旁，一个有4层搁架的大展示柜（菲克勒A号，泽利希29号）装有金匠打造的昂贵的镀银物件和用水晶和其他矿物制成的各类器皿。[57] 一只精致的大口水壶和一个水盆大约于1565年在米兰用天青石（lapis lazuli）制作，上面有金、镀银、绿宝石、红宝石和钻石等装饰物，矗立在展示柜上面（图

图29 约1565年在米兰由天青石制成的大口水壶，饰有金、镀银、绿宝石、红宝石和钻石

图30 约1565年在米兰由天青石制成的水盆，饰有金、镀银、绿宝石、红宝石和钻石

29、图30）。[58] 这样的艺术品在当代的博物馆里常常被人们忽视，但它们的材料和精湛的工艺在当时是最被看重的。这些收藏品也远比公爵藏品中大多数绘画和雕塑贵得多。有些银制器皿摆放在一个略小的展示柜（泽利希33号）上，或放在展示柜的抽屉里。[59] 在两个方形展台上（泽利希27号和31号），展示着一对来自斯里兰卡岛上科特王国（Kotte，现为斯里兰卡的立法首都）的象牙首饰盒，其中一个是阿尔布雷希特于1566年从福格尔家族购得的（图31）。[60] 这里所看到首饰盒上雕刻的象牙浮雕，呈现的是1542～1543年，锡兰使节在里斯本觐见葡萄牙国王若昂三世（Joao Ⅲ）的场景。黄金、红宝石和蓝宝石沿首饰盒的边缘和顶部填补了象牙质地的动物和植物图案。一把标注为波斯人的马刀和刀鞘挂在这个角落（泽利希30号）的墙壁上，[61] 旁边是一张由天青石制成的长方形展台（泽利希31号），上方有一幅装在水晶封面中的油画，画的是维纳斯和丘比特。[62]

这个长方形展台上还摆放有各种各样由水晶、碧玉和其他半宝石雕刻琢磨而成的器皿，其中包括加斯帕罗·米塞罗尼（Gasparo Miseroni）的米兰工坊制作的碗，以及一只由瓦伦丁·德劳希（Valentin Drausch）、海因里希·瓦格纳（Heinrich Wagner）和汉斯二世·门特（Hans Ⅱ Ment）制作的酒杯，其形状是一头开枪射击的熊（图54）。[63] 1611年，菲利普·海因霍夫在参观慕尼黑艺术收藏馆期间特别提到过一面装饰华丽的大镜子（泽利希32号）。他说，在东侧的各个窗户之间，"你能在其中看到这个艺术收藏馆中的

图31 约1543年在斯里兰卡由象牙制成的首饰盒，饰有金子、红宝石和蓝宝石

图32　汉斯·穆尔特舍尔大约于1430年在巴伐利亚制作的巴伐利亚索伦霍芬灰岩雕刻

一切，包括你自己和的其他藏品"。[64]

慕尼黑艺术收藏馆其他3个侧翼同样到处都是艺术和自然奇迹，与处于统治地位的维特尔斯巴赫家族有关的物品在整个展馆中比比皆是。除了无数不同材料制作的半身雕像外，参观者还能看到阿尔布雷希特的一个兵器石膏铸件和汉斯·穆尔特舍尔（Hans Multscher）制作的巴伐利亚索伦霍芬灰岩（Solnhofen limestone）模型（约1430），是为路德维希七世（1365—1447）公爵从未建成的坟墓制作的。坟墓原本计划建在巴伐利亚英戈尔施塔纳的"圣母玛利亚"（Unserer Lieben Frau）教堂中（图32）。[65]参观者能够看到阿尔布雷希特的母亲雅各芭的衣服、威廉四世在路德维希十世葬礼上戴的孝帽以及他的祖父阿尔布雷希特四世的结婚戒指。[66]阿尔布雷希特五世的象牙拐杖用金箍、珐琅和一颗多彩浮雕宝石进行装饰，拐杖把手上还装有一个指南针，很有可能由亚伯拉罕一世·洛特（Abraham I Lotter）或乌尔里希·埃伯尔（Ulrich Eberl）的奥格斯堡工坊在1570～1575年精心制作而成。[67]当然，最奇特的家庭遗物非萨尔茨堡大主教（1540～1554年在位，泽利希87号）、巴伐利亚的厄恩斯特（Ernst of Bavaria）的胆结石莫属。这颗胆结石是奥格斯堡的城市医生本尼迪克特·弗雷塞尔（Benedict Fressl）于1550年为大主教做外科手术时取出来的，[68]它重约40克，展示的同时还配有一段文字，描述了手术过程以及向执刀医生支付1000枚奥地利金币的情况。胆结石和肠胃结石，不论来自人体、山羊、羊驼或其他动物，都被认为具有解毒药性。[69]结石是大多数艺术收藏馆中常见的展品。

巴伐利亚的或与巴伐利亚有关的藏品与5个展台（泽利希74～78号）一起，被集中放在西南角。阿尔布雷希特委托巴伐利亚施特劳宾的细木工匠雅各布·桑特纳制作了慕尼黑（1571）、带有城堡的英戈尔施塔纳（1572）、兰茨胡特（1571）、施特劳宾（1568）以及布格豪森（约1574）的非常精致的椴木模型。每座城镇都是一所公爵大宅邸（图33）所在地。[70] 这些模型是幸存下来的最古老城市模型，都基于精确测量和建筑物的正确比例制作而成。慕尼黑的模型为186厘米×200厘米，为了将城市的某些变化——如新建的圣迈克尔（St Michael）耶稣会教堂和王宫（Residenz）中新增加的宫殿包括其中，曾于17世纪做过修改。[71]

35号展台（泽利希74号）上摆放着一个在"女人岛"上曾拟议修建的城堡的模型。女人岛是巴伐利亚东南部基姆湖（Chiemsee）中的一座岛屿。[72] 这个模型与亚历山德罗·帕斯夸利尼（Alessandro Pasqualini）制作的下莱茵地区利希（Jülich）的一个木制城堡模型并列摆放。该城堡在当时被认为牢不可破。[73] 这个展台下的4个抽屉，是在任何地方常常将毫无关联的藏品兼收并蓄地混放在一起的生动范例。[74] 这些抽屉中装着非洲与东方的服装、东亚的纺织原料以及中国与日本的绘画，还有一条足以装下5个男人的裤子。在慕尼黑艺术收藏馆的具有历史意义的精彩藏品中，有法国国王弗朗索瓦一世佩戴的一把用双手挥舞的剑和他曾穿过的刺绣背心。1525年[75]，神圣罗马

图33　雅各布·桑特纳于1571年用椴木制成的慕尼黑的模型，后来又做过修改

帝国皇帝查理五世在帕维亚战役中击败他时，他穿的就是这件背心。在附近墙上悬挂着弗里德里希·哈格瑙尔（Friedrich Hagenauer）在椴木上绘制的菲利普·冯·德·普法尔茨（Philipp von der Pfalz）公爵的肖像画。普法尔茨公爵是巴伐利亚弗赖辛（Freising）的亲王主教（Prince-Bishop，兼任主教的公国君主，1498～1541年在位），也是维特尔斯巴赫家族普法尔茨分支的一员。[76]

展台C（泽利希75号）陈列的是一个位于布格豪森设有防御工事城堡的模型。角落处是一条六腿支撑起的长木板（泽利希76号），上面摆放着慕尼黑、英戈尔施塔纳和兰茨胡特的模型。它的下面是一个英戈尔施塔纳防御工事的单独模型，《马克西米利安一世皇帝的凯旋门》被装裱在画布上，而且肯定可以折叠。[77]

这组展台中最后一个展台（36号，泽利希78号）摆放有菲利普·阿皮安（Philipp Apian）和约斯特·安曼（Jost Amman）雕刻的用于印制1568年《巴伐利亚地图》（Bairische Landtafeln）的木刻印版。[78]1554年，阿尔布雷希特委托一位英戈尔施塔纳教授阿皮安制作一幅巨大的巴伐利亚地图。阿皮安走遍整个公国，进行了详细测量，运用三角学，使用自己的直角器标杆（Jakobsstab）进行计算。雅各标尺是一种保证测量精度的工具。[79]原图由巴特尔梅·雷芬格（Barthelme Refinger）绘制在40张单独纸上，完成于1563年。尺寸为6米×6米，制图比例为1∶45000，地图被挂在宫中的图书馆里。[80]之后，阿皮安与约斯特·安曼合作，制作出一个比例尺为1∶144000的图册版本。24幅详细的木板印刷图的每一幅都描绘了公国的某一部分地区，图册的边框上全是城镇、其他政治阶层和贵族的徽章和标志（图34）。阿皮安于1589年去世，一年后，威廉五世从这位数学家的遗孀那里获得绝大多数木刻印版，并存放进慕尼黑艺术收藏馆。彼得·韦纳和格奥尔格·魏克曼（Georg Weickmann）于1579年制作的镌刻版与原始铜版一起，被储存在慕尼黑艺术收藏馆西北角的书柜（泽利希1号）中。[81]

东南角展示的是一些新奇之物。桑特纳制作的模型使人们能够直观地了解巴伐利亚公国的主要城镇。凭借鸟瞰的有利位置，参观者在俯瞰每个城镇

图34 菲利普·阿皮安、沃尔夫·施特劳斯和约斯特·安曼于1568年制成的巴伐利亚地图

  的独特布局的同时，还能观察到它们的街道、教堂、房屋、公爵宅邸，突出建筑物和防御工事的各个细节。

  过去一个国家的概念通常仅以一个徽章或一张地图上的线条表示，现在被赋予了真实存在。这些模型连同阿皮安制作的地图，无论在图书馆中还是在本书中以印刷品的形式出现，都呈现出一个准确、可实际测量的巴伐利亚。这些模型和地图为人们提供了巴伐利亚公国的有形的形象，而这一形象完美地补全了在艺术收藏馆中阿尔布雷希特和他的家族的政权形象和王朝形象。威廉五世增加了两个用索尔恩赫芬（Solnhofen）石灰石制作的展台，第一个用一幅巴伐利亚地图装饰，第二个由卡斯帕·冯德尔西特（Kaspar von der Sitt）于1591年制作，除巴伐利亚的徽章标志外，还展示有乐谱和太阳系行星的标记，顶部摆放着各类乐器。[82]

徜徉于慕尼黑艺术收藏馆，在某种程度上会有一种惊喜或意外收获之感。从微小到巨大，各类藏品应有尽有。例如，沿东翼内墙即天井墙，是公爵夫人安娜的玩偶之家，是她委托家具制作工匠沃尔夫·格赖斯（Wolf Greiss）和另外7位手艺人于1558年修建的。[83]这间屋子摆放了数百件家居用品和几十个住在不同"房间"的小人。房间里的所有东西都以微缩模型的形式呈现，为人们打开了一扇了解巴伐利亚宫廷生活的最佳窗口。宫廷中到处都是雕刻出的公爵和夫人的形象。菲克勒仔细清点了这座4层高玩偶之家的每个房间，并编制出物品清单。例如，底层的马厩有一个马舍，里面有3匹木马，第一匹马上还坐着一位骑手，马鞍和其他马具挂在墙上。马厩中还有一间牛舍，里面有三头奶牛、一头牛犊以及一个正在搅拌奶油的挤奶女工。这个被详细记录的玩偶之家是已知最早的玩偶之家之一，很可能毁于1632年瑞典军队对慕尼黑王宫的劫掠，或1674年慕尼黑王宫中发生的一场火灾。[84]一个建造于1639年、现位于纽伦堡的简易玩偶之家向人们提供一个一般概念：这些不同的房间和其中的家具有多么复杂，复制它们需要付出何等精力与细心（图35）。[85]

对于公爵夫人安娜的玩偶之家，人们须慢慢地仔细欣赏其所有错综复杂的局部，然而对于矗立在慕尼黑艺术收藏馆东南角的那头大象（图36）[86]来说，情况就大不相同了。苏莱曼（Soliman, Süleyman）是生活在里斯本皇家动物园中一头大象，在未来的神圣罗马帝国皇帝马克西米利安二世大公及其妻子西班牙的玛莉亚（Maria of Spain）于1551年赴伊比利亚（Iberian）半岛旅行期间，这头大象被赠送给了他们。赠送人很可能是葡萄牙国王若昂三世（1521~1557年在位）和王后奥地利的凯瑟琳（Catherine of Austria），她是马克西米利安二世的姑母。这头大象跟随马克西米利安二世及其一行人马从马德里抵达巴塞罗那，然后乘船至萨瓦（Savoy，法国东南部地区，与瑞士、

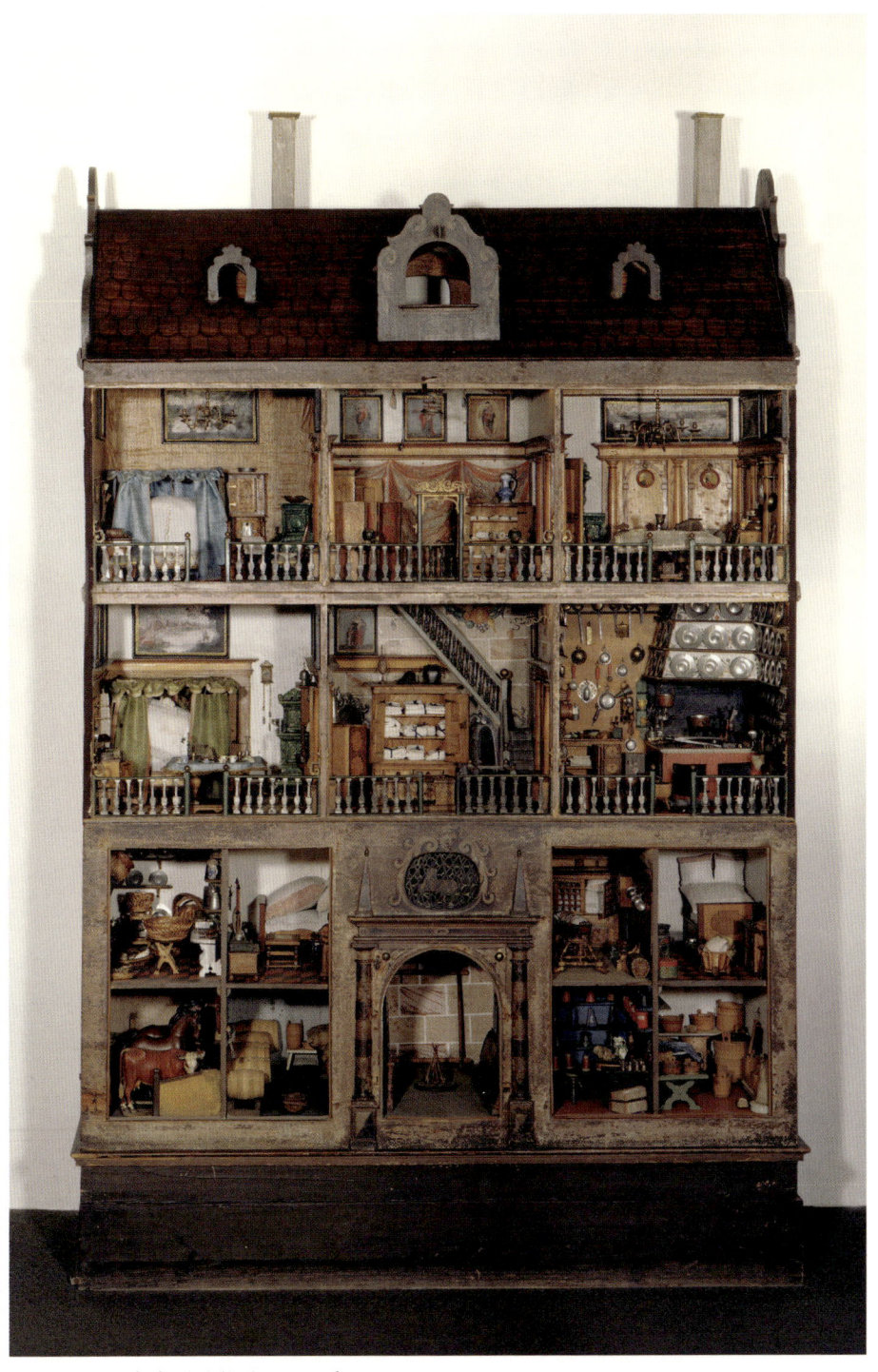

图 35　1639 年木制结构的玩偶之家

意大利接壤，1860年后并入了法国，译者注），接着穿过意大利北部并翻越阿尔卑斯山脉到达因斯布鲁克（Innsbruck）和哈尔（Hall），之后，继续乘船沿因河（Inn）和多瑙河（Danube）顺流而下前往维也纳，抵达日期为1552年3月6日。一年多以后，大象苏莱曼于1553年12月18日死在它生活的巴伐利亚凯撒埃伯斯多夫（Kaiserebersdorf）帝王动物园中。马克西米利安二世请人用一些象骨制作了几把椅子，而象皮则被填充上干草，陈列在凯撒埃伯斯多夫帝王动物园中。1572年，马克西米利安二世将这头大象送给了阿尔布雷希特，也许是因为1552年大象沿因河顺流而下经过瓦瑟堡（Wasserburg）时，阿尔布雷希特公爵曾表现出对它爱如珍宝。大象苏莱曼随即被放置在慕尼黑艺术收藏馆中，1637年被转移到军械库前一直摆放在那里。苏莱曼的身体下面陈列着一根象牙。[87]

慕尼黑艺术收藏馆的众多藏品向人们展示了大千世界的各种自然和人造的奇迹，令阿尔布雷希特及其同代人欲罢不能。除其他自然珍品外，展示柜和大箱子中还装有珍贵的宝石、石陨石、珍珠、珊瑚、贝壳、独角鲸角和犀牛角，其他陆地动物的牙齿、足、骨骼、肠胃结石，鲸鱼鳍，海洋动物化石，椰子及鸵鸟蛋等。馆中有不少自然奇迹，如一个产自福希海姆（Forchheim）城外、邻近艾希施泰特（Eichstätt）的一棵果树上的苹果。这棵

图36 大象苏莱曼（1553年死亡），1928年被移至拜恩州（巴伐利亚州）慕尼黑的国家博物馆时拍摄

苹果树在圣诞节当日既开花又结果。又如从天而降的谷物（谷物雨）制成的面粉和面包。这场谷物雨于1570年6月14日神奇地飘落在布劳瑙（Braunau am Inn）和普法尔基兴（Pfarrkirchen）。[88]

人们可以在整个慕尼黑艺术收藏馆中明显感受到艺术与自然的融合。各种原料经娴熟工匠之手转变成了崭新实用物品和美学杰作。水晶、半宝石、椰子和各种木头被雕刻成各种杯子、盘子、碗和其他器皿。[89]其他一些藏品由贝壳或动物部分器官制作而成。温策尔·雅姆尼策制作的大口水壶（16世纪40年代），由一只可能来自南亚或东亚的精美蜗状海螺壳与镀银、珐琅支架巧妙结合而成，摆放在6号展台（泽利希13号，见图37）上。[90]把柄的形状是一只拖着一条长蛇尾的半身美人鱼，蛇尾在末端分成两叉。底座被制作成一只攻击蜗牛的鹰，这只蜗牛缓缓爬行在几条缠绕在一起的蛇撑起的一片叶子上子。这些蛇，也许还有这只蜗牛，是实物大小的铸件，这是雅姆尼策的拿手工艺之一。[91]尽管在严格意义上这只水壶有实用性，但它被珍视为这位纽伦堡著名金匠将自然与艺术想象力完美结合而产生的奇迹。10号展台（泽利希19号）摆放有一只蜘蛛以及若干青蛙、螃蟹、蛇、蜥蜴、贝壳和植物的银铸件，它们与珠宝和小型金属和雕刻品存放在一起。[92]

欧洲、非洲以及亚洲象牙陈列在若干展台上。3只塞拉利昂萨皮（Sapi）的盐罐、葡萄牙管控下的出口市场各种产品、3头来自尼日利亚南部卡拉巴尔（Calabar）的"印度"象，以及3把来自斯里兰卡的扇子（其中一把形状像一只孔雀），是这些藏品地理多样性（图78）的最好例证。[93]这些展台上还有各种象牙器皿、许多多面体和一把匕首的柄，以及选帝侯萨克森的奥古斯

图37　温策尔·雅姆尼策于16世纪40年代用蜗状海螺壳制作的《海螺水壶》，饰有镀银和珐琅

（Elector August of Saxony，1553～1586年在位）制作的两个象牙酒杯和一对盘子。包括阿尔布雷希特、威廉五世和马克西米利安一世在内的很多贵族经常在车床上练习车削象牙的技艺。[94] 根据几何学原理将原料转变为车削成品所需要的对细节的追求与专注，被誉为是小心谨慎的一种实体形态，能够培养王公贵族更好地进行统治。1574～1585年，著名的米兰车工乔凡尼·安布罗焦·马焦雷（Giovanni Ambrogio Maggiore）经常光临慕尼黑，1585年辅导过12岁的马克西米利安。慕尼黑王宫中有一间特别装备的象牙车削工坊。尽管菲克勒编制的藏品目录清单提到了两尊石膏浮雕铸像（包括阿尔布雷希特制作的表现亚里士多德的浮雕铸像和马克西米利安用白蜡制作的一匹马的浮雕铸像），但却没有记载任何由维特尔斯巴赫家族统治者制作的象牙制品。[95]

埃尔克·布约克（Elke Bujok）根据菲克勒的清单对慕尼黑艺术收藏馆的人种志藏品进行了研究，鉴定出的930件藏品是欧洲以外的，这当中不包括自然物品。[96] 她指出，由于缺乏或不掌握藏品来源和功能的正确知识，要确定藏品的准确地理来源面临种种挑战。布约克将240件藏品归类为来自东亚，170件归类为来自土耳其，140件归类为来自近东（除土耳其以外的其他近东地区或国家，编者注），120件归类为来自撒哈拉沙漠以南非洲，90件归类为来自美洲，90件归类为来自南亚，20件归类为来自俄罗斯和北极，60件归类为来源不明。[97] 从一个日本漆器写字柜到一件中国瓷器、从印度和斯里兰卡的象牙箱到一个刚果的编织篮，以从一套土耳其茶具到来自各大洲的服装［包括来自拉普兰（Lapland，北欧地区，包括挪威、瑞典、芬兰北部及俄罗斯欧洲部分西北端，译者注）的毛皮靴子］，这些藏品包罗万象。[98] 大多数美洲藏品来自巴西东部和墨西哥，包括带羽毛的头饰、缠腰布和围裙。[99] 天主教宗教用品，包括一顶主教法冠、一幅三联画和四个做成羽毛马赛克图案的精美便签，都来源于西墨西哥米却肯州普热佩贾（图138）。[100] 参观者可以看到，米斯泰克人（Mixtec，居住在墨西哥南部的印第安部落）、阿兹特克人（Aztec，墨西哥印第安人），也许还有印加人（Inca，又译印卡人，南美印第安人的一个部落）的小雕像和面具，包括摆放在30号展台

（泽利希 66 号）上的一个金属铸造的"一尊有魔鬼脸的神像"（*ein Abgötisch Teuffelsgesicht*）的面具。[101]

新世界（New World，指西半球或南、北美洲及其附近岛屿）珍宝中最珍贵的是一枚 15 世纪来自"白山"的米斯泰克人的金戒指和一部 1350 多年前米斯泰克人的手抄本，全书共 52 页，画满了各种人物和象形文字（图 38）。[102] 打开手抄本，所有页面合起来的长度是 13.5 米。书中的画面讲述的是世界的起源、诸神的崛起和米斯泰克人的贵族，以及约公元前 720 年至约 1350 年之间的各种历史和宗教事件。该手抄本在被征服后的历史最早可以追溯到埃尔南·科尔特斯（Hernan Cortés，1485—1547，西班牙入侵墨西哥的殖民者），他有可能是从瓦哈卡的一座庙中抢走它的。1519 年，他将其呈献给了西班牙国王查理五世，后来查理五世把它送给了葡萄牙国王伊曼纽

图 38　1350 多年前的米斯泰克人的手抄本

尔（Emanuel），伊曼纽尔国王又将它送给了红衣主教朱利奥·德·美第奇［Giulio de' Medici，即罗马教皇克莱门特七世（Pope Clement Ⅶ）］。1534年，这个手抄本从这位教皇手中传给了红衣主教伊波利托·德·美第奇（Ippolito de' Medici），一年后又传到了红衣主教尼古劳斯·冯朔姆贝格（Nikolaus von Schomberg）手里，1537年作为他的遗产转给了他以前的秘书约翰·阿尔布雷希特·威德曼施泰特。1558年，阿尔布雷希特公爵获得了威德曼施泰特尔的藏书。1632年5月，该手抄本遭瑞典军队掠夺，之后又转经其他3位所有人之手，其中包括1677年或1678年落在了神圣罗马帝国皇帝利奥波德一世（1658～1705在位）的手里，终于在1705年来到维也纳皇家图书馆。

慕尼黑艺术收藏馆展示的科学仪器相对较少，主要有日晷仪、观象仪、浑天仪、四分仪和其他测量仪器，还包括几件由奥格斯堡克的克里斯托夫·席斯勒（Christoph Schissler，约1531—1608）制作的铜制天文装置和便携式日晷仪。克里斯托夫·席斯勒是欧洲著名的精密仪器制作人之一。[103] 阿尔布雷希特将大多数地球仪存放在了图书馆中。[104] 慕尼黑艺术收藏馆所展示藏品中的一个明显例外是一对7厘米高的象牙球体，球体装在由黄金和珐琅制作的支架上，架子装饰有珍珠垂饰，可能是16世纪70年代在纽伦堡制作的（图39）。[105] 这对地球仪和天球仪将那个时代的魅力用高超技艺和科学知识以微缩形式精湛地呈现出来。这张插图显示，爪哇（Java，印度尼西亚南

图39 16世纪70年代由象牙制成的天球仪和地球仪，饰有黄金和珐琅

部的大岛）就在赤道下方，而南亚则在赤道上方。

古代和当代青铜小雕像、灯具和其他物品摆放在慕尼黑艺术收藏馆西侧和北侧墙壁的支架上。[106] 大多数伊特鲁里亚（Etruscan，意大利古国）和古罗马青铜器来自阿尔布雷希特于1566年收购雷蒙德·福格尔的收藏。一些被编入古董目录的塑像实际上是16世纪帕多瓦（Padua）和威尼斯制作的仿古青铜器。最引人注目的德国青铜塑像作品是《折树枝者》（*Branch Breaker*），表现的是一位劳动者单腿跪地，双手紧紧抓着一根葡萄藤或树干（图40）。[107] 这尊青铜雕像，高36.8厘米，制作于1490年，当初可能想把它当作一个小型喷泉的基座，被认为出自纽伦堡的亚当·克拉夫特和老彼得·菲舍尔（Adam Kraft and Peter Vischer the Elder）之手。一幅16世纪中叶的绘画显示，这个男人曾跪在（或正想要跪在）一块金属铸造的土地上，地上有岩石以及青蛙和蜥蜴的铸件。[108]

大量绘画占据了人们的视线。超过750幅绘画，其中大多数为肖像画，挂满整个慕尼黑艺术收藏馆的墙面。[109] 除提到过的绘画外，身着荷兰服装的女人的画像挂在远端东墙和南墙的窗户旁边。其中有好几幅毛发奇多的女人的肖像画，包括劳芬（Laufen）的玛格丽特·莱希纳（Margret Lechner）的肖像画，画中的她长着胡须，上半身裸体。[110] 南翼展出的主要是小汉斯·舍普费尔（Hans Schöpfer the Younger）绘制的43幅宫廷女子的画像。[111] 描绘著名古典和近代作家，如但丁（Dante，约1265—1321，意大利佛罗伦萨诗人）、弗朗西斯科·彼特拉克（Francesco Petrarch，1304—1374，意大利学者、诗人和早

图40 亚当·克拉夫特和老彼得·菲舍尔的青铜塑像《折树枝者》（约1490）

期人文主义者，与但丁一起被称为文艺复兴之父）和薄伽丘（Boccaccio，意大利诗人）的绘画挂在西翼远端的窗子周围。

慕尼黑艺术收藏馆拥有许多神圣罗马帝国在文艺复兴时期的绘画，其中一些现在收藏在古代绘画博物馆（Alte Pinakothek）中。1528～1540年，威廉四世和雅各芭（Jakobäa）委托画匠绘制一组分为两部分的系列画，要他们描绘改变历史的古代英雄的丰功伟绩。[112] 他们在慕尼黑王宫旁的新花园中修建的乐趣宫（Lusthaus）用这整套系列画进行了装饰。许多绘画，特别是汉斯·布克迈尔（Hans Burgkmair）、大小约尔格·布罗伊兄弟（Jörg Breu the Elder and the Younger）、巴特尔·贝哈姆（Barthel Beham）和路德维希·雷芬格（Ludwig Refinger）的绘画，于16世纪后期被转移到了慕尼黑艺术收藏馆的东翼。其中最著名的一幅画是阿尔布雷希特·阿尔特多费（Albrecht Altdorfer，约1480—1538，与同时代的阿尔布雷希特·丢勒齐名）于1529年绘制的《亚历山大大帝与大流士三世国王在伊苏斯的战役（公元前333年）》，在这场战役中，画中的马其顿统治者战胜了画中的波斯国王大流士三世（Darius Ⅲ of Persia，前380—前330），将波斯军队赶出了地中海东部（图41）。阿尔特多费的这幅画让最初的观众联想到来自土耳其帝国苏丹苏莱曼一世的威胁。他的军队征服了匈牙利，只是1529年围攻维也纳失败后才被击退。一位苏丹——很可能是苏莱曼的肖像画，悬挂在慕尼黑艺术收藏馆的前厅。[113] 菲克勒在目录清单中按照丢勒、布克迈尔、阿尔特多费和汉斯·米利希的顺序将每幅画列出。[114] 阿尔布雷希特的父亲威廉四世获得了这些神圣罗马帝国绘画的绝大部分。

尽管在16世纪最后三分之一的时间里主要王公贵族的收藏品快速增加，但阿尔布雷希特五世的艺术收藏馆的规模和藏品种类依然出类拔萃。很显然，他对自己的成就非常满意，这可以从他不遗余力地收集藏品并偶尔引导参观者穿行于艺术收藏馆的各个侧翼得到证明。萨穆埃尔·奎切伯格或他的论文对公爵的影响究竟有多大？对这个问题没有明确答案。事实上，阿尔布雷希特拥有奎切伯格所列出的理想收藏品的全部种类。或许这种影响是逆向的，即慕尼黑艺术收藏馆的最初始阶段影响到了奎切伯格的论文。参观者

图 41 阿尔布雷希特·阿尔特多费绘制的板面油画《亚历山大大帝与大流士三世国王在伊苏斯的战役（公元前 333 年）》（1529）

很难看出奎切伯格所提出的系统布置藏品的方法被当作慕尼黑艺术收藏馆的一个指导原则，因为藏品的布置以及相互的位置是阿尔布雷希特和他的助手自己设计的。对展台、书桌、展示柜、搁架、墙面和天花板的精心安排和使用，他们表现出了一种要使藏品展示取得协调一致效果的努力，使得4个侧翼具有前后连贯和条理清晰的直观景象。各类藏品一般是很宽泛地按材质进行归类的，然而绝不是对一切藏品都按材质分类，就如同象牙被分散到许多不同的位置摆放所表明的那样。

没有证据表明阿尔布雷希特曾经仔细考虑过在藏品分类上体现微观世界与宏观世界是怎样相关联的，他也没有考虑过对奎切伯格提出的各项意见应该累计付多少费用，或者考虑过他的收藏会怎样能使他成为一位更好的、学识更渊博的统治者。然而这位公爵确实充满了好奇心，不单单只是想着要获得藏品。他的几封有关想要寻求来自非欧洲地区藏品的信，显示出了他对更广阔世界的强烈兴趣，就像他本人的肖像画能帮助他找到在历史和他同时代政治格局中的位置一样。阿尔布雷希特还委托要寻求巴伐利亚的地图和巴伐利亚一些主要城镇的模型。这些地图和模型无疑使他受益匪浅。艺术收藏馆用它那似乎装满了无数自然和人造珍宝的丰饶角（cornucopia，丰饶的象征，在希腊神话中是指哺乳宙斯的羊角，其形状是装满花果及谷穗表丰饶的羊角状物），激起人们好奇的心。

保管人、代理人和礼物

在慕尼黑艺术收藏馆的发展过程中，阿尔布雷希特和后来的威廉五世是仰赖于一个庞大的网络，这个网络是由代理人、合伙人和亲戚，以及艺术家、图书馆管理专家和其他有熟练技能的专家构成的，他们起到了作为公爵收藏品保管人的作用。[115] 马克思·福格尔，特别是汉斯·雅各布·福格尔在奥格斯堡家族跨国公司的办事处的帮助下，到处去寻找稀有的艺术品，例如那些来自美洲、非洲和亚洲的富有异国情调的艺术品，通过里斯本、塞维利亚（西班牙西南部港口）和安特卫普港运抵欧洲。[116] 汉斯·雅各布·福格尔是阿尔布雷希特宫廷图书馆的馆长，从1570年开始任宫廷的内臣，在帮助发展和形成公爵的收藏品的过程中起了重要的作用。在他加入为阿尔布雷希特公爵服务的工作之前，雅各布·斯特拉达和萨穆埃尔·奎切伯格也都为福格尔工作。奥格斯堡的商人安东·梅廷（Anton Meyting），常驻在西班牙，1562～1582年先后帮助了阿尔布雷希特和威廉五世两人。[117] 在1571年和1572年，公爵指示他去寻找适合的艺术品。梅廷旅行到里斯本去寻找珍品，在1577年，他短暂地返回巴伐利亚公国，为公爵带来5幅印第安的绘画。克里斯托夫·赫尔曼（Christoph Hörmann）和尼古劳斯·黑勒（Nicolaus Heller）是福格尔家族公司在马德里的代理商或代表，也偶尔提供帮助。阿尔布雷希特和威廉五世两人派遣了一名奥格斯堡的商人安塞尔姆·施特克尔（Anselm Stöckel）到西班牙，后来他成了宫廷官员。在1581年5月，他带回了"来自印度的两个偶像"以及一把扇子。[118] 他们在几个意大利的城邦都有代理人和代表，包括在热那亚、米兰、罗马和威尼斯。[119] 红衣主教奥托·特鲁克泽斯·冯·瓦尔德堡（Otto Truchsess von Waldburg）是奥格斯堡的亲王主教（Prince-Bishop，1543～1573年在位），从1568年开始长期居住在罗马，也帮助阿尔布雷希特为文物馆和艺术收藏馆获得了各种古文物。[120] 在特鲁克泽斯死后，红衣主教克里斯托福罗·马德鲁措（Cristoforo Madruzzo，1512—1578）接任了这一角色。

很多艺术品来自礼物。在1562年，西班牙国王菲利普二世（Philip Ⅱ）的儿子卡洛斯（Carlos，1545—1568），送给阿尔布雷希特一张来自印度西部古吉拉特邦（Gujarat）的珍珠母展柜。[121] 阿尔布雷希特经常从他和妻子的亲戚那里寻求并收到藏品，这些亲戚也包括在西班牙的哈布斯堡王室成员。[122] 在1569年，神圣罗马帝国的侍从管家和巴伐利亚的贵族大卫·冯坦贝格（David von Tannberg）送给阿尔布雷希特两把东方短剑和另一把来自北非的短剑，作为他艺术收藏馆的藏品。[123] 同年，丹麦国王弗雷德里克二世（Frederick Ⅱ，1559～1588年在位）赠送了一个精心制作的帆船模型及对模型特征的描述。[124] 1576年7月，当阿尔布雷希特在巴伐利亚雷根斯堡（Regensburg）参加神圣罗马帝国的帝国议会（diet）时，来自莫斯科的一个代表团向他赠送了一些喝酒的器皿，一些带有西里尔字母（Cyrillic，古代斯拉夫语字母）的手稿，还有其他的礼品，这些都被安放到了艺术收藏馆里。[125] 1580年，巴伐利亚施特劳宾的内臣塞巴斯蒂安·普罗伊（Sebastian Preu）在一次私人旅行中受到了威廉五世公爵的款待，旅行结束时，他捐赠了一串天主教诵经用的念珠，"因为受到亲切礼遇的每一个人，根据传统的风俗习惯，都一定要给在上文中提到的艺术收藏馆赠送点什么东西"。[126]

参观者

在阿尔布雷希特和威廉五世统治期间，在受到邀请或者在提出申请并获准的情况下，人们才能进入艺术收藏馆参观。除了公爵的家人和某些官员外，还有艺术家、学者和贵族也参观了这些藏品。奎切伯格把理想完美的观众描述为"学者、作家、神职人员、音乐家、画家、雕塑家、古文物研究者和建筑师"。[127] 在格奥尔格·布朗恩（Georg Braun）和弗兰·赫根贝格（Frans Hogenberg）于1588年编著的《世界的城市》（Civitates orbis terrarum）一书中，执笔慕尼黑一章的作者很可能是安塞尔姆·施特克尔，他表示，任何好奇的人都能参观艺术收藏馆。[128] 这未免有些夸大其词。在1582年，巴伐利亚雷根斯堡主教的一位秘书奥克塔维安·施伦克·冯诺青（Oktavian Schrenck von Notzing）说，没有公爵的许可，没有人能参观艺术馆。[129] 不过，正如菲利普·海因霍夫在1611年指出的那样，是因疏忽或偷窃造成的损失，才促使了限制进入艺术收藏馆的严格政策产生。[130]

在1577年，在从弗兰德斯（Flanders，中世纪欧洲一伯爵领地，包括现比利时的以及法国各一地区，译者注）到意大利途中，安特卫普的地图制作师亚伯拉罕·奥特柳斯和画家、雕刻家约里斯·赫夫纳格尔（Joris Hoefnagel，1545—1601）在奥格斯堡停留下来，仔细观看了阿道弗斯·奥科（Adolphus Occo Ⅲ）医生和福格尔家族拥有的硬币和勋章。[131] 奥科建议这两个人去参观阿尔布雷希特的艺术收藏馆。奥科和马克思·福格尔给他们提供了写给公爵的介绍信。奥科建议阿尔布雷希特观看赫夫纳格尔绘制的"我以前从未见过如此惊人的画"，包括"一幅艺术精湛的……描绘西班牙塞维利亚（Seville）的风景画"。当他们在10月8日参观的时候，阿尔布雷希特给他们安排了一次艺术收藏馆的私人参观游览。赫夫纳格尔让公爵看了一幅他本人的自画像、他妻子的肖像画，以及在上等皮纸上画的动物和树木的一幅场景。阿尔布雷希特对赫夫纳格尔的画留下的深刻印象，以至于他让宫廷管家到两人住宿的旅馆买下这些画。对赫夫纳格尔来说，这次参观被证明是改变他职业的一个良机，因为阿尔布雷希特给他提供了宫廷画家的职位。赫夫纳格尔同意接受这个职位，他来到慕尼黑，一直服务到了1591年。塞维利亚的风景画是菲克勒在藏品目录清单中列入的赫夫纳格尔绘制的几张画中的一幅。[132]

在现存的参观者记述中，都突出地强调了他们或其向导是如何看待慕尼黑收藏品的，这些见解很值得人们的关注。[133]下萨克森州不伦瑞克-吕讷堡（Braunschweig-Lüneburg，亦译布伦瑞克-吕讷堡）公爵小奥古斯特（August the Younger，1635～1666年在位）19岁时前往意大利，途中于1598年10月22日在慕尼黑逗留。公爵菲利普·朱利叶斯·冯·波美拉尼亚-沃尔加斯特（Philipp Julius von Pommern-Wolgast，1584—1625）在他的豪华旅行期间，于1603年8月26日来到了慕尼黑。[134]克里斯蒂安二世·冯·安哈尔特（Christian II von Anhalt）王子在1623年5月24日访问了慕尼黑。他们的评论要比法国罗昂（Rohan，位于法国西北部布列塔尼地区，译者注）公爵亨利一世（Henri I，1579—1638）的更详细。亨利一世于1599年5月8日在慕尼黑逗留，之后他坦诚地说道，这是一个安排得井然有序的地方，有那么多各种各样的东西，人们要想回忆起全部看到的东西是不可能的。但他确实提到了在帕维亚的战斗从法国国王弗朗索瓦一世那里缴获来的剑和剑鞘。

这些年轻的贵族到不同的宫廷和国度旅行，把旅行作为他们接受教育的豪华游学之旅。年轻的贵族或陪同他们的家庭教师或宫廷官员随身带着一本旅行日记，用于记录关于他们所看见或经历的观察报告。旅行指南（*ars apodemica*，旅行建议文学）在16世纪的最后25年间作为一种文学体裁而出现。像希罗尼穆斯·图尔勒（Hieronymus Turler）、希拉里乌斯·皮尔克迈尔（Hilarius Pyrckmair）、西奥多·茨温格（Theodor Zwinger）以及艾伯特·迈耶（Albert Meier）那样的作家，还有其他一些作家提出，如果恰当地计划和安排的话，那么旅行可能会非常适合年轻人在智力和道德方面成长和发展。[135] 为了使来自经验的知识系统化，这些作者提出一些问题。他们在著作里提出了一些绝妙的关于收藏方面的建议，就像卡斯珀·弗里德里希·奈克尔（Caspar Friedrich Neickel）在他的《博物馆图志》(Museographia，1727)中向读者提出的建议。例如，他鼓励参观者询问关于收藏品的来源、它的分类与布置、它特殊的珍稀性、某件藏品的制作者（如果知道的话）、它的制造目的或者它有什么独特的用途、大自然中各种奇物的起源以及这些奇物是由谁发现的，还有其他一些建议。[136] 在一本日记中，记录了很多重要的信息和经历，这类有用的知识可以在将来被回顾和利用，使人们从中获益。不管前往慕尼黑的这些旅行者是否熟悉这些书，但对于这种类型的贵族旅行，一直都有着确定的目标，例如进行相互交流并建立关系网。

这些人的回忆录，对他们所看到的藏品以及那些引起他们注意的藏品，提出了深刻的见解。有两个人对弄臣（中世纪贵族家中或宫廷内供人娱乐的小丑，译者注）的肖像画做了评论，而所有人都提到了在刚进入艺术馆入口处就能看见的有七个头的一条龙。[137] 与历史人物相关的藏品包括：法国国王弗朗索瓦一世的剑；萨克森选帝侯朱汉·弗里德里希（Johann Friedrich，1532～1547年在位）的特大的马靴，他在1547年在德国的米伦贝格（Mühlberg）战役中被查理五世皇帝打败后，马靴作为缴获的战利品被没收；神圣罗马帝国皇帝弗里德里希一世·巴巴罗萨（Friedrich Barbarossa，1155～1190年在位）的一把剑；还有用车床车削制作的象牙工艺品和公爵马克西米利安精心制作的蜡像马。在属于来自大自然的藏品中，珊瑚、椰子、水晶和石器皿，以及独特的动物（如大象和鳄鱼）、令人惊奇的东西（如谷物雨）等被着重提到了。他们还提到了"野蛮人"的物品、羽毛工艺品和瓷器，以及两个小型的象牙地球仪、一个黄铜地球仪、一个带有手表的戒指和"古"钱币。著名人物，特别是巴伐利亚人和他们的朋友的肖像画，除了少数几个藏品外，只是被泛泛提及，几乎没有对其他任何藏品作出具体的描述。也没有提到艺术家的名字。说句公道话，这不能怪这些年轻的旅游者或他们的家庭教师，因为当时还没有一种既定风格的文学用语可以用来描述艺术收藏品，更不用说描述这些新建成的艺术收藏馆。

奥格斯堡的收藏家、经销商菲利普·海因霍夫，提供了他在1603年7月15日和在1611年5月23～25日参观的最详细的记述（图173）。[138]他对寻找收藏品有职业兴趣，因为他常提出收藏建议并把藏品卖给其他贵族。海因霍夫写了满满8页的笔记，记录了有关他在第一个旅行期间所看到的藏品，从前厅中的小丑肖像画开始，然后是一只猪，长有7个头、2只前蹄、4只后蹄和4条尾巴。[139]相比其他参观者提到的藏品，他列出的藏品更加广泛，并且偶尔还提出一些新的深刻见解，例如他估计古币和勋章的价值超过3万达克特银币（ducat，当时流通于欧洲各国的钱币，译者注）。一幅描绘柳克丽霞（Lucretia，罗马传说中的贞妇名；亦译卢克丽霞）的画特别突出显眼，这幅画因其艺术形式和美人丽质而显得与其他画作大不相同；他参考了丢勒在慕尼黑绘制的画作，但是并没有说出这位艺术家的名字。海因霍夫特别突出强调了玩偶之家、一幅马丁·卢瑟（Martin Luther）的肖像画和一副绘制精美的49张扑克牌，很可能是大约在1430年在士瓦本（Swabia）和现在的斯图加特制作的。[140]

海因霍夫下一次为期3天的参观是一次专注而投入的研究探索。在评论慕尼黑艺术收藏馆的藏品方面，他的记述仅次于菲克勒的藏品目录清单。[141]海因霍夫提到了威廉·比希勒（Wilhelm Büchler），当时的艺术馆保管人，这位保管人无疑提供了许多很有帮助的信息。他从前厅的小丑肖像画开始描述，然后再描述从天花板上悬挂下来的一只大海龟的壳和一条长蛇，而他以前曾经把它称作一头猪。从前厅走进艺术收藏馆后，他列举了装有书籍的展示柜，另外还有珊瑚的微缩景观和带有城堡的矿物石微缩景观。他提起很多缩景石（Bergwerke），例如以奥尔甫斯（Orpheus，希神神话人物，诗人和音乐家，译者注）、阿波罗（Apollo，希腊、罗马神话中的太阳神，译者注）、杀死龙的圣乔治（St George，罗马帝国勇士，基督教殉难者，译者注）和救安德洛墨达（Andromeda，希腊神话中埃塞俄比亚公主，被珀修斯从海怪手中救出并娶为妻，译者注）的珀修斯（Perseus，希腊神话中宙斯与达那厄所生之子，杀死蛇发女怪墨杜萨，后又从海怪掌下救出安德洛墨达的英雄，译者注）为人物特色的缩景石（这些缩景石将在第4章中做详述）。虽然海因霍夫的记述大体上是从北翼按顺时针方向到西翼进行的，但不是按档案中所记载的非常精确的位置，如他在描述玩偶之家之后，立即提到了大象（他按这样的顺序描述，但两者的位置并不靠近），而且在这一次参观的记述中，海因霍夫还是没有提到艺术家的名字。

收藏品的命运

虽然马克西米利安一世继续向艺术收藏馆添加了藏品，但是他也对艺术收藏馆开始消亡负有责任。在1607年，他建立了家庭画廊。[142] 这个家庭画廊位于他在新韦斯特居住的房间旁边，主要用于自己享受，并把欣赏重点集中到他个人的品位和兴趣上。在1593年，他参观了神圣罗马帝国皇帝鲁道夫二世在布拉格的私人房间，也许是受到了这次参观的启发，他把大多数最好的画作和艺术品从艺术收藏馆以及宫中的其他地方转移到了他的家庭画廊。这些画中包括他拥有的由丢勒绘制的画作以及阿尔特多费和他同时代的画家绘制的12幅古代英雄的画作。他转移走了一些奇特的来自欧洲以外地区的藏品，例如"印度"的大箱子、象牙扇子和珍珠母盒子以及一些东方的兵器。家庭画廊还包含了马克西米利安一世委托创作的当代艺术品，例如精心制作的象牙雕以及老克里斯托夫·安格迈尔（Christoph Angermair the Elder）在1618～1624年制作的用于盛装古币和勋章的木制展示柜和天青石展示柜。[143]

在1632年5月，瑞典国王古斯塔夫二世·阿道夫（Gustav Ⅱ Adolf，1611～1632年在位）和他的军队占领了慕尼黑。[144] 虽然很多在家庭画廊和艺术收藏馆中的珍宝已经被安全撤离到了巴伐利亚的布格豪森，但是保留在宫里的珍宝遭到了掠夺。[145] 由珊瑚制作的缩景石和很多易碎的藏品被砸碎了。很多珍贵的藏品，包括那一组英雄系列画中的3幅，最后到了斯德哥尔摩或者被古斯塔夫二世·阿道夫的同盟国所占有。萨克森-魏玛（Saxony-Weimar）公爵威廉四世（Wilhelm Ⅳ，1620～1662年在位），以及他的兄弟伯恩哈德（Bernhard，1604—1639）获得了米斯泰克部落的手抄本、一个罗马缠丝的玛瑙浮雕、汉斯·阿斯林格（Hans Ässlinger）创作的查理曼大帝

[Charlemagne，742—814，法兰克王国加洛林王朝国王（768—814）和查理曼帝国皇帝（800—814），译者注］与匈奴人战斗的浮雕、萨克森的选帝侯朱汉·弗里德里希的靴子、雅各布·斯特拉达写的有关古币的书籍、《威廉四世的骑士马上比武画册》，还有许多其他的藏品。这些藏品最后回到了公爵的艺术收藏馆以及在哥达的弗里登施泰因宫（Schloss Friedenstein）的图书馆。[146]一些兵器则去了德累斯顿的军械库。

在瑞典的入侵结束之后，其他藏品逐渐从艺术收藏馆迁移到珍宝馆或铠甲馆。铠甲馆是在军械库内展示金属盔甲、纺织品、马鞍和其他马佩的装饰配件的场馆。[147]在1637年，马克西米利安一世又重新整理了他的部分收藏。大象、长鳄鱼、大海龟壳和一条来自格陵兰的用海豹皮裹住木划子制成的因纽特人的独木舟，还有其他的一些藏品，被转移到了军械库。巴伐利亚的城市模型被放在图书馆里展示。阿尔布雷希特公爵所明确表示的要把艺术收藏馆保留完整的愿望，并没有被后来的维特尔斯巴赫家族成员所遵循，因为全部的藏品，包括家庭画廊的藏品，都作为慕尼黑宫里的藏品被专门详细分类并展示。

第4章
斐迪南二世大公与安布拉斯城堡

安布拉斯城堡坐落在奥地利蒂罗尔州（Tyrolean）首府因斯布鲁克（Innsbruck）的正南方的高山上（图42）。该城堡内现有一座保存最完整的早期现代艺术收藏馆。除此之外，在安布拉斯城堡始建的一个多世纪后，在奥地利布尔根兰州福希滕施泰因堡（Burg Forchtenstein）建立的匈牙利贵族艾什泰哈齐家族（Esterházy）艺术收藏馆（图186），也是按原样保存最完整的。按照一些学者所说的，例如像尤利乌斯·冯·施洛瑟（Julius von Schlosser）这样的学者认为，安布拉斯城堡的收藏品体现出了一个本质的概念，那就是什么才称作一座艺术与奇迹最为完美的博物馆。[1] 然而，从本书中讨论的其他各个珍品艺术馆的例子中可以明显地看出，安布拉斯城堡艺术收藏馆的缜密筹划、展示理念以及与相邻展室在艺术观念上的联系等许多方面，都是独一无二的。安布拉斯城堡的艺术收藏馆展现出一个更为广阔的收藏范围，体现了王侯般的高贵、富丽堂皇和文化认同。它是由单一资助人、斐迪南二世大公（Ferdinand Ⅱ，1529—1595）创立的。1594年，他自豪地在遗嘱附录中表示，"令人欣慰的是，我们（已经）尽了最大的努力和辛劳，并且不遗余力地从各处把艺术品集中到了我的艺术收藏馆和军械馆"。[2]

斐迪南二世（图43）是神圣罗马帝国皇帝斐迪南一世（1558～1564年在位）与安娜（1503—1547）的第2个儿子，他的母亲安娜出身于波希米亚和匈牙利。[3] 在因斯布鲁克长大成人后，他于1547年移居布拉格，在那里

图 42 安布拉斯城堡的上宫

代表他的父亲担任波希米亚的执政官和总督。[4] 在修缮神圣罗马帝国的城堡并在附近修建星宫时,他就明显地表现出对艺术的兴趣。星宫是他在维兹达(Hvězda)打猎时的休憩之地。[5]1556年,斐迪南二世成功击退土耳其对匈牙利锡盖特堡(Szigetvár)的进攻,因此受到皇帝查理五世(Charles V,1519～1556年在位)的奖赏,被授予骑士勋位中的最高勋位,金羊毛勋位(Order of the Golden Fleece)。[6]

斐迪南一世皇帝的领土在他临终时分给了他的3个儿子。大儿

图 43 弗朗西斯科·塞加拉(Francesco Segala)制作的彩色蜡像《斐迪南二世大公》(约1580),饰有水晶、宝石和珍珠

第 4 章　斐迪南二世大公与安布拉斯城堡

95

子马克西米利安二世（MaximilianⅡ）继承了皇位（1564～1576年在位）及波希米亚和匈牙利的国王。小儿子卡尔二世（KarlⅡ）得到了"内奥地利"（Inner Austria，1564～1590年在位）。斐迪南二世被任命为蒂罗尔（Tyrol）和弗尔兰地［Vorlande，"边区奥地利"（Further Austria）或"士瓦本奥地利"（Swabian Austria）］的大公。[7]斐迪南二世对蒂罗尔的统治时期相对和平，证明他是一位出色的执政官。早在1563年，他已经开始将安布拉斯城堡里的中世纪"上宫"（upper castle）改造为与妻子菲利皮内·韦尔泽（Philippine Welser，1527—1580）的寝宫。[8]因为她是一位平民，出身于奥格斯堡（Augsburg）一个最富有的家庭，但他们始于1557年的婚姻还是让斐迪南一世感到非常烦恼。最终，他还是认可了这门婚事，但附有一些条件，就是要对他们这种贵族子弟与非贵族女子的婚姻保密，他们的子女不能继承大公爵位。

1576年，罗马教皇格列高利十三世（Pope Gregory XIII）借任命斐迪南二世与菲利皮内·韦尔泽的儿子安德烈亚斯（Andreas）为红衣大主教之际，公开确认他们的婚姻有效并解除了他们夫妇的保密誓约。[9]在菲利皮内去世两年后，斐迪南二世与16岁的安娜·卡泰丽娜·贡萨加（Anna Caterina Gonzaga）结婚，生下包括安娜在内的两个女儿，安娜成了神圣罗马帝国皇帝马蒂亚斯一世（MatthiasⅠ，1612～1619年在位）的未来的妻子。他的家人通常居住在因斯布鲁克的霍夫城堡（Hofburg），而斐迪南则喜欢住在鲁厄卢斯特（Ruhelust）——一座他在1565～1572年毗连霍夫花园（Hofgarten）建造的小夏宫。[10]

尽管斐迪南二世喜爱欢宴与庆典，但他天生有点孤僻。1554年，一位来自费拉拉（Ferrara）的医生雷纳托·布拉萨沃拉（Renato Brassavola）对他进行了这样的描述：精力充沛、体格健壮，但经常受头晕、神经衰弱、头痛、心悸和忧郁发作的困扰。[11]这位医生推测，斐迪南二世的性格比较暴躁，这可以通过他的红头发和过早脱发来得到证明。另一份完成于1567—1568年的医学报告，曾提出一些建议他治疗头晕、偶发手臂麻痹、肠胃胀气和心脏病的方法。

安布拉斯城堡的下宫

随着1566年上宫修缮完成，斐迪南于1571年开始修建43米长的"西班牙大厅"（Spanish Hall）。这是一个毗连下宫的庆典用房，装饰有从阿尔布雷希特一世伯爵（Albrecht I，卒于1078年）到斐迪南二世的蒂罗尔统治者的27幅全身肖像画。一两年后，下宫（Lower Castle，见图44）[12]的建造工程开始动工，于1583年竣工，竣工时由围绕位于院子西南侧的主门的4座相互连接的建筑物构成（图45）。前两个建筑物（称为1区和2区）里面有斐迪南二世的军械馆，存放的是他收藏的兵器和盔甲。他的艺术收藏馆占用的是第4个建筑物（4区）。最后一个建筑物是廏（Kornschütt），包含位于底层、在图书馆和文物馆下方的马厩。1589年，为展示大公不断增加的兵器和盔甲的收藏品，在毗连第2个大厅（2区）[13]的综合体的西侧外，又增加了一座新建筑物（3区）。在出自雕刻家马托伊斯·梅里安（Matthäus Merian）之手的安布拉斯城堡的版画中，它看上去是一座规模较小的二层建筑物，在宫门附近向左延伸（图46）。[14]这座建筑物于1881年被夷为平地。现在，收

图44 安布拉斯城堡的下宫

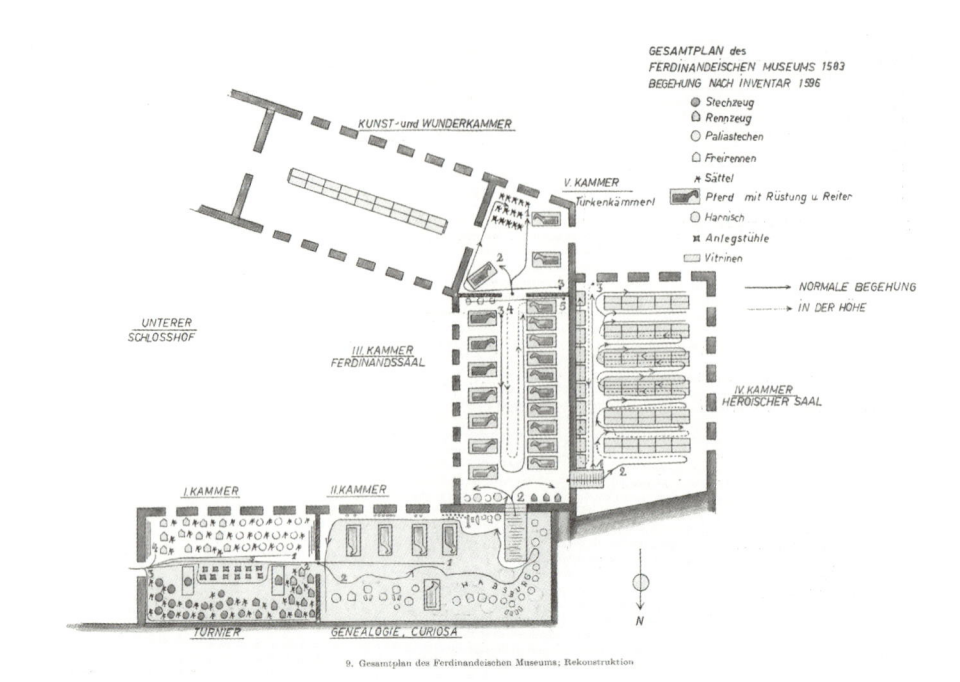

图 45　下宫的重建平面图

图 46　马托伊斯·梅里安的蚀刻版画《安布拉斯城堡》，来自马丁·泽耶（Martin Zeiller）的《奥地利各州地志》(*Topographia Provinciarum Austriacarum*，1649）

藏品都在位于每座建筑物二层的大房间中展示。如今，由于周围斜坡的变化，一区底层几乎完全被遮盖住了，现代参观者走进的是原来的二层。

所有这些建筑物加在一起，构成了一座以展示斐迪南二世私人收藏为目的的建筑综合体。除了1589年增加的那座建筑物外，其他建筑物至今仍完整无缺。现在的艺术收藏馆重建于1974年，占用的是以前图书馆的空间。[15] 存放兵器和盔甲的展室于1980～1981年重新开放。从2017年起，原先的艺术收藏馆所在空间（4区）展出的，是该馆中藏品以照片呈现出来、唤起人们记忆的曾经模样（见图50）。这些照片是以斐迪南二世去世后于1596年编纂的完整藏品目录清单和曾经在这个空间里展示过的未毁藏品为基础进行拍摄的。[16] 这个空间体现出某种私密含义以及安布拉斯城堡艺术收藏馆曾经被塞得满满当当的状况。

安布拉斯城堡的军械馆

参观安布拉斯城堡艺术收藏馆意味着首先要穿过满是兵器和盔甲的几间展室（图45）。下宫仅有两个大门。通常情况下，参观者从1区开始进入，从艺术收藏馆离开，然后继续沿一个小阳台走进图书馆的入口。进入安布拉斯城堡之前要按定向巡回路线穿过其他收藏馆，这种安排是有意设计的，并且当时是独一无二的。[17] 所有这些都体现了斐迪南二世的独特创意和对历史的强烈爱好，包括他对伟人、祖先和自己收藏家品味的颂扬。

兵器和盔甲的展室曾经是（并且现在仍然是）人们参观下宫体验的不可或缺的部分。[18] 在1565年，斐迪南二世将重达348生奈尔（centner，约合34.8吨，编者注）的骑士在马上比武和战斗用的盔甲、兵器以及相关的物资从布拉格运送到因斯布鲁克。[19] 位于因斯布鲁克的霍夫城堡当时收藏了蒂罗尔的大公西格斯蒙德（Sigismund, 1427—1496, 1446～1490年在位）以及马克西米利安一世皇帝的盔甲藏品，以及马克西米利安一世的以骑士为主题的书籍，例如《弗雷》（弗雷是北欧神话中司收获、果实、爱情、和平和繁荣之神，译者注），书中画有骑士手执长矛在马上比武的255幅微型画。[20] 雅各布·施伦克·冯·诺青（Jakob Schrenck von Notzing, 1539—1612）是一位巴伐利亚贵族和历史学家，也是斐迪南二世妻子菲利皮内·韦尔泽的一位堂兄弟，最初作为顾问效力于斐迪南二世并于1565年成为他的秘书，去世前一直住在安布拉斯城堡。[21] 他积极帮助斐迪南二世谋划收藏并设法获得藏品。[22]

16世纪70年代后期，随着很多艺术收藏馆的藏品从因斯布鲁克霍夫城堡被转移过来以及新的名人军械馆（Heldenrüstkammer）于1589年落成，安布拉斯城堡各个展室的布置便完成了。[23] 整个军械馆由3个大厅构成，其中的两个大厅又被再细分，分别为骑士军械馆、历史军械馆、名人军械馆（图47）、防身军械馆（Leibrüstkammer）以及土耳其展室（Türkenkammer）。[24] 一面木墙将第一个军械馆中的70套骑士军械馆与历史军械馆分开，而历史军械馆的主要藏品有西格斯蒙德（Sigismund）大公和马克西米利安一世拥有的盔甲以及令人感到好奇的盔甲，如斐迪南二世的儿子小时候穿过的一套盔甲以及宫廷侏儒托默勒（Thomerle）和身高2.6米的宫廷巨人巴特尔梅·博恩（Bartlmä Bon）分别穿过的盔甲。博恩穿的半身铠甲大约于1560年前后在布拉格制作，现在仍然套在最初着色木制人体模型上进行展示（图48）。这里的藏品还包括与实物大小一样的木马、穿戴盔甲和纹章织物的骑手模型。第3个大房间（2区）是防身军械馆，展出的是按年代顺序摆放的斐迪

图47 安布拉斯城堡的名人军械馆

图48 梅尔希奥·普法伊赞尔于1560年制成的巨人巴特尔梅·博恩的铁质盔甲

南二世的私人盔甲，包括用于竞赛和节日庆典的盔甲套装。画有大力神海格立斯（Hercules，希腊和罗马神话中的神，译者注）的各种生活场景的彩旗曾经垂挂在天花板上。[25] 土耳其展室陈列有1556年斐迪南二世与奥斯曼土耳其人作战缴获的战利品、外国兵器以及匈牙利轻骑兵和奥斯曼土耳其宫廷的选美面具。

名人军械馆（3区第4个房间）陈列有120套属于包括斐迪南二世和骑士在内的显赫贵族的盔甲。按等级顺序，从属于皇帝和国王的10件开始，都放在沿没有窗户的东墙摆放的各自的木制展示柜中。[26] 王子、公爵和伯爵的全套盔甲装备则放置在排成6排的更大的展示柜中，这些柜子沿东西轴向平行摆放。[27] 军官和非贵族的盔甲被固定在顶壁上。每副名人盔甲都配有本人的一幅肖像画。[28] 应斐迪南二世的请求，施伦克·冯·诺青编撰了一本《英雄名册》（Armamentarium heroicum），也许是第一本附有大量插图的藏品目录。[29] 1601年，该书由新教改革家约翰尼斯·阿格里科拉（Johannes Agricola）在因斯布鲁克出版，两年后，德文版问世。这本书包含：一幅卷首插画；放置于装饰性壁龛中的125幅描绘身披盔甲的贵族的版画，如描绘马克西米利安二世皇帝的版画（图49）、王公贵族的传记。[30]

安布拉斯城堡艺术收藏馆

穿过不同的兵器和盔甲展室后，人们从土耳其展室再登几级台阶，终于到达安布拉斯城堡艺术收藏馆。在同时代艺术收藏馆当中，安布拉斯城堡艺术收藏馆的展室布置和藏品独一无二，因为它是按藏品的材料精心排列的。[31] 18个木制展柜沿展室主轴线按每侧9个背靠背一字排开，分别面向庭院和外窗（图50），两排展柜的两端又分别矗立着一个展柜。这些展柜最初将近5米高，这个高度是这个房间的高度，而后来在大约1856年，房间的天花板被升高了。[32] 这间展室长20.4米，宽9.3米。每面长墙有7扇窗子，两面短墙的中间有供人进出的门。

1596年编制的藏品目录清单系统地列出藏品以及它们"在这个巨大的艺术馆"展示的情况。[33] 在斐迪南二世于1594年的临终遗嘱中，该展室被

图49　多米尼克斯·库斯托斯（Dominicus Custos）模仿乔凡尼·巴蒂斯塔·丰塔纳（Giovanni Battista Fontana）的原作，雕刻作品《马克西米利安二世皇帝》，来自雅各布·施伦克·冯·诺青的《英雄名册》(1601)

图50 安布拉斯城堡艺术收藏馆对原藏品用摄影图片的再现

称为"艺术或珍奇……的展室"。[34] 虽然不知道这里收藏品的布置是谁构思的，但它的形式很可能源于斐迪南二世与施伦克·冯·诺青或格哈德·德罗斯（Gerhard de Roos，卒于1589年）之间的讨论，德罗斯于1580年被任命为"艺术收藏馆馆长"和图书馆馆长。[35] 德罗斯从前是一位布拉格男低音歌唱家和拉丁语学校的教师，著有《战争编年史》（*Annales rerum belli*）。这是一部从鲁道夫一世到查里五世的奥地利皇室的12卷家族史，于1592年出版。[36] 由4名宫廷官员编制的藏品目录清单条理清晰地记录各个展柜，每一个柜子从顶层搁板开始清点记录，然后逐层向下。目录清单的结尾是对每间展室中的其他藏品的简短附注。编制者没有列出艺术家的名字，也几乎没有提供关于藏品来源的任何信息。但在适当的时候，藏品会被描述为是土耳其、印度、古代的（古罗马）、意大利或者古法兰克（Frankish）的，后者意味着是中世纪且通常源自德国的。使用精美或非常精美等术语的审美评论在整个藏品目录清单中随处可见，而对这些藏品如此描述并不令人感到稀奇。

由于斐迪南二世建立了自己的艺术收藏馆，他对五花八门的神圣罗马帝国艺术收藏品早已了然于心。1549年，他参加了他妹妹卡塔琳娜（Katharina）与弗朗西斯科三世·贡扎加（Francesco Ⅲ Gonzaga，1540～1550年在位）在曼图亚（Mantua）举行的婚礼。[37]1551年初，他与哥哥马克西米利安二世一起游遍了意大利北部。他们的另外3个姐妹也都嫁给了意大利贵族。1561年，埃莉诺拉（Eleanora）嫁给了曼图亚的古列尔莫·贡扎加公爵（Guglielmo Gonzaga，1550～1587年在位）。4年之后，芭芭拉（Barbara）嫁给了意大利费拉拉城的艾斯特家族（Este of Ferrara）的阿方索二世（Alfonso Ⅱ，1559～1597年在位）公爵，约翰娜（Johanna）嫁给了未来的托斯卡纳大公爵（Grand Duke of Tuscany，1574～1587年在位）弗朗西斯科一世·德·美第奇（Francesco Ⅰ de' Medici）。1565年，弗朗西斯科一世在婚礼前的一次旅行中，在因斯布鲁克拜访了斐迪南二世。两人都酷爱钱币和勋章，偶尔还会就此互致信函。[38]正如在第二章中所讨论的那样，佛罗伦萨维奇奥宫中弗朗西斯科的艺术工作室和安布拉斯城堡艺术收藏馆，都按材质将藏品分开摆放（图13）。

老普林尼（Pliny the Elder）的《博物志》（*Natural History*）第33～37卷很有可能直接或间接是斐迪南二世的灵感的来源。这位古罗马的作者在书中讨论了金属、漆料、石料、宝石的特性以及这些材料制成的艺术创作品。[39]斐迪南二世私人的《博物志》存放在图书馆中。[40]他的另一个灵感来源可能是萨穆埃尔·奎切伯格的《分类编目》（*Inscriptiones*，1565），因为它被献给了他的哥哥马克西米利安二世。另外，斐迪南二世的姐姐奥地利的安娜（1528—1590）嫁给了巴伐利亚的公爵阿尔布雷希特五世，他是奎切伯格在慕尼黑的雇主。这样，斐迪南二世与阿尔布雷希特以及他的儿子威廉五世保持着亲密的关系。不过，奎切伯格的专著对安布拉斯城堡藏品的整体布置并未产生明显的影响。

斐迪南二世的藏品至少在最初是按照材料的档次进行展示的，展柜都被涂上了强化每种材料吸引力的不同颜色。第1个展柜被涂成蓝色，里面装的是黄金制作的藏品（图51）。[41]除其他藏品外，其9层搁架装满了金链、镶金水晶容器、镀金杯子和盘子，还有一个用红宝石和珍珠装饰的金书签。[42]这个展柜装着斐迪南二世几件最珍贵的宝物，其中就有文艺复兴时期的意大利艺术家贝内文托·切利尼（Benvenuto Cellini）创作的著名的《盐碟》（图52）。[43]这个盐碟是切利尼1540～1543年在巴黎居住时为法国国王弗朗索瓦一世（King François I，1515～1547年在位）制作的。盐碟这件餐桌上奢华的装饰物由金箔制成，被精巧地安放在两尊塑像身旁，这两尊塑像一个是古罗马神话中坐在一头大象身上的大地女神忒勒斯（Tellus），另一个是海神尼普顿（Neptune）。带有

图51 第一个展柜中的原藏品（金器）用摄影图片的再现

那个时代拟人化镀银装饰物和四个基本方位的黑檀木底座部分覆盖了透明的多彩珐琅，进一步凸显了主塑像的熠熠金光。整个盐碟放在隐藏的象牙球珠上，使它可以被推着从餐桌的一边滚滑到另一边，这是流行于早期现代宫廷中的一项专属休闲娱乐活动。1570年，斐迪南二世伴护他的侄女伊丽莎白（Elisabeth），即马克西米利安二世的女儿到斯派尔大教堂（Speyer Cathedral）举行代理婚礼（proxy wedding，新郎或新娘不参加，由他人代表举行的婚礼，一般有法律约束力，译者注）。此后，法国国王查理九世（King Charles IX，1560～1574年在位）将这个盐碟作为答谢礼物赠送给了斐迪南二世。斐迪南二世是作为查理九世的替身参加的婚礼。在盐碟下面的展柜上，还曾摆放过一只水晶容器，形状类似于珍稀苍鹭一样的动物，里面装有宝石和珍珠（图53）。[44]这是米兰著名的萨拉基家庭工坊（Saracchi Workshop）里诸多大师级作品之一，这些作品终将通过各种途径来到哈布斯堡家族的艺术收藏馆。[45]在1596年的目录清单中，这件容器被列为是"一条大水晶龙"，与其表面上精雕细刻的各种海兽在一起寓意着四季交替。

图 52 贝内文托·切利尼创作的《盐碟》(1540—1543)，饰有黄金、珐琅和黑檀木底座

图 53 萨拉基家庭工坊创作的苍鹭状容器（约 1590），由水晶、绿宝石、紫晶、红宝石、珍珠、莱茵石、黄金制成，局部饰有珐琅

这个展柜里还摆放的一件藏品《作为猎手的熊》（图 54），是藏品按材料进行分类的明显例证。[46] 这只熊在 1580～1581 年由格雷戈尔·贝尔（Gregor Bair）、瓦伦丁·德劳施（Valentin Drausch）和海因里希·瓦格纳（Heinrich Wagner）在奥格斯堡制作，表现当时流行的世界颠倒的主题——曾经的猎物现在变成了猎人了。这只熊后腿站立在一个布满宝石的地面底座上，正端着猎枪瞄向目标。他的火药瓶和短剑挂在一条金链上。这头熊头戴一顶蜂窝状金帽子，穿着一件猎装背心，上面点缀着绿宝石、红宝石、蓝宝石和珍珠。不过，眼前的这头熊比乍看上去有更多可看之处。当熊后面的小狗被推到熊的身边时，小山突然打开，从中跳出一只装扮成牧师模样的猴子，它骑在一条龙上，手持一块写着摩西

图 54 格雷戈尔·贝尔、瓦伦丁·德劳施、海因里希·瓦格纳制作的《作为猎手的熊》(1580—1581)，由镀银、黄金、黄铜、铁、红宝石、蓝宝石、珍珠和龙涎香制成

"十诫"（Ten Commandments，十条诫命，犹太教和基督教的戒条，出自《圣经·出埃及记》，上帝对以色列所讲的戒律，在西奈山上启示给摩西，译者注）的小牌匾。当摘下熊的头时，展现在眼前的是一个小杯子。一个微型棋盘可以从底座上卸下来。因为身上涂抹了龙涎香膏，这头熊散发出香味。这只熊是用来欢愉自己、取悦他人的，因为它需要参观者用视觉、味觉和触觉去体验，这在当时的精英圈里十分流行。毕竟，它只在极为特殊的场合下才拿出来使用。

第2个展柜被涂成绿色，陈列的是银器，其中放在5个搁板上的40件幸存下来。[47]这些藏品包括做工精湛的银质或镀银饮用器皿，由神圣罗马帝国南部地区的金匠打制，其中一些是斐迪南二世从神圣罗马帝国皇帝弗里德里希三世（Friedrich III，1452～1493年在位）和马克西米利安一世那里继承来的。[48]大多数饮用器皿和盘子从其工艺复杂程度和材料成本看，是打算炫耀的展示品，而非餐桌上使用的实用品。大公与大多数的王公贵族一样，非常喜爱暗带窍门的藏品，比如匈牙利轻骑兵骑手形状的杯子（图55）。[49]一名匈牙利士兵手持长矛和盾牌骑在一匹前腿扬起、后腿直立的马上。这件艺术品的功能不是一眼就能看出来的。骑手及其坐骑的头部可以拆下来，他们的身体可装满美酒。这个杯子上面带有他的儿子卡尔·冯·布尔高（Karl von Burgau）的标记，很可能是一件与斐迪南二世于1582年第二次结婚有关的礼物。正如后来的婚礼庆典纪事所描写的那样，婚礼上特意安排了一场精心策划的匈牙利轻骑兵马上比武，斐迪南二世装扮成一名匈牙利骑兵，让人联想到他于1556年在匈牙利与土耳其人作战的情形。[50]

其他杯子由来自异国的贝壳、椰子和狮身鹰首怪兽的爪子（实际上是一只水牛角）制成。其中一只杯子是斐迪南二世从蒙福尔-泰特南（Montfort-Tettnang）的乌尔里希九世（Ulrich IX）伯爵的藏品中获得一只由动物角制成的龙形酒杯（图56）。[51]奥格斯堡金匠科内利斯·格罗斯（Cornelis Gross）在这只在印度制作的鸟形状的杯子上，增补上了一个令人生畏的龙头、展开的双翅和一条蜷曲的尾巴。曾几何时，这条龙从嘴里伸出一颗当作舌头的鲨鱼牙齿化石。一条雄人鱼骑在这只龙兽身上，而龙兽则站立在一个海龟形状

图 55 约翰·泽赫尔可能创作的匈牙利轻骑兵骑手形状的镀银杯子（1580—1582）

图 56 科内利斯·格罗斯用角制作的镀银酒杯（1560—1570），由龟甲、珐琅制成

的底座上，它反过来恰好指向角杯材料的来源。一只"印度椰壳"被苏黎世的莱昂哈德一世·布拉姆（Leonhard I Bram）改造成了一个弄臣小丑杯，两只银质的驴耳朵当作把手（图 57）。[52] 椰子壳是水平方向而不是垂直方向放置的，因此，一旦盛满了酒，就必须全部喝掉，否则酒会溢出来。杯子的底座、耳朵形状的把手以及小丑鸡冠帽上都装有铃铛，杯子一移动，铃铛就会发出响声。其目的是引起持杯者不同的兴致。一件 15 世纪中期带有 15 只鲨鱼牙齿化石的餐桌装饰物像一株立在镀银底座上的植物，摆放在第 2 层的搁架上（图 58）。[53] 这种自中世纪以来就被当作龙、蝰蛇或蝮蛇舌头的牙齿化石，被认为可以用来检测毒素，而装在牙齿上方一颗淡黄色的大石英（曾被错误地当成一块黄玉），也被赋予了同样功效。

金匠温策尔·雅姆尼策（Wenzel Jamnitzer）制作的一件装饰精美的银质书写文具盒，是 1560 ~ 1570 年制作的，曾被放在最上面一层搁板上，里面有 9 件文具（几支鹅毛笔、几把小刀、一个小刮子和若干把小镊子），再加上多个装墨水和沙子的可拆卸小方盒（图 59）。[54] 这位纽伦堡金匠以其娴熟的铸造技艺而闻名，他能栩栩如生地打造出昂贵的动植物金属铸件。文具盒盖子上的 10 个方块展示有一只蟾蜍、一只老鼠、几条蜥蜴、一只螃蟹、一只蚱

图 57 莱昂哈德一世·布拉姆将椰子壳改成弄臣小丑的杯子（1556），部分镀银

图 58 纽伦堡艺术家设计的镀银的餐桌装饰物（约 1450），饰有鲨鱼牙齿化石和石英

蟋与其他几只昆虫以及贝壳。环绕文具盒四边的花草植物铸件箍上有数不清的其他动物。从许多方面来看，这件文具盒是安布拉斯城堡艺术收藏馆中一件完美藏品，因为它将大自然富有创造性却会消失的馈赠与打造它的金匠的天赋和技艺永久地结合在了一起。厄恩斯特·克里斯（Ernst Kris）恰如其分地把这种对自然界的模仿，以及雅姆尼策以及法国陶瓷艺术家伯纳德·帕利西（Bernard Palissy，1510—1590）制作的栩栩如生的铸件，称为"简朴风格"

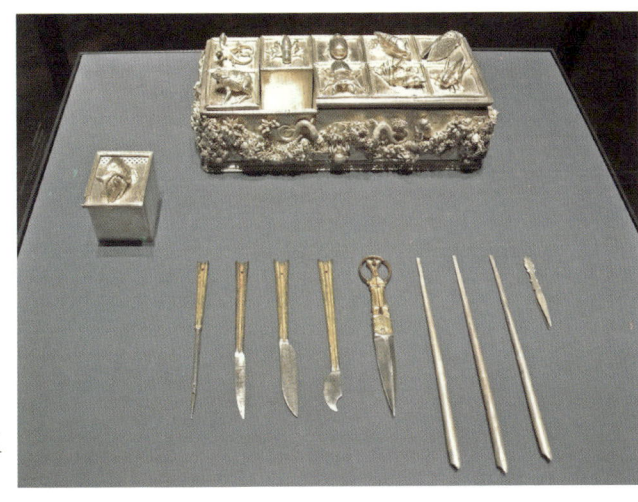

图 59 温策尔·雅姆尼策制作的银质书写文具盒

（rustic style）。[55] 雅姆尼策为神圣罗马帝国皇帝查里五世、斐迪南一世、马克西米利安二世和鲁道夫二世以及其他哈布斯堡王室成员制作过艺术品。1557年，斐迪南二世从雅姆尼策那里购买了一些"小巧可爱的铸造金属动物"，而1565年，他又从雅姆尼策那里获得24个"价格合适的各种小动物铸件以及一些价格同样低廉的各种花草铸件，它们全都是银质的"。[56]

第3个展柜涂的是红色油漆，共有4层搁架，上面摆放着"掌上缩景石"（Handsteine）。[57] "掌上缩景石"是异常形成的铁矿石的样本，经常能在波希米亚的厄尔士山脉（Erzgebirge，也有译为埃尔茨山脉，捷克语称"克鲁什内山脉"，译者注），即矿石山脉的矿山里采掘得到。就像它的名字所暗示的那样，这些矿石样本通常只有人手大小，或刚好比手稍大一点。矿石样本上经常有石英、银、金和其他矿物的斑点。"掌上缩景石"经常被称为"矿石或山石之杰作"，因为它们的外观就如同微缩的山脉。"掌上缩景石"被认为是出自大自然和上帝之手的罕见奇迹。作为波希米亚的统治者（1547—1564），斐迪南二世对圣约阿希姆斯塔尔（St Joachimsthal）地区周围的采矿业及其商业的发展兴趣浓厚。他在布拉格执政期间，很可能得到了安布拉斯城堡1596年藏品目录清单中所列41件缩景石中的一些藏品。[58]

金匠们经常用一些小小的建筑物、一组组小人和一个支撑底座来装饰这些天然的矿石样本。斐迪南二世拥有几件用来讲述各种典故的缩景石珍品，如大卫和歌利亚（David and Goliath，圣经中大卫投石杀死的非利士族巨人歌利亚，译者注）；耶稣基督在"各各他"（Golgotha）被钉死在十字架上，下面是矿工采矿作业；耶稣基督复活及一座小山，顶部翻转打开，露出一个指南针。[59] 有一件特别优美的缩景石，展现的场景是大卫国王站在他的王宫的阳台上，而且宫殿是坐落于山顶上的（图60）。[60] 他在暗中窥视着下面羞怯地遮掩着衣服的拔示巴（Bathsheba，《圣经》人物，大卫王曾在屋顶上见她沐浴，遂谋杀其夫赫梯人乌利亚而娶了她。大卫与她生了所罗门。也译为女子教名芭谢巴，源于希伯来语，译者注），她正在跨入一个精美的浴盆当中。大公的盾徽（coat of arms，绣在中古武士甲胄外面的盾形纹章，译者注）也出现在了旁边的圆柱上。在下面有很多矿工在山坡上劳动，在山坡的地里冒出了一缕缕的银质丝芽。沿着山的主道上，竖立了一个用于向上帝还愿奉献的耶稣在十字架上被钉死的塑像。这件缩景石被支撑在一个底座上，底座上有4个呈钩状和角状的奇形怪状的水龙卷。由此推测，这件优美的缩景石大概应该是作为放在桌子上的一个喷泉。

斐迪南艺术收藏馆中藏品的排列布置，并不是按照常常所描述的那样，是严格按照材料进行分类的，因为它也包括了按照与其他藏品是否相似来进行分类的。第4个展柜，涂的是白色油漆，展览的是乐器。[61]这些乐器包括了一把琉特琴（lute）、一把西特琴（cittern）、5只龙形的长笛、各式克鲁姆双簧管（crumhorn）、各式小号、其他各种铜管乐器和3个键盘乐器，并且键盘乐器的琴架上也刷上了油漆。[62]两只长笛和一把琉特琴是由象牙制成的。

第5个展柜，涂的是粉红色的油漆，包含有时钟、日晷仪、指南针、星盘和自动装置。[63]有几张地图，其中包括一张奥地利和匈牙利的地图，制作时间是1566年，明显标出了哈布斯堡王朝与奥斯曼土耳其人作战的地点。[64]在这幅地图反面的玻璃画的下部，装入了一枚指南针。斐迪南二世与安娜·克里斯蒂娜·贡萨加（Anna Christina Gonzaga）在1582年举行婚礼的时候，斐迪南二世从巴伐利亚公爵威廉五世（Wilhelm V）和他的弟弟巴伐利亚的斐迪南那里得到两个精心制作的礼物，这两个礼物也摆放在这里展览。[65]大公的两个侄子是参加婚礼的核心人物。[66]5月1日在意大利曼图亚举行的代理结婚典礼上，巴伐利亚的斐迪南是作为斐迪南二世的替身（代理人）。5月15日在因斯布鲁克举行的婚礼上，威廉五世是作为神圣罗马帝国皇帝鲁道夫二世的代表。威廉五世的礼物是一个有自动装置的八音盒，形状像一座小房子，在房顶上，几名银质的小号手，安装在一个旋转的圆盘上，看起来小号手们正在一边吹奏一边行进，在圆盘的上面，还有一名铜鼓手在敲击他的乐器。[67]瓦伦丁·德劳施（Valentin Drausch）于1581年11月20日受到委托，负责设计了八音盒及其人物，而奥格斯堡的汉斯·施洛特海姆（Hans Schlottheim）可能设计了八音盒的发条装置。[68]

巴伐利亚的斐迪南赠送的是一座6层的镀金青铜塔钟，上面标有王子的盾徽和王子名字的大写首字母，这个塔钟被认为是施洛特海姆所创作的（图61）。[69]高挺的塔钟被放置在4个狮身人面的斯芬克斯（sphinxe）身上。当

图 60　卡斯珀·乌利希（Caspar Ulich）于 16 世纪后期创作的缩景石《带有大卫和拔示巴的桌上喷泉》，饰有各种矿物、镀银和珐琅

图 61　汉斯·施洛特海姆可能创作的《塔钟》（约 1580），镀金青铜，饰有部分身着服装的人物、镜子、金属和漆木

塔钟的八音盒被上紧发条后，若打开开关，在塔钟下部的两个身上长满毛的男人便会挥动他们的手臂。其中一个人手里拿着一根香肠，另一个人手里拿着一只啤酒杯。他们模仿的是在意大利喜剧《职业艺术家的喜剧》(commedia dell'arte)中的两个角色，一个是耍花招的仆人赞尼（Zanni），另一个是他的主人潘塔洛内（Pantalone）。在1579年，斐迪南二世、巴伐利亚的斐迪南和几位贵族隐姓埋名地旅行到威尼斯，这几个人目睹了一次《职业艺术家的喜剧》的表演。[70] 在两个身上长满毛的男人的上面一层，有两个女人分别位于一只猴子的两边。在左边的比较年轻的女人举起她的手臂并且转动她的头。年龄较大的女人，左手举起一个瓶子，把右手中的啤酒杯倒满。在底座的一扇门上，安装了一面镜子，因此，好奇的观众还能够自己照照镜子。而当音乐结束的时候，这扇门会弹开，露出一个男人的小雕像，光着屁股，并把屁股朝向观众。这两个自动装置都是在桌子上的装饰品，是为了取悦大公的客人。

　　第6个展柜突出强调的藏品是石制藏品。[71] 这个浅灰色的展柜有8层搁架，上面常常塞得满满的，其中有特色的一些藏品包括一条绿色的蜿蜒的石蛇、一些小雕像、一些用大理石雕成的梨和苹果、一个大理石棋盘以及用象牙、牛角和珊瑚做成的游戏棋子、一把装在皮套里的鸡血石勺子，以及各式各样的石制杯子和酒具。[72] 有一块镶了边框的鱼化石，上面含有一段文字声称，这块化石的年龄，推断应该是在圣经中"灭世洪水"（Great Flood of the Bible）的时期（图62）。[73] 在巴伐利亚艾希施泰特（Eichstätt）附近开采出

图62 《带有鱼化石的灰岩板》（1543），其中的灰岩板是巴伐利亚索伦霍芬灰岩

来的索伦霍芬灰岩（Solnhofen limestone），纹理极其细密，生成了许多保存完好的鱼和植物的化石。索伦霍芬灰岩也深受神圣罗马帝国的南部雕塑家的喜爱，被用于雕刻小型的浮雕和塑像，例如巴伐利亚雄高（Schongau）的保罗·赖歇尔（Paul Reichel）所创作的沉思的骷髅骨架，被斐迪南二世在1583年花了150个金币购得（图63）。[74] 在它的黑檀木框的双扇门被打开后，展现出来的是一副站着的骷髅骨架（难道是亚当吗？），两腿交叉，面对着从"智慧之树"（Tree of Knowledge）摘下的苹果沉思。他沉思的姿势源自安德烈亚斯·韦萨柳斯（Andreas Vesalius）的《关于人体的结构》（*De humani corporis fabrica*，1543）。[75] 撒旦、沙漏钟和圣经，以及骨架后面的一口棺材、弓箭，都预兆着人终有一死的命运。

第7个展柜，涂的是绿漆，特色藏品为铁制工具、折叠器具和各种锁。[76] 最独特的一件，曾经摆放在最底层的搁架上，是一把"捕捉椅"

图63 保罗·赖歇尔用索伦霍芬灰岩创作的《骷髅骨架神龛》，饰有黑檀木框、镀金、玻璃镜子和水晶

（Fangstuhl），这是斐迪南二世特意制作的用于饮酒游戏的铁制"拦身椅"（图64）。[77] 大公经常在位于安布拉斯城堡花园内的巴克斯酒窖（Bacchus Grotto）里招待客人。[78] 这把椅子装饰有雕花和打猎的图案，是在喝酒开始仪式中的重头戏。当客人们坐在椅子上时，他们的身体被金属栏杆拦住，但身体并没有被束缚住，只是阻止他们站立起来。他们必须喝干了酒才能被从椅子上释放下来。[79] 男人必须把一个大号杯子里的酒一口喝干。[80] 女人喝小杯，却也是实实在在被装满一个杯子。两个酒杯都是用意大利穆拉诺岛（Murano，威尼斯濒海

图64 16世纪后半叶，由铁、皮革和天鹅绒制成的捕捉椅

湖内的一个岛，岛上的玻璃制作工艺是一绝，译者注）的玻璃制成的。成功干杯的客人的名字会被记入品酒名册中，这本名册包含了1567—1579年所有品酒人的名字，是从斐迪南二世和菲利皮内的名字开始记录起的。[81] 不成功的饮者，一旦他们承认自己无能为力而放弃，就会被从椅子上释放下来。1578年，椅子已经损坏，因此，最终的结果并不令人感到意外，这把椅子进入了安布拉斯城堡艺术收藏馆。

第8个展柜中包含有大约200本的书籍、手稿和印刷专辑，都放在了8个搁架上。[82] 这个展柜的颜色以及剩下的后面所有展柜的颜色（除了两个展柜以外），在藏品目录清单中没有相关记录。这些著作的文本大多数都带有插图说明，或记载了特殊的历史功绩，或与个人的事迹有关，这也许可以解释这些著作为什么被保存在艺术收藏馆这里，而不是保存在图书馆里。这些著作的书目包括:《查理四世皇帝的金色公牛》(*Golden Bull of Emperor Charles Ⅳ*, 1356)，温策尔的《圣经》手稿，马克西米利安一世皇帝校正过的《弗雷》(*Freydal*)、《感谢上帝的礼物》(*Theuerdank*) 和《白色的冰川》(*Weisskunig*) 三本书的原本，菲利皮内·韦尔泽的烹饪食谱和祈祷书，《安

图65 康拉德·维茨的工坊或上莱茵地区的艺术家制作的一副以打猎为主题的纸牌中的一张苍鹭老K（1440—1445），用笔、水彩和暗色的纸绘制，以金壳装饰

布拉斯城堡赞美诗集》（*Ambras Songbook*）和安布拉斯城堡纸牌（Ambras Playing Cards）。这副奢侈的用金色装饰的56张纸牌，是在上莱茵地区（Upper Rhine）制作的，而且被认为是在1440～1445年由康拉德·维茨（Konrad Witz）的工坊制作的（图65）。[83] 4套同花色的牌（苍鹭、猎狗、猎鹰和狩猎诱饵），组成了一副以打猎为主题的纸牌。另外，还包括一些有丰富插图的节日庆典手册，例如，斐迪南二世在1582年第二次结婚的婚礼庆典手册，在手册中描绘了大公装扮成埃涅阿斯（Aeneas，希腊、罗马神话中的特洛伊战争中的英雄，在特洛伊沦陷后，背父携子逃出火城，流浪多年后，到达意大利，据说其后代在意大利建立了罗马，译者注），并且由巴伐利亚的公爵威廉五世作为伴郎（图66）。[84]

斐迪南二世收藏版画的数量，在同时代的版画藏品中是最多的。估计有7000件版画专辑被成套地依次存放在安布拉斯城堡艺术收藏馆第8展柜的第1层、第2层、第4层和第5层搁架上。[85] 这个总数是根据大约5000件至今尚存的版画、没有幸存下来的专辑的数目进行估算的，不包括带插图的书籍和按最初出版时版式装订的整套版画。这些大量的书籍在1665年被从安布拉斯城堡转移到了维也纳，并且现在仍有34套专辑，大多数是以它们最初版式装订的，被收藏在维也纳艺术历史博物馆（Kunsthistorisches Museum）里。彼得·帕歇尔（Peter Parshall）将这些专辑在目录中大体上分为5类：阿尔布雷希特·丢勒（Albrecht Dürer，列有3个条目）、宗教和道德规范、画像、地形图和装饰图案类的书籍。[86] 但也有例外，有些专辑展现的是将复制品"漫不经心"地放入和粘贴到专辑中，比较明显的是丢勒的《美术作品

图 66　西格蒙德·埃尔泽塞尔（Sigmund Elsässer）创作的《巴伐利亚的大公斐迪南二世和公爵威廉五世》（1582），景象取自大公斐迪南和安娜·卡泰丽娜·贡扎加的婚礼庆典手册

集》（Kunstbuch），这本画集把这位画家的绘画和他的一位门徒所画的复制品混在了一起。[87] 帕歇尔判断，这些版画是作为各种资料来源以及进行更广泛收藏的参考，并不是作为以个人著作权名义进行审美展示的藏品。[88]

第 9 个展柜是来自"新西班牙"（New Spain，1525～1821年的西班牙殖民地，包括现在的墨西哥以及直到哥斯达黎加南部边界的中美洲，还有现在美国西南部的绝大部分，译者注）的具有异国情调的藏品。[89] 斐迪南二世大公从他父亲斐迪南一世皇帝那里继承了一些哥伦布发现美洲大陆之前的美洲原住民的文化艺术品和羽毛工艺品。这些艺术品可以追溯到西班牙入侵美洲，埃尔南·科尔特斯（Hernán Cortés，征服美洲的西班牙人，译者注）从特诺奇蒂特兰（Tenochtitlán，今属墨西哥维拉克鲁斯州，译者注）的阿兹特克人（Aztec）统治者莫克特苏马二世（Moctezuma Ⅱ，1502～1520年在位）那里得到的一些艺术品。[90] 在1519年，他把这些艺术品送给了神圣罗马帝国皇帝、西班牙国王查理五世，查理五世在布鲁塞尔的库登贝赫宫（Coudenberg Palace）里展出了一部分艺术品。当阿尔布雷希特·丢勒在1520年8月参观库登贝赫宫时，他非常欣赏这些"有独创性的"的艺术品。这些艺术品被分给了不同的哈布斯堡王室成员，其中也包括奥地利的玛格丽特（Margaret of Austria，意大利帕尔马公国的公爵夫人、查理五世的私生女，译者注）。在这些藏品当中最为壮观的，是一件斐迪南二世大公在1582年第二次结婚婚礼庆典时所戴的头饰，这件头饰是大约于1515年在墨西哥制作的阿兹特克人的羽毛头饰（图67）。[91] 在1596年的藏品目录清单中，这件头饰被列为一顶"摩尔风格的"（Moorish，中世纪在伊比利亚半岛的摩尔人的文化，译者注）帽子。羽毛用胶粘接在有罗网和木杆的纸帽圈上。这些材料再用皮革和1544个小薄金片（后来在19世纪用镀金的青铜替代）固定住。已经鉴别出的不同颜色的羽毛分别来自灿烂的绿咬鹃（quetzal，音译"格查尔"）、松鼠布谷鸟、玫瑰色的篦鹭、漂亮的伞鸟，也许还有翠鸟（鱼狗，啄鱼的水鸟）。斐迪南二世拥有一把用羽毛和藤条做的扇子、一块装饰有北美小郊狼图案的典礼仪式用的盾牌，盾牌大约制作于1500年，这是米斯泰克-纳瓦特尔人（Mixtec-Nahua，米斯泰克人是居住在墨西哥南部的印第安人，纳瓦特尔人是

图 67 墨西哥的羽毛头饰（约 1515），由 6 种羽毛、木杆、纤维、纸、棉花、皮革、黄金和黄铜制成

墨西哥及中美洲包括阿兹特克人在内的印第安人，译者注）用马赛克拼成的一块盾牌，原来是由大约 2.2 万个绿松石和闪绿岩的小镶嵌物装饰拼成的（图 68）。[92] 这个羽毛盾牌，是仅幸存下来的 4 个羽毛盾牌之一，是从斐迪南一世那里继承来的（图 156）。它描绘的是一匹北美小郊狼或一个披着北美小郊狼外衣的人。水的符号"阿特尔"（atl，图中为带红色轮廓的两条弯曲的带子）和火或燃烧的符号"特拉奇诺利"（tlachinolli，图中为有 3 个尖端形状的火焰）一起构成了阿兹特克人代表战争的象形符号。郊狼被认为是在军事行动中的保护者。黄金叶饰强调了郊狼的尖牙、爪子、眼睛和身上一簇簇的毛。征服美洲后所获得的战利品用于制作带羽毛的工艺品有一件墨西哥米却肯州（Michoacán）地区主教的主教冠，装饰有"耶西的树"（tree of Jesse，中世纪的基督教徒传说耶稣受难的十字架由此树制成，耶西为古以色列国王大卫之父，译者注），还有两件饰有《圣杰罗姆》（St Jerome）和《圣母马利亚和圣婴》（Virgin and Child）绘画的羽毛工艺品。这个展柜曾经还有 3 只极乐鸟的和其他几个羽毛工艺品，现在已经丢失。

置于两排展柜末端的侧边，面向通往图书馆外部阳台的门，放置了另外一个展柜，称为介于两排之间的中间展柜。[93] 这个展柜包含了一些令人惊奇的藏品，例如所罗门（Solomon，古以色列国王大卫之子，以智慧著称，译者

图 68 饰有北美小郊狼的墨西哥羽毛盾牌（约 1500），由 6 或 7 种羽毛、黄金叶饰、芦苇、棉花和皮革制成

注）曾用于建造耶路撒冷圣殿的一块雪松木，犹大（Judas）上吊自杀所用的一段绳子和鹿的叉角，鹿角是以前一个犹太人家庭所拥有的，而鹿曾在耶稣受难日（Good Friday）被当作流血的牺牲品。展示的藏品还包括了几个异教徒的偶像，包括一个彩色的石制动物头、一只陶制的野兔，这些都是在一座异教徒的坟墓中发现的。

第 10 个展柜，是第 2 长排展柜的开端，装满了用光洁雪白的雪花石膏制作的盘子、大口水壶、灯具、容器、盐碟、餐具、书写用具以及其他物品。[94] 立在 7 只狮子爪子上支撑起的一座塔是带有 7 种美德（来源于一部古代拉丁史诗，罗马天主教堂认为的七种美德是谦逊、温和、慈善、简洁、适度、热心和慷慨，与七宗罪相对立，译者注）人物塑像的一座神殿。

第 11 个展柜，涂的是黑色的油漆，摆放的是玻璃藏品。[95] 这些玻璃藏品包括诵经时用的念珠、珠宝和各种各样的酒具，还有一些无色和彩色的玻璃制品。虽然藏品目录清单中并没有说明这些玻璃制品是在哪里制作的，但很多是来自意大利的穆拉诺岛。其他的玻璃藏品来源于宫廷的玻璃工坊，这个工坊是斐迪南二世在 1570 年建立的，位于因斯布鲁克霍夫城堡的花园里。艺术家们精湛的技艺在一个优美的带盖的杯子上表现得淋漓尽致。这个杯子带有蚀刻的并上了珐琅的双头哈布斯堡王室鹰徽，以及镀金的小配件（图 69）。[96] 杯子容器内有耶稣被钉死在十字架上的耶路撒冷郊外小丘"骷髅地"（Calvary）的微缩模型，其中有基督、两个贼、圣母玛利亚和福音传教士约翰。宫廷的玻璃工坊根据亚克托安（Actaeon，希腊神话中著名狩猎者。因无意中窥见狄安娜女神沐浴，被她变成牡鹿，被自己的 50 条猎犬追逐撕碎，译者注）和狄安娜（Diana，罗马神话中的月亮和狩猎女神，即希腊神话中的阿耳忒弥斯，译者注）的故事以及故事中的几个轻松滑稽场面制作了一座缩微的玻璃山。[97]

第 12 个展柜的特色藏品是珊瑚，这是安布拉斯城堡中最精彩的藏品，非常引人注目。[98] 除了这与基督对红珊瑚的酷爱有关外，红珊瑚也被认为是一个能提防诅咒和邪恶眼神的护身符。在当时，意大利的热那亚港（Genoa）是欧洲的珊瑚贸易中心，而西西里岛西端的特拉帕尼港（Trapani）是天然珊瑚的一个主要来源地。[99] 其他一些珊瑚来自南太平洋。在 1581 年，大公从意大利热那亚的商人、浸礼会教友塞尔米诺（Sermino）那里购买了市值大约 1500 枚奥地利金币的珊瑚，9 年以后，从威尼斯的浸礼会教友比亚拉（Viala）那里又购买了市值 300 克朗的珊瑚。[100] 珊瑚材料以其美丽、稀有、昂贵，以及珊瑚分叉的天然艺术效果，备受人们的喜爱。在 4 个搁架上，展示了大量的产于地中海的红珊瑚，这些红珊瑚被固定在带有景观的底座或银质的底座上。其他一些珊瑚被合并组合，做成各种精湛的艺术作品，并放入木箱内，在一些木箱里还内衬了镜子。一

图 69 因斯布鲁克宫廷的玻璃工坊制成的饰有耶稣在十字架上被钉死情景的带盖的杯子（1570—1591），饰有镀金和珐琅的玻璃

第 4 章 斐迪南二世大公与安布拉斯城堡

121

个精致的带有人物塑像的微型立体景观模型，展示了一个女性雕像，很可能是伽拉忒亚（Galatea，海洋女神，塞浦路斯王皮格马利翁雕刻的少女像，他雕好后就爱恋上了这个雕像。爱神阿佛洛狄看到他感情真挚，于是给她以生命，使他们结成夫妇，译者注）或者是处女维纳斯·马丽娜（Venus Marina，圣玛格丽特处女，是罗马天主教和英国教会教徒在 7 月 20 日庆祝的殉教处女，译者注）的雕像，乘坐在海马和海豚拉的一辆贝壳战车上，全部雕像都是由红珊瑚雕刻而成的（图70、图71）。[101] 这件作品主题非常恰当地间接说明了珊瑚和珍珠源自水中。在雕像的后面，升起了一座小山，是由闪闪发光的白珍珠和珍珠母做成的，而红珊瑚的枝杈从山腰长了出来。[102] 在这里，钉在十字架上的基督好像是后来才插上去的，不过，在很多展示的珊瑚中，都具有这样的一个共同特点。

第 13 个展柜展出了大约 850 个青铜和黄铜的小雕像和牌匾。[103] 这些藏品包括许多神话人物、一件拔刺的工具，以及身着古装的人物。大多数小雕

图70 16世纪后半叶神圣罗马帝国的艺术大师设计的珊瑚橱，由木材、珍珠、珍珠母、珊瑚、石膏、缎子、玻璃、金饰、青铜、天青石和镀金制成

图71 珊瑚橱（图70）的局部

像和半身像仅简单地被描绘为男性的或者女性的。尽管有几个雕像被列为是中世纪的，但许多雕像很可能是在神圣罗马帝国的南部，以及帕多瓦、威尼斯和佛罗伦萨铸造的。一个带抽屉大展柜，有88个抽屉，装有大约700枚肖像勋章和硬币。

斐迪南二世以及他的亲戚和他的代理人，在阿尔卑斯山脉的奥地利和意大利两侧积极地寻找古代的与当代的勋章和硬币。[104]1574年6月，巴伐利亚弗赖辛（Freising）的执政官，同时也担任巴伐利亚主教的厄恩斯特（Ernst，1566~1612年在位）曾记载，有100枚红衣主教的勋章从罗马运来，被送给了斐迪南二世。[105]同年，他的妹夫、艾斯特家族的阿方索二世公爵又送来了更多的勋章。1575年，克利斯托弗·特鲁克泽斯·冯·瓦尔德堡（ChristopherTruchsess von Waldburg）当时正在寻找一位专家来整理斐迪南二世收藏的硬币和勋章，意大利的弗朗西斯科·德·美第奇（Francesco de' Medici）大公爵便推荐了他的一位代理人，就是意大利博洛尼亚的埃尔科莱·巴索（Ercole Basso）。巴索可能为大公工作到了1581年。伦哈特·冯·阿特姆斯（Leonhart von Attems）和阿万齐诺·德阿万齐尼（Avanzino de' Avanzini），这两个人都常驻在威尼斯，给斐迪南二世提供硬币和勋章，还有其他一些藏品。其他一些人在君士坦丁堡（Constantinople）搜寻土耳其硬币或在伊比利亚半岛（Iberian Peninsula）搜寻西班牙和葡萄牙的硬币。扎卡里亚斯·盖茨科夫勒（Zacharias Geizkofler）在1589~1603年担任皇家造币大师，常驻在奥格斯堡，为大公提供有关出售硬币藏品的消息。

雅各布·施伦克·冯·诺青（Jakob Schrenck von Notzing）不仅仅为斐迪南二世购买盔甲，也购买其他藏品，这一点并不令人感到意外。在1591年，他建议斐迪南二世去获取一位农场主在士瓦本（Swabia）地区拉芬斯堡（Ravensburg）附近发现的藏在地窖里的大量银币财宝。施伦克通过谈判从威廉·沃纳·冯·齐默恩（Wilhelm Werner von Zimmern）伯爵（自1575年开始）的财产中购得1000枚古币以及其他财宝和大量藏书。在1590年，他帮助斐迪南二世获得了乌尔里克·冯·蒙福尔·楚·泰特南（Ulrich von Montfort zu Tettnang）伯爵（自1574年开始）的藏品，总计有12672枚硬币和勋章。[106] 在1596年的藏品目录清单中，没有提供斐迪南二世所拥有的硬币和勋章的总计数量，因为在安布拉斯城堡艺术收藏馆的第13个展柜和第15个展柜里、在图书馆里、在文物馆里，可能还储藏有硬币和勋章。大公在他的闲趣宫（Ruhelust palace）两个不同的房间里保存了超过10500枚的古币和勋章。[107] 这些古币和勋章不仅被放在大箱子里，也被放在6本带有黑天鹅绒边儿的藏币册里，藏币册用银和镀金扣子扣住。一本藏币册含有584枚硬币，另一本藏币册含有379枚硬币，而第三本藏币册里有16枚银币。[108]

第14个展柜装满了中国的瓷器、亚洲其他国家和地区的漆器及奥地利蒂罗尔的陶器。[109] 中国的青花瓷是在明代（1368—1644）制作的，是为了出口到日本而设计的，且迅速找到一个有迫切需求的欧洲市场。同样地，日本和琉球的漆器也在欧洲找到了市场（图72）。[110] 大多数这些物品都是被装载到葡萄牙的船上，从中国澳门运到葡萄牙里斯本，然后再横穿过欧洲大陆被分配到各处。[111] 在17世纪，荷兰的东印度公司开始控制了这个出口市场。西班牙国王菲利普二世（Philip II）是一位瓷器收藏家，因此他也是哈布斯堡王室亲戚收藏瓷器的一个来源。这个展柜的12个搁架被塞得满满的，顶层两个搁架分别包含有42件和66件瓷器。其他几件藏品被列为由红土（黏土）制作的，或者在说到一个雕塑的魔鬼头时，则被列为由黑土制作的。

第15展柜保存的是各种写字桌、黄金和银币。[112] 更准确地说，这个展柜包含了几只展柜，是用木头、雪花石膏、大理石或者青铜制作的，储存着

图 72 中国明代的青花瓷盘子，是上了钴蓝色（艳蓝色）釉的瓷器

硬币、朝圣的徽章、宝石、戒指、首饰、雕刻的头像。这个展柜还包含 3 个搁架，上面有大量的成系列的其他藏品。一只黑檀木的展柜，可能是一件 1582 年斐迪南二世结婚时的礼物，装饰有银制的浮雕和小人雕像，代表了大力神海格立斯的苦差（Labours of Hercules，希腊神话人物海格立斯为赎罪而必须完成的 12 项任务，译者注）、七种美德（Seven Virtues）、七艺（Seven Liberal Arts，欧洲中世纪早期学校开设的课程，包括文法、修辞、辩证法、算术、几何、音乐、天文，译者注）、五官感觉（Five Senses，视、听、触、嗅、味五种感觉，译者注）、七个行星的神 [Seven Planetary Gods，水星（墨丘利）、金星（维纳斯）、火星（玛斯）、木星（朱庇特）、土星（萨杜恩）、天王星（乌拉诺斯）、海王星（尼普顿），译者注]、四个大陆（Four Continents，在 16 世纪，欧洲人把世界分成欧洲、亚洲、非洲、美洲 4 块大陆，译者注）、四大要素（Four Elements，当时被认为构成万物的土、风、火、水，译者注），以及四季（Four Seasons）。[113] 一个智慧之神（Wisdom）的女性化身斜倚在展柜的顶上。当底座的抽屉被拉出来的时候，展柜便成为一个写字台。打

开展柜的两扇门,又呈现出有 26 个抽屉和分隔间,这些抽屉和分隔间曾经装有古币、小雕像、用一张纸包着的落在沃恰山(Mount Worcza)上的吗哪神粮(manna,古以色列人在经过荒野时所得的天赐食粮,译者注)雕像、象牙制作的天使传报和圣母领报(Annunciation,天使加百列向马利亚传报耶稣将通过马利亚成胎而降生,译者注)雕像,以及各式各样的用车床车削的象牙制品。还有古时候在一座象牙上雕刻的人物雕像,手持一把剑和一个人头,也许描绘的是大卫和歌利亚(Goliath)或者描绘的是犹滴(Judith,一个虔诚爱国的古代犹太妇女,相传她杀死侵略她所在的镇的亚述将领荷罗孚尼而使该镇得救,译者注)和荷罗浮尼(Holofernes)。另外,还有一件对麦琪(Magi,聪明绝顶人,把礼物带来送给出生在马槽里的耶稣,译者注)表示崇拜的法国珐琅艺术品、一个死人的头盖骨和印度的钱币,以及大量的其他藏品。

第 16 个展柜的藏品包含有剑、匕首、铁锤、钉头锤(maces,在中世纪使用的一种棍状兵器,即狼牙棒,译者注)、节棍、手枪和刀,其中一些带有用象牙做的把儿,或者用象牙装饰。很多藏品被列为来源于印度、土耳其、古法兰克,或甚至来源于古埃及。[114] 著名的一件是教皇的礼物,包括由朱利叶斯二世(Julius Ⅱ,1503~1513 年在位)赠送给未来的斐迪南一世皇帝的一把剑,教皇庇护五世(Pius V,1566~1572 年在位)给大公斐迪南二世的一把剑和一顶公爵帽,以及大公在 1582 年举行婚礼的时候,教皇格列高利十三世送给大公的一把剑和一顶帽子。[115]

第 17 个展柜,如同第 5 个展柜一样,涂的是粉红色或肉色的油漆,被描述成用来展示"装配艺术品"或者称为由不同的零散物体和材料装配而成的集成艺术品。[116] 在 3 个搁架上排列了总共 198 件这样的艺术品。大多数艺术品源自欧洲大陆以外,其中包括"印度"涂漆的棕榈叶扇子、棉制的和丝制的头巾、用动物的角制成的乐器和酒杯、心形的可携带的细颈酒瓶和喝水的葫芦瓢。[117] 在这个展柜里面,人们还能找到摩尔人和土耳其人穿的衣服、土耳其人用的书写文具、中国的丝绢画,还有一件源自莫斯科的带有鱼骨把儿的搅蛋器,一个来源不明的用鳄鱼皮做的包。

在这个展柜里的藏品,其特点是不拘一格、博采众长,的确与众不同。

从弗里德里希三世皇帝进餐使用的刀叉,到曼图亚公爵自己画的一幅肖像画,以及航海用的四分仪和指南针。一个大木箱里装满了黄铜制的字母,可以排列起来拼写单词。一枚"非常精巧"的镜子,用亚当和夏娃的故事装饰。还有用车床车削出来的各种艺术品,一本与查理五世加冕礼有关的用刺绣装饰的赞美诗集。一件带有珍珠和宝石的勒达(Leda,斯巴达王廷达瑞俄斯之妻,与化身天鹅的宙斯生波吕丢刻斯和海伦,译者注)和天鹅(Swan)的威尼斯蜡像浮雕,放在玻璃罩内。由琥珀制成的艺术品和塑像,琥珀也许是源自南波罗的海的海岸。有一只仍然可用的管风琴风箱,风箱也许是大公与巴伐利亚的威廉五世打赌时赢来的乐器。[118] 一件由意大利帕多瓦的弗朗西斯科·塞加拉(Francesco Segala)制作的斐迪南二世身着盔甲的彩色蜡像,非常引人注目,被镶在檀香木和玻璃的框内,也保存在这里(图43)。[119]

一件最不寻常的藏品,是一只"摇晃箱"(Schüttelkasten),在藏品目录清单中,汇编者把它描述为一件"极其美丽的艺术品"(in herrlich schen kunststuckh,见图73、图74)。[120] 这个箱子展现的是两栖动物、蜗牛、甲虫、海龟、蝎子和蛇,它们聚集在用纸和石膏做成的微缩的底板上。底板模仿森林的地面,上面装饰有贝壳和苔藓。当箱子被摇晃时,动物来回摆动,同时固定在金属丝上的蛇,会蜿蜒地到处滑行。这件藏品确实不同寻常,将大自然与人们丰富的想象力相结合,将一位默默无闻的神圣罗马帝国南部工匠细致的观察力与富于创造性的手艺相结合,给人带来了快乐。这件艺术品是工

图73 由木板、纸板、铁丝、贝壳、苔藓和石膏制成的"摇晃箱"

图 74 "摇晃箱"的局部细节

匠在 1550 年之后制作的。而在微小的尺度上仔细查看这件艺术品的体验，还可以让人们回想起走进安布拉斯城堡的巴克斯酒窖，那个酒窖也是另一个人工建造的具有大自然场景的空间。与其他各种各样的藏品相比，由于这个摇晃箱里可以晃动的部件很容易损坏，所以箱子被平放在展柜中间的搁架上。

第 18 个展柜，也是第 2 排展柜中的最后一个，展览的是木制藏品，有 7 层搁架。[121] 除了大量的杯子、碟子、盘子和碗外，大公还拥有 3 个精致的由橄榄木制成的杯子。杯子带有成双的树疤花纹，是在 16 世纪上半叶在神圣罗马帝国南部精心制作的。[122] 不同种类的木头所具有的材质特性在这里被展现出来。如同很多其他受过教育的贵族一样，斐迪南二世自己也建立一个车削工艺车间。这个车间位于霍夫城堡花园，公爵和宫廷的艺术家们可以使用。这些艺术家可能就是那些精心制作的、饰有金丝细工的工艺品的创造者。例如，一个竖立在有一圈细柱的底座上的具有圆形建筑物形状的错综复杂的容器。这个容器用来盛装书写用的文具，它就像一座精美的矗立的塔（图 75）。[123] 它中间的隔间里有两个墨水盒和一个沙盒，当塔以及亭子的顶部被拿掉时，笔就可以伸进去。呈现出的整体效果是光和影、虚与实之间微妙柔和的相互作用。这个展柜的顶层搁架上有几个木制的智力玩具，包括有一对儿螺旋状的环盘（由 76 个相互连接的木片组成）。正如布雷特·罗思坦

128

（Bret Rothstein）所指出的，这是一个精湛的但不实用的物件，它的主功能好像只是作为一个智力玩具，激发观众要去弄清楚，它是怎么做出来的，弄清它相当难以区分开来的形状，以及了解制作工艺的特性（图76）。[124] 斐迪南二世还有一套非常有趣的牙签，每一根长度大约为14.5厘米。[125] 尖的一端的作用是剔牙，另一端是一只雕刻的小手。

巴伐利亚兰茨胡特（Landshut）的雕刻师汉斯·莱因贝格尔（Hans Leinberger）创作的"死神"（Death）木刻雕像，雕像手持两支箭和一只弓，被放在展柜底层倒数第2个搁架上，搁架上还放置了其他各种各样的雕刻的浮雕和小雕像（图77）。[126] 这座木雕极为精致，好像这个痛苦的人身上的支离破碎的肉片，已经几乎附着不到他的骨骼上了。这座木雕是想要让它的下一个受害者感到震撼。这座小雕像，也许是马克西米兰一世曾经拥有的一座小雕像，它以实例诠释了艺术家对艺术的鉴赏力以及艺术家把非常硬的梨木转变成一件人造的雕刻品（艺术品）的天赋。反映生命的脆弱性和死亡的主题，在早期的现代派艺术思想中无所不在。

图75 16世纪后半叶，因斯布鲁克宫廷切削工艺车间制作的木器"书写用的文具"

图76 木制螺旋状的环盘，1596年之前完成制作

在军械馆的出口附近，另一个介于两排之间的中间展柜，竖立在第 1 个展柜和第 18 个展柜的侧边。这个展柜的 4 层搁架上充满了由象牙、珍珠母和动物的角、骨头和蹄子制成的藏品。有几只用象牙制作的乐器号，其中一只号上展示有葡萄牙王室的盾徽，另一只号上装饰有雕刻的动物和鸟。斐迪南二世的祖伯母是奥地利的凯瑟琳（Catherine，1507—1578），也是葡萄牙的王后（1525—1557），她是这些来自西非和南亚的具有异国情调的藏品一个主要来源。[127] 在她去世几年之后，斐迪南二世购买，或者是作为礼物收到了一把在 1542 年在科特（Kotte）制作的精美的象牙扇（图 78）。[128] 扇子把儿的上部像一只孔雀的头和身子。黑檀木的孔雀眼睛被当作扇子的轴钉，当打开扇子的时候，就会展示出由象牙制成的 22 根孔雀尾羽毛。在精雕细刻的扇子把儿上，还展现出一位盘坐的印度女神，两侧有狮子、植物、闭合的荷花。在把儿的下端，是雕刻成球状的一只狮子。

图 77　16 世纪 10 年代汉斯·莱因贝格尔创作的作品"死神"

图 78　1542 年，在科特由象牙和动物的角制成孔雀扇

在大公斐迪南二世打猎的战利品中，有一件雕饰是挂在第2层搁架上的（图79）。[129] 大公的盾徽被装饰在4只大鹿角的雄獐头盖骨上，下面是弯曲的岩羚羊角，岩羚羊也被称为石羚（ibex，阿尔卑斯山的野山羊，译者注）。在后面的盘子上，饰有打猎的场景、鸟和植物。上部的结构是一个极为精美的杰作，它是一块用车削和雕刻出来的动物骨头所构成的一个圆顶，上面装饰有6层（起初是7层）精致透空的花丝网状的塔。在结构的内部，有一口极小的水井，带有一根绳索和水桶。在这个展柜中幸存下来的用骨头制作的其他藏品上，也能够看到有这种错综复杂的合成的金丝细工装饰品。[130]

所有的20个展柜占据了安布拉斯城堡艺术收藏馆的主要空间，与此同时，还有几十件绘画作品挂在它四周的墙上（图80）。[131]1621年又有一份藏品目录清单被重新汇编，这份清单不同于在1596年编制的那份清单，新清单汇集了关于绘画藏品的完整的信息。[132] 也许，墙上绘画作品的市值不像展柜里藏品的那么高。在通往军械馆的门的上方的墙上，悬挂了一排前12位罗马皇帝的肖像画，从尤利乌斯·凯撒（Julius Caesar）开始，一直到图密善（Domitian，81～96年在位，见图81）。[133] 威尼斯的画家提香（Titian）受到费代里科·贡萨加（Federico Gonzaga）的委托，在1536～1539年，为意大利曼图亚（Mantua）的"总督宫"（Palazzo Ducale）绘制了各位皇帝的肖像，现在整套已经遗失，而悬挂在这里的这个系列，是很多模仿提香原画的仿制品中的一套。在这面顶头的墙上，还展现有以神话为主题的绘画，描绘的是维纳斯（Venus，罗马神话中爱和美的女神，罗马

图79 16世纪下半叶，大公斐迪南打猎的战利品——由动物的角、木头、象牙、雄鹿和各种猎物做的奖杯

图80 安布拉斯城堡艺术收藏馆的墙面上对原藏品用摄影图片的再现

十二主神之一，译者注）、达娜厄（Danaë，希腊伯罗奔尼撒东北部阿尔戈斯古城国王之女，译者注）、"帕里斯的评判"（Judgement of Paris，希腊神话中的一个故事，译者注）和"上帝的节日"（Feasts of the Gods，纪念上帝、圣徒等的宗教节日，译者注）。其他绘画还包括《创世纪》《各种动物登上挪亚方舟》《七种美德》，以及一幅幻境画（流行于古罗马时期）的场面，画中有一个和真人同样大小的人，跨步穿过一扇虚构的门。

在正对着左侧前9个展柜的内墙（天井院墙）上，展示的是西班牙红衣主教佩德罗·冈萨雷斯（Pedro Gonzalez，见图82）及其妻子、儿女的肖像画，推断这些画的年代大约应该是在1580年。[134] 冈萨雷斯和他的孩子，但不包括他的妻子，患有先天性的遍及全身的多毛症（hypertrichosis），这造成了他们的身体大部分被毛发所覆盖。冈萨雷斯大约在1550年生于加那利群

图81 16世纪下半叶神圣罗马帝国画家模仿威尼斯画家提香的原画，绘制的木板油画《12位罗马皇帝的肖像》

岛（Canary Islands，又译金丝雀群岛，西班牙在北大西洋东部的群岛，译者注）的特纳利夫岛（Tenerife，加那利群岛最大岛屿，译者注），他在法国王室的宫廷中长大成人，长大后帮助意大利帕尔马（Parma）的公爵亚历山德罗·法尔内塞（Alessandro Farnese，1545—1592）在低地国家（Low Countries，指荷兰、比利时、卢森堡三国，译者注）做事，后来又为亚历山德罗的儿子拉努乔·法尔内塞（Ranuccio Farnese，1569—1622）公爵服务。这幅画有可能是斐迪南二世公爵大约在1580年从巴伐利亚的威廉五世那里得到的礼物。沿着这面墙再向前走下去，除了看到有许多其他的肖像画以外，还有一幅与真人尺寸同样大小的双人肖像画《巴特尔梅·博恩和托默勒》（Bartlmä Bon and Thomerle），他们是宫廷里的巨人和侏儒（图83）。[135] 两个人分别站在彼

图82　神圣罗马帝国画家创作的帆布油画《佩德罗·冈萨雷斯》（约1580）

图83　16世纪末期神圣罗马帝国画家创作的帆布油画《巴特尔梅·博恩和托默勒》

第4章　斐迪南二世大公与安布拉斯城堡

133

此的旁边，这幅画同冈萨雷斯的肖像画一样，突出地展现了人在身体方面的反常现象。

在远处顶头的墙上，展示的是另一幅使人产生幻觉的半开的门的画和几幅动物的画，这些动物包括一只雄獐、一只山羊和一只重约400千克的大猪。房间的外墙很长，曾经展示了至少75幅画，大多数是肖像画，包括哈布斯堡王室亲戚，以及一只背部长出一只角的大羚羊、一头在用爪子抓树的熊，还有一些描绘宗教场景的画，但令人感到惊讶的布置是，一幅有3个维纳斯美女的画像，直接悬挂在《悲伤的圣母马利亚》（Virgin of Sorrows）的上面。有一幅画描绘的是一位匈牙利的贵族格雷戈尔·巴奇（Gregor Baci）。据传说，他在一场骑士马上比武中被长矛刺穿右眼后，活了大约有一年的时间。

接着展现在眼前的藏品是用金属环吊在天花板上，或者固定在地板上，有一条大鳄鱼和几条小鳄鱼、一条大鱼的颚，可能是一只鲨鱼的颚、4根较长的和一根较短的鲸鱼"羽毛"（应该是鲸鱼的肋骨）、一只很长的象牙、几只犀牛角和一条蜥蛇的皮，以及其他的一些藏品。在斐迪南二世的藏品中，还包括有一件长着两个头的小牛犊，有4只眼睛，有一截据称是在一只雄鹿的鹿角边上长出的橡树树干，以及各种各样的动物的某个器官部位，特别是那些罕见的或畸形的样本（图187）。还有一些彩色大理石的桌面、木制的大箱子和斐迪南二世的硬币展柜。硬币展柜带有60个抽屉，抽屉上装饰有丰富的镶木细工嵌花，形式多种多样，有古遗迹的图案、怪诞的图样、旋涡的图案和神话里诸神的形象。[136]

就房间的数量和陈列品的密度而言，人们会提出一个关于安布拉斯城堡艺术收藏馆使用频度的问题。没有信息显示斐迪南二世多长时间会巡视艺术收藏馆一次，每次逗留的时间有多久，尤其是在第二次结婚以后，他和家人主要居住在距离艺术收藏馆大约2.5千米的因斯布鲁克城里，过来一次需要徒步或者骑马。当他想要仔细查看一件藏品的时候，不知道他是使用一张大理石桌子呢，还是把藏品带入图书馆呢？藏品目录清单中提到了，在邻近"西班牙大厅"（Spanish Hall）的斐迪南二世的"工作室"（werkhcamer）里，装满了7个带有抽屉的工具柜。[137]

安布拉斯城堡艺术收藏馆每个展柜是通过藏品材料的成分以及展柜的颜色来区分的。这种通过视觉就能马上区分出藏品分类编排的方式，在同时代的艺术收藏馆中是独一无二的。曾经被塞满藏品的大展柜与现代展柜形成了鲜明的对比，现代展柜中的藏品被布置得引人注目且不再拥挤。那么在当初，展柜中的某一件藏品是怎么样才能够很容易地被看到的呢？当初的展柜更应该是被用来贮存藏品的，而不是用来展示藏品的。很多藏品被放进皮箱里保护起来，那时的保管人有一本能找到某件藏品位置的流水账式的目录呢，还是他们对藏品位置已十分熟悉？

安布拉斯城堡艺术收藏馆所拥有的藏品的庞大规模和多样性，给人们以深刻的印象，可以用来让人们专注于知识、满足好奇心或通常意义的审美享受。在这方面，这个艺术收藏馆的功能与邻近的军械馆和图书馆有什么不同吗？每一处空间都提供了不同的却相互补充的信息。斐迪南二世对世系宗谱，特别是对哈布斯堡王室的家谱以及历史都有兴趣，这一兴趣作为一条主线，贯穿于他在安布拉斯城堡所有的藏品中，与此同时，他也确定了自己在家族中的重要地位，这一点应该并不令人感到意外。同时，安布拉斯城堡艺术收藏馆也包含了许多可以归类为自然的、人造的、异国的、科学或人类学的藏品，它是一处适合于奎切伯格所说的把某些"迫切需要得到之物"（Desiderata）作为获取知识的来源，但是，这些藏品真的成为他的宏观世界里的微观世界了吗？他尝试从中国的瓷碗、西非的象牙、多毛的冈萨雷斯家庭或温策尔·雅姆尼策的文具盒中领悟出某种含义了吗？他可能仔细考虑的只是从这个世界中获得并带到这个被塞得满满的空间中的多样性和连通性。他具有对任何一件艺术品的优美、稀有、材料价值、工艺以及历史的鉴赏力，对这些艺术品的鉴赏在他的心目中并不是最重要的。斐迪南二世把这个空间称为他的"艺术或奇迹……的展室"（*Kunst-oder Wunder-...camern*）。这个空间的确是一个充满奇迹的地方，在这里，独一无二的和不可思议的藏品充满了所有的展柜，并且让人大饱眼福。[138] 最起码，斐迪南二世已经让自己置身于令人震惊的优美艺术品与奇特艺术品的集大成之中。

安布拉斯城堡的图书馆、文物馆和小兵器馆

从安布拉斯城堡艺术收藏馆出来，爬上一段矮楼梯，便到了相邻的图书馆宽敞的大厅（图84）。这幢曾经的粮仓建筑物，一层是马厩，二层是图书馆、文物馆、小兵器馆和雇用人员的套房，阁楼用于存放粮食。安布拉斯城堡的图书馆，也称为书籍艺术馆，其宽度和长度比安布拉斯城堡艺术收藏馆的要稍微大一些，图书馆有5个独立式的柱子沿着主轴线支持着天花板。图书馆有22个书柜，每侧11个，背靠背地放在图书馆大厅的中间，共装有3506本书和手稿，书名按照书的主题编排。[139] 图书馆四周的墙上展示了许多绘画，尤其是各种肖像画，展示有奥地利家族家谱的一幅卷轴、《马克西米利安一世皇帝的凯旋图》和一张标有土耳其边境的地图。[140] 在靠近窗子的长凳下面，还有许多大箱子，装满了版画、手稿、矿物，鲸须制品和其他珍品。

文物馆和小兵器馆占据了两间面积大致相同但比较小的长方形房间（13米×5米），都位于图书馆的东侧。[141] 文物馆的85个小壁龛里展示着古肖像

图84　曾经的安布拉斯城堡图书馆，现在是艺术收藏馆的展览空间

画和各种各样其他的东西。[142] 小兵器馆里充满了数百把刀，各种不同的剑、戟、手枪、战斧，8个海龟壳，壳上文饰有战争主题的画，以及几个大箱子，装有在战场上穿的战服。[143]

安布拉斯城堡藏品的命运

斐迪南二世曾希望把所有的藏品都保存在一起，然而他死后，安布拉斯城堡被他年轻的儿子布尔高侯爵卡尔，在1606年以17万奥地利金币的售价卖给了鲁道夫二世。[144] 由于父母的婚姻是贵族子弟与社会底层女子的联姻（morganatic union），卡尔不能继承父亲的爵位。他使用这笔钱在士瓦本的金茨堡（Günzburg）公爵领地兴建城堡。斐迪南二世曾希望把安布拉斯城堡的藏品与在布拉格的藏品合并在一起，但是他的愿望未实现。就这样，所有保存在安布拉斯城堡中的藏品都被置于神圣罗马帝国的保护之下，最初由鲁道夫的兄弟大公马克西米利安三世（1595～1618年在位）监管。

安布拉斯城堡藏品的稀有和名气吸引了众多的参观者。在斐迪南二世在世时，史学家斯特凡努斯·皮格修斯（Stephanus Pighius）在1574年曾陪同于利希-克利夫斯-贝格（Jülich-Cleves-Berg）地区的卡尔·弗里德里希（Karl Friedrich，1555—1575）在意大利旅行。[145] 皮格修斯在描述这次旅行时提到，大多数盔甲和艺术藏品仍然在霍夫城堡里。他特别对巴克斯酒窖和喝酒仪式感到印象深刻，卡尔·弗里德里希成功通过了仪式的考验，但是皮格修斯却未能通过。法国哲学家和散文家米歇尔·德·蒙田（Michel de Montaigne，1533—1592）是一位贵族，在他去意大利的途中，曾试图在1580年10月下旬参观安布拉斯城堡，但未获得成功。一名宫廷的官员直截了当地告诉他，斐迪南二世拒绝他进入安布拉斯城堡，理由是法国是神圣罗马帝国的敌人。[146] 阿道弗斯·奥科三世（Adolphus Occo Ⅲ，1524—1606）是一位奥格斯堡的医生和钱币专家，在1590年来到因斯布鲁克，协助整理斐迪南二世的硬币收藏。

菲利普·海因霍费尔（Philipp Hainhofer）是一位奥格斯堡的外交家、银行家、商人和收藏家，于1628年4月27日访问了安布拉斯城堡，在其著作里做了最为详尽的描述。[147] 卡斯珀·格里绍尔（Caspar Griessauer）是当时安布拉斯城堡的大管家，陪同他从头到尾参观了军械馆、艺术收藏馆和图书馆。他仔细描述了 20 个展柜，从雪花石膏（第 10 个展柜）开始，接着是玻璃（第 11 展柜），等等，一直看下去。[148] 很显然，藏品的数量变化很小，甚至还有所增加，因为他的描述与 1596 年的藏品目录清单的描述是相互匹配的。海因霍费尔列举了每个展柜内的一些独特的藏品，例如在东侧的那个介于两排之间的中间展柜里的犹大上吊自杀的绳子、渗血的鹿头和印度崇拜的神。[149] 他断定，要细看并且充分地沉思领悟这 20 个展柜内所有美丽、昂贵和奇妙的藏品，将要花费数月的时间。[150]

  斐迪南二世死后，安布拉斯城堡便停止了作为蒂罗尔统治者的一座高贵的王宫。安布拉斯城堡艺术收藏馆、军械馆和图书馆的藏品在 1665—1806 年被送到了维也纳。在维也纳，这些藏品与神圣罗马帝国经过长时间收集来的各种各样的藏品整合到了一起。[151] 利奥波德一世皇帝（Leopold I，1658～1705 年在位）在 1665 年将大多数藏书转移到了维也纳，而女皇玛莉亚·特里萨（Maria Theresa，1745～1765 年在位）在 1745 年把其他的一些书籍送到了新的因斯布鲁克大学图书馆。[152] 宫廷古文物研究者卡尔·古斯塔夫·黑罗伊斯（Carl Gustav Heraeus）在 1713 年将大约 1230 枚硬币和勋章转移到了维也纳。[153] 剩余的财产在"拿破仑战争"（Napoleonic Wars，1799—1815）期间，在蒂罗尔被割让到巴伐利亚王国之后，于 1806 年被运送到了维也纳。在 1809 年，安布拉斯城堡大多数的收藏品被存放在维也纳的下贝尔维迪宫（Lower Belvedere Palace）里。1951 年，安布拉斯城堡的保管监护权被给予了维也纳艺术历史博物馆（Kunsthistorisches Museum）。维也纳艺术历史博物馆逐渐修复了已经衰败的安布拉斯城堡，并且新的艺术收藏馆的展览于 1974 年开放，随后军械馆在 1980—1981 年重新开放。[154] 安布拉斯城堡以它的特色，向参观者展示了一个早期的现代艺术收藏馆的风貌，参观者在这样的一个独特的地方，会产生什么样的感受？

第 5 章
阿尔贝蒂娜·维廷斯家族与德累斯顿珍奇馆

神圣罗马帝国皇帝查理五世及其联军在 1547 年的米尔堡（Mühlburg）战役中打败了萨克森选帝侯约翰·弗里德里希（Johann Friedrich，1530~1547 年在位）和施马卡尔登联盟（Schmalkaldic league）。随后约翰·弗里德里希被剥夺了选帝侯的头衔和大部分领地，因此这次战役成了萨克森历史上的一个重要时刻。因联合查理五世共同对抗欧内斯廷，萨克森公爵莫里斯（1541~1547 年在位）被授予萨克森选帝侯的头衔（1547~1553 年在位），这是神圣罗马帝国中最有权的职位之一。这助推了维廷斯王朝阿尔贝蒂娜这一分支及其居住城市德累斯顿的兴盛。莫里斯死于锡沃斯豪森（Sievershausen）战役之后，他的弟弟奥古斯特一世（1553~1586 年在位，见图 85）继承了侯位。在他卓越的治理下，萨克森成了帝国境内最富裕的地方，这一切特别要归结于在矿山里的银、铜、锡和锌矿的开采。在 1574 年的宫廷

图 85　小卢卡斯·克拉纳赫（Lucas Cranach the Younger）绘制的油画《萨克森选帝侯奥古斯特一世》（1565）

狂欢节上，奥古斯特一世把自己装扮成矿工的保护神，以显示自己对萨克森矿业的最高统治权及相应财富的部分所有权[1]。奥古斯特一世是个坚定的路德教派信徒，曾在1580年赞助出版了路德教派的《和谐之书》(Book of Concord)，并使新教不同宗派间实现了和平。

大约在1560年，奥古斯特一世建立了德累斯顿珍奇馆。[2] 由于他喜爱科学仪器和实用性工具，这里的收藏与慕尼黑、安布拉斯城堡（因斯布鲁克）和布拉格的珍奇馆不同。其中，有些物品供他个人使用，其他的可以借给工匠和学者用于一些实用性工作，比如精心绘制萨克森地图等。奥古斯特一世热衷园艺，他甚至编写了《水果种植和花园手册》(Künstlich Obst und Gartenbüchlein)，该书在他死后，于1619年在柏林出版发行。按惯例，在奥古斯特一世死后的第二年即1587年，人们对珍奇馆进行了彻底清查并登记造册。之后，在1595年、1610年、1619年、1640年、1732年和1741年分别进行了再次清查。这些目录清单和其他记录可以让我们一窥珍奇馆在其子克里斯蒂安一世（Christian I, 1586~1591年在位）和孙子克里斯蒂安二世（Christian II, 1591~1611年在位）及约翰·格奥尔格一世（Johann Georg I, 1611~1656年在位）手中的演变情况。每个主政者都增添、清理或转让了部分藏品。强人奥古斯特二世（AugustIIthe Strong, 1694~1733年在位，他还两次成为波兰国王，时间分别是1697~1706和1709~1733）建造了著名的绿色穹顶（Grünes Gewölbe），添置了其他一些特殊藏品。许多藏品至今还保存在德累斯顿并对公众展示。

建筑

1547年，莫里斯发出指令，准备翻新、扩建德累斯顿宫（图86）。[3] 一年后工程正式开工并于1556年完工。工程包括新建的西北翼（图87），也就是被称作新屋（Neue Haus）的这一部分。[4] 它比宫殿的其余部分更宽，其底层建有新的厨房以及内务、保洁和管理用房。这里有一系列装饰华丽的房间，另外还配有被涂成绿色的穹顶，窗户都用粗大的钢筋防护起来。从1556年起，这里就作为夏季宴会厅和花厅使用。[5] 奥古斯特进行了重新规划，把

图 86　木制的德累斯顿宫模型

图 87　德累斯顿宫西北翼

这片空间设计成新藏宝室（neue Schatz Cammer），并从 1572 年起作为他的秘密宝库（Geheime Verwahrung）。奥古斯塔一世的起居室位于第 2 层，而他妻子——丹麦的安娜（Anna of Denmark，见图 88）的起居室则位于毗邻的南翼。[6]

珍奇馆有 6 个房间位于西北翼上面第三层的中间（图 86、图 89、图 90

图88 小卢卡斯·克拉纳赫绘制画板油画《安娜——丹麦女选帝侯》(1564)

和图91）[7]。第7个房间正好位于山墙的上面，紧邻宫廷车工的工作室。因室内放置的物品，两个最重要的房间在1587年的设计中被标注为1号和2号。这些房间面向西北，奥古斯特一世可以从窗子看到宫殿花园，甚至还能看到宫墙以外。房间的墙壁和天花板嵌着木板。1号房间大约45平方米，用作公爵的私人工作室。奥古斯特一世在一个大号展柜上研究藏品，另外他还在上面做绘画练习，木制飞檐环绕这房间顶部。2号和3号房间里各有两扇窗户，房间面积约为102平方米。3号房间的角落里有一个小楼梯，用于连接位于下面的奥古斯特一世的私人房间。在6号房间的旁边建有一个延伸到下面中央庭院的圆形楼梯，这个楼梯后来被用作员工和参观者的入口。

除珍奇馆外，奥都斯特一世还在1559—1563年建起了新的军械库（Zeughaus，现在称为Albertinum），用来放置他在仪式、阅兵式等场合使用的物品以及历史久远的铠甲，这些物品中，有些被放置在木马上展示。此外，这里还有一些宫殿卫士们使用的武器。他建了一座拥有19个房间的官署（chancellery，1565～1567），并升级改造了宫殿的防卫设施（1569～1574），此举为新花园创造了空间。[8] 1581年，奥古斯特一世新增了一位宫廷药剂师，并在宫殿建筑群南侧的塔申贝格（Taschenberg）为宫廷炼金术士们建了一个试验室。受佛罗伦萨和曼图阿的著名马厩的影响，克里斯蒂安一世建起了新的多层马厩（1586～1588/1590），其中包含容纳123匹马的畜栏，一个放置盔甲、武器和马具的房间，以及一个毗邻的赛马场。[9] 一条100米长的拱廊将马厩和宫殿连接起来，

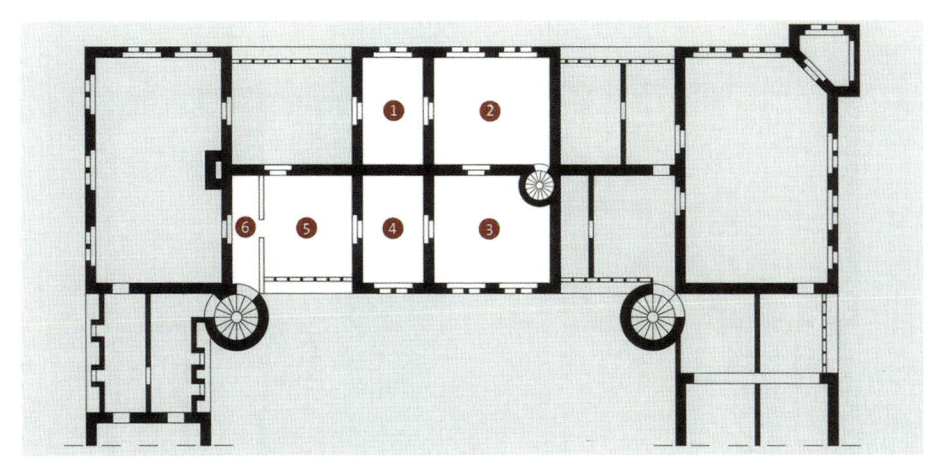

图89 珍奇馆平面图，根据保罗·布赫纳（Paul Bucher）的宫廷模型和1587年藏品目录整理
①选帝侯和主人的绘画室和小房间
②面向西翼花园的大房间的后部
③紧靠宫殿庭院、毗邻女士洗漱间的客厅
④宫殿侧面、女士洗漱间旁边大房间前面的小房间
⑤挨着藏书室的房间
⑥位于艺术室和藏书室之间外面的大厅，在第四层的屋顶窗附近有另一个房间，可以通过小楼梯进入
⑦屋顶下靠近车工——埃伊迪乌斯（Egidius）大师工作室的一个房间。

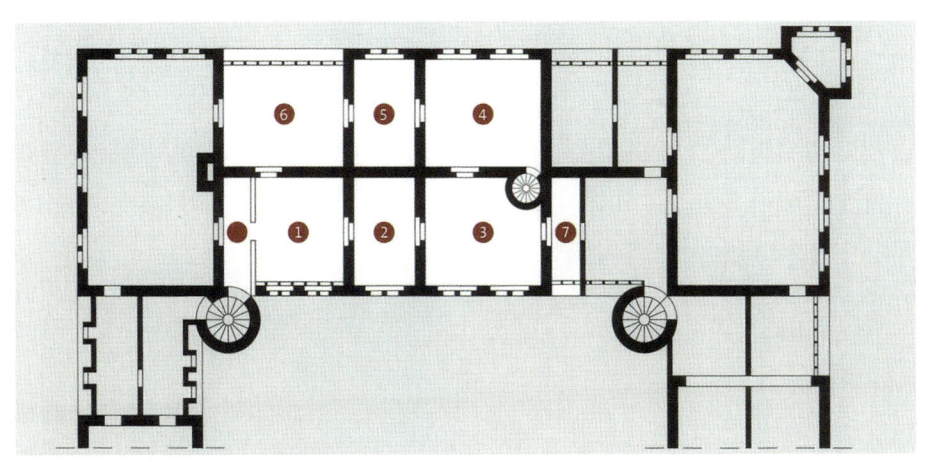

图90 珍奇馆平面图，根据保罗·布赫纳制作的宫殿模型、戴维·乌斯劳布（David Uslaub）的平面图以及1619年藏品清单绘制
（未标号码）藏书室和艺术室之间的入口外面。
①朝向城堡庭院的密室
②朝向城堡庭院的房间
③朝向城堡庭院的房间
④朝向回廊的密室
⑤朝向回廊的房间
⑥紧靠回廊的黄金屋的房间
⑦朝向宫殿庭院的小房间

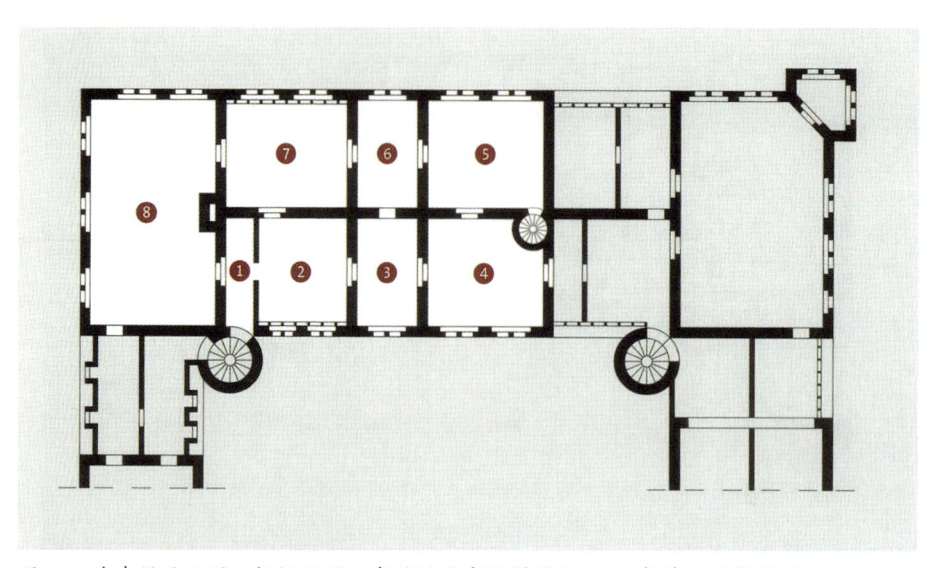

图 91　珍奇馆平面图，根据保罗·布赫纳的宫殿模型和 1640 年藏品目录绘制
①通往萨克森选帝侯艺术室和紧邻宫殿庭院的前厅
②屋顶下的紧靠宫殿庭院的另一个房间
③面向宫殿庭院的第三个房间（小房间）
④面向宫殿庭院的第四个大房间
⑤面向回廊的第五个大房间
⑥第六个紧靠黄金屋和回廊的小房间，被已故萨克森选帝侯奥古斯特一世用作绘图室
⑦屋顶下紧靠黄金屋和回廊的第七个房间，也被称作"山屋"
⑧第八个房间或大的角屋，它的一边紧靠黄金屋和舞厅，另一边紧靠选帝侯夫人的花园

该拱廊由底层的 21 个拱桥和上层的走廊组成（1586～1588）。克里斯蒂安一世在走廊边上放置了真人大小的维廷斯家族的肖像，时间从公元前 90 年至今，以彰显其高贵血统和自己在王朝中的位置。

参观第一个珍奇馆

虽然准确的时间尚不能确定，但德累斯顿的珍奇馆早在 1560 年可能就建成了。戴维·乌斯劳布（1545—1616），至少从 1572 年 3 月就担任了珍奇馆的管理人，直至去世为止。[10] 他曾负责监督 1587 年、1595 年和 1610 年的藏品清点工作。1587 年的清点和登记是在奥古斯特一世死后一年才进行的，故这次登基在册的还包括了克里斯蒂安一世增添的一些物品，但相关的收藏结构和藏品内容反映了奥古斯特一世的喜好。乌斯劳布细致的藏品清单

包含有 9586 个藏品。[11] 依据约阿希姆·门扎豪森（Joachim Menzhausen）的统计，清单中共有 7353 件工具（约占总量的 75%），442 件科学仪器和钟表（约占 4.5%），288 本书（约占 3%），271 颗车削过的象牙（约占 2.8%），135 幅绘画和雕塑（约占 1.4%），100 个自然珍品（约占 1%）以及 80 件家具（约占 0.8%），[12] 其他工具约占 11.5%。海伦·瓦塔纳贝-奥凯利（Helen Watanabe-O'Kelly）注意到，乌斯劳布清点了每一个螺丝钉。[13] 但数字出现了偏差。所以，她建议通过研究各藏品组的数字，这样就可以找到一个更加平衡的藏品计算方法。经查，科学仪器和钟表类藏品共有 23 个组别，工具类有 24 组。这份清单表明，奥古斯特一世对仪器和工具的偏好超过了他对那些收藏于慕尼黑、安布拉斯城堡和布拉格珍奇馆的各类艺术品、自然类物品和人工类物品的喜好。然而，自然类物品依然是以实物样本形式呈现的，比如绘画挂在墙上，绘制的自然图景汇集在书中[14]。房间里那些高度专业化科学仪器和实用工具混杂在一起，让人看来与那个时期的收藏风格不太相符。奥古斯特一世在宫殿内还有其他专门的收藏地点（一个古币收藏室；一个银室，收藏有昂贵的器皿；一个宝库和一个藏书阁），在这座宫殿里，人们能看到常见于其他珍奇馆里收藏的一些物品。奥古斯特一世很熟悉当时的几家珍奇馆。[15]1566 年 5 月，他作为客人前往慕尼黑并拜访了巴伐利亚公爵阿尔布雷希特五世（Albrecht Ⅴ）。1570 年和 1573 年，奥古斯特一世在维也纳觐见了神圣罗马帝国皇帝马克西米利安二世（Maximilian Ⅱ）。他后来在 1575 年 4 月利用一周时间接待了皇帝和他的四个儿子，其中包括即将继位的鲁道夫二世（Rudolf Ⅱ）。奥古斯特于 1581 年前往鲁道夫二世在布拉格的宫殿与之会面。

　　按照房间的重要性，乌斯劳布系统地开展藏品清点工作。1 号房间是奥古斯特一世的工作室，被冠以"我最仁慈的选帝侯和主人绘画的小屋子"。[16] 即使是在后来的记述中，这个房间都是和珍奇馆的创始人联系在一起的。房间的墙上挂着几幅奥古斯特一世身着铠甲的肖像，或者与妻子安娜及孩子在一起的画像。[17] 此外，房间里有一张大展柜，奥古斯特用来绘制萨克森的地图和鉴赏藏品。他绘制的许多地图装饰着墙壁，其他的则储存在柜子里。例如，标注为"Von Dresdenaus"的地图，展示的是德累斯顿周边地区，从西北的麦森（Meissen）沿着易北河，直至位于东南的皮尔纳（Pirna，见图92）。[18] 奥古斯特一世用笔和淡水彩仔细地标示不同的城镇和河流，并标明一些地形特征，比如萨克森南部阿尔滕贝格（Altenburg）周围的小山丘。在这幅地图和其他多数地图中，他使用的比例尺为 1∶620000。

为了给自己的领地绘制出最精确的地图，奥古斯特一世于1562年聘用了莱比锡的瓦伦丁·托（Valentin Thau），让他游历萨克森，对城镇与其他地标间的距离进行测量。奥古斯特一世从纽伦堡和奥格斯堡的知名工匠老克里斯托夫·席斯勒（Christoph Trechsler the Elde）和托马斯·鲁克尔（Thomas

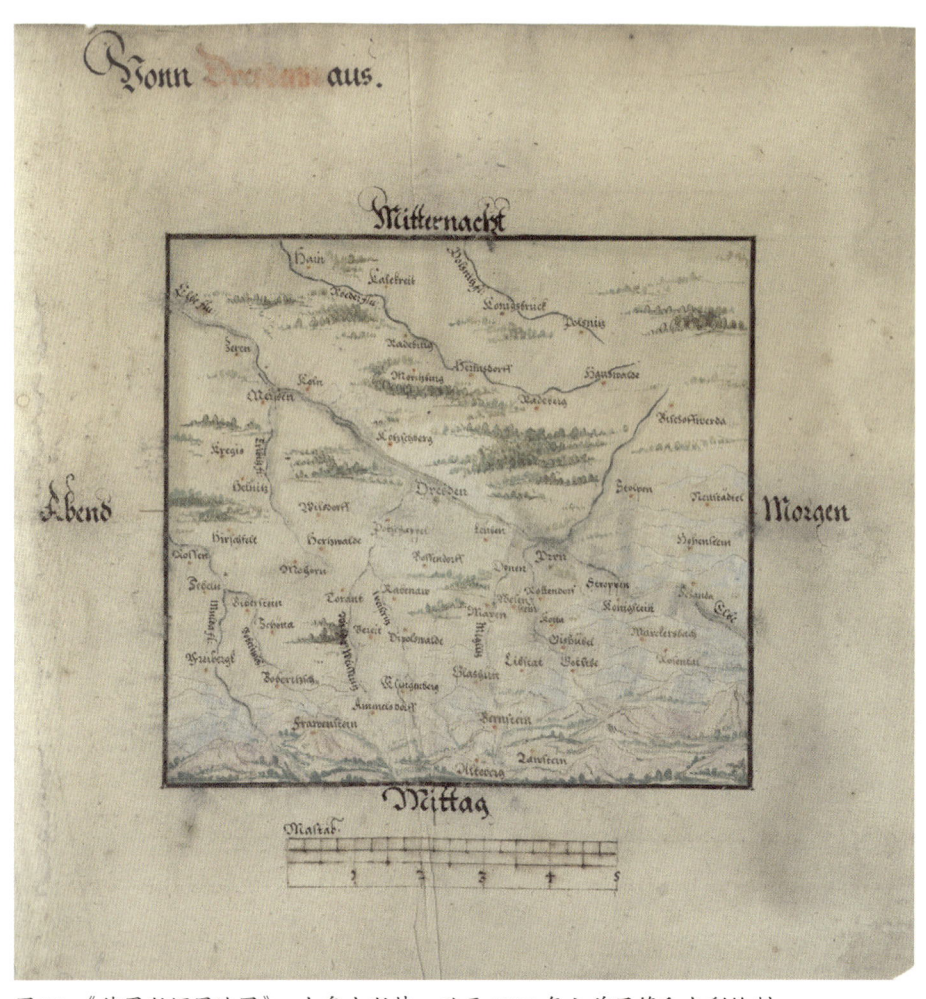

图92 《德累斯顿周边图》，由奥古斯特一世于1584年之前用笔和水彩绘制

Rucker)那里得到了专用工具,使得相关计算成为可能。他把一个计步器缚在臀部,并通过开伞索连在膝盖上,这样就可以计算出将近 1 万次的两个步幅的距离。奥古斯特一世亲自参与了这些测量工作。大约在 1570 年,他使用制图罗盘绘制了安娜堡(Annaberg)周围狩猎场的位置,其中包括小村落、森林标记和测量点。1575 年,他从米尔贝格(Mühlberg)前往雷根斯堡(Regensburg)参加选帝侯会议,其间他对每天的行程进行了计算。有一个装置上附有三个标尺,可以计数马车轮子转动的圈数再乘以车轮的周长。他们使用德累斯顿度量单位:杆(Rute,等于 4.54 米),所以 1500 杆(或轮子的转数)就是 6.8 千米或 1 萨克森里(Saxonmile)[19]。对于他们历经 13 天、行程 54 萨克森里(约 367 千米)的旅程,奥古斯特和宫廷画师弗里德里希·贝尔希特(Friedrich Bercht)绘制了一个长达 14 米的画卷,上面标有相关里程和代表城镇、村庄、宫殿、客栈、磨坊、森林和其他地形地貌特征的符号。[20] 罗盘上的玫瑰红表示方向变化。1584 年,在德累斯顿工作的老克里斯托夫·席斯勒为奥古斯特一世制作了一个精致的用于测距的黄铜镀金仪器(图 93)。[21] 利用这些仪器,测量效果更精确,另外旧德意志里被重新调整为 2000 杆或 9.08 千米。这些仪器被保存在珍奇馆里。

1 号房间里还有五张展柜,上面摆着精密测量仪、绘画用具、钟表和其他计时器、天文观测工具和各式机械等。奥古斯特一世有沙漏、水平桌式日冕、船用罗盘、星盘和地球仪。[22] 虽然并没都保存在 1 号房间,奥古斯特

图 93 黄铜镀金的测距仪,由老克里斯托夫·席斯勒(Christoph Trechsler)于 1584 年制作

一世拥有文策尔·雅姆尼策（Wenzel Jamnitzer）制作的许多器物，其中最有名的是用于测量不同金属（黄金、水银、铅、银、铜、铁和锌）的三根银棍、一个在1566年购买的罗盘和一个在1573年买来的星盘。[23] 老克里斯托夫·席斯勒的几何正方形（Quadratum geometricum）是一件于1569年在奥格斯堡制作的黄铜镀金方形测量尺，造型十分精美，其边缘的浮雕展示的是人们使用类似仪器测量建筑物高度和宽度、山谷深度，以及太难或距离太远以至不能直接测量等场景的画面（图94、图95）。[24] 席斯勒（Schissler）写的关于如何使用正方形测量尺的手稿保存在2号房间，一同保存的还有诸如瓦尔特·赫尔曼·里夫（Walther Hermann Ryff）所著的《建筑学中最基础的、最必要的数学和机械技艺……一份真实报告；1547年》（*Der furnembsten ... eygentlicher bericht*）等更常见的教学读本。[25]

米开朗琪罗曾为吉乌里亚诺·德·美第奇（Giuliano de' Medici）墓碑以及位于佛罗伦萨圣洛伦佐教堂（the church of SanLorenzo）的洛伦佐·德·美第奇（Lorenzode' Medici）分别雕塑刻了《日》（Day）、《夜》（Night）、《黎明》（Dawn）与《黄昏》（Dust）。或许是因为这些雕塑容易让人联想到时间的缘故，奥古斯特一世将上述雕像的缩小型条文大理石复制品放在这里（图96）。[26] 佛罗伦萨公爵科西莫·德·美第奇（Cosimoi de' Medici，1537～1569年在位）和托斯卡纳大公大约在1570年将这些雕像送给了奥古斯特一

图94 黄铜镀金的几何正方形，由老克里斯托夫·席斯勒于1569年制作

图95 几何正方形（局部）

图96 米开朗琪罗作品《夜》的条文大理石复制品（1570），可能出自詹博洛尼亚之手

世。这些动人的雕像都是出自詹博洛尼亚（Giambologna）之手。[27]

1号房间里还保存着其他珍贵的礼物。藏品清单的第一项是马克西米利安二世在1575年送给奥古斯特一世的用银和珐琅镶嵌的写字台。[28]写字台上面有一个自鸣钟，钟上装饰着七大行星，其彩色的镶嵌物表现的是七种美德，以及从罗马国王阿尔布雷希特二世（Albrecht Ⅱ，1438～1439年在位）和从弗里德里希三世到马克西米利安二世在内的神圣罗马帝国皇帝。萨伏依公爵埃马努埃莱·菲利贝托（Emanuele Filiberto，1553～1580年在位）赠送这位选帝侯不少礼品，包括大块水晶、水晶镜子和银制夜灯等。[29]其中有个用来做试验的重达7.5千克的水晶球。随附水晶球的一本说明书被保存在隔壁房间，该书是《萨伏依公爵赠予已故萨克森选帝侯奥古斯特的水晶的效果说明》(Description of the Effects of the Crystal which the Duke of Savoy Sent to the Late Elector August of Saxony)。[30]1581年10月，鲁道夫二世送给奥古斯特一世一大块嵌着深色绿宝石的铁矿石原石（24.5厘米长，见图97），它是从哥伦比亚的奇沃尔-索蒙多科（Chivor-Somondoco）开采出来的。[31]奥古

第5章 阿尔贝蒂娜·维廷斯家族与德累斯顿珍奇馆

149

图97 嵌着绿宝石的铁矿石，挖掘于16世纪中叶

斯特一世很喜欢这块精美的矿石，于是宣布这是阿尔贝蒂娜·维廷斯藏品中一个不能让与、永远不能出售的藏品。大约在1724年，强人奥古斯特国王让他的宫廷雕刻师巴尔塔扎·佩莫泽（Balthasar Permoser）用梨木雕刻一个摩尔（Moorish）国王的小雕像，雕像上配着镶嵌了宝石的奢华王冠，另外还有护胸甲和其他镀银装饰，并将这块奇妙的绿宝石簇端在托盘里。[32]

1583～1584年，作为奥古斯特一世的诸多宫廷雕刻师之一的克里斯托夫二世·瓦尔特（Christophii Walther）为一个高达3米的管风琴（positiv）绘制了一张展示图（图98）。[33]完工后，这件将一张写字台和约翰·朗（Johann Lang）制作的风琴结合在一起的家具巨大而精致。风琴被放置在镀金和彩绘的木制基座上，在壁柱间有8个演奏乐器的女人像。平坦的桌面，倾斜的写字板以及拥有三层的上部结构镶嵌着碧玉、条文大理石、玛瑙和蛇纹石，这些都是萨克森本地的石材。抬起写字台的盖面就露出了乐器的键盘。旁边的浮雕表现的是希腊神话中戴维（David）在索尔

图98 木制的固定式管风琴（positiveorgan），由克里斯托夫二世·瓦尔特于1583～1584年制作

和俄耳甫斯面前演奏竖琴，并用他的七弦竖琴迷住了动物们的场景。在其顶端，是四块有关圣经的浮雕，上面刻画着几个遭受苦难的人物，最顶部是一个十字架。完工后，这件风琴被摆放在奥古斯特的工作室里。

2号房间布满了工具，这些物品中有的挂在墙上的，有的放在展柜上，还有的被摆放在柜子或箱子里。[34] 这里有一个工作台，上面有四个大箱子，箱子里保存着2410件木匠、锁匠和金匠的专用工具。此外，屋里还有制枪匠、烟火匠、印刷匠和其他从事机械制作的工匠使用的工具。这个装饰着恐怖面孔和萨堤头像手柄（现在有一只手柄已经遗失）的梨木铁钻（图99），展示了高超的制作工艺。[35] 奥古斯特一世的私人园艺工具装满了四个箱子，还有一个箱子里装着钓鱼用具（图100）。[36] 这里有129个由选帝侯奥古斯

图99 铁钻，由纽伦堡大师在1555～1587年制作，主要材质为铁（部分被黄金和黑染料蚀刻）和梨木

图100 16世纪下半叶的园艺工具

特一世制作的象牙展示杯、多面体和经过复杂切割的物体，还有40件是由他的宫廷车工埃伊迪乌斯·洛贝尼格（Egidius Lobenigk）制作的，这位车工的工作室就在珍奇馆的上面。[37] 这里的许多象牙（图101）是在奥古斯特一世死后放入珍奇馆的。克里斯蒂安一世将这些物品进行了展示。具体方式是，在一张八角形展柜上布置一个有六层隔板的架子，然后把物品放在架子上，一眼望去就像一个金字塔。屋子里摆放着大约300件用条纹大理石、蛇纹石和其他本地石材制作的器皿。在这里，奥古斯特一世还有一个特殊的藏书室，里面有288本关于天文学、占星学、几何学、透视法、算数和艺术的书籍。[38] 墙上挂有老卢卡斯·克拉纳赫（Lucas Cranach the Elder）绘制的真人尺寸的《亚当和夏娃》(*Adam and Eve*，1531)，以及汉斯·克雷尔（Hans Krell）绘制的奥古斯特一世和安娜的肖像画（1551）。[39]

图101 车削的象牙，由萨克森的选帝侯奥古斯特一世在1580~1585年制作

3号房间是奥古斯特一世的机械室。[40] 他的胡桃木制金属丝拉伸工作台及其附件如今保存在埃库昂国家文艺复兴博物馆（Musée national de la Renaissance in Écouen，见图102）。[41] 工作台是伦哈德·丹纳和身份不明的制作大师于1565年在纽伦堡制作的，该工作台长4.22米，整体使用复杂的

图102 金属丝拉伸台，由伦哈德·丹纳（Leonhard Danne）等于1565年制造

细木镶嵌工艺，上面还绘有一幅虚构的狩猎和新教徒在宫廷进行比赛的场景，台上的字母 v.d.mi.ae（Verbum domini manet in aeternum——上帝之言永存）依稀可见。这里有一部木工工作台，配有一把线锯、几个钻孔机和一个老虎钳等工具，用于切割和刨平。附近的三个陈列柜里装有 100 多件工具。保罗·布赫纳的那台用于给硬币和勋章压花的机器摆放在一张长桌上，桌面上还有适当的工具和相应空间。两个大箱子里装着 500 多件内、外科使用的器具。[42] 这些器具当中，有许多是通过当时在莱比锡讲学的意大利医生西蒙·西蒙尼（Simone Simoni，1532—1602）资助的。西蒙尼为奥古斯特一世提供了人体骨架，男、女各一副。此外，他又搜集了一些动物骨架，包括标有印第安小动物（indianischethierlein）的骨架。克里斯蒂安一世在 1588 年得到了侏儒（来自克罗腾多夫的汉萨姆区）的骨架。屋子里还有其他桌椅，比如一个可以旋转并附着一个写字架展柜。墙上挂着地图、风景画、城市图、肖像等画作和鹿角。有一幅画描绘的是 1573 年西班牙围攻哈勒姆（Haarlem）的场景，在旁边的绿框里摆着一块真实的城墙和城门。[43] 朱塞佩·阿钦博尔多（Giuseppe Arcimboldo）的画作《春》和《秋》挂在这里。马克西米利安二世是在 1575 年奥古斯特一世访问维也纳时，或在德累斯顿驻跸时，将这些画作（图 103）送给他。[44] 秋天的花朵、水果和蔬菜被颇有创意地组合在一起，赋予其人格化，同时也暗指人的年龄，这里是成年，给人一种忧郁的情感。

奥古斯特一世收集了带有各种伪装的自动装置，其中有一幅荷兰人画的肖像，它的两个眼睛可以自动地前后移动；另外还有一个能从嘴里喷出热水或冷水的萨梯（satyr）玩偶。[45] 上文提到了奥格斯堡知名制表匠汉斯·施洛特海姆制作的自行船（约 1580 年，见图 104），所展现的是查理五世登基的场景，查理的周围环立着七个帝国选帝侯，以及传令官和号兵等。[46] 这条船是打算在豪华宴会等场合摆放在展柜上的。船上，包括萨克森选帝侯在内的选帝侯玩偶们手持帝国宝剑，他们被安放在一个转盘上。启动转盘后，这些人物顺时针从船尾的舱门中转出来，绕过皇帝，并穿过左边的舱门回去，全副武装的士兵从四个瞭望台向外观望。大炮从船前面的龙口和两侧向外伸

珍奇柜

探秘神圣罗马帝国的收藏

图103 帆布油画《秋》，由阿钦博尔多（Arcimboldo）于1573年绘制

图104 自行船，由汉斯·施洛特海姆大约在1580年制作，主要材质为铁镀金、黄铜和珐琅

出。船体的下面雕刻着汹涌的海浪和海洋生物。当船体里的精细、复杂的发条装置被上紧后，施洛特海姆这条昂贵的大帆船会被直接推到展柜上，为选帝侯和来宾们送上一份惊喜。

珍奇馆的剩余房间和相应藏品在重要性和数量方面都逊色许多。4号房间约有45平方米，里面摆放的主要是罗网、夹子、动物哨子、狩猎号角等狩猎工具。[47]维廷斯是萨克森选帝侯家族中的一支，其成员的肖像和各种动物画像装点在墙上。一个圆桌上摆放着5个要塞模型和一些旧工具。5号房间的面积为70平方米，比较大，但墙壁有点弯曲，而且照明不太好。[48]墙上挂着猎物的画像，其中有些是畸形的，这在当时很有吸引力。另外，墙上还有许多鹿角做的奖品，说明选帝侯本人对狩猎兴致很高，而且在这一领域也很有建树。一张展柜上摆放着几件产自意大利的大理石样品，都是科西莫·德·美第奇在1572年送给奥古斯特一世的。除此之外，这里还有乔瓦尼·马丽亚·诺塞尼（Giovanni Maria Nosseni）在游历萨克森时搜集的各种石头。[49]1575年，奥古斯特一世授予他的宫廷艺术师诺塞尼以特权，让他寻找新的石材资源。在接下来的几十年里，诺塞尼发现了白、黑、红大理石，以及蛇纹石和条纹大理石。这里还有1581年7月26日坠落而来的7块陨石。面积小而且照明不好的6号房间只有27平方米，它是用来存放刀鞘和盛放在其他房间展示的钟表及测量工具的皮箱子的。7号房间在上一层，屋顶的下面是另外一个储存室。

除矿物外，奥古斯特一世的珍奇馆里保存了相对较少的异域类、人种类或天然类物品。这类物品多数收藏在位于西北翼一层的珍奇馆里。这些珍贵藏品的清点工作可以追溯到1586年2月11日，清单里登记了存放在6个大型陈列柜里的1144件物品。[50]第1个陈列柜存放着矿石，其中包括55件手石（Handsteine），有几件装饰着基督受难的场景。第2个柜子里有存放着镀银的首饰盒、珊瑚、珠宝、君王肖像和其他各式各样"漂亮的东西"，例如，一只有羽毛的天堂鸟、一只兔子、一只铸造的银蜘蛛，另外还有亚伯拉罕·雅姆尼策（Abraham Jamnitzer）于1580~1586年创作的《达佛涅》（Daphne），雕塑的头部和手臂长出红珊瑚的分枝，变形成一棵月桂树（图105）。[51] 达佛涅的身体分成两个部分，从腰部分开，下半部可用作饮酒杯。由于珊瑚稀少而且很精美，这件容器基本上用于观赏。众所周知，珊瑚具有侦毒和解毒功能，所以在这里使用珊瑚，再摆上一个酒杯，这种布置成了参观者感兴趣的一个话题。第3个陈列柜中摆放着194件水晶制品，其中有33个是水晶矿石，其他的都镶嵌了黄金、白银和珍珠母。第4个陈列柜里有350件琥珀。第5个陈列柜里装有银器和银镀金器物，包括140个容器（其中有一些是用椰子和鸵鸟蛋制成的）。屋子里的最后一个柜子里摆放着萨伏依公爵送给奥古斯特的一套银质盘子和餐具。

图105 《达芙妮》，由亚伯拉罕·雅姆尼策在1580～1586年模仿文策尔·雅姆尼策的作品制造的复制品，主要材质为银质，部分镀金并镶嵌有红珊瑚

克里斯蒂安一世时期的变化

在1586～1591年这一短暂统治期里，克里斯蒂安一世扩充并重新布置了从他父亲奥古斯特一世那里继承的部分收藏，珍奇馆的风格和外观也做了相应调整。[52] 奥古斯特一世曾经从银器屋（Silver Chamber）和旧宝库（older Treasury）中拿出一些藏品并转移到新珍奇馆的一层。后来，克里斯蒂安一世将存放在这两个房间的剩余藏品，包括钱币转至珍奇馆。以前建在安娜贝格城堡（Schloss Annaberg）——他博学母亲的住所的藏书室，被重新布置在皇宫（the Residenz）西北翼南端的大房间里，这个地点紧邻珍奇馆。[53]

正如在第2章提到的，加布里尔·卡尔特马克（很可能是克里斯蒂安一世的绘画老师）在1587年撰写了一部专著《怎样构建一个珍奇馆》（*Thoughts on How a Kunstkammer Should Be Formed*）。这部书的创作灵感来自他一年前的意大利之旅。为了在宫廷中获得一个永久职位，他将这部专著献给了新的选帝侯，这在当时早已司空见惯。作为画师，卡尔特马克当然支持建设一座艺术品收藏馆，用来存放最优秀的画家和雕刻家的原作或复制品，他强烈要求从珍奇馆中搬出大多数仪器。但是，新选帝侯在1587年前的藏品清点前新增了34件仪器和工具。由于克里斯蒂安一世在位时间很短，而且也没有必要依从他的看法，所以人们很难看到卡尔特马克对克里斯蒂安一世的影响。不过这一期间确实新添了更多的画作和雕塑，但正如在2012年合作撰写德累斯顿珍奇馆历史的迪尔克·辛德拉姆（Dirk Syndram）和马丁娜·米宁（Martina Minning），以及其他一些人的观点，珍奇馆的这种布置风格是出于对奥古斯特一世的纪念。[54]1587年和1595年，奥古斯特一世和安娜的肖像画分别增添了5幅和10幅。134件由奥古斯特一世亲自加工的车削象牙制品陈列在一个八角桌上的金字塔形架子里。奥古斯特一世非常珍爱的哥伦比亚绿宝石矿簇摆放在他的绘画桌上。

克里斯蒂安一世下令对珍奇馆局部进行重新装修。乌斯劳布将储物家具漆成绿色，同时将展柜和开放式架子用精良的英国绿羊毛布遮盖；另外在1号和2号房间增加了绿色窗帘。或许是为让参观者感觉更舒适，还在前三个房间中新摆放了配有绿布套的长椅。更多大型工具被挂在墙上。

1号房间（奥古斯特以前的工作室）依旧非常重要。这里添置了许多亲属和其他显要人物的肖像画。[55] 在1587年的藏品清单中，乔瓦尼·马丽亚·诺塞尼赠送给克里斯蒂安一世的几件复制品，可能出自伯纳迪诺·坎皮（Bernardino Campi）之手，而且排在提香的罗马帝国12位皇帝的肖像画（图81）之后。[56] 克里斯蒂安一世新增了汉斯·博尔（Hans Bol）绘制的小幅风景画，而且还有巴托洛梅乌斯·施普兰格尔（Bartholomeus Spranger）的三幅画作中的一幅。[57] 有一个非常珍贵的独角兽（独角鲸）的角悬挂在天花板上，悬挂时使用的是金匠乌尔班·施内魏斯（Urban Schneeweiss）在1587年制作的黄金链条和底座。此外，1号房间里还有詹博洛尼亚制作的雕像《墨丘利》（图106）、《睡梦中的维纳斯和萨堤》、《涅索斯和得伊阿尼拉》和战神《马尔斯》。[58] 这些青铜雕塑是托斯卡纳大公弗朗西斯科·德·美第奇

（Francescoi de' Medici，1574～1587年在位）送来的礼物。大约在同一时期，曼托瓦公爵古列尔莫·贡萨加（Guglielmo Gonzaga）将菲拉雷特（Filarete）制作的罗马皇帝马可·奥勒留（Marcus Aurelius，121—180）的青铜雕塑作为礼物送给克里斯蒂安一世。[59]

房间里陈列着很多非常特殊的钟表和地球仪，[60]其中有不少极具想象力而且技艺精湛，美不胜收，令人叹为观止。1586年，奥格斯堡著名钟表匠奥尔格·罗尔和约翰内斯·赖因霍尔德为选帝侯克里斯蒂安一世制造了一个机械天体球（图107、图108），所用材质为青铜和铜镀金，上面运用了精湛的雕刻技法和冲压工艺。[61]上紧发条后，天体球会绕着中轴旋转一圈。标在球体表面的恒星和星座会升起和降下，同时象征性的太阳和月亮在其轨道上移动。带有刻痕的地平线环上标着1586—1627年的日历。此举可以让当时的使用者计算出

图106　青铜雕像《墨丘利》，由詹博洛尼亚大约在1586年制作

图107　天体球局部

图108　天体球的全景图

不同天体在将来和过去所处的位置。右侧是个小一些的地球仪，除其他特征外，还配有四个日晷。整个装置由四个华丽的兽爪状支架支撑着。

2号房间在1588年添置了两个新展示柜，用于陈列纽伦堡的奖牌获得者、蜡人制作者尼古劳斯·施瓦贝（Nicolaus Schwabe）的作品。[62]为迎接1588年的圣诞节，克里斯蒂安一世送给妻子索菲（Sophie，1568—1622）一个豪华的银质珠宝箱（图109），此物是纽伦堡的尼古劳斯·施密特（Nicolaus Schmidt）在1585年前后制作的，相关设计可能出自他的师父文策尔·雅姆尼策之手。[63]几天后的1月1日，珍奇馆里布置了一个被称为"缝纫柜"的物件，这个柜子是银制的，局部镀金，中间有个木芯，上面镶嵌着珍珠母、玻璃和珍贵的宝石，内侧覆盖着天鹅绒和不同颜色的丝绸。在柜子的顶部有一个斜靠着的女人，她用手杖指向一座钟表（现已遗失）上的时间，下面是拟人化的美德，意在反映其拥有者。和父亲一样，克里斯蒂安一世也很喜欢自动装置，特别是那些由汉斯·施洛特海姆制作的。[64]克里斯蒂安一世从他手里购买了几件：一艘船、一只上好发后会开屏的金孔雀和两只能爬行的螃蟹。屋子里还存放着131件经过车削的象牙，这些都出自德累斯顿宫的技艺精湛的车工埃伊迪乌斯·洛贝尼格及其多才多艺的继任者格奥尔

图109 银质珠宝箱，由尼古劳斯·施密特于1585年制造（或许是依照文策尔·雅姆尼策的设计）

格·韦克（Georg Wecker）。后者是1587年从慕尼黑来到德累斯顿的。[65]

3号房间新添了一张展柜，上面分7层陈列着银矿石。迪尔克·辛德拉姆注意到，这些矿石和其他样品，以及萨克森矿藏分布图展现了萨克森选帝侯的领地资源。[66]另外还有三个带抽屉的箱子，里面陈列着稀有的中国瓷器和好几类人种志方面的物件，这些都是托斯卡纳大公弗朗西斯科·德·美第奇在1590年5月赠送给克里斯蒂安一世的，[67]其中有些是最早传到欧洲的中国明代瓷器。[68]选帝侯新增的新奇类物件和天然类物件中，多数都是赠送的礼物，特别是来自意大利王室的礼品。

6号房间逐渐变为走廊，连接着珍奇馆、新建的藏书室以及旁边的楼梯。这座楼梯现在成了进入这些房间的主要入口。房间和楼梯塔里悬挂着绘画作品，特别是出自小卢卡斯·克拉纳赫之手的萨克森肖像画以及神话题材的绘画。1588年，克里斯蒂安一世拥有了前宫廷画师的多数作品。[69]1610年，这个小屋子换上了奥古斯特一世和克里斯蒂安一世猎杀的八幅野猪和其他动物的画像，[70]狩猎的日期和地点，以及猎物的重量都被认真地记录下来。

克里斯蒂安二世时期的珍奇馆

1591年9月25日克里斯蒂安一世去世，两天前他的长子、继承人克里斯蒂安二世刚满八周岁。在选帝侯遗孀索菲的帮助下，萨克森-魏玛的弗里德里希·威廉一世（Friedrich Wilhelm I，1586～1602年在位）公爵成了选帝侯的行政官，直到1601年克里斯蒂安二世成年时才结束。[71]在此期间，珍奇馆几乎没有增添藏品。1592年夏天，知名数学家和仪器制作师约斯特·比尔吉（Jost Bürgi）前往布拉格准备担任鲁道夫二世的宫廷数学家，旅途中他在此停留。他带着现在的雇主威廉四世·冯·黑森-卡塞尔伯爵（Landgraf Wilhelm IV von Hessen-Kassel）的一封引荐信，信中说比尔吉"不仅对地球仪而且还对其他艺术品和仪器感兴趣"。[72]由于参观申请越来越多，弗里德里希·威廉一世在1596年作出规定，没有他或索菲的允许，任何人不能参观珍奇馆。

1601年5月，也就是克里斯蒂安二世成年前的四个月，索菲送给儿子一个华丽的镜子，随后她迅速将镜子摆放在珍奇馆里（图110、图111）。[73]

这个镜子是由金匠卢勒夫·迈尔（Luleff Meier）和迪里希·乌特玛克（Dirich Utermarke）于 1587～1592 年在吕讷堡（Lüneburg）制作的，这两个时间被标注在镜框上。这面镜子是索菲在 1601 年从吕讷堡的约翰·施洛温（Johann Schlowern）手中购买的。镜子上的多层镜框、卷轴、方尖塔和复杂的装饰，与那一时期神圣罗马帝国的墓碑装饰很相似，不啻为一部雕刻杰作。这件方物的尺寸为 115 厘米×85 厘米，用薄银片覆盖在木质内核上，部分银片上镀了一层金，外部镶嵌着紫水晶、石榴石、水晶石和玻璃。中间嵌板上的雕

图 110　吕讷堡镜，由卢勒夫·迈尔和迪里希·乌特玛克在 1587—1592 年制作

刻寓意着时间的流逝，打开嵌板后就能看到真正的镜面。镜框上的圣像内容是来自《圣经》中尼布甲尼撒（Nebuchadnezzar）之梦。在镜框的顶端站立着丹妮莉丝雕像（Statua Danielis）——一个巴比伦国王梦中的孔武勇士形象，由金、银、青铜、铁和黏土制成。上帝向但以理发出亚述、波斯、希腊和罗马行将灭亡的预兆。它们将被一个神圣的、和平帝国取代，从镜框中可以看出，这个国家就是德意志民族的神圣罗马帝国。圆形装饰中有一只帝国

图 111　吕讷堡镜的局部，主要材质为在木质内核上包银和镀金、镜面玻璃、紫水晶、石榴石、水晶石和刻花玻璃

第 5 章　阿尔贝蒂娜·维廷斯家族与德累斯顿珍奇馆

161

苍鹰，它张开的翅膀上布满了代表帝国城市和邦的盾形纹章，另外还有一个被钉在十字架上的耶稣像。连同附加在上面的表现善治与暴政以及七种神学与基本美德的场景，整个设计不禁让人想起《德国联邦日报》(Fürstenspiegel)，为睿智、有道德的君主应该如何治国理政提供了借鉴。镜框的最底层描绘的是希腊神话中的帕里斯的判断，用以表现错误决定所带来的后果。

与土耳其的战争（1593—1606）日趋白热化，宗教问题导致帝国分化，鉴于这种情形，为寻求同盟，皇帝鲁道夫二世努力培养与克里斯蒂安二世的关系。1602年，鲁道夫二世给这位年轻的选帝侯送去了各式土耳其武器。礼物中有一个是克里斯蒂安二世的半身青铜像（图112）。该铜像出自阿德里安·德·弗里斯（Adriaen de Vries）之手，上面标注的日期是1603年。收到这份礼品后，克里斯蒂安二世立即将其摆放在珍奇馆的3号房间。[74] 半身像上有个刻着鲁道夫二世肖像的圆牌，该圆牌嵌在悬挂于金属绶带上的帝国鹰身上，表明自己对皇帝的一片忠心。下面紧接着是雕刻着萨克森选帝侯的盾徽。两个精灵牵着手，表明萨克森与哈布斯堡王朝之间的密切关系。半身像上还有智慧的象征——智慧女神弥涅耳瓦之盾（Minerva'sshield）和英雄力量的象征——赫拉克勒斯的狮形头（the lion' shead for Hercules）。在1604—1607年的某个时候，鲁道夫二世送给年轻的公爵一个砺石（pietradura）嵌板，其中一侧是萨克森的盾徽（图113），另一侧是（Hansvon Aachen）绘制在碧玉上的克里斯蒂安二世的肖像（图114）。[75] 在画中，坐在一旁的克里斯蒂安

图112 选帝侯克里斯蒂安二世青铜像，由阿德里安·德弗里斯于1603年制作

图113 选帝侯克里斯蒂安二世的砺石盾徽，由卡斯特鲁奇（Castrucci）工坊在1604—1607年制作

图114 油画《选帝侯克里斯蒂安二世和人格化的胜利和平之神》，由汉斯·冯·亚琛在碧玉上绘制

二世头戴选帝侯帽，手持选帝侯佩剑，意气风发；另一侧的胜利和平之神（Victorious Peace）脚下散落着土耳其战争中缴获的战利品；天空中盘旋的是哈布斯堡之鹰和手持棕榈叶枝和桂冠的胜利女神尼刻（Nike）。

  1607年6月，当克里斯蒂安二世拜访布拉格时，鲁道夫二世在帝国的珍奇馆接待了他，这是很少有人能享受的特殊礼遇。[76]皇帝把珍奇馆视为私人空间，所以，对能够进入该馆的人员进行了严格限制。克里斯蒂安二世于1610年返回以便参加帝国选帝侯会议。在波希米亚首都，他为德累斯顿搞了一些珍稀物品，其中有几件最后进了珍奇馆，包括银制的狄安娜女神（goddess Diana）骑在人头马怪兽身上的一部自动装置（图115），[77]这是奥格斯堡金匠约翰·雅各布·巴赫曼（Johann Jacob Bachmann）与一个不知名的钟表匠——可能是梅尔希奥·迈尔（Melchior Mair）共同制作的。与类似的自动装置一样，它被安装在一个用乌木制作的基座上。上紧发条后，整个装置能沿着曲线移动3米。右侧的银制猎狗可以前后转动头部，而另一只狗则一边追逐野兔，一边则上下跳动。人头马兽和骑手的眼睛前后转动。人头马兽能够把一支箭射出两米远的距离,这可能是用作为宴会上的一个娱乐节目,如果箭落在谁的身边,他或她就得敬酒、干杯。[78]

克里斯蒂安二世的母亲索菲和妻子海德薇格(Hedwig,1581—1641)均有各自的珍奇阁,后来都并入了选帝侯的珍奇馆。[79]索菲的大多数收藏保存在自己位于科尔迪茨堡(Schloss Colditz)的住所里。1603年12月31日,选帝侯送给海德薇格一座非常新颖的滚球钟表(图116)。这个钟最初是索菲于1601年订购的,制作者是汉斯·施洛特海姆。钟表外形很高,有8个面,[80]上面有一个小水晶石球,石球滚下17个斜坡的用时恰好为1分钟。当石球到达底部时,萨杜恩(Saturn)——农业之神就会敲钟,同时另一个新石球开始下行。各种行星之神装点着上层的回廊,位于长回廊里的乐师标明了每个小时,一天进行两次更长时间的演奏。代表人文科学的7个人格化

图115 自动装置——骑在人头马神兽上的狄安娜女神,由约翰·雅各布·巴赫曼和不知名制表匠(或许是梅尔希奥·迈尔)在1606—1610年制作,主要材质为银(部分镀金)、珐琅、黄铜、钢、红宝石、绿宝石、象牙和木材

图116 塔钟,由汉斯·施洛特海姆大约在1601年制作,主要材质为银、黄铜、铁镀金、钢、木材、皮革和水晶石

雕像装点在下面的壁龛里，帝国的双头鹰被安置在钟表的最顶端。带有标识的鲁道夫二世和克里斯蒂安二世的肖像被镶嵌在钟面的下方，从尤利乌斯·凯撒到鲁道夫二世的所有帝国皇帝的银制肖像覆盖在塔壁上。参观者可以鉴赏这一惊人的杰作，欣赏着动人的音乐和石球的滚动声，以及绝美的设计。

约翰·格奥尔格一世时期的珍奇馆

德累斯顿珍奇馆在克里斯蒂安二世的弟弟——约翰·格奥尔格一世的长时间统治期间（1611—1656）发生了很大变化。令人匪夷所思的是，这些改变是在他的赞助下实现的，而他作为选帝侯却很少参观这里的藏品。迪尔克·辛德拉姆注意到，在相关记载中，选帝侯仅来参观过三次，分别是在1621年、1633年和1655年3月。[81] 第一次是发生在乔瓦尼·马丽亚·诺塞尼的藏品整合之际；第二次是与馆长狄奥多西·海塞尔（Theodosius Häsel，1628—1658年任职）商讨馆藏陈列调整方案时；最后一次是年迈的统治者接收海塞尔的邀请前来视察珍奇馆。约翰·格奥尔格一世是否如人们猜测的那样有过其他未曾记载的来访，或是本身就对藏品不感兴趣，这些都不得而知。馆长戴维·乌斯劳布（1576~1616年任职）、卢卡斯·布鲁恩（Lucas Brunn，1619~1628年任职）和海塞尔曾再三请求约翰·格奥尔格一世为不断增加的藏品提供资金、新增空间，而且布鲁恩，尤其是海塞尔，强调珍奇馆的面貌事关选帝侯的名誉和声望。[82] 海塞尔在1648年写给选帝侯的信中赞誉道："您的珍奇馆，不仅在神圣罗马帝国，实际上在整个欧洲都名列前茅。"[83] 这座珍奇馆吸引了越来越多的参观者，而选帝侯显然对此缺乏兴趣，这让人越发感到惊讶。

首先进行的是移除和转移部分现存藏品。1612年，教皇尤利乌斯二世和一些红衣主教的肖像被移至藏书室。一年后，城堡、花园、建筑、船舶和工坊的三维模型和设计被从4号房间转移到珍奇馆外的一个新的模型展示屋。成了选帝侯之后，约翰·格奥尔格一世向珍奇馆捐赠了许多铜板油画、用钢丝锯制作的艺术品、钟表、自动装置，以及一个刻着圣乔治像的银制饮水器等，另外还有其他一些之前保存在其个人珍奇馆里的藏品。1616年，选帝侯奥古斯特一世的骨架收藏品被迁至藏书室上面新落成的解剖室。

1618年5月，约翰·格奥尔格一世的宫廷车工雅各布·策勒（Jacob Zeller）为他制作了23件车削或雕刻的象牙制品。两年后，策勒为他精心制作了一艘象牙横帆战舰（图117），为此他支付了一笔高达3000枚金币的巨款，这艘船在当时和现在都是最珍贵耀眼的藏品之一。[84] 海神尼普顿托举着这艘安装了5根桅杆的大型战舰（图118），精美的如纸一样薄的帆和舰旗随风展开。主桅杆中间的船帆上显示的是约翰·格奥尔格一世和他第二任妻子玛格达莱娜·西比拉（Magdalena Sibylla）的盾徽。细小的象牙水手爬在金线制作的帆缆上，其他水手在甲板上劳作。船体上排列着1000多个钢铆钉，在8个水平船箍上雕刻着从哈德里奇（Harderich）到约翰·格奥尔格一世的所有撒克逊人首领及萨克森公爵的名字，4个船锚都是用铁和象牙做成的。策勒设计该战舰时的参考来源目前不得而知。尤塔·卡佩尔（Jutta Kappel）

图117　横帆战舰，由雅各布·策勒于1620年制作

图118　横帆战舰的局部，主要材质为象牙、金线和钢

注意到，这艘船与弗兰斯·许斯（Frans Huys）在1561~1565年为安特卫普的出版商希罗尼穆斯·科克（Hieronymus Cock）雕刻的老派特尔·布吕格尔（Pieter Bruegel the Elder）战舰系列大体类似。[85] 托举着舰船的海神尼普顿姿态生动，设计精巧，他栩栩如生的头部向左倾斜，而健硕的躯体转向右边。他的右腿伸向前方，同时弯曲的左腿折叠在身后。在一辆由两匹踏浪而来的海马（hippocampi，神话中在海中生存的马）拖拽的贝壳式双轮战车上放着一个带翅膀的圆球，尼普顿安坐其上。海怪的头部装饰着基座，在双轮战车下面的海水中，一个鱼尾人身的特里同（Triton）吹着他的海螺号角。特里同的尾巴展开，形成三个搅动的旋涡。他手持一块牌子，上面写着"雅各布·策勒 C.S. 贝斯特尔于1620年发明的珍贵艺术品"。这位艺术家骄傲地声明，正是他——选帝侯的宫廷车工制作和发明了这套艺术品。这可能是策勒最后的作品之一，因为他在收到付款后的四个月后，即1620年12月28日去世。

由于上面排列着萨克森的统治者的名字，所以这艘战舰成了该公国战舰的象征。卡佩尔认为，约翰·格奥尔格一世受邀前来亲自观看自己领航本国战舰航行在未知海域，其意义就像海神尼普顿帮助伊阿宋（Jason）和"阿尔戈"号的英雄们（the Argonauts）那样。[86] 人格化的幸运女神福耳图娜（Fortuna）经典地站在一个长有翅膀的圆形物或球体上，暗示命运和财富的不确定性。海神端坐在一个类似的球体上，用腿保持住身体的姿态。公国的战舰在约翰·格奥尔格一世的庇护下，安全地向前航行。无论是选帝侯本人还是策勒都没能预料到，约翰·格奥尔格一世要具备这种治国的本领，驾驭萨克森这艘战船度过即将来临的狂风暴雨般的三十年战争。

乔瓦尼·马丽亚·诺塞尼是四任萨克森选帝侯的艺术监管人，他任职长达45年，于1620年去世。约翰·格奥尔格一世得到了他的各类产自萨克森的矿石收藏、纳布霍多索利斯雕像（丹尼莉丝雕像），以及许多绘画和雕塑作品，包括由吉奥范尼·巴蒂斯塔·博诺梅蒂（Giovanni Battista Bonometti）在1570年雕刻的选帝侯奥古斯特一世的大理石半身像。[87] 这些物品中，大部分被添加到珍奇馆。诺塞尼雕刻的《尼布甲尼撒之梦》（The

Dream of Nebuchadnezzar）有 2.27 米高，加上基座和地球仪共 3.7 米高。地球仪上刻着欧洲、亚洲和非洲的名字。菲利普·海因霍夫在 1629 年对珍奇馆的记述中写到，诺塞尼的雕塑不仅美观，而且还按照时间顺序排列着公爵和皇帝的名字，包括他们各自的统治时间。[88] 为探索这个主题，诺塞尼在 1602 年编写了的《巴比伦君主尼布甲尼撒雕像编年史》（Annals over the Statue of Nebuchadnezzar Monarch of Babylon，1602）一书，其扩展的德语版分别在 1606 年、1611 年和 1612 年出版发行，书中的有关插图由汉斯·凯勒塔勒（Hans Kellerthaler）负责设计。[89] 埃吉迪乌斯二世·萨德勒（Aegidius Ⅱ Sadeler）的 1602 年版的扉页上复制了诺塞尼的雕塑（图 119）。[90] 1622 年 12 月 7 日，选帝侯夫人索菲去世，她在施洛斯－科尔迪茨的私人珍奇馆的许多物品被转移到德累斯顿收藏。宫廷车工汉斯多年来车削和雕刻的象牙制品，在他 1624 年死后也被转移了过来。

即使将部分藏品转移到宫廷的其他地方，珍奇馆的空间依然很紧张。现有房间的编号在 1619 年的藏品清点过程中做了调整（图 90），[91] 其中包括庭院中紧靠 3 号房间的一个新的小屋子。1629 年，珍奇馆的管理人员与宫廷其他官员曾讨论将珍奇馆整体迁移至宫廷东翼大厅上面的一个较大空间里。尽管这个计划从未实施，但在 1630 年 8 月 12 日，海塞尔和戴维·乌斯劳布获得许可立即占用珍奇馆旁边的一个大房间，该房紧挨着珍奇馆，该房间自 1586 年起一直是公爵的藏书室。这个西南角的屋子很宽大，有 210 平方米，承载了珍奇馆藏品的最辉煌时刻。[92] 它的加入让整个珍奇馆的陈列布局迅速发生了根本性改变。以前的藏书室在 1631 年 5 月底至 9 月中旬进行了翻新。

1640 年的藏品清点记录是有关珍奇馆全新布局的最可靠信息源（图 91）。[93] 藏品清单中有 3126 个藏品，尽管实际的单个物品数量要远高于此。如今，参观者可以利用庭院西南的螺旋式楼梯，通过 1 号房间（1587 年方案中的 6 号房间）进入珍奇馆，这样更适于向参观者做介绍。[94] 奥古斯特一世的全身像是小卢卡斯·克拉纳赫于 1565 年为庆贺珍奇馆的建成而绘制的（图 85）。[95] 旁边悬挂着洛伦茨·福斯特（Lorenz Faust）在一只手掌上绘制的萨克森族谱（图 120）和丹妮丽丝雕像的木刻板图，两幅图注明的日期是

图119 纳布霍多索利斯雕像（丹妮丽丝雕像），由埃吉迪乌斯二世·萨德勒、乔瓦尼·马丽亚·诺塞尼于1602年制作

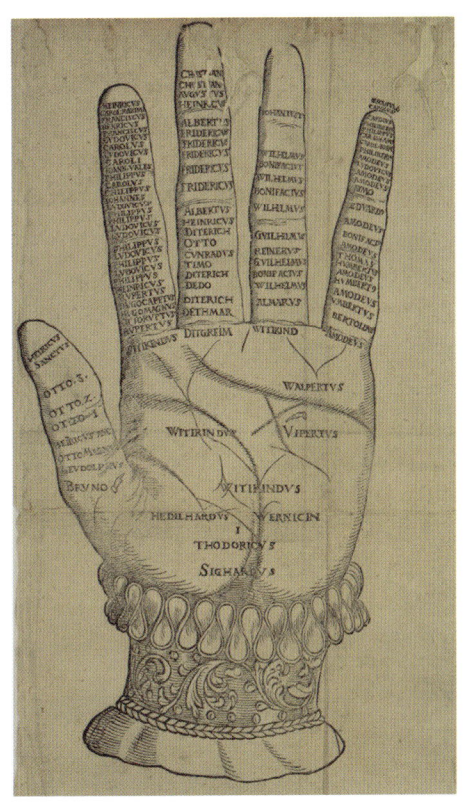

图120 手状的萨克森宗谱木刻，由洛伦茨·福斯特于1586年制作

1585年。[96]里面还有老丹尼尔·布雷特施耐德（Daniel Bretschneider）绘制的一只健硕雄鹿，该鹿是奥古斯特一世于1585年在威登海恩（Weidenhain）射杀的，另外还摆放着其他一些猎物，这些足以证明奥古斯特一世精湛的狩猎技巧。[97]

新的参观线路是：先穿过庭院侧面的四个房间，接着进入面向回廊（花园）的三个内堂，最后到位于角落的大厅结束（这里标注的是8号房间）。2号房间保存着所有的藏品，以及园艺工具，丹纳（Danner）使用的拉丝台，此外还有25幅绘制或印刷的肖像画，包括韦默（Wehme）绘制的1586年奥古斯特一世和安娜（卒于1585年）去世时的肖像。[98]其他列出的是莫里茨（Moritz）和奥古斯特一世年轻时的半身肖像，以及克里斯蒂安一世和索菲、

169

马丁·路德（Martin Luther）、菲利普·梅兰希通（Philipp Melanchthon）和各位哈普斯堡皇室以及其他统治者的半身像。

3号房间的藏品从一层的宝库转移过来，被重新分成四个部分进行陈列。第一部分是水晶石和威尼斯玻璃。[99] 其中，有一个水晶石球（图121），里面是珐琅釉人物——俄耳普斯（Orpheus）坐在一个小土堆上对着动物们演奏音乐，这部作品是奥格斯堡的金匠格奥尔格·伯恩哈特（Georg Bernhart）在1575—1576年制作的。[100] 在作品的顶端，萨杜恩（Saturn，农业之神，编者注）站在一个小一点的玻璃球上，用手杖指向他脚下的钟表。鉴于巴伐利亚的威廉五世之前曾在1573年给他的妻子安娜一个同样的俄耳普斯球，德累斯顿的藏品很可能是公爵在1582年送给奥古斯特一世的礼物。第二部分主要是珊瑚制品，通常是安装在银器、象牙和木器上，此外还有些珍珠母制品。亚伯拉罕·雅姆尼策制作的《达芙妮》（图105）就陈列在该房间中。[101] 第三部分展示的是由鹦鹉螺和其他利用海洋贝壳制作的容器和餐具。第四个是利用鸵鸟蛋和椰子壳制作的工艺品，外部用银装点起来，看上去非常奇幻。莱比锡的金匠埃利亚斯·盖尔（Elias Geyer）在1595年之前制作了7个略微有些不同的鸵鸟杯（图122），他用鸵鸟蛋作为鸟的身体，再加上银镀金的头、脖子、可移动的翅膀、尾羽和腿。[102] 鸵鸟口中衔着一块马蹄铁，因为人们确信它能吃掉金属。展柜上摆放的是出自弗里德里希·希勒布兰德（Friedrich Hillebrand）之手的精美的鹦鹉形银制饮用容器（图123），它表面覆盖着珍珠母制成的鳞片并镶嵌着宝石。[103] 鹦鹉的头可以移开，然后作为杯子使用。装饰在墙壁

图121 俄耳普斯桌钟，由格奥尔格·伯恩哈特在1575～1576年制作，主要材质为玻璃、黄金、珐琅、钻石、红宝石、水晶石、绿松石和铁

图 122　鸵鸟杯，由埃利亚斯·盖尔在 1589—1595 年制作，主要材质为银镀金和抛光的鸵鸟蛋

图 123　鹦鹉，由弗里德里希·希勒布兰德在 1593—1602 年制作，主要材质为珍珠母、银镀金、红宝石和珐琅

上的是老卢卡斯·克拉纳赫绘制的虔诚的海因里希和梅克伦堡的卡塔琳娜（Katharina）的结婚像（1514），汉斯·克雷尔绘制的《奥古斯特一世》和《安娜》，以及小卢卡斯·克拉纳赫的《亚当和夏娃》等11幅画作。[104]

4号房间摆放着精心制作的柜子和引人注目的箱子。[105]埃利亚斯·盖尔制作的旅行箱用产自印度古吉拉特的珍珠母镶嵌在木质内核上，用银制的狮子作垫脚和配件。[106]箱子里是36件实用器物，包括杯子、盘子、一个沙漏、游戏和书写用具等（图124）。文策尔·雅姆尼策制作的"智慧象征（Allegory of Wisdom）"的箱子摆放在该房间第四张展柜上。[107]这些箱子里不仅装着许多小型珍贵物品，其实它本身就是一件贵重的艺术品，比如约翰·格奥尔格一世于1612年在约翰·凯勒塔勒（Johann Kellerthaler）死后一年得到的书写箱（图125）。[108]这个箱子所有的侧面都可以打开。银制"战胜异教徒"的几个人物像装饰在箱子的顶部，这些人物像在1945年遗失了。人物肖像的故事情节还是基于但以理的预言和巴比伦、波斯、希腊和罗马四

第5章　阿尔贝蒂娜·维廷斯家族与德累斯顿珍奇馆

171

图 124 旅行箱，由埃利亚斯·盖尔于 1600 年制作，主要材质为柚木镶珍珠母、银镀金和天鹅绒

图 125 写字箱，由约翰·凯勒塔勒在 1585～1611 年制作，主要材质为黑檀，部分银镀金

个古代王朝灭亡的故事，代表每个王朝的是一个身上刻着铭文的戴着王冠的男性统治者，另外它还展示了各种美德、四大洲、四季、主要金属（金、银、铜和铁），以及包括易北河在内的世界主要河流。另一个箱子里存放的是一个硬币冲压机和相关工具，带有萨克森选帝侯们及其夫人肖像的勋章。墙的四周挂满了37幅绘画和印刷品，其中包括丢勒的《圣母的七重哀伤》（Seven Sorrows of the Virgin），以及雅各布·德巴巴里（Jacopo de' Barbari）和克里斯托夫·施瓦茨（Christoph Schwarz）的绘画作品。[109]

5号房间是藏书室，除数学和其他科学类藏书外，里面还有不少仪器和地图。[110] 与其他房间相比，这里有更多单独登记的物品。自从1587年进行藏品清点以来，这里的藏书增加了不少。1588年，克里斯蒂安一世获得了小卢卡斯·克拉纳赫的遗产，其中就有装订成册的丢勒的132幅木版画和75幅雕版画，这些都存放在5号房间。[111] 科学仪器中有老克里斯托夫·席斯勒的《几何四边形》（Quadratum geometricum，1569）、文策尔·雅姆尼策的测量设备和老克里斯托夫·席斯勒的四轮马车里程表和测量桌（1598），[112] 克里斯托夫二世·瓦尔特的管风琴和各种地球仪以及其他仪器摆在一起。[113] 此外，绘制的奥古斯特一世和安娜肖像、加了外框的地图、城市鸟瞰图和航海图挂在墙上。

6号房间（1587年的1号房间）是奥古斯特一世的工作室，里面陈列的是这位选帝侯的绘画、镜子、被切割并在上面作画的玻璃板、珍贵的银制器物、棋盘、沙漏、中国陶瓷、亚洲漆器、历史画、萨克森统治者家族及其他贵族的肖像；此外还有从天花板上垂吊下来的独角兽（独角鲸）的兽角。[114] 其中比较引人注目的有老卢卡斯·克拉纳赫绘制的《吕讷堡的镜子》和朱塞佩·阿钦博尔多的《四元素》和《四季》系列，这些都是奥古斯特一世的藏品。[115]

7号房间就是17世纪20年代的山厅（Mountain Chamber），其中的藏品都是萨克森当地的自然资源，[116] 比如当地的银和铁矿石样本、掌上缩景石、诺塞尼收藏的岩石样品和哥伦比亚产的绿宝石矿簇。房间里塞满了其他的自然类物品，如一个小鳄鱼标本和大海龟壳，两者都是1589年购买的，此外还有犀牛角、鹿茸、象牙，以及一条毒蛇、两只狍狳、一只天堂鸟、各种鸵鸟的标本及其他鸟类的蛋和羽毛、各种鱼类和其他海洋生物的骨头和牙齿，等等，不一而足。1631年添置的一个汉斯·施弗尔斯泰因（Hans Schifferstein）制作的新硬币柜，用以储藏900个古币和勋章。[117] 挂在墙上的有一幅中国山水画和一个中国卷轴——两者是弗朗西斯科·德·美第奇在1590年送给克里斯蒂安一世的礼物、阿钦博尔多的《烹饪》（Cook）和《地窖大师》（Cellar Master）——马克西米利安二世于1574年送给奥古斯特的礼物，另外还有鲁本斯（Rubens）的版画《亚马孙之战》（Battle of the Amazons）和《猎狮》（Lion Hunt）。宫廷艺术家克里斯蒂安·希耶布林（Christian Schiebling）在天花板上绘制了17个大奖章，圆形图案里面都是栩栩如生的人物和动物。

8号房间是以前的藏书室，里面保存着许多珍奇馆的最好藏品。[118] 希耶布林将部分墙壁用水彩绘成一幅天堂的场景，里面有各式建筑、山水和动物。装饰画家丹尼尔·弗莱舍尔（Daniel Fleischer）以梦幻般建筑形式装饰了天花板，用花卉和花环装饰了拱形窗户，并用选帝侯的盾徽和一对斜倚着的男童天使装饰了门廊。

2011年，赖因加德·阿尔贝特（Reingard Albert）绘制了8号房间重建设想图，所依据的是1640年的藏品清点结果，为房间布局和不同物品摆放提出了具有建设性的意见（图126）。[119] 一个独立展区陈列着几百件格奥尔格·韦克、埃伊迪乌斯·洛贝尼格和雅各布·策勒等多位大师的象牙车削和雕刻作品；其他的则散落在房间的其他区域。[120] 策勒的横帆战舰摆在单独的展柜上（图117、图118）。象牙制品中包括洛贝尼格的《马库斯·库尔提乌斯》（Marcus Curtius），见图127。[121] 根据古罗马历史学家李维（Livy）的记载，艺术家刻画的是公元前362年罗马中心广场裂开了一个地缝，这位勇士和他的战马跃入燃烧着熊熊烈火的地缝时的危险瞬间。勇士希望通过自己的牺牲来平息众神的愤怒以拯救人民。立起的战马和骑手位于作品的边缘，而火焰和浓烟从地下喷涌而出，另外还有一个奥古斯特一世在1586年制作的带盖的象牙杯子，但还没最终完成。[122] 该房间还陈列着馆里最重要的钟表、地球仪和自动装置，[123] 其中包括汉斯·施洛特海姆制作或被认为出自其手的

第5章　阿尔贝蒂娜·维廷斯家族与德累斯顿珍奇馆

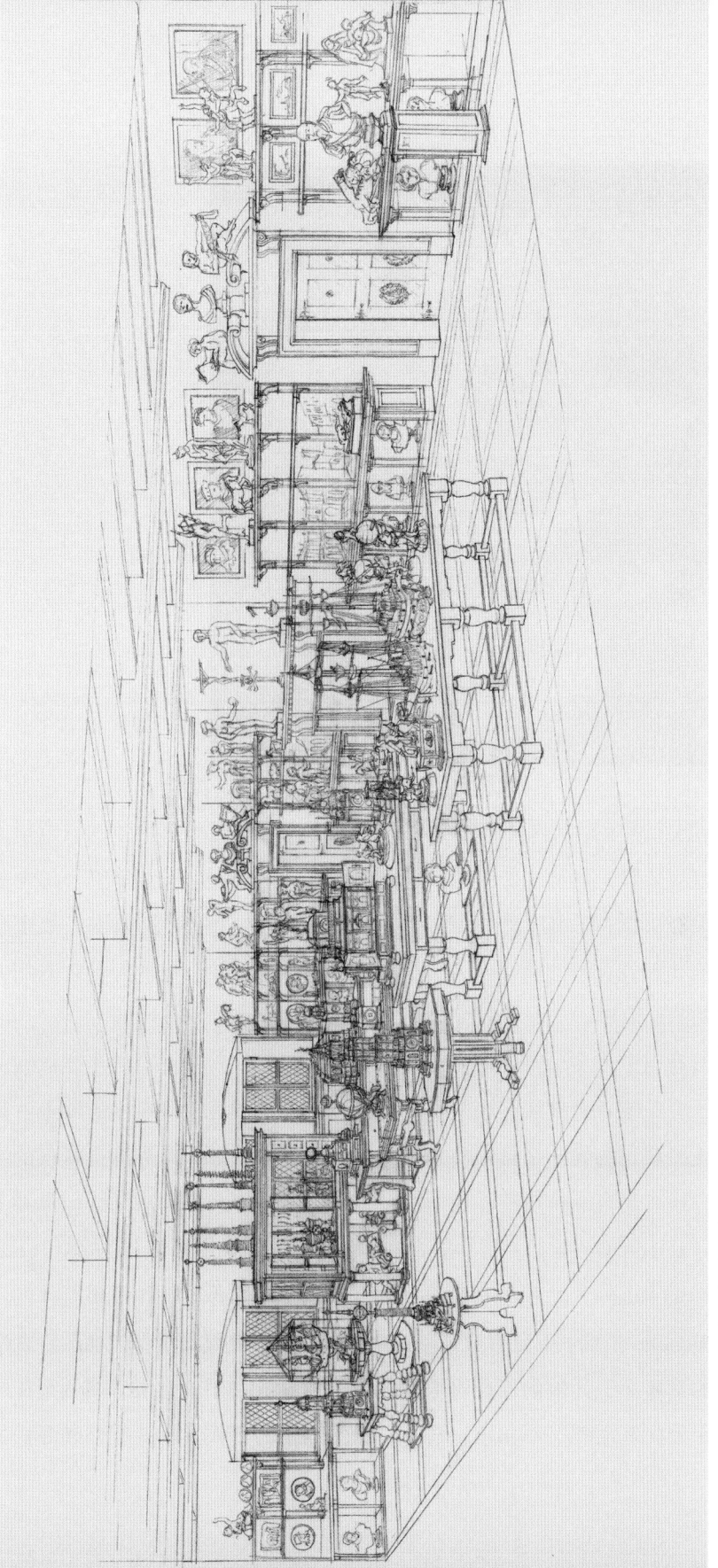

图126　8号房间复原想象图（根据1640年布局），由赖因加德·阿尔贝特于2011年绘制

175

图127 《马库斯·库尔提乌斯》，由埃伊迪乌斯·洛贝尼格于约1591年制作，主要材质为象牙

6件机械奇观，诸如摆在各自展柜上的刻有查理五世和其他帝国选帝侯的船只、滚球塔钟，还有《酒神巴斯克凯旋》(*Triumph of Bacchus*) 自动钟表和一个刻有耶稣降生的大钟（图104、图116）[124]。当上满发条时，数十个自动装置和钟表发出的滴答声、鸣钟声以及玩偶和动物的歌声，会让人们的听觉受到强烈震撼。

珍奇馆中许多珍贵的雕塑（其中有些是诺塞尼曾经拥有的）摆放在基座和架子上，或者直接嵌在墙上，尤其是没有窗户的北面和东面的墙上。这里有从莫里茨到约翰·格奥尔格一世的历代阿尔贝蒂娜·萨克森选帝侯的半身雕像，还有出自菲拉雷特、詹博洛尼亚、阿德里安·德弗里斯、胡贝特·格哈德（Hubert Gerhard）和卡洛·迪·切萨雷·德尔·帕拉尼奥（Carlo di Cesare del Palagio）之手的青铜小雕像，以及其他雕像。帕拉尼奥制作的罗洛慕（Romulus）与孪生兄弟瑞穆斯（Remus）的粉饰灰泥半身像摆放在两扇北门上的基座上，而他的那尊青铜耶稣受难像安放在壁炉台上，两侧是扎哈里亚斯·黑格瓦尔德（Zacharias Hegewald）制作的真人大小的亚当和夏娃的砂岩雕像（约1630）。[125] 房间里还有诺塞尼的纳布霍多索利斯雕像（丹尼莉丝雕像）和仿照米开朗琪罗的《一天内的四个时刻》(The Four Times of Day)，不过这也可能是出自詹博洛尼亚之手。[126] 绘画作品中有伯纳迪诺·坎皮（Bernardino Campi）复制的提香的罗马前12位皇帝肖像，克里斯蒂安·希耶布林绘制的奥古斯特、克里斯蒂安一世、克里斯蒂安二世和约翰·格奥尔格一世的半身肖像，另外还有汉斯·博尔的22幅加外框的画作。[127]

约翰·格奥尔格一世改变了德累斯顿珍奇馆的面貌，然而这一切并不是他本人的愿望，而是珍奇馆管理者们通过不断努力和创新思维才实现的。1653年的复活节前，在参观珍奇馆时（记录中的第三次），他感慨地说道，珍奇馆"井然有序……干得漂亮，很好"。[128] 选帝侯对这些精美、华丽的收藏深感自豪。尽管如此，据记载，他的个人喜好与务实、喜好亲自动手的祖父奥古斯特一世还是大相径庭。但平心而论，在约翰·格奥尔格一世统治期，珍奇馆在持续发展、壮大，面积扩展到以前的藏书区域，而且得到了管理人员的精心呵护。

参观者络绎不绝

鉴于萨克森选帝侯在政治上的重要地位以及德累斯顿珍奇馆不断提高的知名度，慕名而来的参观者日益增多。[129] 在克里斯蒂安一世统治时期，馆长戴维·乌斯劳布增添了一些长椅，以便那些地位尊贵的参观者在参观馆藏精品之余可以休息。1598年，萨克森-魏玛的行政官弗里德里希·威廉一世送给乌斯劳布一份马丁·路德的《家庭祈祷书》(1597)的副本作为新年礼物。1598—1638年，乌斯劳布和1616年后他的继任者在这个卷册中记录了来参观的尊贵客人名单（图128）。[130] 与乌利塞·阿尔德罗万迪（Ulisse Aldrovandi）在博洛尼亚（Bologna）的客人登记簿很类似，这样的登记为谁获准来参观珍奇馆提供了一个宝贵的（哪怕是不完整）的信息。如有特殊事件，参观人数就会增加。如1602年克里斯蒂安二世与丹麦的海德薇格的婚典、约翰·格奥尔格一世与符腾堡（Württemberg）的西比拉·伊丽莎白（Sibylla Elisabeth）的婚典（后者在结婚仅两年后的1606年去世）、1607年

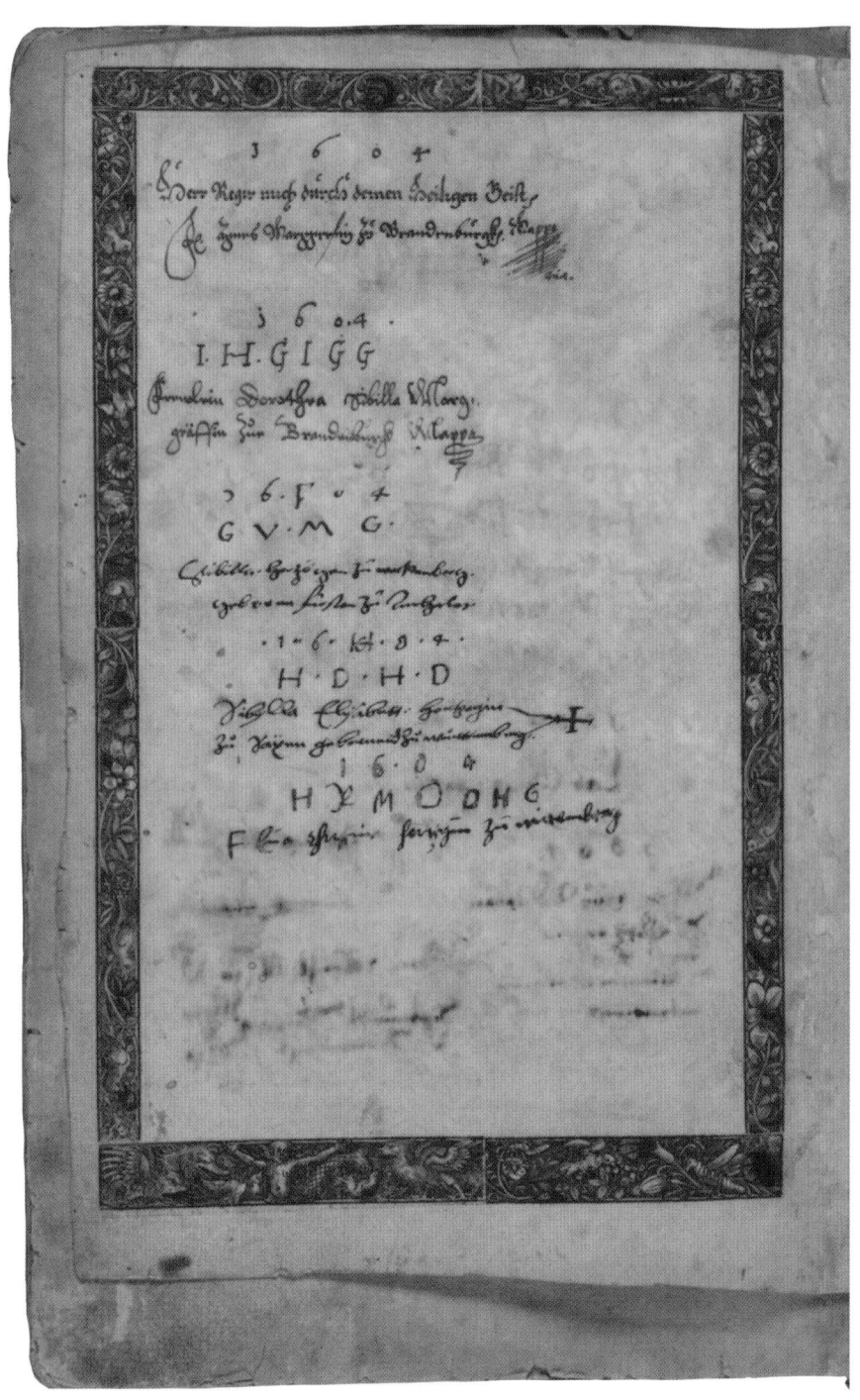

图 128　德累斯顿珍奇馆的来宾登记簿（记录在马丁·路德于 1597 年制作的《家庭祈祷书》上，使用期为 1598～1638 年）

选帝侯与普鲁士的玛格达莱娜·西比拉的婚姻庆典等重要活动。1617年，神圣罗马帝国皇帝马蒂亚斯（1612～1619年在位）、波希米亚国王、神圣罗马帝国皇帝斐迪南二世及其随从在国事访问期间来此参观过。

菲利普·海因霍夫曾在1617年和1629年参观过有关藏品。第一次参观时，他浏览了军械库、兵器库、新解剖室、藏书室，最后来到珍奇馆。这条参观线路（并不总是包括藏书室和珍奇馆）是针对贵客的常规设计。也许是因为海因霍夫身为贵重物品收藏家和交易代理的身份以及丰富的专业知识，诺塞尼在1617年10月15日的参观中担任了他的向导。3天后，海因霍夫获准再次参观珍奇馆。在旅行日记里，他列举了数十件物品，它们或许是诺塞尼推介的馆藏精品，或者是那些引起他关注的藏品，[131] 比如诸位选帝侯的半身像、以碧玉为材质的精美绝伦的写字台、一个摆满了萨伏依公爵赠送的印度容器和用贝壳装饰的长桌、詹博洛尼亚的青铜制品、来自哥伦比亚的绿宝石矿簇、汉斯·博尔的绘画作品、塔钟自行船、矿石和掌上缩景石、一块坠落在萨克森地区东南部奈赛河（Neisse River）附近一个村庄里的陨石（被称为雷石），一个挂在金链子上的独角兽角、两个装满象牙艺术品的展柜，另外还有许多工具和仪器以及其他物品。海因霍夫推断选帝侯奥古斯特一世是个艺术品爱好者，同时也是一个勤勉的人。他还记录到，由于馆中收藏了许多大大小小的藏品，浏览一遍往往要花费好几天。对于1629年9月的参观，海因霍夫的记叙更为详细，其中包括前厅和6个房间（1640年的设计中的1～7号房间）里的藏品。[132] 他对那些特殊、稀有的物品独具慧眼。达维德·奥托·许雷尔（David Otto Schürer）是德累斯顿的一名记者，曾于1619年参观过珍奇馆，他也简要记录了自己在每个房间里的所见所闻。[133]

和自己的前辈一样，约翰·格奥尔格一世规定，只有经过他或他的夫人许可才能进入珍奇馆。法院执行官曾发出一纸公文，授权某人可以进入。在17世纪30年代，由于工资支付不规律且经常推迟，海塞尔和他的助手们很欢迎客人参观，因为客人给的小费经常成了他们的主要收入来源。1638年4月底，海塞尔请求选帝侯给他更多授权，引导参观者游览珍奇馆，因为当时军械库和兵器库的馆长已经普遍这样去做了。[134] 他解释说，自己在过去的

7年里没有收到工资报酬。1640年，根据登记记录，珍奇馆的参观者有120个，其中包括帝国将军。三十年战争结束于1648年，随后参观人数开始增加，在1650年达到了400人。女士们通常由自己的丈夫、亲属或其他男性陪同参观。[135] 除了贵族、大臣和密友，参观客人中的艺术家、学生、贵族，甚至外国人的数量都在增加。登记簿中提到的艺术家分别来自德累斯顿、哈雷、阿尔滕贝格、不伦瑞克、罗斯托克、斯特拉松德、柯尼斯堡、汉堡、纽伦堡、布拉格和阿姆斯特丹。1648年末，海塞尔和他的助手安德烈亚斯·穆勒（Andreas Müller，宫廷钟表匠）被拘禁了一个晚上，因为他们在没有选帝侯许可的情况下让一位法国大臣入馆参观。

布鲁恩和后来的海塞尔表示要增加人手以实施监控和引导参观者浏览珍奇馆。馆长们担心参观者太多容易造成"混乱"以及可能的失窃问题。1623年10月10日，在约翰·格奥尔格一世的两个女儿、她们的姑母和其他大臣参观之后，一个装饰有珍珠母的银制大浅盘被发现丢失了，此前这个盘子就放在莱比锡工匠埃利亚斯·盖尔制作的旅行箱（图124）里。[136] 同年的11月16~17日发生了入室偷窃，[137] 大约40件小金银器物被从马克西米利安二世赠送给奥古斯特一世的写字台中盗走，窃贼准备在德累斯顿和弗赖贝格售卖这些物品时被抓获。罪犯沃尔夫·斯图比希（Wolf Stübich）是宫廷锁匠布莱修斯·施密特（Blasius Schmidt）的一个学徒。他在给珍奇馆的门安装门铃时，偷偷地配制了一把新钥匙。此后，珍奇馆一直关闭，直到1624年2月初才重新开放。

1671年，老托比亚斯·博伊特尔（Tobias Beutel the Elder，自1658年起成为海塞尔的继任者）出版了《萨克森选帝侯的常青雪松林》（*Electoral Saxon Evergreen Cedar Forest*）一书，对德累斯顿宫殿中最著名部分进行了详细描述，此后在1683年和1709年又有其他的版本问世。[138] 为了吸引更多读者，书的正面使用德文书写，背面使用拉丁文。在书中，E1到K3是有关珍奇馆的，内容包括3个部分：简介、对7个房间各自藏品的描述和结尾。博伊特尔对藏品的描述十分详细，包括藏品的来源等有关信息，特别是礼品。参观者在浏览珍奇馆或在城里购买复制品时会参考这本书。

珍奇馆的命运

三十年战争期间，珍奇馆保存了下来并继续接纳参观者。尽管选帝侯约翰·格奥尔格一世与瑞典国王古斯塔夫·阿道夫结盟，后来又与皇帝斐迪南二世和斐迪南三世结盟，但他试图保持某种中立。17世纪30年代中期和1645年，瑞典军队占领了部分萨克森选帝侯的领地，但德累斯顿却从未受到过攻击。珍奇馆的外观几乎没什么改变，1656年约翰·格奥尔格一世去世后，他的儿子约翰·格奥尔格二世（1656～1680年在位），以及他的孙子约翰·格奥尔格三世（1680～1691年在位）、重孙约翰·格奥尔格四世（1691～1694年在位）的统治时期，珍奇馆都得到了细心的维护。[139]

"强人"奥古斯特二世是约翰·格奥尔格四世的儿子，同时也是所有萨克森统治者中最著名的一个，他永久性地改变了珍奇馆。[140]1701年，一场大火严重地毁坏了宫殿的东翼和北翼的一部分，于是他决定把珍奇馆从原址迁至他处。为适应当时欧洲流行的陈列方式，这类宫廷收藏品开始分为几个专项单独陈列。1707年，绘画作品被移出珍奇馆，并被摆放在单独的画廊。[141]1712—1714年，有107件青铜制品被摆放在南翼上部的第二层新建立的雕塑陈列室里。其他大理石、雪花石膏和斑岩雕塑很快被转移到这里。1720年，藏书、印刷品、硬币和自然收藏品被转移至新建的军团大楼（Regimentshaus）。拆分后的珍奇馆开始到处搬家，先是转移到城边防御墙的一个马厩，接着移至团部大楼，然后是大舞厅，到1727年又转至弗莱明舍（Flemmingsche）大舞厅，后来又迁到新建的茨温格宫（Zwinger）。1732年，在茨温格宫里已经建起摆放数学和科学仪器的独立陈列室。1723—1729年，奥古斯特二世下令将珍奇馆中一些最珍贵的藏品放在西北翼底层翻新过的绿穹顶里（图87）。根据藏品材质分类编排的8个房间成了现在皇家收藏中最著名的部分。1945年，盟军轰炸德累斯顿时，绿穹顶遭到严重毁坏，后来进行了修复和重建。原选帝侯珍奇馆里的许多藏品现在陈列在"历史上很著名的绿穹顶"里，以及新绿穹顶的套房里。

第 6 章
鲁道夫二世在布拉格的珍奇馆

神圣罗马皇帝鲁道夫二世（图 129）是最具传奇色彩的早期现代艺术收藏家。他在布拉格的赫拉德斯琴宫里创建了一座珍奇馆，以藏品规模庞大、珍稀物品众多及其品质高而闻名于世。该馆墙壁内贮藏着许多藏品，对同时代的人来说，其中的谜团很引人关注。珍奇馆的收藏只是一部分，其实还有更多藏品分布在其他地方，比如保存绘画和雕塑的独立陈列室、一个宝库、一个藏书室和兵器库。有时，皇帝经常把这里的一些藏品转移至自己的房间。鲁道夫二世雇用了欧洲最好的画师、雕刻家、金匠、仪器制造家和专业艺术家等为自己服务。他及其代理人积极搜集某些老艺术家的作品，尤其是阿尔布雷希特·丢勒和老彼得·布吕格尔（Pieter Bruegel the Elder）的作品，另外他还忙着收集各种精品和稀有物品。根据托

图 129　鲁道夫二世铜像，由阿德里安·德弗里斯于 1602 年制作

马斯·达·科斯塔·考夫曼（Thomas Da Costa Kaufmann）、埃莉什卡·富契科娃（Eliška Fučiková）等学者的解读，鲁道夫二世是君主中与自己的珍奇馆联系最紧密的一个。[1] 珍奇馆成为他自己独处、思考和展示的场所。他喜欢鸟类、鱼类和动物，把它们养在自己的园林里，死后做成标本放在珍奇馆里，这为日后更加系统化的动物收藏和综合性博物馆建设奠定了基础。

鲁道夫二世

皇帝马克西米利安二世与皇后玛丽亚共养育了9个孩子，长子鲁道夫是他们的第二个孩子。鲁道夫的姐姐安娜在1570年嫁给了西班牙国王菲利普二世（1556～1598年在位），他最小的妹妹伊丽莎白成了法国国王查理九世（1560～1574年在位）的王后。他的弟弟恩斯特（Ernst）、马蒂亚斯（Matthias）、马克西米利安和阿尔布雷希特（Albrecht）都拥有重要头衔并担任政府要职，其中的马蒂亚斯还做过皇帝（1612～1619年在位）。皇帝查理五世和斐迪南一世是鲁道夫二世的祖父辈。哈布斯堡皇室血统及受到的荫庇将成为他自我认同的核心。1563—1571年，正值成长期的鲁道夫和恩斯特大部分时间是在西班牙的宫廷里度过的。多年以后，他对国王和保守的天主教不以为然，尽管如此，这期间的经历也塑造了鲁道夫对西班牙服饰、语言、宫廷礼仪，以及更广泛的艺术的品位。[2] 鲁道夫二世在1576～1612年作为神圣罗马帝国的皇帝，同时还是匈牙利的国王（1775～1608年在位）和奥地利大公（1576～1608年在位）。尽管与西班牙和佛罗伦萨王朝进行漫长的协商，但这位皇帝一直未婚。不过，他的确与宫廷古文物研究专家雅各布的女儿卡塔琳妮·斯特拉达（Katharina Strada）生育过几个孩子。与土耳其的战争（1591～1606年）很漫长，而且没什么结果，却耗费了这位皇帝的主要精力。在他生命的最后几年，他的弟弟马蒂亚斯攫取了他的大部分政治权力，比如在1608年他成了奥地利大公和匈牙利和克罗地亚国王，1611年又登上了波希米亚国王的宝座。

几个世纪以来，人们对鲁道夫二世进行了广泛研讨。他被描述为一个性格内向的人，他严肃、呆板、威严、忧郁寡欢、沉默少言、悲观，"显然，他被自己那个世界里的复杂、棘手问题所困扰"。[3] 然而，他精通多种语言，

R.J.W. 埃万斯（R.J.W.Evans）曾用"博览群书，见多识广，以及无限的求知欲"来描述鲁道夫二世的特征。[4] 然而，他首先是个"虚弱的、易变的和贫困的君王"，浪费了自己的政治遗产，最终大权旁落。其次，他是个伟大的艺术和科学赞助者。最后，他沉醉于神秘学，特别是对点金术的研究。简而言之，鲁道夫二世是个复杂的人，正如大使们评价的那样，他经常更愿意在艺术家和学者的陪伴下行使管理权。[5] 1609年，佛罗伦萨驻神圣罗马帝国的大使丹尼尔·埃尔米塔（Daniel Ermita）写道：

（鲁道夫二世）非常热衷于研究自然界中的事物和绘画装饰，因忙于钻研这些艺术，他对王朝和国家事务漠不关心……他尝试炼金术试验、忙于制作钟表，这些均非君王所为，他让自己从君主的宝座上转至工坊的长凳上。[6]

和许多同辈人一样，鲁道夫二世是个业余艺术家。然而，他却是一个高超的鉴赏家，他聘请了许多杰出艺术家和工匠，其中的最优秀者被赋予了令人向往的宫廷职位。

在艺术氛围中长大

鲁道夫二世从儿时起就在父亲的皇宫中接受艺术的熏陶。他长期待在西班牙，恰巧赶上西班牙国王菲利普二世建设埃斯科里亚尔（Escorial）。他有机会接触到地域广袤的西班牙帝国王室收藏的绘画作品，如提香、柯勒乔（Correggio）和博施（Bosch）的杰作，以及雕塑、实用艺术和各种新奇物品等。[7] 这种经历让他认识到艺术在展现宫廷的宏大、豪华以及帝王尊严等方面发挥着关键性作用。1571年，在返回维也纳途中，鲁道夫二世到因斯布鲁克拜访了奥地利大公斐迪南二世。[8] 当时安布拉斯城堡的艺术博物馆正在建设中，但大公的艺术品和稀世珍品的收藏已经相当广博。尽管有家族血缘和共同利益，但两个人的关系从未如此亲近过。1606年，鲁道夫二世买下了安布拉斯城堡及其藏品，但他从未再回访因斯布鲁克或打算将安布拉斯城堡的藏品与自己的合并在一起。

1575 年，鲁道夫二世陪同父亲马克西米利安二世正式访问了位于德累斯顿的萨克森选帝侯奥古斯特一世的宫殿，这次访问历时一周的时间。[9] 鲁道夫二世随后成了匈牙利国王和他生病的父亲的王位继承人。一同前往的还有皇后玛丽亚和大公恩斯特、马蒂亚斯和马克西米利安。双方交换了珍贵礼物，包括赠给选帝侯夫人安娜的一组朱塞佩·阿钦博尔多创作的《四季》（*Four Seasons*，见图 103）。[10] 尽管有关记录涵盖了与此次访问有关的欢迎仪式、友谊赛和宴会等，但马克西米利安二世本人或他儿子是否参观过德累斯顿的珍奇馆却不得而知。不过，奥古斯特一世很可能自豪地向他们展示过自己的收藏。在随后的数年间，从双方大量的通信中可以看出，奥古斯特一世、他的继任者克里斯蒂安一世和后来的克里斯蒂安二世与神圣罗马帝国皇帝保持着密切关系，而且他们还时常互换礼品。

鲁道夫二世知道在维也纳的霍夫堡（Hofburg）还保存着斐迪南一世和马克西米利安二世的许多收藏。斐迪南一世于 1558—1560 年在霍夫堡的西北侧特意修建造了一个珍奇馆（图 23）。[11] 1573 年，马克西米利安二世安改、扩建了该馆，并新增加了两层。上部新增的第一层（下层珍奇馆）和上部第三层（上层珍奇馆）托架着位于中间层的恩斯特大公的房间。1576—1583 年，鲁道夫二世住在维也纳，在此期间他对霍夫堡做了些改变，但不包括珍奇馆。

鲁道夫的祖父和父亲的收藏都未被原封不动地保存下来。斐迪南一世去世后，他的财产被 3 个儿子（马克西米利安二世、大公斐迪南二世和卡尔二世）分别继承了。同样，马克西米利安二世的收藏也在他死后分配给自己的 6 个儿子。[12] 那时的神圣罗马帝国皇帝鲁道夫二世将自己继承的大部分财产运到了布拉格，1583 年他最终迁居到那里。他的弟弟马蒂亚斯分到的那部分保留在了维也纳。

和当时许多其他珍奇馆一样，鲁道夫二世的收藏中有一部分来自遗产继承。他兴致极高，对遗留下来的名品，积极地从中搜寻自己心仪的，例如维利巴尔德·伊姆霍夫（Willibald Imhoff）在纽伦堡的遗产和红衣主教安托万·佩勒诺·德·格朗韦勒（Antoine Perrenot de Granvelle）在贝尚松（Besançon）的遗产。某些宫廷艺术家，比如巴托洛梅乌斯·施普兰格尔（Bartholomäus Spranger）和汉斯·冯·亚琛（Hans von Aachen），以及雅各布和奥塔维奥·斯特拉达（Ottavio Strada）等著名古玩收藏家都在为他工作。鲁道夫二世还要求他的外交使节，特别是汉斯·克芬许勒（Hans Khevenhüller，1573—1606年担任帝国驻西班牙大使）为他寻找了包括16世纪早期绘画作品以及来自其他大陆的异域动物、宝石和稀有物品等。克芬许勒充当了与马德里宫廷及皇帝在伊比利亚的亲戚们进行联系的关键渠道。鲁道夫二世期望从哈布斯堡皇室的西班牙分支（包括菲利普二世）那里获得艺术品和外国的新奇物品。他派遣宫廷官员出国购买艺术品，比如王朝的副首相鲁道夫·科拉杜兹（Rudolf Coraduz）在1595年访问罗马时，就与许多意大利贵族协商购买绘画作品。[13] 有些人为了讨好皇帝，纷纷到布拉格送礼。

鲁道夫二世积极地为自己的珍奇馆订购物品，另外还向奥格斯堡、纽伦堡、米兰、威尼斯和佛罗伦萨等地的商人和艺术家购买物品。不仅如此，艺术家、代理人和商人们还把自己的聪明才智和货品带到布拉格。埃吉迪乌斯二世·萨德勒（Aegidius II Sadeler）的版画《弗拉迪斯拉夫大厅》（*Vladislav Hall*，1607）展现的场景是大厅里熙熙攘攘，到处都是书商、出版商、金匠和钟表匠的摊位，另外还有渴望得到皇帝认可的人们（图130）。[14] 萨德勒在

图130 版画《弗拉迪斯拉夫大厅》，由埃吉迪乌斯二世·萨德勒于1607年绘制

这些好奇的参观者中描绘了 1604～1605 年波斯驻鲁道夫二世王朝的特使西纳尔·清（Synal Chaen）或梅赫蒂·库利·贝格（Mechti Kuli Beg）。

新建的布拉格皇宫

1583 年来布拉格居住后，鲁道夫二世决定重建现存的赫拉德斯琴宫（图 131），其中的部分原因是考虑到维也纳容易遭到土耳其的攻击。为了容纳鲁道夫二世的收藏，1589～1590 年，一个由马蒂诺·甘巴里尼（Martino Gambarini）和乔瓦尼·玛丽亚·菲利皮（Giovanni Maria Filippi）领导的主要由意大利艺术家组成的团队修建了新的北面和西面两翼。[15] 西班牙厅（现在称为鲁道夫陈列馆）用来展示皇帝不断增加的绘画收藏，该厅位于北翼

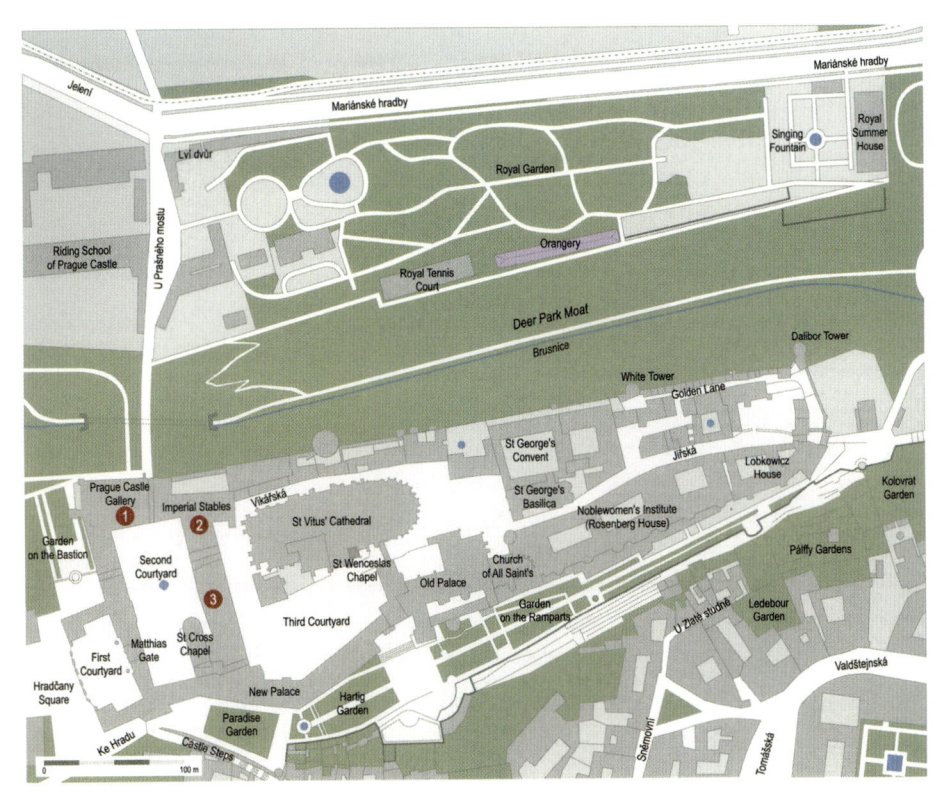

图 131 鲁道夫二世时期的布拉格城堡的平面图
①西班牙大厅，最初在底层有马厩，在上部第一层有个画廊
②皇家马厩，上部第一层有个雕塑陈列室
③长楼，原本在底层有马具室，珍奇馆在上部的第一层，第二层是艺术陈列室

新建的马厩的上部，于1597年完工。马厩的容积为3440立方米，里面养着皇帝珍贵的西班牙名马。接着，在1602~1606年，在北翼西北角扩建的马厩之上，鲁道夫二世增添了"新屋"（现在，颇令人困惑的是它被标为"西班牙厅"）。该厅容积为8127立方米，设计的初衷是用来展示他的雕塑收藏。

从1589年开始，沿着面向圣维特大教堂（St.Vitus Cathedral）西立面的城墙，连接马厩、画廊与鲁道夫二世在南翼的私人居室的走廊，被称为长廊（Langbau）或前廊（Gangbau）。这个走廊长约100米，宽仅有5.5米。[16] 底层包括与马厩配套的马具室，该马厩最多可以容纳300匹马。上部的第一层建有鲁道夫二世的珍奇馆，该层北部有4个房间，每个房间有3米高，拥有平面天花板和大扇朝向西侧的窗户（图132）。其中，最北边那个35米长的房间就是珍奇馆。馆里被称作数学塔（Mathematical Tower）的楼梯，将珍奇馆与其他3个房间分隔开，连接不同的楼层。这里的3个房间一起被称为前部珍奇馆，共有60米长。另一个摆放长尺寸绘画的画廊

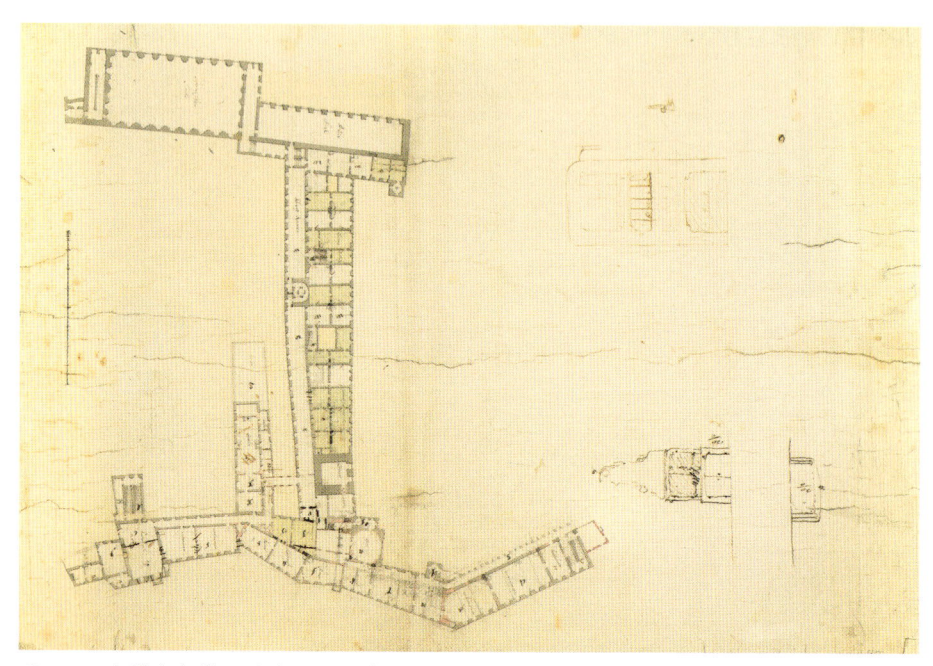

图132 中翼上部第一层的平面图（18世纪上半叶）

有 5 米高，占据了整个上部的第二层，他同样也被数学塔分开，并与鲁道夫二世在南翼的私人居室直接相连。该居室包括靠近卧室的书房及鸟瞰城市的夏屋（Sommerhaus）。[17]1597 年，法国人雅克·埃斯普林查德（Jacques Esprinchard）来访时，新珍奇馆的房间还没有准备就绪。他参观了鲁道夫二世陈列在三个狭窄房间里的藏品，据推测这里很可能是夏屋。到 18 世纪，这些房间的构造，尤其是天花板的高度，都发生了明显的改变。

布拉格珍奇馆及其组织结构

1607—1611 年，画家和宫廷文物研究师丹尼尔·弗勒施尔（Daniel Fröschl）只对北侧的珍奇馆的藏品进行了连续、翔实的盘存。[18]他大概是在这些藏品被搬迁至新完工的房间后才开始登记的。与许多这样的账目不同的是，弗勒施尔经常记录下艺术家的名字、日期、其他有用的信息及个人美学观点。他甚至为一些藏品在页边绘制草图。[19]弗勒施尔为藏品目录留下空间，以便记录新藏品。不幸的是，鲁道夫二世有关前部珍奇馆、西班牙厅、新厅和用于画作的长厅的藏品清单都没能保存下来。在皇帝马蒂亚斯死后的 1619 年，有人编辑了一本新的藏品清单，[20]在那以前，马蒂亚斯已经将部分藏品转移至维也纳，然而，清单上的多数藏品是属于鲁道夫二世的。在 1621 年编制的藏品清单中，有一部分非常准确地描述了这些物品摆放在哪里以及是怎样摆放的。[21]尽管珍奇馆在三十年战争中遭到抢劫和毁坏，但许多藏品至今还保存在奥地利维也纳的国家博物馆里。

弗勒施尔的藏品清单并非一部陈列位置指南，它运用的是一种系统性方法。他有时会添加文字标签和页边标记，以帮助查找具体藏品或某类藏品的位置。[22]弗勒施尔记录了 20 个展柜（数字标记 1～18，外加 A 和 B）。此外他还登记了写字台、首饰盒及箱子，标识的数字从 80 至 101，被登记在清单的最后。[23]

1607—1611 年推出的藏品清单是按照下列类别排序的：自然类、人工类和科学类。[24]自然类是最大的一类，包括矿石，其中既有原料也有经过加工的；古生物化石标本；植物类（木材、坚果、草药等）；特别是还有那些动物学标本（受保护动物的标本、骨架、角、牙齿，贝壳和珊瑚，蛋和海龟壳等，见图1）。人工类部分包括来自美洲、非洲和亚洲的物品，例如土耳其的武器；来自欧洲的、使用天然材料制成的艺术品，如象牙、琥珀、角、大型坚果和鸵鸟蛋；使用无机天然材料制作的物品，例如水晶石、玛瑙和较贵重的宝石、镶嵌的宝石和金匠制品。这份包罗万象的目录还包括使用蜡、木材、石头，特别是青铜制作的小型雕塑；硬币、勋章、刻有浮雕的贝壳、凹雕宝石和珠宝；各种小件的家具；大量的绘画、印刷品和雕刻的盘子。科学类包含测量距离和时间的仪器；天文学仪器；地球仪和天体仪；有关这三大类研究领域的书籍。

参观珍奇馆

进入珍奇馆的房间，无论从数学塔进入，或是从通向北翼马厩和陈列室的门进入，鲁道夫二世或是他的访客都会看到沿着东侧无窗的墙边排列的20个木制展柜。没有关于这些展柜的外观、木材种类、单体尺寸，是否敞开或上锁以保护其中物品的任何信息。由于缺少当时参观者对4个房间中任一个的细致印象，人们只能依赖藏品清单来重现房间的布局。1621年的藏品清单列出了架子的数字，从2号排列到6号；还有每个展柜里大略的物品。[25]当时，已经有很多藏品被运到维也纳，但展柜的特色还大体保持不变。

在珍奇馆里，1~5号展柜里摆放的是标着"印第安"的物品，如动物羽毛制品、珍珠母的书写用具、象牙棋盘、盘子和饮用器皿、拖鞋和绘画。但是，这些柜子里时常存放一些不太相关的其他物品。例如，2号展柜里放着18件大小不一的埃及古文物，而5号展柜还有印第安鸟喙和蛋以及各式贝壳。6~8号展柜主要陈列自然类物品。6号展柜的3个架子上摆放着数十个藏品清单中第23号编码下的一组物品。[26]可以看到单个或一对鹿角或其他动物的角、一条鱼、一只蝙蝠、一只双头小鹿、一个双头怪物、一只螃蟹、几个鸟蛋、一只印第安大鸟的喙、两只青蛙、一条鳄鱼、许多贝壳、珊瑚、一些磁石、一块来自特兰西瓦尼亚母马体内的结石和另一块冯·罗森伯格勋爵（罗泽姆贝克）送来的结石，以及两个挪亚方舟的钉子（很可能是由于与圣经里的人物有关联）。一些藏品是可以直接看到的，但大多数物品被存放在储物箱里。

9～13号展柜展示的是人工类物品，特别是用玻璃和水晶制品、象牙和犀牛角，还有各种宝石（尤其玛瑙和波希米亚碧玉）、珊瑚、贝壳和印第安胡桃做成的餐具、镶银或镶银镀金的酒具、棋盘、镜子、眼镜、宝石马赛克鱼、安装在乌木制框架里的一片展示大幅风景画的波希米亚碧玉并在两侧装饰着绘有图案的条文大理石。看起来，这些物品中还是混入了一些不同的物品。例如，9号柜里包括27个彩色蜡像，另外有11个箱子里装满了彩色蜡像，其中大多数是人物肖像。

14～16号展柜里存放的是钟表、地球仪和数学仪器。在一个银制钟表上，酒神巴克斯（Bacchus）骑在1只山羊上，3个萨梯（古希腊神话中的半人半兽的森林之神，编者注）陪伴在身边。而另一个钟表被嵌在半人马涅索斯（Nessus）劫持赫拉克勒斯（Hercules）的妻子得伊阿尼（Deianeira）的场景中。[27]17～19号展柜存放着玻璃器皿、托斯卡纳大公赠送的两只精美的意大利陶制大口水罐、土耳其餐具和数百件瓷器。所有大大小小的贝壳都装在20号展柜的两个架子上。

鹿角、地球仪，尤其是古典和当时的雕塑都装在墙上，或放在这20个展柜上面。[28]1607～1611年和1621年的藏品清单中，第一座雕塑藏品都是莱昂内·莱昂尼（Leone Leoni）于1555年制作的查理五世青铜半身像（图133），该雕像是1600年鲁道夫二世从红衣主教安托万·佩勒诺·德格朗韦勒的遗产中得到的。[29]雕像位于地球仪和天球仪之间。一同展示的还有出自詹博洛尼亚、阿德里安·德弗里斯、胡贝特·格哈德（Hubert Gerhard）和安东尼奥·苏西尼（Antonio Susini）以及其他人之手的一些与神话和经典主题有关的小型青铜制品，颇引人注目。现在已经根据名字鉴定出詹博洛尼亚的《强夺萨宾女子》（Rape of the Sabine Women，据信是这位佛罗伦萨大师的复制品，见图134）以及德弗里斯的、现已丢失基座的《女儿和镜子》。[30]有代表性的是，每个展柜都摆放着一两个小雕像和固定好了的鹿角。

一张长长的绿色展柜摆放在房间的中央，[31]上面陈列着钟表、乐器、自

图 133　查理五世铜像，由莱昂内·莱昂尼于 1555 年制作

图 134　青铜雕塑作品《强夺萨宾女子》，由詹博洛尼亚于 1580 年制作

动装置、宝石制作的容器、科学仪器、球体、装满水晶石和珍珠母的箱子、写字台、镜子，还有装饰着彩色银制花朵和小石子的银制花瓶，上面描绘了耶稣复活或圣乔治的场景，以及其他物品。有一座钟表或机械装置——"一只孔雀，它可以行走、转身、鸣叫，用真实羽毛做成的尾巴开屏，站立在珍奇馆的展柜上。"[32] 这件作品巧妙地将自然和艺术、机械和真实的羽毛融合在一起，模仿着鸟类的声音、动作和外观。这只孔雀出现在 1607～1611 年的藏品清单上，但并没有包含在 1621 年的清单里。在一座大型钟表上，维纳斯和丘比特骑着一只大鹿，鹿的颈部镶嵌着红宝石，胸前有一颗精美蓝宝石。[33]

绿色展柜下摆放着 11 只箱子、写字台或陈列柜。其中的一些写字台或陈列柜有不少抽屉，时常还有额外的盒子或储存箱。[34] 有些存放着类似的物品，如羊皮纸文稿、印第安餐具、犀牛角和其他的印第安动物遗骸、90 个小石子、各式短剑和刀具，或是古代钱币和金属制品。其他箱子里存放的物品比较混杂。6号展柜摆放着来自土耳其的物品、3颗配有金链的独角兽（独角鲸）牙齿或角的碎片、一个配有金链的摩尔达维亚（Moldavian）坚果、几颗印第安人牙齿、印第安鸟头、几颗波希米亚宝石和一只犀牛头的部分。[35]旁边一张大展柜（5号展柜）上面有许多物品，其中包括3个独立的在奥格斯堡制作的配有铰链门的柜子。[36]这张特殊的展柜装满了古代和现代硬币、奖章、铅制模型、蜡像以及59个银制动物模型。

西面的墙上有几扇大窗户，在此参观者可以看到一个硕大的地球仪和一个带有63个抽屉的柜子，部分抽屉里装的一些用金属铸造的古董。附近还有9张展柜，[37]上面摆放的都是单件物品，尤其是雕塑，紧靠着展柜的还有一些柜子和书桌。地面上还陈列着更多物品，例如一件丘比特睡在狮子头上的石膏雕塑，在2号展柜下面还有两件大型大理石半身肖像雕塑。

一些展柜本身就是精品杰作。鲁道夫二世有几张精致的桌面，上面镶有砺石，它们是在佛罗伦萨大公的工坊里制作的，后来他在自己的布拉格宫廷的工坊里加工、制作这种桌面。皇帝非常痴迷意大利的砺石，于是他雇用专门的艺术家，特别是来自佛罗伦萨的卡斯特鲁奇（Castrucci）和来自米兰的米塞罗尼（Miseroni），这些人在布拉格建立加工硬宝石的工场和作坊。[38]与萨克森一样，波希米亚盛产水晶石、蛇纹石、碧玉、玛瑙、紫水晶和玉髓，另外还有比较珍贵的矿石。

有两张砺石展柜格外受到鲁道夫二世的青睐，因为它们的基座是他委托阿德里安·德弗里斯用青铜制作的。[39]其中一张的上部装饰着风景画、鸟、纹章图案和皇帝姓名首字母组成的图案——RⅡ，德弗里斯模仿鹰的形状，分别用青铜为伽尼墨得（Ganymede）和宙斯铸像。第二张展柜是将帝国双头鹰嵌在一块产自波希米亚的宝石上，基座显示的是一个女人和一头狮子。后来，两张展柜归属于利奥波德·威廉（Leopold Wilhelm）大公（1614—1662），很可能在1731年的布鲁塞尔王宫的大火中被烧毁。幸运的是，装饰有伽尼墨得和鹰的展柜出现在利奥波德·威廉大公画廊里的那幅由小达维德·特尼耶于1651年绘制的画中。[40]

弗勒施尔编制了目录，记载了21件装饰各式展柜和书桌的青铜小雕像和浮雕，[41] 其中包括莱昂内·莱昂尼制作的真人尺寸的半身雕像《匈牙利的玛丽》(Mary of Hungary，1553)，这是 1600 年从红衣主教格朗韦勒的遗产中购得的。[42] 鲁道夫二世热衷于收藏詹博洛尼亚的青铜作品，并在 1588 年授予他爵位。[43] 他制作的《墨丘利》(约 1580) 出现在一张乌木展柜上。[44] 藏品清单还登记了詹博洛尼亚的《弗朗西斯·德·美第奇大公的寓意画》(约 1580)，它是 1604 年鲁道夫二世从摩德纳公爵切萨雷·德斯特 (Cesared'Este) 那里得到的。[45] 这里登记的大多数小雕像和浮雕，是阿德里安·德弗里斯用一个艺术家的名字制作的。[46] 这位雕塑家早在 1581 年就在佛罗伦萨与詹博洛尼亚开始合作了。1586 年时，他在米兰的蓬佩奥·莱昂尼 (Pompeo Leoni) 工作室里工作。1589～1594 年，德弗里斯在布拉格为鲁道夫二世服务，更值得关注的是，他从 1601 年起直至鲁道夫二世去世一直都是宫廷雕塑师。

　　德弗里斯制作的真人大小的鲁道夫二世半身像 (1603)，是仿照莱昂尼的查理五世雕像创作的。[47] 鲁道夫二世首次见到莱昂尼半身像的原件，是他在西班牙宫廷期间。正如上面提到过的，鲁道夫二世在 1600 年购买了格朗韦勒的复制品。虽然在 1607—1611 年的藏品清单中没有证据显示出这两个雕像被摆放在一起或近距离陈列，但在 1619 年前，它们可能是配对存放的。两者的风格和肖像特征很相似，这是显而易见的。两位统治者的半身肖像有相同的比例，都穿戴盔甲、坐在带有人物图案的基座上。鲁道夫二世像是由朱庇特（权力的象征）、墨丘利（智慧的象征）、一只公羊（摩羯座的山羊）和鹰支撑着。鲁道夫二世有意将自己与奥古斯都皇帝联系起来，而且采用了罗马统治者的摩羯座的黄道标识，但他实际上是 10 月 12 日出生的（天秤座）。朱庇特的鹰是罗马和后来的神圣罗马帝国皇帝们采用的标志。当一位皇帝死去，人们认为他被鹰带去了天国。鲁道夫二世胸甲的前面装饰着一头狮子（象征赫拉克勒斯的力量）、狮身鹰首兽（象征敏捷）、公羊和鹰（朱庇特和皇家标志）。肩膀前面的浮雕是人格化的形象，代表着胜利女神维克托利里亚和名誉，同时丘比特手持地球仪和天球仪出现在后面。鲁道夫二世雕像向上扬起的头部和轻微扭转的躯干和臂膀，比起查理五世姿势僵硬的雕像显得更加活泼、生动。德弗里斯的雕像表明鲁道夫二世拥有罗马皇权。鲁道夫二世和查理五世，以及莱昂尼和德弗里斯之间的差异隐含在其中。

在这个区域里，德弗里斯的其他青铜制品包括一匹大马的雕像（1607）和《帝国战胜阿瓦里西亚的寓言》（Allegory of Imperium Triumphant over Avaritia，1610），其中大马雕像是仿照罗马的马库斯·奥勒留骑马纪念碑建造的。[48] 现存的三块浮雕——鲁道夫二世的侧身像（1609）、《匈牙利抗击土耳其的战争》（1604—1605，见图 135）和《鲁道夫二世向波希米亚引介自由派艺术》（Rudolfii Introducing the Liberal Arts to Bohemia，1609），在 1621 年早些时候被迁移至珍奇馆中间的房间里。[49] 镶嵌在黑色大理石上的侧身肖像摆放在 11 号展柜里下部的架子上，而其他藏品挂在 8 号和 9 号展柜上方的墙上。[50] 德弗里斯制作的其他青铜制品存放在珍奇馆其他房间里。[51]

1607～1611 年的藏品清单包括乔瓦尼·卡斯特鲁奇（一位皇家切石匠）和其工作室制作的 6 幅画作。[52] 他特别擅长制作引人入胜的乡村风景画。虽然在藏品清单中并未注明，但其最著名的作品是他或他的工作室制作的《布拉格城堡区鸟瞰图》（View of the Prague Castle District）。该图是将各式玛瑙和碧玉拼接在石板上制成的，见图 136。[53] 作品展示了布拉格皇宫、圣维特大教堂、皇家夏宫（在右侧的最上部），以及被横跨莫尔道（Moldau）河的

图 135 青铜浮雕《匈牙利抗击土耳其的战争》（Allegory of the War against the Turks in Hungary），由阿德里安·德弗里斯在 1604～1605 年制作

图136 布拉格城堡区鸟瞰图，由乔瓦尼·卡斯特鲁奇或其工作室在1606年后用玛瑙和碧玉制成

查理桥分隔开来的"上城和小城"（the Upper and Lesser towns）的局部。上述景色是基于1601年约翰·维伦贝格（Johann Willenberg）制作的木刻，该版画在5年后由阿基迪乌斯二世·塞德勒（Aegidius Ⅱ Sadeler）雕刻而成。

穿过数学塔就进入了前部珍奇馆，里面的房间被称为第1、第2和第3拱形屋，房间里的布局大致参照了建筑内的北部构造。在1621年藏品清点时，有17个展柜沿着东边墙壁摆放。[54] 展柜上面陈列有球体、雕塑、大型容器和鹿角。虽然其中的许多都是自然类物品，但有几个展柜存放着书籍和数目可观的绘画作品。[55] 摆放在中间的7号柜是个双体柜，里面存放有两个绘制在石头上的画作、12幅主要绘制在铜制品上的风景画、22幅有宗教和世俗主题的木质或铜质绘画、19幅肖像画、10幅色情画、22幅风景油画或水彩画，最上面是两只鹿角。[56] 在登记的绘画作品中，靠近地面长凳的是老彼得·布吕格尔的《享乐之地》（Land of Cockaigne, 1567），现收藏于慕尼黑的老绘画陈列馆（the Alte Pinakothek）。[57] 展柜和箱子靠窗摆放。在这3个拱形屋浏览时，会有各式各样的物品吸引鲁道夫二世或参观者的注意。在第1个拱形屋里的墙上有一个用黏土捏塑的大野猪、一个鲁道夫认为是在迦拿晚餐上使用过的7个大型大口水壶之一、一个大型用黏土制成的手拿弓的女人，以及还有一个古代陶制的大口水壶。[58]

前部珍奇馆陈列着数千件物品。1607—1611年的藏品清单仅涉及一个房间，里面有2814件藏品。许多特别记录记载了多种物品或是仅仅列举一个类别，如抽屉里装满了硬币和青铜古董。这种模糊不清的记录让人无法推测这些房间里的所有藏品。我们尚不清楚每个房间里的藏品是否有一个定性的或明确的区别，但是前部珍奇馆里显然存放着一些最好的藏品。虽然展柜上、展柜里、墙壁和地板上有许多人们可以看到的藏品，但大多数的藏品还是存放在盒子、箱子和书桌里。在这方面，它与在安布拉斯城堡的珍奇馆的陈列方式，也许在功能方面是有区别的。无论用什么标准衡量，布拉格珍奇馆都让人印象深刻，但其藏品主要用于研究。鲁道夫二世很乐意光顾这里并在此接待宾客。为了探究来源或是为今后的作品找寻素材，他的宫廷艺术家和工匠们偶尔可以进入其中。

寻找亮点

鲁道夫二世的珍奇馆里的藏品多种多样，排在1607～1611年藏品清单首位的是一只长2.4米的独角兽角（独角鲸的牙齿）。[59]1564年，皇帝斐迪南一世宣布，这只兽角和一个4世纪的玛瑙盘（可能来自君士坦丁堡，见图137）是哈布斯堡皇室不可转让的传家宝。后者被描述为"最美丽的、最昂贵的和最大的玛瑙盘或花瓶，内侧刻着名字'B.克里斯托（B.kristo）'，连同手柄是由一整块玛瑙制成的"。[60]这个盘子宽58厘米，如果加上手柄则有76厘米宽。盘子的尺寸很大，而且出自一块宝石。盘子上刻有模糊的希腊文字，在17世纪，人们认为上面刻的是基督的名字。一时间，盘子名闻遐迩。

图137 4世纪的玛瑙盘，可能来自君士坦丁堡

图138 羽毛马赛克肖像画《圣母玛利亚》，由胡安·巴普蒂丝塔·奎丽丝在16世纪90年代完成创作

这只盘子是一件自然奇观、制作技艺十分精湛，极具美学感染力，作为晚期基督学的一件器物，成了珍奇馆的极品。马克西米利安二世死后，这两件珍宝最初都存放在安布拉斯城堡，但1595年，大公斐迪南二世去世后，被转移至布拉格。这只盘子与其他的玛瑙容器保存在一起。

尽管鲁道夫的珍奇馆有不少与基督教相关的藏品，但相较于慕尼黑的馆藏，这里的宗教色彩要逊色得多。他确实藏有年轻基督和悲伤的玛利亚的精美肖像（图138），肖像是用蜂雀、鹦鹉、朱鹭、苍鹭和欧椋鸟的羽毛制成的[61]。两幅画作上的签名是胡安·巴普蒂丝塔·奎丽丝（Juan Baptista Cuiris），他是一名西班牙画家，16世纪下半叶活跃在墨西哥的米却肯州。画中玛利亚的形象是这位艺术家根据菲利普·托马森（Philippe Thomassin）和让·蒂尔潘（Jean Turpin）的雕刻绘制的，而该雕刻（约1590）的蓝本来自朱利奥·克洛维奥（Giulio Clovio）的画作。[62] 鲁道夫二世在一个储藏箱里存放了9幅其他羽毛画。几乎没有证据显示他如同大公斐迪南二世一样钟爱这些珍品，后者在一个展柜中突出地展示了他的珍藏。

痴迷于自然世界的鲁道夫二世拓展了自己的兴致，他不仅欣赏石头的美感，而且也关注它们身上那些潜在的、令人不可思议的特性。他的宫廷医师安塞尔默斯·德·博特（Anselmus de Boodt）把自己撰写的专著——《宝石和石头史》（*Gemmarum et lapidum historia*，1609）献给鲁道夫二世。他这样写道：

皇帝（鲁道夫二世）钟爱石头，这不仅仅是因为他希望借此来提升自己的高贵和权威，而且，也想通过它们来提升对上帝荣耀的认知——他那难以形容的力量可以把整个世界的美好聚集到如此小的物体中，并在创造世界的过程中把各种其他事物的种子结合在一起。[63]

鲁道夫二世亲自到城堡山的试验室或其他地方的工作室参与炼金术试验。[64]

珍奇馆里收藏了大量生物和植物标本，还有约里斯·赫夫纳格尔（Joris Hoefnagel）等宫廷艺术家绘制的高度仿真的图解。[65] 马德里的代理商们帮助鲁道夫二世搜集珍禽异兽，其中最有名的代理人是汉斯·克芬许勒。[66] 在登记的鱼类中，弗勒施尔收录了赫夫纳格尔绘制的飞鱼和胭脂鱼绘画，可惜这些画已经遗失。[67] 鲁道夫二世拥有赫夫纳格尔的画作《四元素》（*Four Elements*，1591—1599），但尚不确定该画是否收藏在珍奇馆内。[68] 四卷仿羊皮纸文档中有 277 幅描绘生物的水彩和水粉微型画，这些生物或与火相关（佩德罗·冈萨雷斯和他的多毛家族和他的家庭，象征着人类的奇迹，其次是昆虫），或与土有关（两栖类、蛇和蜗牛），或与水有关（鲸鱼、鱼类和水生昆虫），或与空气相关（鸟类）。弗勒施尔的编目手册和手稿存放在 96 号箱子中，其中还有汉斯·霍夫曼（Hans Hoffmann）、迪尔克·德夸德·范拉费斯泰因和雅各布·利戈奇（Jacopo Ligozzi）绘制的动物、鱼、鸟、植物和花卉的插图册。[69]

在这些书册中，有一部两卷书《鲁道夫二世的博物馆》（*Museum of Rudolf II*）或《鲁道夫二世的动物寓言集》（*Bestiary of Rudolf II*），现存于维也纳。[70] 该书的第 1 卷描述了哺乳动物、爬行动物、鱼、鸟、珊瑚和一些其他生物；第 2 卷涉及鸟类和一些昆虫。范拉费斯泰因或许和弗勒施尔等人一起绘制了书中的 179 张对开页插图。李·亨德里克斯（Lee Hendrix）指出，不同于四元素的百科全书派观点，博物馆"看起来代表的是自然界，因为这已被他（鲁道夫）的收藏所体现和界定"。[71] 书中有一段描述，说的可能是弗勒施尔绘制的一只渡渡鸟（图 139）——该鸟是 1598 年或 1599 年初由荷兰商人从毛里求斯带入荷兰的两只活体之一，[72] 其中一只在皇帝的动物园里存活了多年。弗勒施尔在 1607—1611 年的藏品清单登记中有如下描述："这只喂饱的印度鸟（渡渡鸟）身体又圆又大，大小像一只鹅（或更大一些），它的喙又大又丑，因为不能飞所以翅膀很小，另外羽毛是暗白色的。"[73] 弗勒施尔的老师卡罗卢斯·克卢修斯（Carolus Clusius，1526—1609）是当时知名的园艺师之一，曾撰写了《有关异国风物的十本书》(Ten Books of Exotic Things，1605)，该书对动物、植物进行了描述。

前部珍奇馆有几幅画用馆中央的绿色展柜作背景，说明它们有时会在此摆放。其中一幅画中描绘的是摆在绿色展柜上的一个犀牛角、一颗牙齿和一块兽皮，另外还有一个用车床加工过的犀牛角容器（图1）。[74]这一组合展现了自然的奇妙形态和艺术大师们的形变创意。另有一幅画描绘的是两个犀牛角竖立在绿桌上（图140），[75]其中长一点的角（现保存在维也纳）使用了金丝覆盖，上面镶嵌着珍珠和红宝石，但有些已经失去初始的光彩，[76]见图141。这是1582年鲁道夫二世的母亲玛丽亚送给他的礼物，当时她住在马德里。还有两幅画描绘的是一颗独角鲸牙齿的某一部分，但尺寸要小很多，还有先前提到过的哈布斯堡皇室不可转让的独角兽（独角鲸）的角及3块胃石，其中一个被悬挂起来，此外还有一个羚羊角。[77]

图139 《渡渡鸟》，由丹尼尔·弗勒施尔在年久变色的羊皮纸上运用混合技法进行绘制，藏于鲁道夫二世博物馆（1601—1610）

图140 两只犀牛角,由迪尔克·德夸德·范拉费斯泰因在年久变色的羊皮纸上运用混合技法创作,藏于鲁道夫二世博物馆

图141 带有金丝饰品、红宝石和珍珠的非洲犀牛角

第6章 鲁道夫二世在布拉格的珍奇馆

  关于自然与艺术的融合,一个极好的例子就是存放在维也纳的一件带有盖子的犀牛角杯(图2)。[78] 正如在引言中讨论过的,这件容器据信是出自尼科劳斯·普法夫(Nikolaus Pfaff)之手,他是皇家木雕匠和宫廷细木工,而且还是一个默默无闻的金匠。杯子和杯柄是用非洲白犀牛角制成的,表面覆盖着垂直排列的珊瑚枝和许多昆虫及其他动物,这些都是在同一个犀牛角雕刻成的。犀牛角和珊瑚被认为具有辟邪功能,这可能与处在生命最后一年的鲁道夫二世有关。杯盖的把手是用疣猪獠牙做成的,但在藏品清单中獠牙被写成蛇(或龙)角。獠牙被镶嵌在一个镀金的怪兽头上,它的前面有巨大的吓人的牙齿,而后面还有一张更凝重的面孔。它的嘴里用一颗已经石化的鲨鱼牙齿当作舌头。盖子和基座的表面到处装饰着浇注的银质昆虫、两栖动物、爬行动物和甲壳

201

类动物。这些异域的天然物品在结合了艺术家的想象力之后变得更加奇妙。

1602年，普法夫和宫廷金匠安东·施韦因伯格（Anton Schweinberger）一同将半个塞舌尔坚果制成了一个大口水壶（图142）。[79] 坚果的表面有4块浅浮雕，表现的是特里同（Tritons）、涅瑞伊德（Nereid）和众多海神的画面。两个男性美人鱼形成了部分银镀金的基座。配有人类头部的带装饰的把手与精美装饰的壶嘴以及中间的赫尔墨斯（Herms）头像形成呼应。骑在海马上的海神尼普顿，在波涛间奔驰，身上的斗篷被风高高吹起。这些在西印度洋塞舌尔群岛上发现的坚果被当作海中树木的种子，因此将它装饰成配有尼普顿和其他海神形象的可以注水的容器确实恰到好处。

1600~1606年，荷兰金匠扬·维尔梅寅（Jan Vermeyen）一直活跃在布拉格，他在1602年为鲁道夫二世制作了精美奢华的皇冠，[80] 这是为庆祝鲁道夫二世获得神圣罗马帝国皇帝以及匈牙利和波希米亚国王的称号而特别制作的。目前尚无法确认该皇冠是否收藏在珍奇馆里。这几年间，维尔梅寅制作了一只令人惊叹的盖杯。杯子是用一段独角鲸的牙制成的，维尔梅寅在上面添加了一个基座、一个盖子和蛇形金制手柄，并施以醒目的彩色珐琅，[81]

图142 塞舌尔坚果制成的大口水壶，由尼古劳斯·普法夫和安东·施韦因伯格于1602年制成

见图143。4只扭转了尾巴的海豚支撑着基座，镶嵌着象牙的复杂带饰上点缀着36颗钻石、16颗红宝石，精美的珐琅彩植物和昆虫画装饰着基座和盖子。这种华美的装饰与鲸牙微妙、自然的材质和多样的色彩形成了鲜明对照。一个出自位米兰米塞罗尼工作室的双侧玛瑙浮雕头像安装在杯子的顶上。它的一侧是一个长着顺滑的红色头发的时髦女人的半身像，而另一侧是一对身穿传统服饰的男女。

鲁道夫二世的宫廷艺术家们非常努力，将产自波希米亚的半宝石（semi-precious）和水晶石加工成惹人注目的容器。1588年，鲁道夫二世聘用了奥塔维奥·米塞罗尼（Ottavio Miseroni），因为他在布拉格郊外建起了切割硬石的作坊。16世纪90年代的某个时候，这位来自米兰的大师和他的工作室利用一整块石头雕刻了一个精美的、浅棕色的、有红色条纹的玉髓水壶（图144）。[82]

图143 带盖的杯子，由扬·维尔梅寅在1600～1605年制作，主要材料为独角鲸的牙、金、珐琅、钻石、红宝石以及镶嵌玛瑙和象牙的双浮雕贝壳

图144 水壶，由奥塔维奥·米塞罗尼和工作室在1588～1600年和1608年制作，主要材质为玉髓和黄金

在壶嘴下，以浮雕形式刻画了一张将舌头调皮地伸出来的笑脸。水壶手柄做成了裸体女人的形状，并用容器侧面的蝙蝠的翅膀将其围住。1608年，宫廷金匠保卢斯·范·菲亚嫩（Paulus van Vianen）在壶的上面添加了金制的基座和盖子。基座展现了象征着四元素的朱庇特（Jupiter，代表火）、朱诺（Juno，代表空气）、普路同（Pluto，代表土）和安菲特里忒（Amphitrite，代表水），他们斜靠在一起，分别被山羊头（黄道带的摩羯座）隔开。涅瑞伊德站在盖子上，手持一条连接着龙颈部的细链。可能是因龙头破损才让保卢斯参与这个水壶的制作工作中。

和大多数同辈人一样，鲁道夫二世从奥格斯堡和纽伦堡的宫廷艺术家和大师们那里订购了精美的镀金制品。他的父亲——马克西米利安二世在1570年来到纽伦堡时，从纽伦堡市议会那里得到了文策尔·雅姆尼策制作的写字柜。他很了解雅姆尼策，并收藏了他制作的几件作品。1568年，马克西米利安二世订购了一个雄伟的桌式机械喷泉（长3～3.5米，宽1.5米），这是艺术家用银和青铜制成的。可惜的是，这个复杂的、有多层装饰、象征着皇家的器物，只有基座上代表四季的青铜镀金小雕像（图145）留存下来。这是按照雅姆尼策的设计，由他的合作者约翰·格雷戈尔·范·德尔·沙尔特（Johan Gregor van der Schardt）制作的。[83]雅姆尼策只是在马克西米利安二世去世两年后的1578年夏天才完成了该作品。当他将喷泉送到布拉格时，鲁道夫二世非常惊讶，立即聘任70岁的雅姆尼策为宫廷金匠，年薪80莱茵金币。[84]在1607—1611年的藏品清单中，这件喷泉及其外罩装满了

图145 青铜镀金雕像谷神刻瑞斯，1569～1578年由文策尔·雅姆尼策设计，约翰·格雷戈尔·范·德尔·沙尔特完成制作

18个盒子。[85]1619年清点时该喷泉还登记在册，1629年被运到维也纳，并从1640年起记录在库房。除了这几个女像柱，喷泉的其余部分（由贵重的白银制成）在1747—1750年被融化了。弗勒施尔的藏品登记中还有其他9个关于雅姆尼策的目录。[86]

克里斯多夫·雅姆尼策（Christoph Jamnitzer）是文策尔的孙子，他在1601—1602年为鲁道夫二世创作了名为"凯旋"的盆和大口水壶（图146、图147）。[87]这一创作显然是迎合鲁道夫二世的人文主义爱好，依据弗朗西斯科·皮特拉克在1374年创作的系列诗歌（*I Trionf*）所展现的7个凯旋队伍行进时的场景。盆里装饰着"爱情的凯旋"——阿穆尔（Amour）站在双轮战车上，拖着被捆绑的朱庇特。前面突出的位置上是7个被迷住的统治者——尤利乌斯·凯撒、奥古斯都、尼禄、查理曼大帝、君士坦丁大帝、菲利普二世和鲁道夫二世。盆边的装饰有拟人化的黄金、白银、青铜和铁器时代，以及几个神话场景。盆边还贴着亚洲、美洲、欧洲和非洲的小图形。大口水壶的手柄上有两个萨堤，容器的基座上展示的是"永生的凯旋"，还有"美惠三女神"（Three Graces）和经典的诸神。"贞洁、死亡、名誉和时间的凯旋"在壶体上顺时针排列。其中，"名誉的凯旋"的双轮战车由两头大象牵引着，后面以纽伦堡的天际轮廓线为背景。站在双轮战车旁边的是著名的艺术家和作家，从左至右的肖像分别是拉斐尔、彼得罗·本博（Pietro Bembo）、詹博洛尼亚、彼特拉克、米开朗琪罗、丢勒、汉斯·冯·亚琛

图146 "凯旋"的盆，由克里斯多夫·雅姆尼策在1601～1602年制作，主要材质为银镀金和珐琅

图 147 "凯旋"大口水壶,由克里斯多夫·雅姆尼策在 1601～1602 年制作,主要材质为银镀金和珐琅

(Hans von Aachen)、文策尔·雅姆尼策和老约翰·诺伊德费尔(Johann Neudörfer the Elder)在交谈。"时间的凯旋"包含查理曼大帝和查理五世,并以鲁道夫二世结束。"永生的凯旋"是以维纳斯·考伊勒斯提斯(Venus Coelestis)骑在一只歇息在壶塞上的天鹅的形式表现的。这个复杂的构图颂扬了鲁道夫二世,里面充满了数字象征和其他晦涩的暗指,可能早已被布拉格宫廷的某个人设计出来,并经艺术家加工修改,特别用在纽伦堡庆典这样的场合。

如同犀牛角杯、塞舌尔坚果壶和碧玉壶一样,"凯旋"盆和大口水壶都可以当成实用容器使用。然而值得怀疑的是,除了作为彰显鲁道夫二世的财富和美学品位外,它们并没别的用途,令人艳羡的只是其高昂的成本,以及稀有和精湛的工艺。不过,至少在鲁道夫二世生命的最后几年,当弗勒施尔整理藏品清单时,这几件物品一直保存在珍奇馆的盒子里。这些宝贝是否拿出来装饰宴会的餐桌或餐橱呢?或者,它们从一开始就是为了供皇帝个人欣赏的呢?

同样的问题也适用于鲁道夫二世收藏的自动装置和钟表。他至少拥有 25 个自动装置。[88] 汉斯·施洛特海姆于 1585 年在奥格斯堡制作的自行船(图 148)可以在一张展柜上转动,上紧发条后,装置被激活,然后播放音乐,表演结束时,船上的大炮一起轰鸣。[89] 船上有 3 个可以运转的音乐部,当其中之一表演时,甲板上的乐师开始击打半球形铜鼓,并扬起长号向坐在包厢里的鲁道夫二世的小雕像致敬。皇家的双头鹰绘在长号上悬挂的旗子上,而两个高高的桅杆顶端的旗子上的双头鹰更加醒目。尼普顿、萨拉西亚(Salacia)和不同姿态的特里同和涅瑞伊德装饰着船帆。除了娱乐功效,该

第 6 章　鲁道夫二世在布拉格的珍奇馆

图 148　自行船，由汉斯·施洛特海姆（Hans Schlottheim）于 1585 年制作，主要材质为铁、银镀金、黄铜、珐琅和油画

船还颂扬了鲁道夫二世及其强大帝国。船上的铭文这样写道：

> 时值1585年，我被称作双鹰。我在所有王公贵族中声名显赫。我拥有强大的力量，正在扬帆远航，没有什么风浪可以伤害到我。实话告诉你们这些水手，你们无法战胜我。没有什么风暴可以阻止我出航，我将反击任何对我心怀不轨的人，绝不吝惜炮弹。[90]

这艘船很可能是1582年鲁道夫二世在参加奥格斯堡的宫廷宴会时订购的。[91]

施洛特海姆与奥格斯堡的金匠——很可能是西尔维斯特二世·埃伯林（Sylvester II Eberlin）合作，在大约120年后制作了自动装置《酒神巴克斯的凯旋》（图149）。[92] 施洛特海姆制作了八音盒，其发条也驱动着华丽的四轮马车前行。巴克斯坐在一只山羊上，将头部挪开可以当作杯子使用。上紧发条后，巴克斯的手臂扬起，他的鹦鹉会扇动起翅膀，将鼓风袋里的空气吹入装置中。两个头部或手臂可以移动的呈半人半羊状的农牧神会走出来拖拽马车。

鲁道夫二世有各种不同形状的钟表。1602年前，从黑森林地区移居布拉格的迈克尔·施内贝格尔（Michael Schneeberger）将自己的名字和1606年这个年份刻在一个小而精美的桌钟（图150）上，该钟现存于维也纳。[93] 这是他与皇家金匠扬·维尔梅寅合作的结晶。其机械装置包括发条和整点及一刻钟鸣响报时装置，被安装在水晶石制成的圆柱形罩子里。参观者因此可以欣赏里面复杂而精致的工艺，不啻为

图149　自动装置《酒神巴克斯的凯旋》，由汉斯·施洛特海姆（制作八音盒）和西尔维斯特二世·埃伯林（推测）在1602～1606年制作，主要材质为银镀金、铜合金和铁

图 150　桌钟，由迈克尔·施内贝格尔和扬·维尔梅寅于 1606 年制作，主要材质为铜镀金、水晶石、黄金、珐琅、石榴石、铜合金和铁

一项艺术杰作。坐落在水晶罩下面的钟面标有分钟和小时。一个放置在时针上面的小球显示了月亮的运行和位相。维尔梅寅设计的基座放置在 4 个带翅膀的生物上。整座钟是由铜镀金、黄金以及半透明的珐琅彩动物、鸟类和花卉组成的带状装饰制成。4 条镶嵌着石榴石的带子环绕着钟表。

还有一个箱子，里面存放着 33 件由马丁·肖恩高尔（Martin Schongauer）、阿尔布雷希特·丢勒、埃吉迪乌斯二世·萨德勒制作的铜质雕刻原版，他们和其他一些人都为鲁道夫二世和科内利斯王朝（Cornelis Cort）服务。[94] 现已丢失的丢勒制作的 15 件印版包括他的《圣尤斯塔斯》（*St Eustace*，约 1501）、《亚当和夏娃》（1504）、《勇士、死神和魔鬼》（*Knight, Death, and the Devil*，1513），以及红衣主教阿尔布雷希特·冯·勃兰登堡（Albrecht von Brandenburg）的肖像（1523）和德西迪里厄斯·伊拉斯谟的肖像（1526），它们中的大部分都是从纽伦堡商人和收藏家威利鲍尔德·伊姆霍夫（卒于

1580年）的遗产中购买的。[95]

参观者

布拉格的珍奇馆主要是为了满足鲁道夫二世个人使用。至于其他什么人被允许进入参观，这方面的信息几乎没有。[96] 不过，他偶尔的确会允许显贵人物和外交官进入珍奇馆。1593年，鲁道夫二世亲自陪同来访的马克西米利安一世（未来的公爵和后来的巴伐利亚选帝侯）参观了他的藏品。[97] 当时，他的藏品还收藏在南翼，因为无论是西班牙厅还是珍奇馆的房间都还没有准备好。所以，我们不清楚马克西米利安一世到底看到了些什么。1601年9月，鲁道夫二世告诉威尼斯大使皮耶罗·杜奥多（Piero Duodo），他将看到最珍贵的藏品并浏览部分在建的陈列室。1604年8月23日，红衣主教亚历山德罗·德斯特在写给他的兄弟切萨雷·德斯特公爵的信中进行了最详细的描述。鲁道夫二世亲自向他展示了"他最复杂和贵重的藏品，以及部分绘画作品，其数量和品质令人惊叹。除了各式各样用贵重宝石制成的花瓶，还有雕像、钟表……他拥有这些宝藏，的确物有所值"。[98]

1604年，鲁道夫二世的弟弟——奥地利大公马克西米利安三世（日耳曼骑士团的大头领和蒂罗尔的摄政王）参观了珍奇馆。[99] 萨伏依王朝的特使卡洛·弗朗西斯科·曼弗雷迪迪·卢塞纳（Carlo Francesco Manfredidi Luserna）注意到，通常情况下，大使们会被给予参观鲁道夫二世藏品的特权，但他们的参观线路并不一定包含珍奇馆。1605年2月2日，帝国顾问菲利普·朗格（Philip Lang）陪同卢塞纳浏览了皇帝的画廊。[100] 后来，他还参观了马厩上面的其他房间，那里摆放着由珍稀材料制成的容器、砺石做成的展柜和皇冠，以及独角兽角和刻着基督名字的玛瑙盘（图137）。1607年7月，萨克森选帝侯克里斯蒂安二世来访时，他与鲁道夫二世唯一一次私下会晤就发生在他们一起浏览马厩和藏品（包括珍奇馆）以及交换纪念品的时候。[101]

毫无疑问，其他权贵也参观过这里的珍奇馆，但相比慕尼黑、德累斯顿和安布拉斯城堡的珍奇馆，进入这里参观的机会很少，因为只有鲁道夫二世皇帝本人决定谁可以进入参观。鲁道夫二世的一些宫廷艺术家被允许在珍奇馆里研究藏品。首席宫廷画师巴托洛梅乌斯·施普兰格尔（1581～1611年任职）在赫拉德斯琴皇宫里有自己的工作室。据说，鲁道夫二世喜欢和他交谈，同时也很欣赏他的画作。为了参观珍奇馆，有人会寻求施普兰格尔的帮助，[102]这在记载中至少有两个例证。1584年，他陪同汉斯·乌尔里·克拉夫特（Hans Ulrich Krafft）——一位杰出的乌尔姆商人和艺术收藏家浏览了珍奇馆。根据克拉夫特旅行随从的说法，许多贵族和绅士没有获取这种特权。1597年，法国文学者雅克·埃斯普林查德游历布拉格时，随身揣着一封写给施普兰格尔和汉斯·冯·亚琛的推荐信。1612年，在鲁道夫二世和施普兰格尔死后，瑞士联邦的律师、历史学家梅尔基奥尔·戈尔达斯特（Melchior Goldast）参观了珍奇馆。

藏品的命运

在鲁道夫二世生命的最后几年，他的权力和政治权威逐渐减退，尽管如此，他的收藏仍在继续增加。1605—1606年，他从斐迪南二世大公的儿子卡尔（Karl，即布尔高侯爵）那里花费17万金币购得安布拉斯城堡及相应藏品。[103]正如在第4章提及的，鲁道夫二世并没有刻意将他在布拉格、维也纳和因斯布鲁克的不同收藏整合起来。在1612年成为皇帝后不久，马蒂亚斯选择维也纳而不是布拉格作为自己的首都。他催促自己的兄弟们建立一个中心珍奇馆和宝库以提升奥地利哈布斯堡王朝的名声。[104]1621年和1635年，皇帝斐迪南二世准备确认长子继承权，依据该项权利，哈布斯堡的宝藏和收藏都将传给最年长的儿子。

鲁道夫二世一直希望自己的收藏（包括珍奇馆）保持完整，但在他死后的几个月里就开始拆分了。[105]拆分的主要原因包括：鲁道夫二世留下的大量债务；马蒂亚斯对财产有自己的想法；继承遗产的索求（特别是他的弟弟马克西米利安三世和阿尔布雷希特）；以及藏品的知名度等。鲁道夫二世死于1612年1月20日。马蒂亚斯立即下令将布拉格皇宫里的藏品封存起来，并确保相关管理人员及档案的安全。他独自一人徘徊于每个房间里，以便更细致地了解里面的藏品。威尼斯大使希罗尼莫·索兰佐（Hieronymo

Soranzo）在 1612 年 3 月 5 日报道说，皇宫各处的藏品都被装载到货车上准备运往维也纳。[106]许多最珍贵的藏品被从收藏目录中挑选出来，然后转移出去，其中包括老彼得·布吕格尔、丢勒、廷托雷托（Tintoretto）和韦罗内塞（Veronese）的绘画。除了绘画，1607—1611 年的藏品清单里登记的数量是 1621 年的两倍。[107]马蒂亚斯将维也纳当时的珍奇馆变成了一个宝库。许多科学仪器和钱币收藏被转送至霍夫堡的图书馆。但是，马蒂亚斯在布拉格还是保留了藏品的大部分，因为那里是他的一个最重要行宫。

马蒂亚斯去世后，波希米亚地产商就开始发出威胁，要变卖部分藏品为那些与哈布斯堡王朝发生争执的雇用兵提供资金。1619 年 11 月 4 日，巴拉丁选帝侯腓特烈加冕为波希米亚国王，但他在布拉格城外的白山之战中被击败，他在国王的位子上仅待了一年。巴伐利亚的马克西米利安一世在 1593 年曾对鲁道夫二世进行了友好访问。但是，他作为战胜腓特烈及其联军的皇家军队统帅，据说从赫拉德斯琴皇宫和其他贵族的居所里运出的艺术品和战利品装满了 1500 辆四轮马车（包括 6 吨黄金），它们都被运往慕尼黑。[108]这个数量显然有些夸大，但是，确实有很多藏品被转移走。在重新夺取布拉格控制权后不久，斐迪南二世下令变卖了部分绘画藏品，将珍奇馆里收藏的用珍贵宝石制成的容器送给了利奥波德·威廉（Leopold Wilhelm）大公，将织物和书籍赠送给耶稣会和当地修道院，将其他藏品赠给了自己的支持者们。

在三十年战争期间，萨克森的军队在 1631 年 11 月 15 日—1632 年 5 月 25 日占领了皇宫。萨克森选帝侯约翰·格奥尔格一世在 11 月 20 日进入布拉格，他很快下令将装满超过 50 辆四轮马车的珍宝运至德累斯顿。[109]最大的损失发生在 1648 年，当时瑞典军队洗劫了布拉格。[110]1639 年和 1642 年，当时瑞典军队尚未占领布拉格，狄奥尼修·米塞罗尼（从 1634 年起担任藏品主管）和卡尔·汉斯·赫尼西（Karl Hans Hönig，皇宫日常管理负责人）转移和隐藏了一些最有价值的藏品。许多藏品随后又回到了珍奇馆，但由于缺少适用的藏品清单，它们并不一定都被摆放在原来的柜子和展柜上。1648 年 7 月 26 日，瑞典将军汉斯·克里斯多夫·冯·克尼西斯马克（Hans Christoph von Königsmarck）攻占了赫拉德斯琴皇宫，瑞典女王克里斯蒂娜

（1632～1654年在位）命令他在10月24日签署结束战争的《威斯特伐利亚条约》（Treaty of Westphalia）之前，抓紧掠夺书籍、珍宝和其他艺术品。米塞罗尼在面对酷刑胁迫下交出了珍奇馆的钥匙和他最新制作的藏品清单。许多珍贵的藏品被装在5艘船上沿着易北河顺流而下，并暂存在位于梅克伦堡（Mecklenburg）的德米茨（Dömitz）堡垒里以度过维斯马（Wismar）的冬季。1649年5月，这批战利品最终运抵斯德哥尔摩的皇宫。[111] 珍奇馆收藏的由詹博洛尼亚、莱昂尼和阿德里安·德弗里斯制作的青铜作品，包括鲁道夫二世大型半身像（图129）也在这批战利品中。瑞典军队留下了一些珍奇馆的藏品，包括天文仪器、动物和矿物收藏以及象牙和蜡制品等，很显然，这些物品是被米塞罗尼隐藏起来的。

维也纳和布拉格的皇家收藏风格发生了变化。1640～1642年，神圣罗马皇帝斐迪南三世在维也纳霍夫堡皇宫里分别为相互毗邻的世俗宝库和基督教会宝库修建了新的陈列室。[112] 陈列室长62步，宽17步（1步约为0.5米，编者注），一些曾在布拉格珍奇馆里的藏品出现在这些房间里。在皇帝利奥波德一世（1658～1705年在位）的长期统治期间，宝库里增添了不少新的陈列柜。根据1659～1677年的详细清单的记载，世俗宝库的陈列品仍遵循着制作材料一致性的原则，这和早期的安布拉斯城堡如出一辙。13个很高的展柜摆放在窗户对面的拱门下，从左至右，前两个展柜里陈列着象牙，随后两个摆放着钟表和自动装置，紧随其后的4个展柜里是银制品、多彩浮雕宝石、黄金（包括装饰宝石的土耳其武器），再随后的两个展柜存放宝石，还有两个摆放了水晶石制品，最后一个展柜里是鲁道夫二世的皇冠（1602）和马蒂亚斯订购的皇家徽章。靠着一段短墙的宽展柜陈列着在土耳其战争中缴获的战利品和礼物。镶嵌着美丽图案的佛罗伦萨桌子沿着紧靠窗户的墙摆放。有一张桌子上只放着用红色天鹅绒系着的藏品清单；有一些桌子上面摆放着陈列柜，里面是"微型蜡浮雕和小雕像、用来自'新世界'的羽毛制成的画、土耳其礼品、毒蛇舌头、结石、琥珀块和珊瑚雕像等"；[113] 还有一些桌子上陈列着棋盘、丢勒制作的雕塑、格奥尔格·施韦格尔（Georg Schweigger）于1655年制作的斐迪南三世半身青铜像；有一个箱子里保存通往皇帝墓的钥匙，该墓葬建在维也纳的嘉布遣会修道院（Capuchin monastery）。最后一个桌子上陈列的是哈布斯堡王朝末期收藏的、不可转让的古董玛瑙碗（图137）。这里有各种珍奇物品，包括独角鲸的角和一只据说来自所罗门神殿的碗或杯子；靠窗的墙上挂着绘画作品。世俗宝库包括两个新增的房间，大小约为32.5平方米，里面展出了许多从安布拉斯城堡带来的藏品和绘画，尤其是鲁道夫二世在1600年购买的由丢勒创作的《万人殉道者》（Martyrdom of the Ten Thousand）。[114]

圣盒、礼拜仪式上使用的容器、织物、耶稣受难像和其他用于祈祷的作品摆在毗邻的基督教会宝库里，非常引人注目。然而，与传统的珍奇馆不同，宝库里并没有自然、奇珍和科学类藏品。当然，哈布斯堡王朝首先追求的是宏伟或富丽堂皇。分开保存的教会宝藏显示了王朝的天主教信仰和教会在其王朝领地上的宗教权威。

鉴于当时的形势，身为皇后、波希米亚女王（1743～1780年在位）的玛利亚·特雷莎（Maria Theresa）关闭了布拉格的珍奇馆和陈列室。1782年，他的儿子约瑟夫（Joseph）拍卖了自己"不感兴趣和已经受损的东西"[115]。这些物品包括珍奇馆现存的一些物品，尤其是动物和地质标本。在当地两位教授的努力下，有一些藏品作为教学辅助材料留在了布拉格。

鲁道夫二世是个老练的鉴赏家，他积极与自己的宫廷艺术家们建立起了密切的联系。他也喜欢购买自己中意的作品。据说在1604年，当他收到一部詹博洛尼亚制作的浮雕《弗朗西斯科·德·美第奇大公的寓言》（Allegory of the Grand Duke Francescoide'Medici）时，他大喊道："它现在是我的了！"随后将其摆在可能是前部珍奇馆的一个展柜上面，并相应记录在1607～1611年藏品清单里。[116]鲁道夫二世的珍奇馆里的藏品只是皇宫大量收藏中的一部分，这些收藏彰显了神圣罗马帝国的富丽堂皇、哈布斯堡王朝的高贵，更为重要的是显示其本人的品位和广博的知识。如同前辈们一样，鲁道夫二世要把自己对统治的期望具体化。从现存的记录看，权贵们偶尔会得到一些简短、有限的参观机会，珍奇馆的外交功效更是次要的。诚然，这里是他的一个高度私密的个人空间。

痴迷于能工巧匠的手艺和大自然的巧夺天工，鲁道夫二世千方百计地收藏各种珍奇异物。展柜、箱子里和桌子上摆放着来自世界各地的奇珍异巧，为他个人的审美享受和探索知识提供了鲜活的一手资料。他的收藏，特别是那些存放在珍奇馆里的藏品，是一个欣赏世界的剧场，或者更确切地说，是个百科全书式的、世界性的博物馆。在这些拥挤的房间里收纳的藏品，其规模是空前的。[117] 鲁道夫二世喜爱各种神秘的象征和具有标志意义的绘画，阿钦博尔多或施普兰格尔的画作可以佐证这一点。他更多地是依靠朱庇特而不是基督来发现自己在宇宙中的位置。陪伴在他周围的是一些像第谷·布雷赫（Tycho Brahe）和约翰内斯·开普勒这样的欧洲顶尖科学家和其他一些拥有创造性思维的人士，但他依然迷信魔法，并热衷于炼金术。难道他把珍奇馆里的每个藏品看作是宏观世界中的小宇宙？也许，这一点可以从之前引述过的安塞尔默斯·德博特关于鲁道夫二世痴迷某一特色石头的评述中得到证实。从研究这些藏品中，他获得的知识是否能转化为更开明的统治或有助于他对继承的政治遗产进行更好的掌控呢？依据他个人的嗜好，鲁道夫二世很可能相信可以做到并努力实现这种可能性。然而，相关证据充其量是推测出来的。他似乎相信这个世界具有内在的规律性和统一性，就像他的生物和地质标本一样，可以被收集、分类、研究，并且从理论上说，可以应用于他的生活和统治中。看来，鲁道夫二世在自己的珍奇馆里度过了快乐时光。著名的鲁道夫二世研究专家埃莉什卡·富契科娃评论道："对皇帝本人来说，收藏活动一定是他持续不断的快乐源泉；那里是一个永远不会让他感到失败和沮丧的王国。"[118] 然而，在他死后，这些财富（包括隐藏在赫拉德斯琴皇宫高墙内的神秘藏品）最终突然被肢解和散失了。

第 6 章　鲁道夫二世在布拉格的珍奇馆

第 7 章
格拉茨、斯图加特和卡塞尔的珍奇馆

17世纪，奢华的私人珍奇馆在神圣罗马帝国及欧洲其他地区大量涌现。约阿希姆·冯桑德拉特在《德意志学院》（*Teutsche Academie*，1679）一书中用了一章专门把著名珍奇馆一一列出，也包括他自己的珍奇馆。[1] 本章将重温格拉茨、斯图加特和卡塞尔的珍奇馆的早期历史。这些珍奇馆的藏品当时很受参观者的欢迎，但没几件能幸存于世，或者无法明确追溯其早期历史。格拉茨的珍奇馆后来逐渐并入了规模更大的哈布斯堡的收藏宝库。斯图加特在1634年遭到神圣罗马帝国军队的劫掠，再加上卡塞尔的珍奇馆早期记载的缺失，我们很难一窥馆藏的详细内容。

格拉茨的宝藏与珍奇馆

1571年，巴伐利亚公爵阿尔布雷希特五世的女儿玛利亚嫁给了内奥地利（Inner Austria）大公卡尔二世（Karl Ⅱ，1564～1590年在位）。两人的婚礼分别在维也纳和格拉茨举行。婚后，除养育15个孩子，两人还在格拉茨（图151）的宫殿里收集了大量艺术珍品。[2] 玛利亚的父亲和兄长威廉五世（Wilhelm Ⅴ）创建了慕尼黑珍奇馆。毫不奇怪，玛利亚与他们有着共同的兴趣和爱好。与之相仿，卡尔二世是斐迪南一世（Ferdinand Ⅰ）的第三个儿子，他的父亲和两个哥哥——马克西米利安二世（Maximilian Ⅱ）和蒂罗尔的斐迪南二世（Ferdinand Ⅱ of Tyrol）创建了著名的珍奇馆。对玛利亚和卡尔二世来说，这种收藏习惯更多的是出于名望、家族传统和个人爱好。

图 151　铜版画《格拉茨全景图》，由劳伦茨·范·德西佩（Laurenz van de Sype）、文策斯劳斯·霍拉（Wenceslaus Hollar）于 17 世纪 30 年代创作

卡尔二世和玛利亚很熟悉当时一些重要的艺术珍奇馆和艺术收藏。[3] 1568—1569 年，卡尔二世拜访了西班牙国王菲利普二世国王（King Philip Ⅱ），而玛利亚于 1598 年陪女儿玛格丽特（Margarethe，1584—1611）前往西班牙与菲利普三世国王完婚。卡尔二世偕玛利亚到访各地，比如维也纳、布拉格和德累斯顿（1581 年和 1585 年）以及因斯布鲁克（1582 年和 1584 年）。玛利亚向威廉五世描述了自己参观了马克西米利安二世设在维也纳附近的埃伯斯多夫城堡（Schloss Eberstorf）珍奇馆的情况。从数年间来往的信件以及不时交换的珍品来看，玛利亚和威廉五世的关系特别亲近。[4]

哈布斯堡与威特尔斯巴赫（Wittelsbach）家族之间的亲缘关系对格拉茨珍奇馆的发展十分关键。卡尔二世和玛利亚收到了许多礼物，特别是来自西班牙、慕尼黑和布拉格宫廷的礼物。在卡尔二世和玛利亚的婚礼上，阿尔布雷希特五世大公送给这对夫妇各式各样来自亚洲的珍宝。[5] 西班牙国王菲利普二世和神圣罗马帝国皇帝鲁道夫二世在格拉茨给他们送来了漆器、瓷器和其他亚洲珍宝。[6] 卡尔二世和玛利亚还请帝国官员和机构搜集各种奇异珍宝。[7] 马德里的汉斯·克芬许勒提供了珠宝、宗教器物、书籍、绘画、丝绸，以及海外珍品，例如稀有的鹦鹉鸟喙、胃结石、琥珀、一个镶有黄金配饰的玳瑁壳，以及各种来自印度（很可能是美洲）的物件，甚至还有一

第 7 章　格拉茨、斯图加特和卡塞尔的珍奇馆

217

个穿着西班牙服饰的玩偶。[8] 1577 年，神圣罗马帝国在君士坦丁堡的代表达维德·翁格纳德（David Ungnad）送来了土耳其人用鱼骨制作的牙签和一个玳瑁壳。两年后，神圣罗马帝国派驻葡萄牙的官员格奥尔格·蒙特福特（Georg Montfort）运来了 3 对鹦鹉、24 把扇子、40 件瓷器、3 箱耳环和戒指、8 个金盒子以及 8 个黑玉制作的念珠。1581 年，教皇格列高利十三世赠给这对夫妇一枝金玫瑰，4 年后，教皇之前派驻格拉茨的代表格曼尼科·马拉斯皮纳（Germanico Malaspina）带来了两个用束缚圣彼得的链子制作的十字架。西班牙王后玛格丽特给母亲送去了大量贵重、稀有的礼物，其中包括来自西班牙的宗教圣物。玛利亚在 1600 年收到的半个犀牛角是菲利普二世（卒于 1598 年）的遗产，3 年后，她还分得 8 颗胃结石，其中有 2 个安装了昂贵的托架。[9]

　　卡尔二世于 1590 年去世。在他死后编撰的遗产清单中标出了这些收藏的位置，它们被放在连接城堡到宫廷教堂的高架廊道的上层，位于蚀刻画对面右侧的墙内，分别标上 O 和 A 字样。有人在 1572 年对长屋（Langer Saal）做了描述，其长度可达成年男人的 90 步左右。[10] 整个空间被分成连在一起的 8 个房间，分别是宗教宝库、隔间、下屋、艺术馆、书房、夏屋和另外两个房间。虽然被称作"艺术馆"，但主要展示绘画、雕刻和武器等，集中在长屋的藏品构成了艺术珍藏馆的主要内容。

　　1590 年的清单记录了长屋里大约 500 件藏品，后来，在 1668 年编撰的详细清单中这一数字飙升至 2000 件以上。[11] 在玛利亚的努力下，馆内藏品增加了许多。1619 年，卡尔二世和玛利亚之子斐迪南二世登基成为神圣罗马帝国皇帝，随后他移驾维也纳，格拉茨不再是皇家主要驻跸地。斐迪南二世把各种藏品转移到了他的新首都。格拉茨的珍奇馆后来没增添新藏品。

　　正如两份清单标明的那样，藏品分布于长屋的不同房间。[12] 这些藏品大体上按类型和功能进行布置，然而相较于安布拉斯城堡和德累斯顿的宫殿，这里的安排并没那么精准（也许分类者对藏品的理解还不到位）。宗教宝库里放着 6 个大柜子，标识分别是 A 至 F，另外还有几个小箱子。A 柜里装着大约 100 件带有金饰的工艺品，其中有些材料是碧玉、水晶、玳瑁壳和象牙，另外还有许多《玫瑰经》和《羔羊经》(Agnus Dei)。B 柜里是一些银质宗教神像和浮雕。C 柜装有文物和宗教圣物，包括一件教皇赠送的圣塞西莉亚（St Cecilia）纪念物，以及其他来自西班牙和葡萄牙的礼物。D 柜里都是些礼仪器皿和宗教画像。E 柜和 F 柜里盛放着礼拜仪式上用的织物，另外还有 10 件土耳其挂毯。此外，F 柜里还有一幅戴荆冠的耶稣半身羽毛像，柜子附近挂着一个用孔雀羽毛制作的翼形圣坛，展现的是圣母、圣子与施洗者约翰和凯瑟琳在一起的情景。这些美洲新世界的作品来自西班牙。房间的墙面和箱子的外表面装饰着很多宗教绘画和雕刻，其中有两个箱子里面还装着古代钱币。

隔间里有更多外国物品，包括土耳其纸，一个装满土耳其珍品的架子，一个外框装饰着象牙、珍珠母和玳瑁壳的十面镜、棋盘、书写用具和玛格丽特王后在 1600 年 4 月送给玛利亚的墨西哥陶瓷制品。下屋的 4 个大箱子里装着宗教仪式上使用的织物，一个细高的柜子装着 4 个自动木偶（玩偶），其中包括一个裸体女人和一个圣子。和艺术馆一样，房间的墙上布满了绘画和印制的作品。夏屋展示的是武器、狩猎工具和乐器，其中有一台小风琴。

另外两个房间其中之一的物品种类远超其他房间。里面收藏的自然类藏品有海胆、形成一个洞穴的贝壳、红珊瑚、一个河马牙齿、一个海象牙齿、一个海豚舌头、一只极乐鸟、一只印度大乌鸦、几个鸟喙、几个野猪獠牙和一副巨型动物骨骼；外国器物中有许多土耳其物品，例如衣服、书写用工具、碗、勺子、小刀、一个黄铜酒瓶、木制或象牙制作的牙签，以及几把马来西亚棕榈枝扇子、印度漆器和珍珠母制品。玛利亚·克里斯蒂娜（Maria Christina，1574—1621）是玛利亚的另一个女儿，于 1597 年嫁给特兰西瓦尼亚（Transylvania）公爵之子西格蒙德·巴托里（Sigmund Báthory，1572—1613），玛利亚曾陪同女儿前往魏森堡（Weissenburg，今属罗马尼亚的特兰西瓦尼亚）完婚。在收藏的一些土耳其物品中，有些就是这个女儿送来的，也可能是她在 1599 年离婚时带回家的。[13]

这个房间有几件来自新世界的异教崇拜物，很可能是通过西班牙传来的。其中的一件是 16 世纪早期的米斯特克人（Mixtec）的木制雕像（图

图 152 米斯特克人的木制雕像"火与闪电之神",发现于15世纪,镶嵌着蜗牛壳、绿松石和金、银

152)。雕像上长有两个角和獠牙,可能是火与闪电之神(Xolotl),现在收藏于维也纳世界博物馆(Welt museum)。[14] 这种神像的外观在欧洲人看来多少有些异样,活像个魔鬼。还有一个圆形棋盒,上面配有能转动的用象牙制作的物件,据说是玛利亚的兄弟——巴伐利亚的威廉五世制作的。此外,还有几个条文大理石塑像,其中最引人注目的是福耳图娜神雕像。其他物品包括几尊蜡像、10个可转动的带木制嵌套的杯子,另外还有教皇赠送的代表公正的两把宝剑。

最后一个房间被称作"下一个房间"(following room),这里曾一度放置绘画和印刷品,还保存着城堡收藏的科学物品,有大量数学和光学仪器,可能还有玛利亚分别于1584年和1592年在奥格斯堡获得的两座钟表。[15] 房间里还有几件木制模型,其中一个是格拉茨城的模型,还有一个装着小动物的箱子,里面的小动物栩栩如生,此外还有几件玛瑙制品,以及斯太尔(Steyerian)公爵帽。

这个房间里的绘画珍品有《马克西米利安一世凯旋图》。这幅画以水彩和水粉为颜料,画在109张羊皮纸上,是阿尔布雷希特·阿尔特多费在1512—1515年绘制的,[16] 见图153。如果把这些羊皮纸边对边地排开,整幅作品长达100多米。卡尔二世在1564年通过继承遗产成了这幅画的主人。画中的细节为我们展现了装载于5辆骡车的物品,其中包括皇帝日常使用的镀银器皿,以及装满硬币、宝石和其他贵重物品的箱子。[17] 旁边有挥舞着枪、矛和戟的士兵随行护卫。此外,卡尔二世和玛利亚还拥有与之相关的木刻母版和一份拓印品(1526)。[18]

尽管斐迪南二世向维也纳转移了许多东西,但长屋的收藏在1668年时

图153 水彩、水粉画《马克西米利安一世凯旋图》(*Triumphal Procession of Emperor Maximilian I*)中宝物运输的场景，由阿尔布雷希特·阿尔特多费绘制

仍相对完整。从清单编撰人员的描述中可以看出有些藏品的状况堪忧。尽管如此，这些珍品仍给人留下了深刻印象——耶稣会信徒约翰内斯·马赫尔（Johannes Macher）在1700年宣称，"你将深信，世界就在这座珍宝阁里，因为里面有来自许多民族的珍奇异物"。[19] 1632年，一位名叫马丁·采勒的来访者被拒之门外，他非常失望。[20] 于是，他只能透过窗户往里看。他在事后描述道，这座珍宝阁很大，而且里面也很宽敞。由于用于宗教仪式的服饰被转至其他地方，珍宝阁的物品在1748年加速流失。7年后，117件宗教纪念物和圣物被送给了格拉茨的耶稣会信徒和乌尔苏拉会（Ursulines）修女，以及圣兰姆布莱希特（St Lambrecht）本笃会。根据法国王后玛丽·特蕾莎（Maria Theresa）的懿旨，剩余的大部分物品，包括档案、226幅绘画和三分之一的宫廷教堂的图书在1725～1765年运往维也纳以充实哈布斯堡的收藏。大部分的科学类藏品在18世纪转移至施蒂夫莱因（Stift Rein），部分仪器今天保存在维也纳的艺术史博物馆，武器类藏品则被送到格拉茨军械库。

相较于同时代的其他珍奇馆，格拉茨的收藏主要集中在宗教肖像、雕像和相关器物方面。玛利亚坚定的天主教信仰促使她热衷于搜寻各种圣物，进而塑造了珍奇馆的特色。她的两个女儿后来成了修女，其中包括离婚后的玛利亚·克里斯蒂娜；她的小儿子卡尔是布雷斯劳（Breslau，今称弗罗茨瓦夫）、布里克森（Brixen，今称布雷萨诺内）的主教（1608～1624年在位），而且成了条顿骑士团（Teutonic Knights）的首领（1618—1624）。存放在长屋的用于礼拜仪式上的宗教织物和大量私人物品是否会借给神父用于布道和其他宗教仪式呢？如果回答是肯定的，格拉茨珍奇馆的特点及在藏品使用方面，相对于其他珍奇馆更具多重性。

斯图加特的珍奇馆

1596年，天文学家约翰内斯·开普勒谈及符腾堡公爵弗里德里希一世（FriedrichⅠ，1593～1608年在位）时，称他"对自己的珍奇馆尤其在意"[21]。这位天文学家对一件"机器装置"情有独钟，这是一件配有科学仪器的茶杯，上面镶嵌了标注着7颗行星的宝石。这件珍品可能出自斯图加特著名金匠老卡尔·塞克勒（Carl Seckler the Elder）之手，但和其他许多来自斯图加特的第一批收藏品一样，这件珍品也未保存下来。弗里德里希一世及其儿子约翰·弗里德里希（Johann Friedrich，1608～1628年在位）搜集的奇珍异宝在讷德林根（Nördlingen）战役后的几个星期里被获胜的神圣罗马帝国的军队洗劫一空。[22]因此，斯图加特珍奇馆的相关情况主要来自收藏品清单、支付和礼品记录、旅行纪要及其他文献。[23]

与其他贵族一样，弗里德里希一世从先辈们那里继承了财产，特别是从热衷于古玩、钱币和珍奇物品的克里斯托夫（Christoph）公爵（1550～1568年在位）和没有子嗣却对家谱和肖像画感兴趣的叔叔路德维希三世（LudwigⅢ，1568～1593年在位）那里继承了许多遗产。[24]西蒙·斯图迪昂（Simon Studion）是一位学者，他在马尔巴赫（Marbach）附近发掘出不少罗马时期的雕像和石匾。弗里德里希一世将这些文物安放在宫廷花园里。珍奇馆的3个陈列室位于娱乐花园（图154）对面斯图加特宫的圆塔里面。布置在这3个房间的珍奇物品中，有许多与弗里德里希一世周游列国的经历有关。1580年，23岁的弗里德里希一世游历了德意志、奥地利、匈牙利、波希米亚、西里西亚和丹麦，到访了慕尼黑、布拉格、德累斯顿、吕贝克、科灵、汉堡、德绍、布雷斯劳、奥尔米茨、伯拉第斯拉瓦、维也纳和林茨等地。[25]通过这次旅行，弗里德里希一世与其他贵族以及若干主要商业城市的精英人物建立起了联系，因此这是一次既务实又颇具政治意义的旅行。一路走来，他仔细

图154 马特乌斯·梅里安（Matthäus Merian）的作品《斯图加特的公爵娱乐花园》

观摩和研究了教堂、宫殿和城堡等建筑。1586年，弗里德里希一世和几位新教徒贵族前往巴黎，代表胡格诺教派向法王亨利三世（Henri Ⅲ，1574～1589年在位）陈情。

6年后，为寻求对纳瓦拉的亨利（Henri of Navarre）的支持，弗里德里希一世前往英格兰拜访了女王伊丽莎白一世（1558～1603年在位）。这位来自纳瓦拉的亨利后来成了法国国王亨利四世（1589～1610年在位）。[26] 返回途中，他在荷兰经停了几个城市，其中包括阿姆斯特丹北部的恩克赫伊曾（Enkhuizen），并在那儿拜访了伯纳德斯·帕卢丹努斯（Bernardus Paludanus，1550—1633）。帕卢丹努斯是一名收集并经营亚洲和美洲珍奇物品的商人，后来成了弗里德里希一世公爵的主要供应商。弗里德里希一世的最后一次旅行发生在1599年11月到次年5月，地点是意大利。他一路南行，途经了主要城市。[27] 佛罗伦萨的美第奇家族和曼图瓦的贡萨加家族的艺术、音乐和炼金术试验室给弗里德里希一世留下了非常深刻的印象。他在威尼斯逗留了很长一段时间，除了欣赏圣马可（St Mark）教堂外，还"收获了许多文物和艺术品"，并运回斯图加特。[28] 弗里德里希一世对艺术和建筑方面的兴趣可能是受到了与他同行的自家宫廷建筑师海因里希·席克哈特（Heinrich Schickhardt）的影响。席克哈特在这次旅行中绘制了大量图案，大约有130件保存了下来，其中包括著名的比萨斜塔。[29]

弗里德里希一世在人种志和天然地物方面的爱好源自他在1592年游览帕卢丹努斯的经历。[30] 作为他的秘书和旅行伙伴，雅各布·拉特格布（Jacob Rathgeb）详细记录了帕卢丹努斯珍奇馆的藏品情况。[31] 根据拉特格布的记录，数百件来自叙利亚、波斯、印度、土耳其和俄罗斯的各式服装包装好并运给弗里德里希一世。黑森－卡塞尔（Hessen-Kassel）的学者莫里茨四世（Moritz Ⅳ the Learned），也是帕卢丹努斯的客户。他利用1602年6月初的来访之机，连续3天仔细参观了弗里德里希一世的珍奇馆里的藏品。[32] 莫里茨四世是克里斯托夫公爵的女婿。卡斯帕·冯·维德马克特尔（Caspar von Widmarckter）中尉是这位伯爵领主的朋友，他描述了自己亲眼所见的一架由盲人制作的带有16个音域的风琴、弗里德里希一世的一对夭折儿女的蜡像、一个带有银饰的写字柜、一个大瓶子、一个很吸引人的大理石展柜、精美的印度服装和羽饰、一个上面附着钟表的大象雕像、一幅巨大的蜡像和许多其他艺术珍品。[33]

弗里德里希一世在1599年2月精心组织了一次为期数天的竞赛活动。魏玛古典艺术基金会（Graphische Sammlung der Klassik Stiftungr）里的一幅画用8种水彩再现了身着精致服装的参赛者的盛况（图155），此画曾被记录在斯图加特珍奇馆的藏品清单上。[34] 弗里德里希一世把自己打扮成美洲女王，要求随从穿上美洲印第安服饰。这幅水彩画表现的是4个身着特定服饰的随从抬着美洲女王，两个随从高举羽毛扇走在旁边，紧跟在后面的是3个手持盾牌的武士。这3个阿兹特克羽毛盾牌（图156）可以追溯到1520年前后，目前有两个仍保存在位于斯图加特的符腾堡州立博物馆（Landesmuseum Württemberg）里。[35] 这些就是所谓的葫芦盾牌，也许是商人之神的象征。[36] 这种盾牌通常由战功卓著的武士使用。

图155　扮成美洲女王的符腾堡公爵弗里德里希一世及随从，创作于1599年，使用褐色墨水绘制，以水彩、不透明色彩和黄金着色

其中一个木制圆形盾牌的正面用鲜艳的黄、红、绿和蓝色羽毛装点出曲折的阶梯和太阳的图案。通常，这种珍奇物品保存在珍奇馆中，但也会临时拿出来在宫廷盛会上使用，在安布拉斯城堡的珍奇馆也是如此。鉴于羽毛本身的脆弱性，羽毛制品很少能保留下来。所以，现在不能确定这两面盾牌被大公收藏的具体时间，但可以确定的购买时间是在1598~1599年。1605年，约

图156　阿兹特克羽盾，可追溯到1520年前后

翰·弗里德里希曾送给父亲弗里德里希一世一件来自中国的新年礼物。[37]两年后，他将在荷兰得到的印第安物品送给了父亲。菲利普·海因霍夫在1616年参观珍奇馆时曾在该藏品上看到过"印第安珍藏"（Inndianische Wöhren）字样。[38]斯图加特宫廷在1634年的一份记录中记载了3个用孔雀和其他鸟类羽毛制作的盾牌。

海因霍夫对珍奇馆进行了详尽描述。[39]1616年2月，他第二次造访斯图加特，前去参加约翰·弗里德里希和勃兰登堡的芭芭拉·索菲亚（Barbara Sofia of Brandenburg）的第三个儿子弗里德里希（1615—1682）的洗礼仪式，他日后成了符腾堡-新施塔特（Württemberg-Neuenstadt）公爵。符腾堡宫廷顾问克里斯托夫·冯·莱明根（Christoph von Laimingen）与海因霍夫是老相识，两人共同在锡耶纳（Siena）度过了学生时代，他和一位不具名的管理员陪同海因霍夫参观了斯图加特的藏品。[40]在其冗长的记述中，海因霍夫列出了珍奇馆的3个房间里收藏的几十件物品。上述藏品的摆放看起来没什么明显顺序，因此，在记录一堆要么立着、要么悬挂起来的或者平放在那里的印第安物品时，他写道：这些东西在珍奇馆建好之前都是临时存放在那里的。[41]

从第一个房间开始，海因霍夫记录了两副印第安马具，碗，动物角，印第安器皿，一把匕首，喝水容器，蜗牛壳，贝壳，巨大的动物骨骸，一个完整的人头骨，鹿角，几块印第安珍贵木材，一张镶嵌着碧玉、玛瑙和青金石的硕大印第安写字台和一个用珊瑚和贝壳制成的很吸引人的岩洞。他看到了出自汉斯·舍格勒（Hans Schegler）之手的羽毛制品，一座由阿基莱斯·朗格布赫尔（Achilles Langerbucher）制作的浮雕景观，这也许是他使用机器制作的。两位大师在奥格斯堡地区很有名气。另外，他还在记述中提及曾见过的一个巨大龟壳、几个弯曲的象牙、一套意大利法兰陶器、一套镀金的意大利彩色陶器、一个海犀牛（传说中的动物）上颚、一个瞪羚角，另外还有一堆印第安器物。

第二个房间里有几张带有银饰的黑檀木展柜，桌上是几块土耳其绣毯，上面摆放着各种次等宝石、印度盘子、几件古董和一座音乐钟。著名雕塑家吉奥范尼·博洛尼亚（Giovanni Bologna）创作的《涅索斯劫持得伊阿尼拉》（*Nessus Abducting Deianira*）和一匹马的青铜器雕像，一件青铜马和其他一些小雕塑放置另一张展柜上。另外，还有大量用水晶和次等宝石制成的器皿、一架盲人匠人制作的风琴。一张展柜上摆满了不同颜色的珊瑚，其中一些经过了部分切割，旁边是几个鸵鸟和犀鸟蛋与一个鸟巢。房间里陈列着几个绘制或雕刻的肖像、一件用于葬礼上的肖像——3个熟睡的儿童、真人大小的符腾堡公爵弗里德里希一世和妻子西比拉（Sibylla，1564—1614）的蜡像，以及一个大青金石镜子。此外，一个龟壳、一条鳄鱼、一条大鱼和其他多种动物悬挂在天花板上。

海因霍夫对几件藏品做了更为详细的描述。其中令他印象特别深刻的是一件摆放在展示台上的高大的耶稣受难雕像，外边镀了一层金，使用的是最昂贵的石材。十字架上的耶稣像极具艺术感染力，雕像有一个三边基座，由3个手持卷轴的天使支撑着。符腾堡公爵用了1万基尔德（gulden）购得这件珍品。海因霍夫声称只有慕尼黑的圣乔治小塑像（St George statuette）和艾希施泰特（Eichstätt）的圣体匣能超过它。不久后人们就会看到一件更有吸引力的艺术珍品。[42] 这是一件祭坛装饰品（图157），他深感震惊。这件祭坛装饰品描绘了耶稣生活中的144个场景，在画面的6个翼上附着相应的圣经内容，是摘自马丁·路德的德文译本。[43] 符腾堡-蒙派尔加德（Württemberg-Mömpelgard）的乔治一世公爵（1534~1542年在位）委托画家海因里希·菲尔毛雷尔（Heinrich Füllmaurer）在1540年前后绘制了这件

图157 绘制在云杉板上的祭坛饰品，由海因里希·菲尔毛雷尔于1540年绘制

作品。1600年前后，这件作品被转移至斯图加特，1634年作为战利品，运送到维也纳并安放在神圣罗马帝国的圣品宝库（Spiritual Treasury）中，现在它被悬挂在维也纳艺术史博物馆里。海因霍夫最后说，这儿有那么多吸引人的珍品，要想逐一欣赏得花很长时间。[44]

人们很难区分弗里德里希一世和约翰·弗里德里希对藏品的贡献。约翰·弗里德里希对切割的石头、水晶石器皿、象牙、青铜器和罗马古董等特别感兴趣。[45] 相对而言，约翰·弗里德里希对自然类珍奇的兴致没那么高，尽管如此，海因霍夫指出，他喜欢来自国外的珍品，比如犀牛角器皿、土耳其挂毯等。1615年，约翰·弗里德里希花了65795基尔德，由米兰商人普罗斯佩罗·隆巴尔迪（Prospero Lombardi）协助购买了一些物品。[46] 发运回来的珍品包括很多次等宝石制作的器皿、一个带水晶装饰的乌木箱、两个犀牛角容器、一个市值1493弗罗林（florin，热那亚和佛罗伦萨铸造的金币，编者注）的由金和红宝石装饰的水晶蜥蜴，其中最贵重的是市值34533弗罗林的耶稣受难塑像，海因霍夫对这尊雕像十分欣赏。1642年6月18日，宫廷管理人员制作完成了宫廷物品的详细清单。[47] 不幸的是，这部长达500个对页的文件只列出了珍奇馆里摆放物品的展柜，并没有具体内容。

尽管在公开场合很少去探访，约翰·弗里德里希还是为自己的珍奇馆深感骄傲。[48] 根据他的日记，他仅去过珍奇馆三次，都是陪同客人前往。在1616年3月他的儿子弗里德里希的洗礼仪式期间，公爵在一天下午陪同他儿子的教父和教母巴拉丁选帝侯弗里德里希五世（Palatinate Elector Friedrich Ⅴ）和夫人伊丽莎白·斯图尔特（Elisabeth Stuart）参观珍奇馆。[49] 约翰·弗里德里希从珍奇馆中选了一件碧玉水杯作为礼物送给选帝侯夫人，在场陪同的还有许多未列出名字的贵族。这年的9月20日，他陪同石勒苏益格－荷尔斯泰因－戈托尔普（Schleswig-Holstein-Gottorp）的弗里德里希三世公爵（1616～1659年在位）参观了珍奇馆，这位公爵后来成了艺术和科学的重要赞助人。最后一次是1617年1月27日，他陪同撒克逊公爵夫人前往参观。

埃伯哈特三世（Eberhard Ⅲ，1628～1674年在位）继承父亲约翰·弗里德里希的大公身份时年仅14岁，在1633年以前，领地事务由约翰·弗里德里希的弟弟符腾堡-蒙贝利亚尔（Württemberg-Montbéliard）公爵路德维希·弗里德里希五世（Julius Friedrich，1617—1631年执政）管理，1631~1633年由符腾堡-魏尔廷根（Württemberg-Weiltingen）公爵尤利乌斯·弗里德里希（1617~1635年执政）负责。神圣罗马帝国在讷德林根的胜利迫使埃伯哈特三世逃到斯特拉斯堡（Strasbourg）。1634年9月10日，进入斯图加特的神圣罗马帝国皇帝斐迪南二世命令交出包括珍奇馆藏品在内的宫廷物品详细清单。这份清单完成于9月17日，[50]内容包括珍奇馆3个展厅的珍奇物品，以及"相邻展厅"、楼上陈列厅、马厩上的储藏室中的物品。9月25日，皇帝吃完清淡的午餐后参观了宫殿花园和珍奇馆。当时一些珍奇不见了。斐迪南随后命令将最好的珍奇物品运往维也纳，其余的则分发给手下的军官。

为了安全起见，埃伯哈特三世事先将金制和镀金珍品以及珍奇馆的藏品装箱发往斯特拉斯堡。这些珍奇物品包括海因霍夫十分喜爱的镀金耶稣受难雕像、水晶和宝石器皿、犀牛角、象牙、珊瑚和珍珠母制品，独角兽的头和角，还有一个小箱子，里面装着木制和石制的小型珍品。有几件珍品，最有名的就是那尊镀金耶稣受难雕像，在被抵押数年后赎回。[51]埃伯哈特三世在离开前，将珍奇馆的其他珍奇转移到他在霍亨纳斯珀格（Hohenasperg）和霍讷芬（Hohenneuffen）的要塞里。[52]然而，1634年神圣罗马帝国军队占领霍亨纳斯珀格后，只找到了很少几件。

埃伯哈特三世于1638年10月回到斯图加特。10月24日的一份清单显示，洗劫后留下来的大部分物品，比如贝壳等，都不太值钱。1642年，公爵的收藏得到了充实，对珍奇馆进行重建。[53]原来存放在旧游艺房的一些金属和木制雕塑被转移到珍奇馆，这些雕像是克里斯托夫公爵于1553年在花园城堡建的。弗莱施豪尔（Fleischhauer）补充道，珍奇馆里的物品相对而言比较朴实，如一个人脚金属铸模和在象牙上雕刻的一座山中小宫殿。[54]这里还有几个新的展示台、一些天文仪器、巨兽骨架、一个鳄鱼标本、几幅可能是来自公爵避暑室的陶制人物和几个席克哈特制作的建筑模型。

珍奇馆的特色和范围在1653年有了很大拓展，当时埃伯哈特三世花费28493基尔德从约翰·雅各布·古特·冯·祖尔茨-杜尔希豪森（Johann Jakob

Guth von Sulz-Durchhaussen，1543—1616）之子路德维希·古特·冯·祖尔茨（Ludwig Guth von Sulz，1653 年去世）手上购买的了他的遗产。[55] 从 1579 年开始，老古特担任路德维希公爵及其继承人的管家，他收藏的 20788 件珍品吸引了许多参观者。海因霍夫分别于 1607 年和 1616 年两次参观了他的收藏。老古特的儿子在 1624 年试图将租户的收藏品卖给约翰·弗里德里希公爵，但未能成功。约翰·弗里德里希未能购买，原因也许是财政吃紧或不太感兴趣。古特的收藏品范畴见之于 1624 年的详细清单和古董商约翰·贝茨（Johann Betz）在 1654 年的记载之中。[56] 总体而言，藏品基本上都是按照类型和材质进行排序。古特的收藏包括 10124 枚钱币和勋章，342 件各式饮水器皿和餐盘，许多次等宝石，1711 件未加工的宝石，310 幅全身或半身肖像画，若干个动物头颅标本，119 件出土文物，347 件动物、鸟类和鱼类标本，2441 个印度蜗牛壳和贝壳，121 件珊瑚和其他一些植物，29 件贝格沃克（Bergwerke）鹅卵石，916 件瓷器、漆器和服装等产自印度、土耳其以及其他一些国家的珍奇物品，20 本外国书籍和文字作品，70 把短剑（其中包括 1 把在木质把手上雕刻有天神的中国短剑）和其他刀和武器，882 件军械，镜子、游戏卡和棋盘、乐器、日晷之类物品，23 个宗教用品（包括 3 个室内圣坛），绘画，雕刻，一个手持圣物箱，50 个车削的物品，100 部总市值在 1500 弗罗林的艺术类书籍，82 部有关古钱币的书籍，557 个各类动物触角，28 个箱子、写字台和储藏柜等。古特对各类珍品都很痴迷，从古老的皇帝玉髓雕刻（也许是康斯坦丁的雕像，见图 158）到 17 世纪早期的犀牛杯（图 159 及图 3）。犀牛杯的顶部安装了根据著名的丢勒的木雕作品制作的犀牛雕像。[57] 目前在符

图 158　古老的皇帝（可能是君士坦丁）玉髓雕刻（320～330）

腾堡州立博物馆的学习厅展示的珍品中有许多是古特的藏品。[58] 相对而言，只有阿兹特克人的羽毛盾牌等很少几件珍品属于1634年洗劫之前的珍奇馆藏品。

古特的收藏从一定程度上反映出其他同时代著名的珍奇馆藏品的特色。的确，其收藏在范围和多样化方面比1634年的斯图加特珍奇馆更丰富。埃伯哈特三世在其整个统治时期不断增加自己的收藏，1665年，他还从自己的住处向珍奇馆转去大量珍奇。[59] 这些珍品包括镀金的耶稣受难塑像、一个勃兰登堡鹰状盆、一个产自米兰的有玉制盖的盘子、独角兽头颅和角，以及1634年在珍奇馆中展出过的珍奇物品。除其他类别外，记录在案的还有几十个水晶、宝石、象牙、珍珠母、贝壳、银质器皿和晚宴餐具。然而，1670年的清单上记载了几件青铜器、数件小雕塑，其中一件是一个老妇人与魔鬼搏斗的黄杨木制成的战斗场景，此外还有"长者"卢卡斯·克拉纳赫、阿尔布雷赫特·丢勒、塞巴斯蒂安·施托斯科普夫（Sebastian Stoskopff）和弗里德里希·布伦特尔（Friedrich Brentel）时期的一些绘画作品。

图159 犀牛杯，可能由纽伦堡艺术家于17世纪早期创作，主要材质为犀牛角和银制镀金

1669年4月17日，贝茨和丹尼尔·莫泽（Daniel Moser）就珍奇馆的状况做了报告，[60] 呼吁对藏品内容进行重新组织以改进展示效果和设施。埃伯哈特三世在5月8日宣称，为效仿其他贵族的范式、满足个人消遣娱乐并让宫殿和住所更华丽、出名、引人注目，他希望此后在展示古董和珍奇物品时，对展品结构和顺序做出更好的安排。[61] 为此，他安排古董商亚当·乌尔里希·施米德林（Adam Ulrich Schmidlin）负责此事。一年后，施米德林制定了另一份详细清单，将珍奇物品分列为42个不同类别。[62] 该清单现在只有

部分保存了下来。清单首先列出的是镶嵌了黄金和宝石的珍品，比如带华丽装饰的贝壳和蜗牛壳等，接下来的是象牙和动物角制品；赭色黏土制品；用宝石等贵重、药用石材制成的器物，其中有些经过了切造型或其他形态的天然石头，如砺石和带有图景的大理石等。清单上对不同的金属、动物角、来自印度和土耳其的珍品、古董和出土文物、钟表和齿轮装置、绘画、艺术书籍和稀有印刷品、数学仪器和蜡像都进行了归类。最后的三类是日晷和指南针、喷泉和其他模型和设计，另外还有75个重铸铅板。详细清单的排序大体上从最大和最珍贵的物品到相对简单的物品，至少在材料的价值上是这样考量的。1670年8月11日，埃伯哈特三世发布命令，要求将公爵领地里发现的所有古代器物或铭文送往珍奇馆。

从1669年开始，珍奇馆被移至宫殿花园里的旧游艺房。[63] 原先在宫殿塔上面的位置成了公爵收藏肖像和绘画作品的画廊。[64] 正像路德维希·佐姆的1704年版画中见到的那样，坐落在旧游艺房第一层上部的大房间（图160），展示面积扩大了许多，而且光线充足。[65] 大厅中间摆放着3张展柜，其中一

图160 刻板绘画《旧游艺房第一层上部的大房间》，由路德维希·佐姆（Ludwig Som）在17世纪70年代创作刻板

张上面摆放的一架地球仪特别引人注目。据推测，如果要近距离仔细观察时，可以将展厅边上摆放的椅子拉到展示台跟前。房间里摆放的装有玻璃门的木制柜子可以让人一窥其中的内容。有几件青铜器，比如吉安波洛尼亚的《涅索斯劫持得伊阿尼拉》被摆放在柜子顶上，而绘画作品，包括约翰·雅各布·瓦尔特（Johann Jakob Walther）1641年临摹鲁宾斯（Rubens）的《亚马孙之战》悬挂在右侧的柜子和壁炉上面；[66]经典的半身像摆放在窗户旁边的基座上；左边是入口的门；大厅顶端较小的展厅里可以看到一张展柜和两幅绘画。

埃伯哈特三世公爵认识到个人和家族声望与所拥有的令人印象深刻艺术收藏品息息相关。遭遇1634年的洗劫的珍奇馆陷入低谷，随后他逐步开始重建斯图加特珍奇馆，整理自己拥有的其他珍奇物品。1653年，由于购买了约翰·雅各布·古特·冯祖尔茨-杜尔希豪森的收藏，珍奇馆的藏品质量、数量和范围得到极大的提高、增加和扩大。最后，埃伯哈特三世将珍奇馆从圆塔中搬迁到旧游艺房的大厅，这个决定使举办一次更为豪华的展览成为可能。展览将会布置良好、易于参观、有秩序，很吸引人。埃伯哈特三世在1669年希望满足他本人消遣娱乐的愿望到这时已经实现。

卡塞尔珍奇馆

"智者"威廉四世（Wilhelm Ⅳ the Wise，1567~1592年在位）和他的儿子"才子"莫里茨（Moritz the Learned，1592~1627年在位）是黑森-卡塞尔（Hesse-Kassel）的伯爵领主，两人因在科学和文化方面的兴致与收藏而享有盛誉。作为一个造诣深厚的天文学家，威廉四世收集了种类繁多的数学仪器。1560年，威廉在卡塞尔宫城角落的阳台上建立了欧洲第一个固定天文观察台。[67]据悉，学者和天文学家们经常出入卡塞尔，其中就包括1557年前来造访的第谷·布雷赫。丹麦物理学家、博物学家奥勒·沃尔姆（Ole Worm，1588—1654）于1611年曾在莫里茨的实验室里工作了6周。

两位伯爵在1579~1604年聘请了瑞士联邦著名数学家和器具制造者约斯特·比尔吉，那时他在布拉格为鲁道夫二世效力。1592年，莫里茨创建了一所宫廷学校——骑士学府（Ritterakademie），1599年，学校更名为

"Collegium Mauritianum"。1603～1606年，莫里茨修建了一个独立的宫廷剧院——奥托尼姆（Ottoneum），这是以其长子奥托·冯·黑森（Otto von Hessen，1594—1617）儿子的名字命名的。[68]

在16世纪80年代，很少有人知道威廉四世在宫殿里建立的珍奇馆，[69]直到这位伯爵去世时也没有整理出珍奇馆藏品的详细清单。他确有一个肖像陈列馆，里面都是1530～1581年统治者的肖像。有一个被称为银屋（Silver Room）的套间；穿过庭院，还有一个更大的被称作银拱屋（Silver Vault）的大厅，里面摆放着箱子和架子，其中有几个上面盖着天鹅绒和布帘。[70]在宴会厅举办的一次精心准备的自助餐上摆放着许多镀金杯、器皿和桌上喷泉，其中有几件产自纽伦堡。[71]1613年的银器清单显示共有351件，其中一部分是当时刚购买的，其余则是礼仪活动上赠送的礼物或前任伯爵的器物。

1591年，在宫城的正北面平地上，一座新的、带有马厩的建筑（图161、图162）在紧邻宫殿北部的地方开始建设。[72]这座建筑由汉斯和耶罗

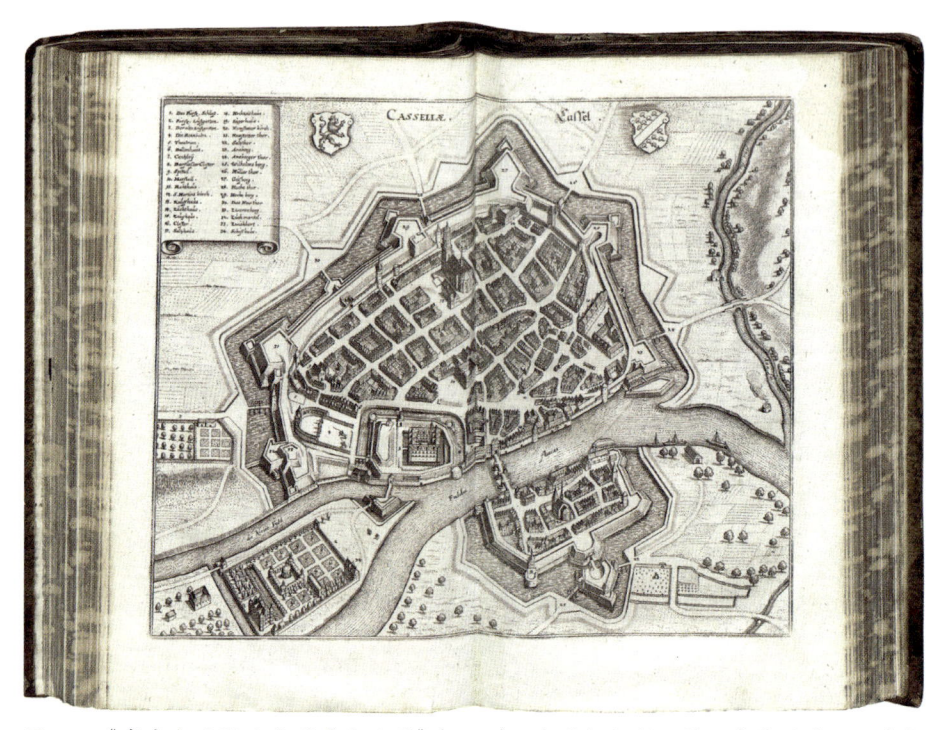

图161 《卡塞尔及周边地形的平面图》（1655），由马托伊斯·墨里安基于马丁·采勒（Martin Zeiller）的测绘结果进行设计

图 162 卡塞尔带有马厩的建筑，由汉斯和耶罗尼米斯·穆勒（Hieronymus Müller）于 1591—1593 年建造，此为 1945 年前之前拍摄的照片

尼米斯·穆勒设计，于 1593 年完工。与慕尼黑的情况一样，这座建筑由环绕着四方形中央庭院的 4 个侧翼建筑组成。其中有 3 个侧楼是马厩和相关用房。而南楼的上面二层布置了新的珍奇馆（卡塞尔珍奇馆）、一个试验室、一个裁缝工作室、一个印刷屋和旧造币厂；这里有时候用来摆放古玩，存放着"来自世界各地的"服装以及戏院、化装舞会和锦标赛上使用的道具和面具[73]。威廉四世精于机床加工，而莫里茨则痴迷于炼金术。莫里茨死后，伯爵的藏书在 1635 年搬入该建筑。[74] 这座楼一直到 1608 年才配置齐备。1606 年，卢波德·冯·韦德尔（Lupold von Wedel）对这一去处在《小宫殿》（*Schlösslein*）一书中做了详细描述。[75]

卡塞尔珍奇馆的构造不得而知。如果详细清单是莫里茨在世时或去世不久后才出台的，则该清单并没保存下来。关于宫殿及周围建筑中的家具，在 1626—1627 年的一份简洁的描述中，记录在案的有 9 张小展柜、几条摆放大杯子和酒杯的长凳、一把椅子，还有两条长凳和一架梯子。[76] 这种布局让人联想起银拱屋的结构。银拱屋的边墙上安装了一些与边墙等高的台架，还配有一部梯子。1697年，约翰·尤斯特·温克尔曼（Johann Just Winckelmann）出了一本书，对珍奇馆中的自然物品、珍品和艺术品进行了描述。[77]

因为缺少记录，现在已经不可能讨论早期卡塞尔珍奇馆的内容和组织方式了。一些鸵鸟蛋或鹦鹉螺壳制作的器皿摆放在宴会厅、银屋和银拱屋中。这些器皿在其他珍奇馆也是常见的。伯爵的大部分较著名的科学仪器可能保存在宫殿里。此外，还有一些保存在卡塞尔各博物馆中的珍品尚不能证明是由威廉或莫里茨收购并随后留在珍奇馆中的，因此，我们的最佳信息来源是那些参观者的记述。

波美拉尼亚·沃尔加斯特（Pommern-Wolgast）的菲利普-尤利乌斯（Philipp-Julius）公爵（1584～1625，1592～1625年在位）和他的老师弗里德里希·格绍夫（Friedrich Gerschow）从1602年2月1日到1603年10月10日游历了神圣罗马帝国、法国和英国。这次教育性旅行是他父亲恩斯特·路德维希（Ernst Ludwig）公爵在遗言中提出的要求，这是老公爵为儿子未来执政做的一项安排。尤利乌斯公爵和他的老师在1602年6月8～12日成了卡塞尔的客人。当时，他们已经访问了其他神圣罗马帝国的多个城市和宫殿，其中包括德累斯顿。14日早晨狩猎后，他们参观了卡塞尔珍奇馆。不能确定当时卡塞尔珍奇馆的藏品是在宫殿里，还是已经转移到新展厅。格绍夫在1605年的旅行日记中说，最引人注目的是莫里茨花了6000个银币从伯纳德斯·帕卢丹努斯处买来的那些外国珍玩。在日记中，他提到那里有服装、羽毛制品、弓箭和武器、鞋子、中国瓷器和若干漆器盒子，其中一些上面是镀金的，而且相互契合得很好，另外还有一幅昂贵的树皮画板、各种中国服装、一个用特殊方法烧制的黏土偶像，该偶像有一个"指距"（从拇指尖到小指尖的距离）高，看起来有点像一株曼德拉草。卡塞尔珍奇馆还向两位参观者展示了一根管子，这也许是一个外面装饰着魔怪的枪管，还有许多用象形文字书写的印度和中国书籍和纸张。天花板上吊着一条鳄鱼和鳄鱼蛋、一个河马（hypocentaur）头和一条长着鳞甲的硕大蜥蜴；[78]此外还有各种金属、奇石、古币和一个乌贼化石（donnerkeyll），这个化石很大，用一只手都握不住。令格绍夫最感兴趣的是一具男人、一具女人和一具小孩的木乃伊。格绍夫称，后者很黑且很肥胖，被摆放在一个台子上。其余两个吊在天花板上，不太引人注目。看了木乃伊以后，格绍夫就木乃伊和干尸问题发表了长篇议论，他在其中高度赞扬了法国圣方济各教士安德烈·泰韦（André Thevet）。泰韦曾遍访中东和埃及各地，他撰写的《通用宇宙志》（*Cosmographie universelle*）于1575年在巴黎出版。

之前提到的荷兰医生帕卢丹努斯在其荷兰北部恩克赫伊曾（Enkhuizen）的家中接待了许多学者和贵族，其中就包括1592年造访的符腾堡公爵腓特烈一世。他在1581年、1597年和1606年三次访问了卡塞尔。1597年或者是1606年，莫里茨得到了这位荷兰收藏家的部分藏品。波美拉尼亚贵族卢波德·冯·韦德尔在1606年5月参观了卡塞尔宫和珍奇馆。卢波德说，帕卢丹努斯以3000个银币的价格把从海外获得的许多外国珍奇卖给莫里茨。帕卢丹努斯有不少货源渠道，其中之一是荷兰旅行家扬·呼格吉勒图·范·林斯霍滕（Jan Huyghen van Linschoten）。呼格吉勒图在1583—1589年居住在果阿（Goa），后来带了许多亚洲珍奇回到恩克赫伊曾。呼格吉勒图所著的《东印度之行》（*Itinerario*，1596）一书记录了自己在果阿的几年生活经历和有关东印度的珍贵航海信息。[79] 对呼格吉勒图的旅行经历，帕卢丹努斯把自己在1599年出版的评注送给莫里茨。帕卢丹努斯搜集了几件收藏并转手卖掉。1602年，莫里茨造访斯图加特珍奇馆时，由于和弗里德里希一世公爵拥有相同的兴趣爱好，他很可能特别留意这位公爵从帕卢丹努斯处购买的珍品。对这些珍品他们都很喜爱。菲利普-尤利乌斯公爵在1602年从帕卢丹努斯处购买了一些珍奇物品。

波尔德·冯韦德尔在1606年5月参观了宫殿、马厩和几个花园，他发觉自己看到了"很多好东西……要花很长的时间才能一一列举出来"。[80] 他写道，那里有许多独角兽的角、一个"木制枪管，不用火药就能射出铅弹"和一件产自印度（克什米尔）羊毛织物，摸起来感觉像一片丝绸。

卡塞尔珍奇馆里有几千件自然和人工的珍品，尽管如此，由于没有详细的物品清单以及其他文字材料，所以很难确定某件现存的物品当时是摆放在这里还是在宫殿里的其他地方。例如，莫里茨在1603年从符腾堡的一个顾问手上购买了一些古玩,这些物品多来自法国,他到底把这些古玩放在什么地方展示呢?[81] 同样,1600 年来访的波斯使者向他赠送了几幅绘画,他又把这些画放在什么地方了?[82]1604 年,他的妻子阿格尼丝·冯·佐尔姆斯－劳巴赫(Agnes von Solms-Laubach)去世后,她的那个实物大小的机械金龟子(图 163)被放入卡塞尔珍奇馆。[83] 这个机械昆虫是一个自动装置,材质为钢和黄铜,外面有镀金并上了瓷釉,上好发条后,能在平面上爬行,很招人喜爱。这个罕见的机械装置让人想起柯尼斯堡(Königsberg)的约翰内斯·雷吉奥蒙塔努斯(Johannes Regiomontanus,1436—1476)制作的一个能自动飞行的苍蝇。这个苍蝇激发了巴塔斯(Bartas)的公爵纪尧姆·德萨卢斯特(Guillaumede Salluste),他写道:"一只小苍蝇的子宫,能够提供足够的空间,以容纳弹簧、转轮、天平和链条,它们代替器官为小苍蝇提供动力。"[84]

约翰·尤斯特·温克尔曼于 1697 年写道,莫里茨为卡塞尔珍奇馆购入两个用索尔恩霍芬(Solnhofen)石灰岩制作的展柜,上面有来自雷根斯堡的安德烈亚斯·普勒宁格(Andreas Pleninger)设计、雕刻的图案。[85] 其中较大的展柜在第二次世界大战中遭到了严重损坏。图案上展现的是阿波罗(Apollo)和潘(Pan)之间比试音乐的场面,这是基于亨德里克·霍尔齐厄斯(Hendrick Goltzius)的版画创作的。[86] 另一个较小的展柜上标有符号,注明的日期是 1605 年(图 164)。[87] 左半部分是黑森(Hesse)地图,这是根据亚伯拉罕·奥特柳斯出版的由马尔堡(Marburg)的医师约翰内斯·德吕安

图 163 机械金龟子,制造于 15 世纪,主要材质为钢、瓷釉、黄铜和镀金

图 164　带有黑森地图的展柜，由安德烈亚斯·普勒宁格（Andreas Pleninger）于 1605 年制作，主要材质为索尔恩霍芬石灰岩

德尔（Johannes Dryander）设计的图案制作的，还有一段颂扬莫里茨的文字，几个伯爵的盾徽及头衔一览表，底边的右侧有一个地图比例尺（德制长度单位）；右半部分的上部是一个万年历，其形式是一系列同心圆，从代表"7 天"的神开始，比如墨丘利（Mercury）表示礼拜三，然后是黄道带、行星和用载有 4 种体液（Four Humours）的文字（或图案或两者）表达的宗教节日、四元素和边角上的四季。西博尔德·贝哈姆（Sebald Beham）的木刻提供了月份活动范式。下半部分是一个星盘，显示的是正面和背面，另外还有一个 1600～1700 年每逢星期日的节假日表。这个节假日表体现了莫里茨的智慧及其统治的稳固，并被比作宇宙的运转规律。上面的铭文颂扬了莫里茨的统治，并为未来统治者所遵循。

卡塞尔藏品的特点和布局，在伯爵领主卡尔一世（Landgrave Carl I,

1677～1730年在位）时期发生了戏剧性变化。他于1699年在亚平宁半岛进行了为期1年的旅行，也许是受这次旅行的启发，他下令将莫里茨的奥托尼姆剧院改造成珍奇馆，并把家族所拥有的各种藏品集中起来[88]。剧院的翻新工作由保罗·杜·莱（Paul du Ry）负责，珍奇馆于1709年开放。根据米夏埃尔·瓦伦蒂尼（Michael Valentini）在有关收藏品研究的著作（*Museum museorum*, 1714）中的记载以及弗里德里希·克里斯托夫·施明克（Friedrich Christoph Schmincke）在1767年提供的材料中的描述，珍奇馆内设置不同展厅，专门陈列不同类型的珍奇，雕像、半身像和用石头制作而成的珍品，包括原石和化石在内的矿物，勋章、奖牌和钱币，珍贵的宝石、古代首饰和刻有浮雕的宝石或贝壳，古希腊和古罗马时期的古董以及卡尔一世在卡塞尔附近的马德海德（Maderheide）发掘出的史前文物等都被放在一起，最后的是中国瓷器。其他几个展厅存放着钟表和地球仪，光学器具，测量器具，填充后的动物标本，外国服装，眼镜、显微镜和其他光学器具，武器，乐器，以及机械模型等，其中部分钟表和地球仪还是威廉四世时期收藏的。有100多件绘画作品挂在墙上。顶层还有一个解剖厅，里面摆放着外科器械，以及犀牛角、象牙、动物脑壳和装满贝壳的箱子等外国珍品，一个摆放着人体骨架的公共厅，一个车床或车削工作间，最后是楼顶的天文台。莫里茨的卡塞尔珍奇馆曾经收藏的珍品均已被迁出，并在卡尔的珍奇馆里进行重扩充并重新布置、摆放。

柏林、歌达和戈托尔普

本书的重点是珍奇馆的早期历史，所以没怎么提及存放在柏林、哥达（Gotha）和戈托尔普（Gottorp，也称石勒苏益格）的主要收藏品，它们主要是三十年战争之后才渐成规模的。例如，勃兰登堡选帝侯约阿希姆二世（Joachim Ⅱ，1535～1571年在位）和约阿希姆·弗里德里希（1598～1608年在位）在施普雷河畔的科隆（Cölln an der Spree）的宫殿中收藏了不少珍奇物品，具体情况见1603年的珍奇馆清单。[89]1626年，为了安全，选帝侯格奥尔格·威廉（Georg Wilhelm，1619～1640年在位）将藏品送往屈斯特林（Küstrin），但不幸的是这些藏品在战争中全部遗失了。他的继任者、选帝侯弗里德里希·威廉（1640～1688年在位）从1642年开始着手重建珍奇馆。

与之相反，萨克森-魏玛（Sachsen-Weimar）的"虔诚者"恩斯特公爵（Duke Ernst the Pious，1640～1675年在位）却从战争中收获颇丰。作为瑞典国王古斯塔夫·阿道夫（Gustav Adolf）的盟友，恩斯特公爵收获了瑞典军队在1631年从慕尼黑珍奇馆和美因茨数座大教堂，以及1631年到1634年间从维尔茨堡掠夺的许多珍宝。1631年，他把珍奇馆临时设在哥达的奥古斯丁（Augustinian）教堂，并于1654年新宅邸建成时，将珍奇馆搬入弗里登施泰因宫（图165）西楼的一个大陈列室中。[90] 从慕尼黑掠夺的珍奇中有一件对恩斯特个人有着特殊意义。萨克森选帝侯约翰·弗里德里希在1547年的战争中失败，他不仅被剥夺了选帝侯的头衔，而且被俘时穿着的一双巨大的齐膝长筒靴也被收去，其中的一只保存在马德里，另一只则作为战利品保存在慕尼黑珍奇馆。作为维廷斯家族欧内斯廷分支的一位成员，恩斯特找回了曾祖父的一只靴子。不同的是，这位公爵对自然珍奇和科学器具特别感兴趣。1656年和1657年的清单分为16个类别，共有400多项。[91] 一张描绘这

图165 位于哥达的弗里登施泰因宫，建成于1654年

个长方形展厅的草图显示,沿着墙面四周摆放的是几个柜子和展柜,屋内中间是一张长展柜,环绕这张长展柜的是 4 张 L 形展柜。[92]

荷尔斯泰因－戈托尔普的弗里德里希三世公爵(1616 ~ 1659 年在位)在石勒苏益格的戈托夫(Gottorf)宫建立了戈托夫珍奇馆(又称戈托夫艺术博物馆)。[93]1633 ~ 1634 年,他派遣了一个外交和贸易代表团出访莫斯科,当时的俄国沙皇是米哈伊尔(Michael,1613 ~ 1644 年在位)。代表团成员包括宫廷数学家亚当·奥勒留斯(Adam Olearius)。此行的目的之一是建立一条穿越俄国到波斯的贸易路线。奥勒留斯曾在 1636 ~ 1637 年到过波斯的伊斯法罕进行交涉。[94]虽然这次谈判不成功,但是波斯萨非王朝的国王萨非(Shah Safi,1629 ~ 1642 年在位)于 1639 年派了一个代表团访问了石勒苏益格。1649 年,奥勒留斯被任命为宫廷图书馆负责人和珍奇馆总管。两年后,在他的安排下,弗里德里希三世从伯纳德斯·帕卢丹努斯的后人手上购得了其私人收藏中剩余的外国和自然珍品。[95]在安排戈特托夫珍奇馆的两间展厅时,奥勒留斯在第一间展厅里摆满了来自俄国、波斯、格陵兰,以及亚洲和美洲的人种类珍品。[96]第二个展厅里摆放的是自然珍奇和各种艺术品,其位置取决于它们与四大元素(水、火、气和土)的关系,每一面墙对应对一个元素,例如镜子挂在对应火的墙上。

最终,在克里斯蒂安·阿尔布雷希特(Christian Albrecht)当政时期(1659 ~ 1694),奥勒留斯出版了《戈托夫珍奇馆》(*Gottorffische KunstKammer*,1666)。[97]其中的 37 张图展示的都是些自然珍奇物品,比如鱿鱼,没有任何人工制品。在 1674 年第二版的雕版封面上有一个拱门,旁边站立着两个人,往里可以看到有若干个厅室(图 9)。两张展柜上摆满了贝壳、角和其他动物身体的不同部分,一个犀牛角和几条大鱼悬挂在天花板上。墙上有一个独角鲸的角,旁边是一幅圣人画像,附近矗立着 3 座外国塑像。这张封面可能描绘的是奥勒留斯布置的第二个展厅,但里面的画像等应该是被理想化了。在 1700 ~ 1721 年的第二次北方战争(Northern War)中,丹麦打败了瑞典及其盟友荷尔斯泰因－戈托尔普公爵。1742 年,丹麦国王将戈托夫珍奇馆作为赔偿,于 1751 年将藏品搬迁到哥本哈根,充实了王室收藏。[98]

第 8 章
珍奇柜里的世界

根据实际需要，珍奇馆里的许多珍品都存放在首饰盒、箱子或柜子里。有些特殊的柜子、盒子等，其本身就是巧夺天工的艺术杰作。用珍珠母、象牙和乌木制作的首饰盒（图 31）一般来自南亚和非洲。欧洲艺术大师们通常会在制作过程中利用一些外来原材料。奥格斯堡和安特卫普逐渐发展成欧洲北部制作精致钱币和收藏箱的中心。[1]

蒂罗尔（Tyrol）大公斐迪南二世有一个用乌木、橡木、胡桃木和银制成的柜子，非常精美，上面镶嵌着银质浮雕和小雕像（图 166、图 167）。[2] 在

图 166　蒂罗尔大公斐迪南二世的珍奇柜（前部关闭）

珍奇柜

探秘神圣罗马帝国的收藏

图167 蒂罗尔大公斐迪南二世的珍奇柜（前部打开）

1582年前后，这些精美的雕像是在神圣罗马帝国南部或曼图瓦完成的。这种柜子在当时的记载中通常被称作写字台（Schreibtisch），其前部可以翻倒下来，形成一个平面，或者在底座或脚柱上形成一个可以拉出来的浅抽屉。柜子上一般都有很多抽屉，有些柜子在关闭时能看到结构，有些只能在打开前门后才能看见里面的结构。有些柜子用来放置首饰或梳子、剪刀等个人护理用品，另一些柜子则摆放一些类似我们能从珍宝阁里看到的那类小尺寸珍宝。珍奇馆这一微观世界还可以进一步缩小，在这儿变成了隐藏在一个珍奇柜里的小世界。

打开门和抽屉，参观者就可以一睹里面的内容，相关藏品一览无余。拉开抽屉的那一刻，参观者先是一阵惊喜，随着后续参观，某些特殊藏品会让参观者产生新的联想，情不自禁地与之互动起来，个中感受难以言表。参观者查看着不同的抽屉，寻找着隔间里藏着的东西，挪动或转动盒子，看看它是怎样从背面、侧面或顶部被打开它的（如果它处于打开状态），而这一过程中，玩耍成了核心内容。的确，这很像那些挑战性的猜谜游戏，至少能让参观者欢喜不已。[3] 展柜和其所承载的物品一样，精美绝伦。

与那些为贵族订制的展柜一样，蒂罗尔大公斐迪南二世的展柜有一个图解，上面有一个招人喜爱的镜像，彰显着一名优秀统治者必备的品质和智慧。[4] 斜倚在展柜顶上的智慧女神凝视着左手上举着的太阳，可惜这个太阳现在已经遗失。智慧包含了从总体规划中学到的各种知识，涉及七个天神、五官感觉、四大洲、四季、四元素、文化艺术和美德。盖子上装饰着的小雕像是大力神赫拉克勒斯在劳作的情景。哈布斯堡王朝长期以来一直将自己与大力神联系在一起，将大力神视为自己的祖先和象征。浮雕还刻画了一些灾难性决策的后果，比如希腊神话中的《帕里斯的判断》（Judgement of Paris）导致了特洛伊战争，以及马耳叙阿斯（Marsyas，希腊神话中的牧神之一，一个半羊人，编者注）与阿波罗展开的注定要失败的音乐竞技，这场争斗让马耳叙阿斯付出了生命的代价。此外，展柜上还有带状装饰、涡形装饰、面具，以及其他装饰。

奥格斯堡收藏家、艺术品经纪人菲利普·海因霍夫（图168）曾向他的贵族客户出售昂贵的箱子和珍奇柜，[5]其中有的是裸柜，有的则装有把手，有的柜子是定制的，其余的是他估计可能有人会购买而制作的。[6]他在圣安纳普拉斯（St Annaplatz）的豪宅吸引了许多有身份的来访者及潜在客户来参观他的珍奇馆。该馆中的许多藏品是用来售卖的。[7]1606年来访的巴伐利亚威廉五世公爵是他的第一个著名客户。一年后，公爵在写给自己的儿子马克西米利安一世的信中说，海因霍夫是新教徒，但他是"一个诚实、聪明的年轻人，而且还是个商人。我在他家看到了各种来自国外的物品及其他珍奇物品，几乎参观了整个珍奇馆"[8]。1613年，海因霍夫曾想鼓动马克西米利安一世公爵购买一个珍奇柜，公爵说：柜子应该"有一定的使用功能，不光在那儿当摆设"[9]。1617年，马克西米利安一世将一个奥格斯堡珍奇柜赠送给中国明朝的万历皇帝（1573～1620年在位），里面装满了书籍和器具。[10]不能确定的是，海因霍夫是否参与了这件事。作为最忠实的主顾之一，不伦瑞克-吕讷堡的奥古斯特公爵（August Younger of Braunschweig-Lüneburg）在1613年拜访了海因霍夫。[11]海因霍夫的合作者是一个专业分包商，主要在奥格斯堡制作和装饰珍奇柜或提供其他各类内饰。

1611年，海因霍夫与神圣罗马帝国北部的波美拉尼亚-斯德丁（Pomerania-Stettin）公爵菲利普二世签订了一份合同。[12]因为讨论一张昂贵的写字台（图169）的细节问题，两人互相写了大量信件。[13]关于这张写字

珍奇柜

探秘神圣罗马帝国的收藏

图168 卢卡斯·基利安（Lucas Kilian）大约在1628年绘制的黑粉笔画《菲利普·海因霍夫》

图169 1611~1617年，乌尔里希·鲍姆加特纳等用乌木和其他材料制作的波美拉尼亚（Pomeranian）写字台（前视图）

台，这位商人的详细描述被保存了下来。[14] 1617年8月3日，海因霍夫在木匠、家具制作大家乌尔里希·鲍姆加特纳（Ulrich Baumgartner）的陪同下专程到斯德丁（Szczecin，即波兰的什切青）交付珍奇柜（图8）。8月24日抵达后，他们作为菲利普二世公爵的客人一直逗留到10月2日才启程回返。海因霍夫为此收获颇丰，收入高达1.2万弗罗林（热那亚和佛罗伦萨铸造的金币，编者注），相当于8000赖希塔勒（一种德意志地区使用的金币，译者注）。

菲利普二世公爵第一次与海因霍夫联系是在1610年，当时公爵正着手在他的斯德丁宫里修建珍奇馆。1611年的一张装箱单列出了一系列艺术、自然和外国的珍品，其中包括一个北美野牛头、一个古董狗、土耳其刀具、一些佛罗伦萨珍品、一张波斯地毯、一个土耳其玛瑙戒指、一尊克拉纳赫的《帕里斯的判断》雕像、一幅丢勒的画、几个来自法国马赛的珍珠母勺子、一个牙签和小耳挖勺、一幅查理五世皇帝的石像、一匹乌木马、一幅《洛雷托圣母》（*Madonna of Loreto*）的蜡像、一幅提香的绘画、一个食盐盒等，另外还有一些来自土耳其的珍品等，这些都是准备发给公爵的。[15] 后续的订

246

制和采购接踵而至，其中最著名的是海因霍夫赠送给夫人索菲（Sophie）的一个缝制的银质篮子，很精致。这个篮子是个测试品，目的是展现画家汉斯·罗滕哈默（Hans Rottenhammer）和其他10位技工的精湛技艺。[16]

还有一件用玻璃制作的乡间庄园立体模型。院落里有几个很小的、由蜡像制作师约翰内斯·施韦格勒（Johannes Schwegler）制作的人物和家畜。庄园的素材取自施瓦布豪森（Schwabhausen）附近的阿恩巴赫城堡（Schloss Arnbach），该城堡位于奥格斯堡和慕尼黑之间。[17] 1616年，海因霍夫给菲利普二世送去一份庄园的详细说明。此外，还有一幅送给菲利普二世的水彩画（图170），不过也可能是为了记录庄园完工情况而绘制的。绘画者是约翰·马赛厄斯·卡格（Johann Matthias Kager），上面描绘的是一个带有围墙的大院，院门口有卫兵站岗，院子中央是一个大喷泉，还有一栋多层楼房，

图170　1610～1611年，据说是约翰·马赛厄斯·卡格绘制的水彩画《庄园》

一只鹳栖息在房顶的烟囱上。[18] 院子里和厢房里有许多动物和仆人。这类宅院在 16 世纪颇为流行，例如，安娜公爵夫人在慕尼黑珍奇馆的豪宅。完整的庄园立体模型长 210 厘米，宽 165 厘米，由海因霍夫和鲍姆加特纳在 1617 年送至斯德丁。在珍奇馆中，庄园立体模型和珍奇柜均放置在它们各自的展示台上，以便让那些尊敬的来访者从各个方向欣赏。在 1615 年 12 月 2 日写给菲利普二世的信中，海因霍夫声称，要仔细观摩庄园的每个细节要花上一整天的时间。[19]

波美拉尼亚珍奇柜（图 171）是一件工艺杰作，制作过程中参与的专家至少有 24 位。海因霍夫曾请教过因知识渊博而被人们称为"圣贤"的马克斯·韦尔泽（Marx Welser）市长。海因霍夫还就珍奇柜的总体结构问题请教过汉斯·罗滕哈默，就珍奇柜的银饰问题请教了克里斯托夫·伦克（Christoph Lencker）。[20] 乌尔里希·鲍姆加特纳的乌木柜及其银饰毁于 1945 年，里面曾摆放过的大约 300 件物品被分别保存在不同地方，幸免于难，今天还

图 171　1611 ~ 1617 年，乌尔里希·鲍姆加特纳等用乌木、银、宝石、象牙、珐琅、檀香木和皮革制作的波美拉尼亚珍奇柜（正面打开，珀加索斯组被拿掉）

保存在柏林的装饰艺术博物馆（Kunstgewerbemuseum，见图181）。[21]

1613—1614年，安东·莫扎特（Anton Mozart）绘制了一幅向菲利普二世和夫人呈现珍奇柜的虚构画（图172、图173）。[22] 在画中，根据肖像绘制的公爵夫妇坐在左侧，在海因霍夫捧着一个抽屉里，菲利普二世正伸手去拿抽屉中的一个心形银质盘子。画的背面附着的一个银制标牌（图174），上面标明了画中人物的名称，每个人都作了编号。[23] 从中可以以看出，在公爵左手躬身观看抽屉的是菲利普二世的总管——马丁·开姆尼茨（Martin Chemnitz），他是负责审定这笔交易价格的人。开姆尼茨认为对方的开价不合理。负责珍奇柜制作的奥格斯堡艺术家们都是德国在相关领域最优秀的专家，他们站在旁边和楼梯上，其中最为著名的是卡格（7号）、金匠达维德·阿尔滕斯泰特（8号）、施韦格勒（18号）、金匠马修斯·瓦尔鲍姆（26

图172 安东·莫扎特在1614～1615年绘制的油画《波美拉尼亚珍奇柜献柜图》

图 173 油画《波美拉尼亚珍奇柜献柜图》（局部）

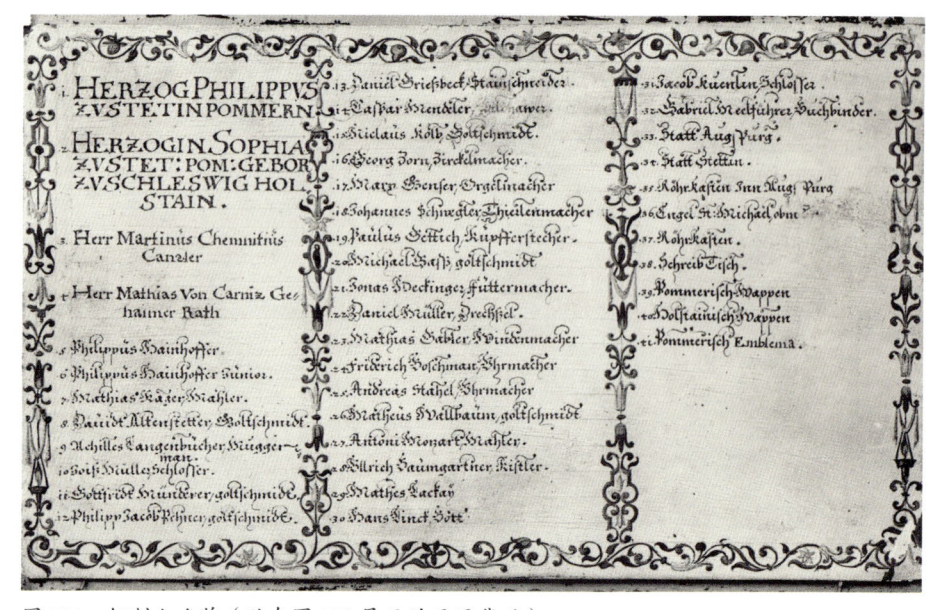

图 174 铜制人名牌（贴在图 172 展示的画面背后）

号）、莫扎特（27号）和鲍姆加特纳（28号）。罗滕哈默和伦克没出现在画面中。莫扎特捧着一幅画，乌尔里希·鲍姆加特纳拿着圆规和直尺。瓦尔鲍姆端着一个帕纳塞斯山（Parnassus）模型，那是波美拉尼亚珍奇柜上的顶冠。虽然在画面中透过大厅右侧门拱呈现了斯德丁城的风光景色，但这幅画还是象征性地颂扬了奥格斯堡和它的超级大师。奥格斯堡的景色透过门拱清晰可见，从左侧的圣施米德林和奥弗劳（St Ulrich and Afra）教堂到中间的佩拉奇（Perlach）塔延伸到右侧的大教堂。螺旋形的饰物展现了奥格斯堡历史遗迹和不朽作品，例如修伯特·杰哈德设计的喷泉，而波美拉尼亚和荷尔斯泰因的盾徽挂在花环的中央。海因霍夫描述称，他详细介绍了珍奇柜及其结构，他与公爵的谈话持续了一整天，并持续到晚餐结束。[24] 在他与公爵的通信中，海因霍夫强调珍奇柜会给菲利普二世和索菲带来很多"新奇或愉悦之感"，而且会成为珍奇馆的重要珍品。[25] 他在其他地方还提到一个人会花上一整天时间来研究推敲一个珍奇柜及其结构。[26]

珍奇柜分为3层，原本被放在一个特殊的低一点的展柜上，其高度可以用曲柄通过机械装置进行调整。[27] 我们可以从1617年前后绘制的草图（图175、图176）中看到二者的原貌。[28]17世纪末，这张较低的展柜好像不见了踪影，在莫扎特的绘画中也未见到它的身影。珍奇柜的上部端坐在4个狮身鹰首怪兽上，上面有斯德丁和荷尔斯泰因盾徽。下部的外层嵌板上装饰的是

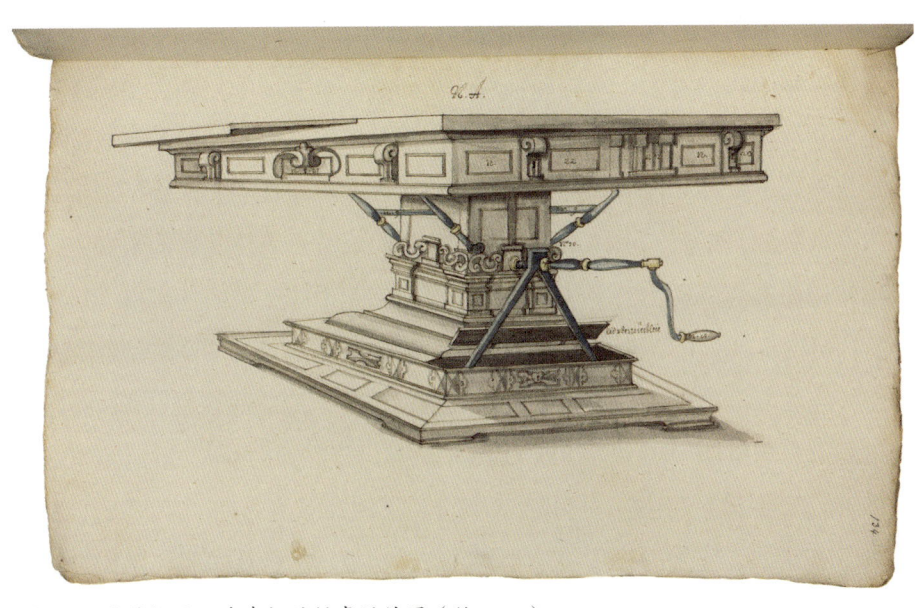

图175　波美拉尼亚珍奇柜的低桌设计图（约1617）

6个银质椭圆形浮雕，上面的内容将辩证法和文法合二为一。前面和后面各有两块，两个侧面各有一块。这件物品是阿尔滕斯泰特根据卡格的设计制作的。中部的两层装饰着8个缪斯女神小塑像，这些银质雕像可能是克里斯托夫·伦克浇铸的，基本上遵循了卢卡斯和沃尔夫冈·基利安在1612年创作的系列雕刻风格。整个珍奇柜的顶部是瓦尔鲍姆制作的银质帕纳塞斯山，山顶上是珀加索斯（Pegasus）神像。密涅瓦（Minerva，雅典娜）正与第九个缪斯叙谈，缪斯四周摆放着各种乐器和其姐妹们的标志物。[29]中间是一个洞穴，就像科里西安洞穴（Corycian Cave），好像有一股清泉从顶部流入下面的圆盆中。柜子上有各种银制装饰，而中间的外表面是雕琢很深的奇异图案和公爵的纹章。

图176 波美拉尼亚珍奇柜设计图及柜子前视图（约1617）

　　珍奇柜的正面有多个开门和抽屉，后面有一个主要的隔断。不同于其他柜子，这个柜子的侧面没有隔断。柜子的底座上有一个小抽屉，里面放着书写工具和用于打开其他不同部分的钥匙。正如在莫扎特的展示画所示，下边的门是打开的，里面露出四个大抽屉。这些门上装点着莫扎特的水和土，两幅描写四要素的风景图。展示画和写字台存放在中部基座的抽屉里。从打开的后门可以看到莫扎特的火和气，中间部分是10个用黄杨木雕刻的描绘大力神赫拉克勒斯英雄事迹的小匾，以及两个描绘骑士搏斗的场景。[30]这些雕刻很可能出自奥格斯堡的一位活跃于16世纪60年代的雕刻家，不过鲍姆加特纳将它们赋予了新的用途。打开这个部分，展现在眼前的是一个35.5厘米×59.3厘米×25.5厘米的风琴。乐器经常与这些柜子结合在一起，正如之前的德累斯顿宫的管风琴（图98）。

可拉出来的书写板（图177）强化了知识的重要性，它是5位不同的行业专家根据马赛厄斯·卡格的设计制作的，[31] 包括18种用珍贵木料制作的木制嵌板、精美的硬石和砺石。4个镶嵌的银质浮雕分别表示学习、印刷、数学和天文学还有绘画。绘制在四角的苔纹玛瑙（moss agates）上的4种性格（Four Temperament）不太明显。[32] 镇定的海神尼普顿图案，周围再配上几株植物给玛瑙上那些自然花纹增添了几分美妙（图178）。[33] "艺术与自然相得益彰"是海因霍夫追求的效果，而这类风景石则是个很好的例证。[34] 中间的碧玉四周环绕着其他玉石，展示的是一个人从婴儿到死亡的各个阶段，其中死亡是用一个骷髅画来表示的。较小的石头代表24小时。这些刻痕被证明对区分不同部分很有帮助，比如，晚上一点钟对应的是左侧平面的美德。

菲利普二世公爵对在珍奇柜中添置更多贝壳、自然珍奇或国外的珍奇物品不是特别感兴趣，因为他已经有不少这类藏品。[35] 因此，海因霍夫在珍奇

图177 建造于1617年前的波美拉尼亚珍奇柜的书写板，主要材质为木材、切割的石材、银。马赛厄斯·卡格负责设计，乌尔里希·鲍姆加特纳负责木工活，马赛厄斯·瓦尔鲍姆和保罗·戈蒂希负责银制品，丹尼尔·格里斯贝克负责石材切割，安东·莫扎特负责绘画

图178 书写板右上角的镇定自若的海神尼普顿

图179 波美拉尼亚珍奇柜中安装在波美拉尼亚狮身鹰首怪兽上的钟表，由格奥尔格·施密特（Georg Schmidt）在1617年前用青铜镀金、黄铜和水晶等制作而成

柜中加入了更多的实用性藏品，有的做工十分精巧，比如，安装在波美拉尼亚狮身鹰首怪兽上的钟表（图179）。[36] 这些藏品可分为8类：测量器具、书写工具、猎物、银质餐具、配药用具、理发工具、卫生洁具和各种铁制工具，其中多数都有复杂而精美的设计。出自奥格斯堡工匠加布里尔·梅尔菲雷尔（Gabriel Mehlführer）之手的手持望远镜是现存最古老的望远镜。[37] 荷兰最早的望远镜出现在1608年，伽利略（Galileo）记录他的第一次望远镜观测试验则是在两年以后的事情了。海因霍夫在描述这部望远镜时提到了伽利略。[38]

菲利普二世喜欢下棋，棋盘存放在主门打开后就能看见的右上方的抽屉（4号抽屉）里。[39] 象棋和跳棋的棋盘是由鲍姆加特纳制作的，在棋盘上保罗·戈蒂奇（Paul Goettich）雕刻了场景（图180），用银、象牙和珍珠母进行装饰，[40] 展现的是一些傻瓜、醉汉、痴情修道士，以及一个女人正严厉斥责一个男人、狐狸和其他动物模仿人类的情形。棋子和场景可能是卡格设计的，棋子被放置在棋盘边上的隔段里。柜子中的各种游戏，包括十五子棋戏（tric-trac，类似西洋双陆棋戏）、经圈（merels）、女子游戏（lady game）、傻瓜游戏（game of the goose）、高塔游戏（tower game）、皇家新娘游戏（game of the crowned bride）、会唱歌的骰子（singing dice）、桌球游戏、磨坊游戏（mill game）和布伦塔游戏（brenta geme）等。此外，还有各种纸牌游戏。[41]

波美拉尼亚珍奇柜的总体安排可能在一定程度上受到了1611年5月海因霍夫慕尼黑之旅的启发。在这次旅行中，海因霍夫花了3天时间仔细游览了珍奇馆。[42] 看到装点着9个缪斯女神的八边形神殿后，海因霍夫就有了将密涅瓦（Minerva）和9位缪斯女神置于珍奇柜顶端的想法。八边形神殿是彼得·坎迪德（Peter Candid）于1603年为主教宫（Residenz）的南花园设计的。海因霍夫在1611年6月1日给菲利普二世公爵的信中提到了这个伟大的建筑。[43] 这位奥格斯堡人也曾有机会阅读了奥兰多·迪·拉索（Orlando di Lasso）的两卷本《忏悔诗》（Penitential Psalms）。汉斯·米利希（Hans Mielich）在1560～1565年为这本书进行了精美装饰。在其中的一个对折页

图180 波美拉尼亚珍奇柜中的游戏盘，由乌尔里希·鲍姆加特纳和保罗·戈蒂奇在1614年前用各种木材、银、象牙和珍珠母制成

上，有一段赞扬巴伐利亚公爵阿尔布雷希特五世的精美文字，包括这位作曲家、画家的肖像，上面是站在帕纳塞斯山上的9个缪斯女神与密涅瓦，最顶端是珀加索斯神像。[44]这份手稿上还有诠释人文科学的微缩画面。[45]

手稿上有一幅萨穆埃尔·奎切伯格的肖像画（第一卷第131对折页右侧），[46]看来海因霍夫依据自己的判断或者通过威廉·比希勒（Wilhelm Büchler）的介绍，好像知道奎切伯格在1561年撰写的《指南》。比希勒是慕尼黑珍奇馆负责人，曾在1611年陪同海因霍夫参观珍奇馆。在现存的资料中，海因霍夫从未提及基切贝格和他的论著，然而，正如克里斯托夫·埃门多费尔（Christoph Emmendörffer）指出的那样，波美拉尼亚珍奇柜里的内容很切合奎切伯格在其《第四等级》(*The Fourth Class*)中所提及的工坊中使用的工具和仪器（图181）。[47]奎切伯格说：很多德国工匠喜欢用便携箱装工具。他继续说道：

此外，利用向外打开的双门或折叠的嵌板，我已经展示了如何在短时间内在各种墙上或展柜上摆好各种器具，同样也可以将它们快速、方便地放回箱子里去，并保证使它们不会相互碰撞或变得不再锋利。[48]

《第四等级》这部分还提到了外国服装和武器。海因霍夫的柜子里没有武器，但有一块中国丝绸。[49]

图181 柏林的装饰艺术博物馆展出的波美拉尼亚珍奇柜中的部分实物

海因霍夫给菲利普二世公爵的珍奇柜既有实用价值，也有象征性意义。各种器具被细致地存放在柜里，而且可以随时取用。肖像和图示彰显了不同类型的知识和个人美德的重要性，这些都是公爵进行统治所需的特质。精致的、可移动的桌面让人联想到时间的流逝和人生的不同阶段，给人传递出一种紧迫感。

1616年，菲利普二世开始在斯德丁宫毗连的侧翼修建一个新馆，我们从马托伊斯·墨里安（Matthäus Merian）1619年的雕版的最右侧一窥其外观（图8）。[50] 公爵计划将珍奇馆和他的大部分艺术类收藏转移到这座建筑中。不幸的是他的健康状况恶化，于1618年2月3日去世，享年44岁。[51] 新馆在这一年的晚些时候落成。第1章中提及海因霍夫曾就如何布置珍奇馆提出过建议，目前还不清楚他的建议是否影响了这个展室的设计和展品布置。

随后菲利普二世的弟弟弗朗茨一世（Franz I，1618～1620年在位）和博吉斯拉夫十四世（Bogislaw XIV，1625～1637年在位）继位，两人对艺术没什么兴趣，更不想添置艺术品，因此海因霍夫和斯德丁宫也就没什么联系。博吉斯拉夫十四世是家族这一分支的最后一个男性统治者。波美拉尼亚珍奇柜一直存放在斯德丁珍奇馆，直到1638年被转移到他妹妹在施托尔匹斯（Stolpis）的宫廷，后来又被转移到柯尼斯堡。[52] 1684年，波美拉尼亚珍奇柜来到勃兰登堡选帝侯弗里德里希·威廉（Friedrich Wilhelm）在柏林的珍奇馆，并出现在1694年的清单上。后来，这个珍奇柜于1859年又转移到了柏林新博物馆（Neues Museum），接着在1876年被转到新建的装饰艺术博物馆。[53]

1611～1647年，海因霍夫精心制作了另外4个珍奇柜，并作为礼物分别赠送给亚平宁半岛上国家和瑞典王室的收藏者。[54] 1632年4月24日，奥格斯堡正处于瑞典国王古斯塔夫·阿道夫统治下（图182），奥格斯堡的新教地方官将海因霍夫的一个艺术柜赠送给这位国王。[55] 当时，在奥格斯堡占大多数的新教徒们正在庆祝政权回归，并驱逐了大部分天主教神职人员。组装这个柜子的工作始于1625年，但当时人们心中并没有一个明确的主顾。柜子里存放的物品主要是海因霍夫的收藏，其中的自然类藏品所占比例远高于

珍奇柜

探秘神圣罗马帝国的收藏

波美拉尼亚珍奇柜里的相关物品，这从黑、白、红珊瑚以及贝壳、水晶和矿物装饰的山形顶部可略见一斑，见图183。柜子的前部和后都镶嵌着各种次等宝石，柜子顶部是一个坐在大塞舌尔坚果（海椰子，编者注）上的银制维纳斯。如果喜欢，坚果里可以装一升葡萄酒，这个维纳斯也许是为了增添些许情趣。珍奇柜里有许多游戏类物品，还有一些"惹人烦恼"的物品，如哈哈镜、平面眼镜、让人难以分辨真假的人造鸡蛋、人造水果、假面包等；还有一些搞笑的物件，如不能用来喝水的大杯子和开口被缝合的两双手套；此外，还有几个拼图版，当旋转180度时，上面会呈现不一样的画面。山下是一个自动装置，演绎的是阿波罗和塞浦路斯的故事：一个男孩意外杀死了一只雄性驯鹿，他在悲痛中被变成了一棵柏树。海因霍夫设置了失真的图像，其中的一个例子是镜面失真像，就是用银覆盖在一个圆柱体上，然后将它垂直放在一个视觉变形的（绘制、印制）影像上，不过在这里是一个穿着得体的绅士。这里的画像清晰可辨，反射时才会变形。柜中有数百幅与圣经有关

图182 古斯塔夫·阿道夫的珍奇柜（门打开时的正面图）

图183 古斯塔夫·阿道夫的珍奇柜（局部），其顶部是一个斜坐在大塞舌尔坚果上的维纳斯

的画和寓言中的场景，还有埃利亚斯-霍尔（Elias Holl）的新市政厅和军械库大楼的木片只是在圆柱体表面直接拼花工艺画。其中有一个1625年的场景，描绘的是珍奇柜制作者的工坊，在画中，主人正指着一个结构复杂的珍奇柜向衣着奢华的潜在客户作介绍（图184）。[56] 柜里有或者曾经装过钱币、勋章、矿产和用铅或银浇筑的蜥蜴、蛇、青蛙和甲壳虫，大小似真。就像斯德丁的珍奇柜一样，这个柜子里也有各种书写、数学、天文、医学、理发和外科器具。小山下面、柜子的背面是一个小键琴，上好发条，在隔间门打开时，它会自动演奏，令参观者惊叹不已。[57]

在奥格斯堡的福格尔宫（Fugger），当珍奇柜呈献给古斯塔夫·阿道夫时，海因霍夫就在现场。他发现国王"科学造诣很高，深谙各种艺术"[58]。

图184 古斯塔夫·阿道夫的珍奇柜局部场景画（1625）

海因霍夫作为导游陪同瑞典国王参观了市政厅和军械库。在另一个场合，海因霍夫说："很多人把它（珍奇柜）视为世界第八大奇迹。"[59]

海因霍夫将其所谓的泰代斯基写字台（Stipo Tedeschi，1619—1625）描述成"一个小珍奇馆"，其中的藏品与乌普萨拉（Uppsala）珍奇柜相似。[60]海因霍夫保存了一幅他用于推销这个珍奇柜的展示画（图185），[61]画面上展现了一个基督战胜魔鬼撒旦的银制塑像。这些塑像曾装点在柜子顶端，现在已经遗失，柜子现在收藏在佛罗伦萨的乌菲兹（Uffizi）。蒂罗尔大公利奥波德五世（Leopold V）于1628年购买了这个珍奇柜，并将它作为结婚礼物送给他的侄子——意大利托斯卡纳区大公斐迪南二世（1621～1670年在位）。事实上，尽管很漂亮，但乌普萨拉珍奇柜里面的许多物品在质量上比波美拉尼亚珍奇柜差一个档次，原因也许是三十年战争期间，欧洲中部是受破坏最严重的地区。1632年11月16日，古斯塔夫·阿道夫在吕岑（Lützen）战役中阵亡，随后乌普萨拉珍奇柜被运往瑞典的黑湖城堡（Svartsjö Castle）。在1694年被卡尔六世国王赠送给乌普萨拉大学之前，这个柜子一直收藏在王室。对于乌普萨拉珍奇柜，古斯塔夫·阿道夫曾承诺支付给海因霍夫6500泰勒（thaler），但他最终并没有收到那么多。1647年8月，这位不伦瑞克-吕讷堡的"年轻人"（the Younger of Braunschweig-Lüneburg）购买了海因霍夫的最后一个珍奇柜，并作为礼物送给瑞典陆军元帅卡尔·古斯塔夫（Carl Gustaf Wangel）。[62]这个柜子售价6000泰勒，相当于购买230匹普通马匹的价格。[63]

图185 泰代斯基写字台的演示图

海因霍夫设计珍奇柜的初衷是让其王室主顾愉悦、增长见识并提高声望。不管是打算放在斯德丁的珍奇馆里，还是留作自用的豪华家具，这些珍奇柜都可作为多样化的学习手段。柜里有需要掌握和使用的工具、器具和游戏。然而这个珍奇柜集实用功能和象征功能于一身，在二者间实现了较好的平衡。对王室贵胄和更好的统治者而言，理想的方式是深入思考并接受这些珍奇柜里蕴含的思考、艺术、美德、气质、星辰和其他寓言，把它们当作一面镜子，从而变得更加睿智。和珍奇馆一样，一个珍奇柜就是一座知识宝库，等待着参观者从中汲取营养。

结束语

大大小小的艺术收藏馆一直热度不减，其鼎盛时期延续到了 18 世纪初期。位于哥本哈根城堡（Copenhagen Castle，1648—1650）的丹麦皇家艺术收藏馆、斯德哥尔摩乌尔里克斯戴尔皇宫（Ulriksdal Palace）中的珍宝屋、萨尔斯堡大教堂（1688—1670）的大主教密室、位于奥地利布尔根兰州（Burgenland）福希滕斯泰因城堡（Burg Forchtenstein）的保罗一世（Paul I）埃斯泰尔哈吉的艺术收藏馆（1692，见图 186）和圣彼得堡沙皇彼得大帝（Tsar Peter the Great）的艺术珍品博物馆（1714 年创立，1719 年开放，1728 年在一幢新建筑中重新开放）是较为引人瞩目的新艺术收藏馆。[1] 这些

图 186　位于奥地利福希滕斯泰因城堡的埃斯泰尔哈吉艺术收藏馆（1692 年创建）

机构中大多数自然、艺术、科学和新奇类藏品都流落到后来的博物馆中。据说，埃斯泰尔哈吉的艺术收藏馆是"世上唯一按原始布局幸存下来的艺术收藏馆"。[2]它们仍占据了一大一小两个展馆，里面装有105只原始玻璃面展示箱，每只都标有与1896年藏品清单相关的罗马数字。尽管有些藏品最终辗转来到布达佩斯，但大多数仍保持原样。保罗一世的遗嘱这样写道："我拥有一些珍奇异宝，即人们一般所说的珍奇馆或艺术收藏馆，其中保存有各式各样的物品，特别是价格不菲的画作；所有这一切都将留给我的长子。它们值得他用心珍藏。"[3]彼得大帝在位于圣彼得堡中央的巴西尔岛（Basil Island）上创立了艺术珍品博物馆，作为在俄国促进科学的催化剂。他对自然物品，特别是像双头牛犊（图187）这样的异常现象和畸形样品非常着迷。原有建筑1747年着火后进行了修复，有些部位现在与1887年增加的一座博物馆侧翼连在一起。

图187　俄罗斯圣彼得堡艺术珍品博物馆的双头牛犊

虽然对普遍知识的探寻仍在继续，但收藏的性质在17世纪初已开始发生变化。[4]无论是艺术收藏馆的物理之墙还是概念之墙，其间已不再能给艺术与科学留有宽松的余地。从长远看，艺术收藏馆中所看到的艺术与自然的统一，逐渐但绝非普遍地分离为要么是艺术要么是自然两种性质截然不同的收藏。随着美术作品被人们更加普遍地视作与地位名望相关且在审美方面能够令人满足的物品，艺术展示越来越多地在封闭的馆廊中进行，以使人们能抱着专门的态度关注雕塑、版画与素描、钱币与金属、装饰艺术或古代遗物。同一时期，自然研究也逐渐划分成不同的科学领域，如解剖学、天文学、生物学、植物学、化学、医学以及数学和物理学，每个领域都有各自的学术规范、方法和组织要求。

珍奇柜 探秘神圣罗马帝国的收藏

17世纪前二三十年，德国一些主要艺术收藏馆已开始拆除。1607年，巴伐利亚的马克西米利安一世创建了自己个人的艺术陈列馆，[5] 他从慕尼黑艺术收藏馆搬走了许多艺术珍品和其他受人喜爱的物品。除了将绘画和雕塑放置在自己的艺术收藏馆外，鲁道夫二世还有专门的展示房间陈列这些物品。1709年，伯爵领主卡尔一世在卡塞尔（坐落于富尔达河沿岸，是如今德国黑森州的一个行政区，译者注）建立了艺术馆，他的种类众多的艺术和自然收藏，包括一个"解剖剧场"（早期现代大学教授解剖学的地方，通常为露天剧场形状，中间放置一张用来解剖人体或动物尸体的桌子，译者注），都被分门别类地摆放在不同楼层中的不同房间里（见第8章）。这种设计方案，特别是将观测台安排在顶层，先于阿博特·亚历山大·费克西米尔纳（1731～1759年在位）在克雷姆斯明斯特（上奥地利）本笃会修道院修建的51米高的数学塔（1748—1759，见图188）。该修道院的绘画、矿物、天然样本和

图188 奥地利克雷姆斯明斯特本笃会修道院的数学塔（1748～1759）

264

科学仪器陈列室位于大观测台下面的各个楼层。[6]卡塞尔和克雷姆斯明斯特（Kremsmünster，Upper Austria）的贵族学校的学生对这些收藏加以利用。有"强人"之称的奥古斯特国王（King Augustthe Strong）拆解了历史上著名的德累斯顿艺术收藏馆，将这座宫殿的藏品迁入绿窖（Green Vaults）和新的绘画、古物及瓷器博物馆并重新作了安排布置。[7]1728年，他将刚落成不久的茨温格宫（Zwinger，位于德国德累斯顿，是德国主要地标，译者注）改造成为一座科学宫。1732年，一座独立的数学和科学仪器陈列馆——数学－物理沙龙（Mathematisch-Physikalischer Salon）建成。[8]

对普遍知识（universal knowledge，又称"一般知识"，是欧洲近代以来关于人类知识属性的一个重要哲学概念。除怀疑论外，包括经验论和唯理论在内的多数哲学流派和哲学家都主张人类知识的普遍有效性或普遍必然性，而分歧则多在于建立和获取这种普遍性的基础和方式，译者注）的探寻是奎切伯格详细阐明的核心理论观点之一，它逐渐深入人心，超越了艺术珍奇馆的形式。将自然、工艺、科学和新奇物品集合在一起，可能会为人们带来审美满足，但随着进步，不能为促进新的艺术与科学的研究提供一个坚实或持久的基础。科学史学家布赖恩·奥格尔维（Brian Ogilvie）说道：

文艺复兴时期的自然主义者对细节和对其描述非常看重，简直到了恬不知耻的程度……倘若16世纪自然史的追求存在什么动机，那一定是审美。描述是一种理解自然界多重美和多样性的途径。在一个将审美价值建立在珍贵稀有以及美丽基础上的年代，罕见或特别的样本或对它们的描述，与分布广泛的发掘场所之间的联系本身就是满足审美渴望的一种方式。[9]

奥格尔维将文艺复兴时期科学的描述性特征与后来年代的观测进行了对照，在观测过程中，对万物运作方式的仔细研究和好奇导致了新的发现，如伽利略和开普勒的发现。格斯纳的目录编撰活动导致两个世纪后瑞典植物学家卡尔·林奈（Carl Linnaeus，1707—1778）的著作的诞生。他对植物和动物的分类与命名始于其著作《自然体系》（*Systemanaturae*），该书于1735年在荷兰来登（Leiden）出版（用拉丁文出版，出版时只有10页，译者注）。奥地利铜板雕刻家、蚀刻版画家、作家亚当·巴尔奇（Adam Bartsch，1757—1821）在维也纳推出的《雕刻画家》（Le peintregraveur，1803—1821）一书仍尝试在21卷中为欧洲大画家（Old Master，1500—1800年欧洲最伟大的画家或其中某一位，译者注）的版画进行分类和编目。[10] 当时，知识正变得非常专业、昂贵，连艺术收藏馆和甚至"无所不知的最后一人"、耶稣会会士阿塔纳休斯·基歇尔（Athanasius Kircher，1602—1680）和他位于罗马的包罗万象的博物馆均无法望其项背。[11] 知识聚集地或许仍集中在王公贵族的收藏里，但自17世纪起，这些场所越来越多地向公众开放。此外，各种新的民间组织、大学和国家机构以及专业的学术协会如雨后春笋般兴起。[12] 新艺术和科学博物馆的伟大时代将很快降临在整个欧洲。[13]

在收藏史上，艺术珍宝馆是介于早期宝库和后期博物馆之间的一个关键场所。人们对艺术和奇珍异宝的兴趣与日俱增，特别是在最近几十年，这促使一些博物馆对其馆藏品进行重新安排布置。馆长们亲自清点他们的展馆和储藏室，寻找与17世纪艺术珍宝馆相称的物品。他们从当地其他机构借用自然类收藏品或借助互联网去购买一只塞满填料的短吻鳄或鲀鱼。艺术古董商，尤其是慕尼黑的格奥尔格·劳厄艺术收藏馆，因既向博物馆也对私人收藏者提供奇珍异宝和精美装饰艺术品而一派欣欣向荣。约阿尼斯·斯派塞（Joaneath Spicer）及其同事设计的给人留下深刻印象的艺术收藏馆占据了巴尔的摩沃尔特斯艺术博物馆（图189）整整3个房间。波士顿美术博物馆（Museum of Fine Arts in Boston）和位于哈特福德（Hartford）瓦兹沃思艺术博物馆（Wadsworth Atheneum，位于美国康涅狄格州首府哈特福德，是美国最早的公立艺术博物馆，译者注）拥有出类拔萃的说教样品。1579年成为巴伐利亚大公前，威廉五世在兰茨胡特市特劳斯尼茨城堡拥有自己的"新艺术收藏馆"——当时的称谓。他迁往慕尼黑时，他的藏品与阿尔布雷希特五世多得多的藏品合在了一起。2004年，位于德国慕尼黑的巴伐利亚国立艺术博物馆（Bayerisches National Museum）在兰茨胡特城堡设计出一种新的陈列方式，旨在营造出观赏菲克勒（Fickler）1598年藏品目录清单中的各种不同物

结束语

图189 美国巴尔的摩的小型私人艺术博物馆——沃尔特斯（Walters）艺术博物馆的艺术收藏品展示（始于2005年）

品的体验。[14] 第4章曾经提到，尽管不在原来的房间，但安布拉斯城堡艺术收藏馆已经恢复，里面摆满了斐迪南二世大公曾拥有的许多物品。更近一些的例子或许可以在亚琛（Aache）的苏尔蒙德－路德维希博物馆（Suermondt-Ludwig Museum）和斯图加特的符腾堡国家博物馆（Württembergisches Landes Museum）中看到。其他机构或许有单独一个艺术收藏馆，或者不过是一只陈列有这种早期现代展示方式的造型优美的玻璃柜。也许是因为这些收藏馆和玻璃展柜从较为传统的绘画和雕塑展廊中脱颖而出，显得活灵活现，所以这些展示仍能引发惊讶、好奇、愉悦以及人们所希望的纯粹喜爱。虽然现代普通观展观众并不追求普遍知识，但凝视着大地母亲和高超艺术家那些令人叫绝的作品，仍不失为一种享受。

致谢

与我同领域的许多学者一样，我一直以来痴迷于收藏史，对16世纪后半叶至17世纪前半叶的艺术收藏馆格外感兴趣。这个主题贯穿于我的一些课程和公开演讲中。翰德图书公司（REAKTION BOOKS）的迈克尔·利曼（Michael Leaman）找到我，请我写一本这方面的书。此前，我从未想过触及这个更广泛的主题。有关艺术收藏馆的著述可谓汗牛充栋，并不断迅速增加。因此，我怀着诚惶诚恐、寻奇猎艳的心情投入此项目之中。我要感谢迈克尔给我提供的这个机会，更感谢他在等我完成其他课题时的耐心。构思、写作此书给我带来极大快乐，目的是介绍艺术收藏馆的起源和发展。虽然对大大小小的艺术收藏馆的迷恋成为整个欧洲层面的现象，但我只聚焦早期神圣罗马帝国强大统治者收藏的主要藏品的冰山一角。这些藏品启发了其他贵族、学者和商人，他们创造了自己的自然和人造物品的组合。拙著既是对这个问题的概述，也是对7个主要艺术收藏馆所进行的非常详细的探究。我大量引用的现有著述大多都是以德文出版的，因此我希望向读者介绍了这些曾经被深锁于宫廷院墙之内的既美丽又不同寻常的奇迹。想象一下第一次走进一家艺术收藏馆时目不暇接的情形，或从收藏者的角度想想看这是怎样的景象：收集、整理、研究通常被塞入单独一个小屋或几间相连房间中的几千件物品，并且在理想状态下，从中有所感悟。人们熟知的1600年前后几十年的世界就在读者的指尖上。

任何如此规模的项目都要欠上曾经帮助过我的个人和机构一笔私人债。

我将本书的部分内容提交给了明尼苏达大学（University of Minnesota）双城校区（Twin Cities）的奥地利研究中心（Center for Austrian Studies）、特拉维夫大学（Tel Aviv University）和哥伦比亚大学（Columbia University）的文艺复兴研讨会，我收到了他们富有建设性的回馈。对此，我由衷感谢。除提供资料和/或照片的机构外，我还希望感谢以下人士：霍利·博尔汉姆（Holly Borham）、克里斯托夫·布拉赫曼（Christoph Brachmann）、塔马·肖尔曼（Tamar Cholcman）、加里·科恩（Gary Cohen）、多罗特亚·迪默（Dorothea Diemer）、彼得·迪默（Peter Diemer）、达格玛·艾希贝格、埃斯特·霍佩 – 明茨贝格（Esther Hoppe-Münzberg）、汉斯·乌巴奇（Hanns Hubach）、托马斯·达科斯塔·考夫曼、米丽娅姆（丽莎）·基尔希［Miriam (Lisa) Kirch］、希拉·科汉娜（HilaKohaner）、克劳迪亚·克里扎 – 格施（Claudia Kryza-Gersch）、苏珊·马克斯韦尔（Susan Maxwell）、马克·梅多（Mark Meadow）、布兰特利·汉考克·穆尔（Brantley Hancock Moore）、安德鲁·莫罗尔（Andrew Morrall）、于尔根·穆勒（Jürgen Müller）、史蒂文·奥斯特罗夫（Steven Ostrow）、阿萨夫·平库斯（Assaf Pinkus）、辛西娅·派尔（Cynthia Pyle）、艾克·施密特（Eike Schmidt）、洛伦茨·泽利希（Lorenz Seelig）、拉里·希尔弗（Larry Silver）、帕梅拉·史密斯（Pamela Smith）、阿兰·斯图尔特（Alan Stewart）、马拉·韦德（Mara Wade）、门罗·沃肖（Monroe Warshaw）和迈克尔·文策尔（Michael Wenzel）。我十分感激一位匿名读者向我提供的诸多有益建议。得克萨斯大学（University of Texas）我过去的学生研究助理们的无私帮助和良好心态令我受益匪浅，他们是萨拉·法卡斯（Sarah Farkas）、英格丽德·科特克（Ingrid Kottke）、艾利森·马里诺（Allison Marino）、凯瑟琳·鲍威尔（Catherine Powell）、阿里安娜·蕾（Arianna Ray）和亚历克西斯·斯莱特（Alexis Slater）。我感谢沃斯堡金贝尔艺术基金会（Kimbell Art Foundation of Fort Worth）自 2000 年以来对我的工作的慷慨资助。最后，我要感谢我的夫人桑迪（Sandy）在我写作此书时给予我的爱、帮助和好心情。

参考文献

引言

1 Dagmar Motycka Weston, '"Worlds in Miniature": Some Reflections on Scale and the Microcosmic Meaning of Cabinets of Curiosity', *Architectural Research Quarterly*, XIII (March 2009), pp. 37–48, here 38.
2 Surekha Davies, 'Catalogical Encounters: Worldmaking in Early Modern Cabinets of Curiosities', in Early Modern Things: Objects and Their Histories, 1500–1800, ed. Paula Findlen, 2nd edn (London, 2021), pp. 227–54, here 227–8, 241. Davies writes of cabinets as 'spaces of material reckoning' filled with the 'entangled nature of things'.
3 For what follows, see Barbara Jeanne Balsinger, 'The Kunst- und Wunderkammern: A Catalogue Raisonné of Collecting in German, France, and England, 1565–1750', PhD dissertation, University of Pittsburgh, 1970, pp. 756–8; Mark A. Meadow and Bruce Robertson, ed. and trans., The First Treatise on Museums: Samuel Quiccheberg's Inscriptiones, 1565 (Los Angeles, ca, 2013), pp. 58–9, 99. On Johann Daniel Major's explanation of terms, published in 1674, see Mattias Ekman, 'Architecture of Method: Theories of Disposition in the Kunstkammer', in Proceedings of the Fifth International Conference of the European Architectural History Network, ed. Andres Kurg and Karin Vicente (Tallinn, 2018), pp. 225–36. On Count Wilhelm Werner and his collection, see Erica Bastress-Dukehart, The Zimmern Chronicle: Nobility, Memory, and elf-Representation in Sixteenth-Century Germany (Aldershot, 2002), pp. 35–8.
4 Renate Leggatt-Hofer and Reinhold Sahl, ed., The Vienna Hofburg: Six Centuries as a European Center of Power (Vienna, 2018), p.115.
5 Balsinger, 'The Kunst- und Wunderkammern', p. 759.
6 Giuseppe Olmi, 'Science–Honour–Metaphor: Italian Cabinets of the Sixteenth and

Seventeenth Centuries', in The Origins of Museums: The Cabinet of Curiosities in Sixteenth- and Seventeenth-Century Europe, ed. Oliver Impey and Arthur MacGregor [1985], 2nd edn (Oxford, 2017), pp. 5–16, here 12–13 (citing 1675 edn).

7   Lee Hendrix, 'Natural History Illustrations at the Court of Rudolf II', in Rudolf II and Prague, ed.Eliška Fučiková et al., exh.cat., Prague Castle (London, 1997), pp.157–71, here 162–6, fig.10.12.

8   Also see Chapter Six. Sabine Haag and Franz Kirchweger, eds, Die Kunstkammer. Die Schäze der Habsburger (Vienna, 2012), pp.202–3.

9   Giulia Bartrum, ed., Albrecht Dürer and His Legacy: The Graphic Work of a Renaissance Artist, exh. cat., British Museum, London (Princeton, nj, 2002), pp. 283–7, nos 242–4.

10 Jessica Keating and Lia Markey, '"Indian" Objects in Medici and Austrian-Habsburg Inventories: A Case-Study of the Sixteenth-Century Term', Journal of the History of Collections, 23 (2011), pp. 283–300; Christine Göttler, 'Extraordinary Things: "Idols from India" and the Visual Discernment of Space and Time, circa 1600', in The Nomadic Object: The Challenge of World for Early Modern Religious Art, ed. Christine Göttler and Mia Mochizuki (Leiden, 2017), pp. 37–73; Daniela Bleichmar, 'The Cabinet and the World: Non-European Objects in Early Modern European Collections', Journal of the History of Collections, 33 (2021), pp. 435–45.

11 Weston, '"Worlds in Miniature"'.

12 Cited in Brian W. Ogilvie, The Science of Describing: Natural History in Renaissance Europe (Chicago, il, 2006), p. 4.

13 Franz Winzinger, Albrecht Altdorfer – Graphik (Munich, 1963), pl. 74.

14 Also see Julius von Schlosser, Art and Curiosity Cabinets of the Late Renaissance: A Contribution to the History of Collecting, ed.Thomas DaCosta Kaufmann, trans. Jonathan Blower (Los Angeles, ca, 2021).

15 Jessica Keating and Lia Markey, 'Introduction: Captured Objects. Inventories of Early Modern Collections', Journal of the History of Collections, XXIII/2 (2011), pp. 209–13.

16 Davies, 'Catalogical Encounters', p. 230.

17 The roles of wives, daughters and other female relatives as patrons and collectors is still undervalued and under studied. Lisa Skogh is directing The Kunstkammer and the Early Modern Consort: Knowledge, Networks and Influences, a research project based at the Victoria and Albert Museum in London. See ww.vam.ac.uk. Lisa Skogh, 'Politics of Possession: The Pretiosa Collection of Hedwig Eleonora', Journal of the History of Collections, XXIII (2011), pp.333–47.

18 Susanne König-Lein, '"mit vielen Seltenheiten gefüllet": Die Kunstkammer in Graz unter Erzherzog Karl II.von Innerösterreich und Maria von Bayern', in Das Haus

Habsburg und die Welt der fürstlichen Kunstkammern im 16 und 17. Jahrhundert, ed. Sabine Haag, Franz Kirchweger and Paulus Rainer (Vienna, 2015), pp. 195–227.

19 I draw heavily on the dedicated studies of these collections by other scholars whose research is cited in the notes.

20 Joy Kenseth, ed., The Age of the Marvelous, exh. cat., Hood Museum, Dartmouth College (Hanover, nh, 1991), pp. 234–5, no. 14; Paula Findlen, Possessing Nature: Museums, Collecting, and Scientific Culture in Early Modern Italy (Berkeley, ca, 1994), pp. 31, 42 and 117.

21 I shall discuss Kunstkammern visitors' accounts in later chapters. See also Daniela Bleichmar, 'Looking at Exotica in Baroque Collections: The Object, the Viewer, and the Collection as a Space', in The Gentleman, the Virtuoso, the Inquirer: Vincencio Juan de Lastanosa and the Art of Collecting in Early Modern Spain, ed. Mar Rey Bueno and Miguel López Pérez (Middlesex, 2008), pp. 64–81, esp. 70–78.

22 King Frederick III (r. 1648–70) founded the royal Kunstkammer in Copenhagen in about 1650. The Hamburg picture, with its portrait of Christian IV, suggests it might have been made for his son, Frederick, or someone else associated with the Danish royal court. The tall ivory cup with its putti bacchanal (1663–5), by Joachim Henne of Hamburg, is known as the Løvenørn goblet. Formerly on loan to the Museum für Kunst und Gewerbe in Hamburg, the cup was sold in 2016. Jörg Rasmussen, Barockplastik in Norddeutschland, exh. cat., Museum für Kunst und Gewerbe Hamburg (Mainz, 1977), pp. 384–7, nos 113 (Henne's cup) and 114 (Hinz's painting).

第1章　布置与展示

1 On his biography, see Mark A. Meadow, 'Introduction', in The First Treatise on Museums: Samuel Quiccheberg's Inscriptiones, 1565, ed. and trans. Mark A. Meadow and Bruce Robertson (Los Angeles, ca, 2013), pp. 7–12. I have used their translation for what follows.

2 Mentioned in Heinrich Pantaleon's biography of Quiccheberg (1570). The text is in Meadow and Robertson, ed. and trans., The First Treatise on Museums, pp. 56–7.

3 Meadow and Robertson, The First Treatise on Museums, pp. 60–107; and Harriet Roth, ed., Der Anfang der Museumslehre in Deutschland. Das Traktat 'Inscriptiones vel Tituli Theatri Amplissimi' von Samuel Quiccheberg (Berlin, 2000). Also Rudolf Berliner, 'Zur älteren Geschichte der allgemeinen Museumslehre in Deutschland', Münchner Jahrbuch der Bildenden Kunst, Neue Folge 5 (1928), pp. 327–52, here 329–31; Elizabeth M. Hajós, 'The Concept of an Engravings Collection in the Year 1565: Quicchelberg, Inscriptiones vel Tituli Theatri Amplissimi', Art Bulletin, XL (1958), pp. 151–6; Eva Schulz, 'Notes on the History of Collecting and of Museums', Journal of the History of Collecting and Museums, II (1990), pp. 205–

18, esp. 206-9; Stephan Brakensiek, 'Samuel Quicchelberg: Gründungsvater oder Einzeltäter? Zur Intention der Inscriptiones vel Tituli Theatri amplissimi (1565)und ihrer Rezeption im Sammlungswesen Europas zwischen 1550 und 1820', Metaphorik. de, XIV (2008), pp. 231-52; Koji Kuwakino, 'The Great Theatre of Creative Thought: The Inscriptiones vel tituli theatri amplissimi ... (1565)by Samuel von Quiccheberg', Journal of the History of Collections, XV (2013), pp. 303-24.

4 Meadow and Robertson, Quiccheberg, p. 74.

5 Leo, Samuel's brother, took the manuscript to Italy hoping to find a publisher. Ibid., p. 58. For an excellent discussion of cognitio (the process by which wisdom is acquired) and prudentia (prudence as a form of wisdom), see Mark A. Meadow, 'Quanta prudentia et usus adminis trandæ reipublicæ: Quiccheberg and Mylaeus on the Utility of techne', Journal of the History of Collections, XXXIII (2021), pp. 409-18.

6 Meadow and Robertson, Quiccheberg, pp. 62-3.

7 Ibid., pp. 63-5.

8 Ibid., pp. 65-7.

9 Ibid., pp. 67-9.

10 Ibid., pp. 69-71.

11 Ibid., pp. 71-3.

12 In Gesta Grayorum (1594), Francis Bacon described the ideal philosophical cabinet. His account in many ways parallels the recommendations proposed by Quiccheberg. Bacon advocated one have a library, a botanical and zoo logical garden, a 'goodly huge cabinet, wherein whatsoever the hand of man by exquisite art or engine hath made rare in stuff, form, or motion; whatsoever singularity, chance, and the shuffle of things hath produced; whatsoever nature hath wrought in things that want life and may be kept, shall be sorted and included', and, lastly, 'a still-house, so furnished with mills, instruments, furnaces, and vessels as may be a palace fit for a philosopher's stone'. Quoted from Gesta Grayorum in Gerard l'E.Turner, 'The Cabinet of Experimental Philosophy', in The Origins of Museums: The Cabinet of Curiosities in Sixteenth-and Seventeenth-Century Europe, ed.Oliver Impey and Arthur MacGregor [1985], 2nd edn (Oxford, 2017), pp.214-22, here 220.

13 Meadow and Robertson, Quiccheberg, p. 76.

14 Ibid., pp. 92-103.

15 Employment seems to have been one of Quiccheberg's goals as he sought a position either at the imperial or Bavarian court.

16 Meadow and Robertson, Quiccheberg, p. 111, note 55.Goltzius' book C. Iulius Caesar sive Historiae imperatorum caesarumque Romanorum ex antiquis numismatibus restitutae liber primus of 1563 was Quiccheberg's source of information about several of the collections he listed.

17　Meadow and Robertson, Quiccheberg, p. 56.

18　Meadow, 'Introduction', pp.8–10 for what follows.

19　Ann M. Blair, Too Much to Know: Managing Scholarly Information before the Modern Age (New Haven, ct, 2010); Sachiko Kusukawa, Picturing the Book of Nature: Image, Text, and Argument in Sixteenth-Century Human Anatomy and Medical Botany (Chicago, il, 2012), pp. 98–177.

20　Meadow and Robertson, Quiccheberg, pp. 81, 111–12. Fuchs' De historia stirpium (1542) and the German translation, the New Kreüterbuch (1543), explored the medicinal properties of plants. Agricola's De re metallica (1556) examined geology, minerals and mining.

21　Meadow and Robertson, Quiccheberg, p.82.On Aldrovandi, see Paula Findlen, Possessing Nature: Museums, Collecting, and Scientific Culture in Early Modern Italy (Berkeley, ca, 1994), pp. 17–31, 59 and passim.

22　Angela Fischel, 'Collections, Images, and Form in Sixteenth-Century Natural History: The Case of Conrad Gessner', Intellectual History Review, XX (2010), pp. 147–64, esp. 154, 157–63. Gessner was engaged in a strident disa greement with Pietro Andrea Mattioli over the accuracy of images. Kusukawa, Book of Nature, pp. 163–77. More gen erally, see Susan Dackerman, ed., Prints and the Pursuit of Knowledge in Early Modern Europe, exh. cat., Harvard Art Museum, Cambridge, ma (New Haven, ct, 2011).

23　Meadow and Robertson, Quiccheberg, p. 74.

24　Ibid., p. 104.

25　Katharina Pilaski Kaliardos, The Munich Kunstkammer: Art, Nature, and the Representation of Knowledge in Courtly Contexts (Tübingen, 2013), pp. 41–88 relates the treatise's conception to the intellectual milieu at the Bavarian court.

26　Frances A. Yates, The Art of Memory (Chicago, il, 1966), pp. 129–59 and the diagram between 144–5; Roth, Museumslehre, pp. 25–34.

27　Brakensiek, 'Gründungsvater', p. 248. The libraries in Konstanz, Stuttgart, Dresden and Göttingen possess single copies while two copies each are in Augsburg and Munich. There are a few additional copies, such as at the University of California at Berkeley, as a search on WorldCat reveals.

28　Meadow and Robertson, Quiccheberg, p. 105.

29　Ibid., pp. 104–7.

30　Berliner, 'Geschichte', pp. 331–8; Brakensiek, 'Gründungsvater', pp. 246–9 for what follows.

31　Schultz, 'Notes on the History', pp. 209–12; Mattias Ekman, 'Architecture of Method: Theories of Disposition in the Kunstkammer', in Proceedings of the Fifth International Conference of the European Architectural History Network, ed.Andres

Kurg and Karin Vicente (Tallinn, 2018), pp. 225-36; Vera Keller, 'Johann Daniel Major (1634-1693) and the Experimental Museum', Journal of the History of Collections, XXXIII (2021), pp. 459-68.

32 Staatsarchiv Dresden, 10024, Loc. 9835/12. Barbara Gutfleisch and Joachim Menzhausen, '"How a Kunstkammer should be formed": Gabriel Kaltemarckt's Advice to Christian I of Saxony on the Formation of an Art Collection, 1587', Journal of the History of Collections, I (1989), pp. 3-32 with an English translation of the text on 7-31; Christien Melzer, Von der Kunstkammer zum Kupferstich-Kabinett. Zur Frühgeschichte des Graphiksammelns in Dresden (1560-1738) (Hildesheim, 2010), pp. 184-202; Matthias Dämmig, 'Gabriel Kaltemarckts Bedencken, wie eine kunst-cammer aufzurichten seyn mochte von 1587 mit einer Einleitung', in Die kurfürstliche-säcbsische Kunstkammer in Dresden.
Geschichte einer Sammlung, ed. Dirk Syndram and Martina Minning (Dresden, 2012), pp. 46-61, with a transcription of the German text on 53-61; and Jürgen Müller, 'Renovatio artis saxoniae. Zur Deutung von Gabriel Kaltemarckts "Bedenken" aus dem Jahre 1587', in Dresden-Prag um 1600, ed. Beket Bukovinská and Lubomír Konečn' (Prague, 2018), pp. 87-100.

33 Gutfleisch and Menzhausen, How a Kunstkammer should be formed, p. 3. Kaltemarckt may have had some theological training. In 1605 and in a second edition in 1616 he published a book on the historic description of paradise and its four rivers. See Melzer, Kupferstich-Kabinett, p. 237; Dämmig, 'Bedencken', p. 48.

34 Gutfleisch and Menzhausen, How a Kunstkammer should be formed, p. 10.

35 Ibid.

36 Ibid., p. 11.

37 Ibid., pp. 12-13; see also 13-18 (sculptors), 19-26 (painters) and 26-7 (printmakers).

38 On Vasari and other influences, see Dämmig, 'Bedencken', pp. 49-50; Müller, 'Renovatio'.

39 Gutfleisch and Menzhausen, '"How a Kunstkammer should be formed"', p. 30.

40 Ibid.

41 Ibid., p. 31.

42 Ibid., p. 8.

43 Melzer, Kupferstich-Kabinett, p. 197.

44 Kaliardos, Munich Kunstkammer, pp. 89-134 stresses the confessional qualities of the Munich Kunstkammer in contrast with Quiccheberg who writes sparingly about religious objects and the benefits of their use within the collection.

45 Gutfleisch and Menzhausen, '"How a Kunstkammer should be formed"', p. 4.

46 Ibid., p. 8.

47 Ibid., pp. 8–9.

48 Oscar Doering, Des Augsburger Patriciers Philipp Hainhofer Beziehungen zum Herzog Philipp Ⅱ. Von Pommern-Stettin Correspondenzen aus den Jahren 1610–1619（Vienna, 1894）, pp. 292–4 for the full text; Michael Wenzel, Philipp Hainhofer. Handeln mit Kunst und Politik（Berlin, 2020）, pp. 187–8. Also see the suggestions of Johann Daniel Major, writing in 1674, in Ekman, 'Architecture of Method', p. 232.

49 Adam Olearius, Gottorffische Kunst-Kammer …（Schleswig, 1666）, fols 3a–b. The translation comes from Elio Christoph Brancaforte, Visions of Persia: Mapping the Travels of Adam Olearius（Cambridge, ma, 2003）, pp. 23–4.For more on Gottorf and Olearius, see Chapter Eight.

50 Here the depiction of the Kunstkammer, like most similar illustrations, presents an imaginary room. Museographia, oder, Anleitung zum rechten Begriff und nützlicher Anlegung der Museorum oder Raritääen-Kammern（Museographia or Instruction to a Fair Notion and Useful Installment of Museums or Curiosity Cabinets）. Neickel is the pseudonym of Kaspar Friedrich Jenequel.

51 Johann Daniel Major, Collegium medico-curiosorum hebdomatim intra aedes privatas habendum intimat aequis aestimatoribus studii experimentalis（Kiel, 1670）, n.p., cited by Keller, 'Johann Daniel Major（1634–1693）and the Experimental Museum'.

52 I owe this reference, brief summary and quotations that follow to Joseph Connors. The text, Dello studio dell'opere più bella della Natura e dell'arte, is Biblioteca Marciana, Venice, Ital. Ⅺ. 282（7116）, pp. 1–59. Irene Baldriga, L'occhio della lince. I primi Lincei tra arte, scienza e collezionismo（1603–1630）（Rome, 2002）, pp. 47–9. With a similar purpose in mind, Vincencio Juan de Lastanosa（1607–1681）composed his Relación（1662）, in which he guides an imaginary（?）visitor through the diverse collections of his residence in Huesca. See Daniela Bleichmar, 'Looking at Exotica in Baroque Collections: The Object, the Viewer, and the Collection as a Space', in The Gentleman, the Virtuoso, the Inquirer: Vincencio Juan de Lastanosa and the Art of Collecting in Early Modern Spain, ed. Mar Rey Bueno and Miguel López Pérez（Middlesex, 2008）, pp. 64–81.

第 2 章 艺术收藏馆的起源与私人收藏

1 Philippe Cordez, Treasure, Memory, Nature: Church Objects in the Middle Ages（Turnhout, 2020）.

2 Dagmar Eichberger, 'A Renaissance Reliquary Collection in Halle, and Its Illustrated Inventories', Art Bulletin of Victoria, ⅩⅩⅩⅦ（1996）, pp. 19–36.

3 Jules Guiffrey, ed., Inventaires de Jean du de Berry（1401–1416）, 2 vols（Paris, 1894–6）.

4 Jeffrey Chipps Smith, 'The Practical Logistics of Art: Thoughts on the Commissioning,

Displaying, and Storing of Art at the Burgundian Court', in *In Detail: New Studies of Northern Renaissance Art in Honor of Walter S. Gibson*, ed.Laurinda S. Dixon (Turnhout, 1998), pp. 27–48, here 38–42.

5   Ibid., p. 41.

6   Norbert Huse and Wolfgang Wolters, *The Art of Renaissance Venice* (Chicago, il, 1990), pp. 201–3, fig. 176.

7   Cited in Paula Findlen, '"The Museum": Its Classical Etymology and Renaissance Genealogy', *Journal of the History of Collections*, Ⅰ (1989), pp. 59–78, here 62. A shorter translation is given in Dora Thornton, *The Scholar in His Study: Ownership and Experience in Renaissance Italy* (New Haven, ct, 1997), p. 32.

8   Thornton, *The Scholar*, pp. 106 and 113.

9   Ibid., pp. 120 and see 43–75 on the construction, lighting, heating and decoration of elite studies.

10 Ibid., pp. 175–9.

11 The first (begun c. 1490) and second (c. 1520/22) studioli of Marchesa Isabella d'Este (1474–1539) in the Castello di San Giorgio in Mantua were famous for the display of contemporary paintings by Andrea Mantegna and Pietro Perugino, among others. Egon Verheyen, The Paintings in the Studiolo of Isabelle d'Este at Mantua (New York, 1971), pp. 6–21.

12 Wolfgang Liebenwein, *Studiolo: Die Entstehung eines Raumtyps und seine Entwicklung bis um 1600* (Berlin, 1977), pp. 83–99, figs. 18–25 and plates 29–44, 49–54.

13 Liebenwein, *Studiolo*, pp. 154–9, figs. 37 and 40, plates 119–22; Arthur MacGregor, *Curiosity and Enlightenment: Collectors and Collections from the Sixteenth to the Nineteenth Century* (New Haven, ct, 2007), pp. 12–13, figs. 9–10; Lindsey Alberts, 'The Studiolo of Francesco Ⅰ de' Medici: A Recently-Found Inventory', arths *2.0*, Ⅰ (Summer 2015), pp. 3–24. On the earlier history of the Medici collection and its arrangement, see Adriana Turpin, 'The New World Collections of Duke Cosimo Ⅰ de'Medici and Their Role in the Creation of a *Kunst- and Wunderkammer* in the Palazzo Vecchio', in *Curiosity and Wonder from the Renaissance to the Enlightenment*, ed. Robert J. W. Evans and Alexander Marr (Aldershot, 2006), pp. 63–85.

14 I wish to thank Dagmar Eichberger for our conversations about Margaret of Austria. This section depends on her publications including Leben mit Kunst, Wirken durch Kunst. Sammelwesen und Hofkunst unter Margarete von Österreich, Regentin der Niederlande (Turnhout, 2002); Dagmar Eichberger, ed., Women of Distinction. Margaret of York – Margaret of Austria, exh. cat., Lamot, Mechelen (Leuven, 2005).

15 Eichberger, *Leben mit Kunst*, pp. 55–115; Krista De Jonge, 'The Principal

16 Eichberger, *Leben mit Kunst*, pp. 118–24.

17 Dagmar Eichberger, 'Margaret of Austria and the Documentation of Her Collection in Mechelen', in *Los inventarios de Carlos …a familia imperial - The Inventories of Charles V and the Imperial Family*, directed by Fernando Checa Cremades, 3 vols (Madrid, 2010), vol. III, pp. 2351–63.

18 Eichberger, *Leben mit Kunst*, pp. 167–85.

19 Deanna MacDonald, 'Collecting a New World: The Ethnographic Collections of Margaret of Austria', *Sixteenth Century Journal*, XXXIII (2002), pp. 649–63; Eichberger, *Leben mit Kunst*, pp. 179–85; Joris Capenberghs, 'Margaret of Austria, the Hof van Savoyen and the New World', in *Women of Distinction: Margaret of York - Margaret of Austria*, ed. Dagmar Eichberger, exh. cat., Lamot, Mechelen (Leuven, 2005), pp. 297–309, esp. 303 and 306.

20 Eichberger, *Leben mit Kunst*, p. 403.

21 Ibid., pp. 153–66 with further literature.

22 Ibid., pp. 99–109 and 200–205.

23 Ibid., pp. 97–9.

24 Ibid., pp. 133–5.

25 These sorts of objects will be discussed in later chapters.
Mark Thurner and Juan Pimentel, eds, New World Objects of Knowledge: A Cabinet of Curiosities (London, 2021), including José Ramón Marcaida, 'Bird of Paradise', ibid., pp. 155–7.

26 Eichberger, *Leben mit Kunst*, p. 432.

27 Eichberger, 'Documentation', vol. III, p. 2360.

28 Hans Rott, Ott Heinrich und die Kunst (Heidelberg, 1905); Miriam Hall Kirch, 'Right Princely Art: The Portraits of Ottheinrich', PhD dissertation, University of Texas at Austin, 2003, pp. 110–20; Miriam Hall Kirch, '"Many kinds of old, heathen, imperial pennies, and the like Antiquities"', Journal of the History of Collections, XXV (2011), pp. 1–15.

29 I wish to thank Miriam (Lisa) Hall Kirch and Hanns Hubach for sharing the edited translation of the inventory that they are preparing for publication. Munich, Geheimes Hausarchiv, Pfalz und Pfalz-Neuburg, Akten Nr. 2690, fols 1r–28v. Kirch, '"Many kinds"', pp. 5–6.

30 Kirch, '"Right Princely Art"', pp. 112–13.

31 Hans Kilian, *Zeichnungen von Kurf…rst Ottheinrichs alchemistischem Laborinventar* is in Universitätsbibliothek Heidelberg, Cod. Pal. germ. 302, https://digi.ub.uniheidelberg.

de/diglit/cpg302/0029? ui_lang=eng.

32 Vienna, Technisches Museum, inv. no. 11393. The clock was later owned by the Habsburgs and it is documented in 1632 in their Kunstkammer in Graz. Karl Rudolf, 'Arcimboldo im kulinarischen Wissensraum. Die Kunstkammer Kaiser Ferdinands Ⅰ. (1503–1564)', in Das Haus Habsburg und die Welt der fürstlichen Kunstkammern im 16. und 17. Jahrhundert, ed. Sabine Haag, Franz Kirchweger and Paulus Rainer (Vienna, 2015), pp. 133–65, here 151 and fig. 13; Wolfram Koeppe, ed., Making Marvels: Science and Splendor at the Courts of Europe, exh. cat., Metropolitan Museum of Art, New York (New Haven, ct, 2019), pp. 216–22, no. 117.

33 Gold (sun), silver (moon), mercury (Mercury), copper (Venus), iron (Mars), tin (Jupiter) and lead (Saturn).

34 Kirch, '"Many kinds"', p. 6.

35 Hans Christoph Ackermann, 'The Basle Cabinets of Art and Curiosities in the Sixteenth and Seventeenth Centuries', in The Origins of Museums: The Cabinet of Curiosities in Sixteenth- and Seventeenth-Century Europe, ed. Oliver Impey and Arthur MacGregor [1985], 2nd edn (Oxford, 2017), pp. 62–8; Historisches Museum Basel, ed., Die grosse Kunstkammer. Bürgerliche Sammler und Sammlungen in Basel, exh. cat. (Basel, 2011).

36 Ryff was a merchant, mine owner and politician. His collection of minerals, coins, goldsmith models and other items was largely kept in a single wooden cabinet (1592), attributed to Jacob Israel Neubeck, now in the Historisches Museum Basel, inv. nos 1906.1120 and 1887.160. It measures 168.5 × 89 × 48.5 cm. Raphael Beuing, 'Die Welt im Kasten.
Der sammelnde Kaufmann Andreas Ryff (1550–1603)', in Die grosse Kunstkammer, ed. Historisches Museum Basel, exh. cat. (Basel, 2011), pp. 60–68, here 64–6, fig. 2, and cat.no. 3.

37 Ackermann, 'The Basle Cabinets of Art and Curiosities', pp. 62–4; Sammeln in der Renaissance. Das Amerbach-Kabinett, ed. Öffentliche Kunstsammlung Basel, 4 vols, exh. cat. (Basel, 1991); Elisabeth Landolt, 'Das Amerbach–Kabinett und seine Inventare', in Elisabeth Landolt et al., Das Amerbach-Kabinett. Beiträge zu Basilius Amerbach (Basel, 2011), pp. 73–303, esp. 77–80 on the family; and Sabine Söll–Tauchert, '"ein ansehenlicher Schatz von allerley alten Müntzen, Kunst vnd Rariteten". Das Amerbach–Kabinett', in Die grosse Kunstkammer, ed. Historisches Museum Basel, exh. cat. (Basel, 2011), pp. 42–58.

38 Landolt, 'Das Amerbach–Kabinett', pp. 107–303.

39 The building's design or, at least, the plans for the six small vaults or bays of the room are attributed to Daniel Heintz. Landolt, 'Das Amerbach–Kabinett', pp. 101–5; Söll Tauchert, 'Das Amerbach–Kabinett', p. 48.

40　On the furniture, see Landolt, 'Das Amerbach-Kabinett', pp. 104–5.

41　Landolt, 'Das Amerbach-Kabinett', pp. 141–73; Paul H. Boerlin, Sammeln in der Renaissance. Das Amerbach-Kabinett. Die Gemälde (Basel, 1991).

42　Historisches Museum Basel, Inv. 1908.16. Elisabeth Landolt and Felix Ackermann, Sammeln in der Renaissance.Das Amerbach-Kabinett. Die Objekte im Historischen Museum Basel (Basel, 1991), no. 66; Die grosse Kunstkammer, ed. Historisches Museum Basel, nos 2 and 96; Susanne von Hoerschelmann, 'Basilius Amerbach als Sammler und Kenner von antiken Münzen', in Landolt et al., Das Amerbach-Kabinett, pp. 29–50.

43　The Venus and Mercury statues were made in north (?)Italy around 1500 or, at least before 1550. There is no infor mation about the Jupiter bronze. Landolt and Ackermann, Die Objekte, nos 37–8.

44　Söll-Tauchert, 'Das Amerbach-Kabinett', p. 53, fig. 10.

45　Paul Tanner, Sammeln in der Renaissance. Das Amerbach-Kabinett. Die Basler Goldschmiederisse (Basel, 1991); Söll-Tauchert, 'Das Amerbach-Kabinett', pp. 49, 52–4.

46　Landolt, 'Das Amerbach-Kabinett', pp. 87–8.

47　Die grosse Kunstkammer, ed. Historisches Museum Basel, no. 50.

48　Four lead models (c. 1550)by Wenzel Jamnitzer or his workshop were created for the decoration of the reliquary chest of St Victor (c. 1556–70)now in the Real Monasterio de las Descalzas Reales in Madrid. Landolt and Ackermann, Die Objekt, no. 94; Die grosse Kunstkammer, ed. Historisches Museum Basel, no. 52.

49　Söll-Tauchert, 'Das Amerbach-Kabinett', pp. 52 and 54.

50　Landolt, 'Das Amerbach-Kabinett', p. 186; Söll-Tauchert, 'Das Amerbach-Kabinett', p. 54.

51　Landolt, 'Das Amerbach-Kabinett', p. 104; Christian Müller, Sammeln in der Renaissance. Das Amerbach-Kabinett.Zeichnungen Alter Meister (Basel, 1991); Söll-Tauchert, 'Das Amerbach-Kabinett', pp. 49 and 52.

52　Söll-Tauchert, 'Das Amerbach-Kabinett', p. 49; Die grosse Kunstkammer, ed. Historisches Museum Basel, nos 32–4, 80.

53　Söll-Tauchert, 'Das Amerbach-Kabinett', pp. 55–6.

54　Hilda Lietzmann, 'Zu einem unbekannten Brief Heinrich Pantaleons aus dem Jahre 1576', Basler Zeitschrift für Geschichte und Altertumskunde, XCIV (1994), pp. 75–102, esp. 87 and 97; Söll-Tauchert, 'Das Amerbach-Kabinett', p. 56.

55　Söll-Tauchert, 'Das Amerbach-Kabinett', pp. 56–7.

56　A new inventory was compiled in 1662. Landolt, 'Das Amerbach-Kabinett', pp. 175–206.

57　For what follows, see Elisabeth Landolt, 'Materialien zu Felix Platter als Sammler und Kunstfreund', Basler Zeitschrift für Geschichte und Altertumskunde, LXXII (1972), pp. 245–302; and especially Gudrun Piller, '"viel tausendt Kunststücke unnd Wunderwerck der Natur": Die Sammlung des Stadtarztes Felix Platter (1536–1614)', in Die grosse Kunstkammer, ed. Historisches Museum Basel, exh.cat.(Basel, 2011), pp. 70–80.

58 Piller, 'Die Sammlung', p. 77, fig. 11.
59 Ibid., p. 78.
60 Ibid., p. 75, figs. 8–9.
61 Ibid., p. 75, fig. 10. About 180 natural objects from his collection are in the Naturalhistorisches Museum Basel.
62 Landolt, 'Materialen zu Felix Platter', pp. 249–50.
63 Ibid., p. 253.
64 Ibid., p. 246.
65 I am not discussing the Faesch collection because of its later origins. See Ackermann, 'The Basle Cabinets', pp. 66–8; André Salvisberg, '"...it grosser Müh, Sorgfalt und Unkosten, in dreissig und mehr Jahren zusammen geleget ..." Das Museum Faesch', in Die grosse Kunstkammer, ed. Historisches Museum Basel, exh. cat. (Basel, 2011), pp. 82–94.
66 For details, see Salvisberg, 'Das Museum Faesch', pp. 87–9.
67 Ibid., p. 90.
68 Universitätsbibliothek Basel, an VI, folio 8v. Ibid., p. 90, fig. 8.

第3章 维特尔斯巴赫家族与慕尼黑艺术收藏馆

1 Lorenz Seelig, 'Die Münchner Kunstkammer', in Dorothea Diemer, Peter Diemer, Lorenz Seelig et al., Die Münchner Kunstkammer. Aufsätze und Anhänge, ed. Willibald Sauerländer (Munich, 2008), pp. 1–114, here 10 and 364, doc. III.4.
2 Peter and Dorothea Diemer, Lorenz Seelig and Elke Bujok, among others, have done extraordinary research on the Fickler manuscript and on the Munich Kunstkammer. I depend heavily on their published research and on my discussions with the Diemers for what follows in this chapter. There are two different manuscript versions of the inventory in the Bayerische Staatsbibliothek, Munich, cgm 2133 and cgm 2134. The numbers given in 2133 are used throughout what follows. Peter Diemer, with Elke Bujok and Dorothea Diemer, eds, Johann Baptist Fickler. Das Inventar der Münchner herzoglichen Kunstkammer von 1598. Editionsband–Transkription der Inventarhandschrift cgm 2133 (Munich, 2004); Dorothea Diemer, Peter Diemer and Lorenz Seelig et al., Die Münchner Kunstkammer, Katalog, 2 vols, ed. Willibald Sauerländer (Munich, 2008). Also see Lorenz Seelig, 'The Munich Kunstkammer, 1565–1807', in The Origins of Museums: The Cabinet of Curiosities in Sixteenth- and Seventeenth-Century

Europe, ed. Oliver Impey and Arthur MacGregor [1985], 2nd edn (Oxford, 2017), pp. 76–89; Katharina Pilaski Kaliardos, The Munich Kunstkammer: Art, Nature, and the Representation of Knowledge in Courtly Contexts (Tübingen, 2013).

3 Seelig, 'Die Münchner Kunstkammer', p. 19.

4 Ibid., pp. 114, also 491–6.

5 Walter Goetz, 'Albrecht V', in Neue Deutsche Biographie, vol. I (Berlin, 1953), pp. 158–60.

6 Jeffrey Chipps Smith, Sensuous Worship: The Jesuits and the Art of the Early Catholic Reformation in Germany (Princeton, nj, 2002), pp. 12–13.

7 Diemer, Kunstkammer, Katalog, vol. I, no. 157.

8 Cited by Meadow, 'Introduction', in The First Treatise on Museums: Samuel Quiccheberg's Inscriptiones, 1565, ed. And trans. Mark A. Meadow and Bruce Robertson (Los Angeles, ca, 2013), pp. 1–41, here 4.

9 Mark A. Meadow, 'Merchants and Marvels: Hans Jacob Fugger and the Origins of the Wunderkammer', in Merchants and Marvels: Commerce, Science, and Art in Early Modern Europe, ed. Pamela H. Smith and Paula Findlen (New York, 2002), pp. 182–200.

10 Herbert Karner, ed., Die Wiener Hofburg, 1521–1705 (Vienna, 2014), pp. 198–213, esp. 203–5, and figs III.3–4, iv.89.

11 The five-bay building measured roughly 20 × 9 metres. Karner, *Hofburg*, p. 206. Renate Leggatt-Hofer is currently researching the origins and subsequent history of this building.

12 Sabine Haag and Franz Kirchweger, eds, Die Kunstkammer. Die Schätze der Habsburger (Vienna, 2012), pp. 17, 19. Sometimes the Stallburg or stables is cited incorrectly as the location of the Kunstkammer. Archduke Leopold Wilhelm lived in the Stallburg together with his famous painting collection between 1656 and 1662.

13 Seelig, 'Die Münchner Kunstkammer', pp. 49–50.

14 Sabine Heym, Das Antiquarium der Residenz München (Munich, 2007).

15 Ibid., p. 17.

16 Susan Maxwell, The Court Art of Friedrich Sustris: Patronage in Late Renaissance Bavaria (Farnham, 2011), pp. 154–8.

17 In about 1599 the library was moved to the Hofkammer building (1579–81). Its north facade faced and was directly linked by an archway to the Marstall and *Kunstkammer*. Otto Hartig, 'Die Kunsttättigkeit in München unter Wilhelm IV. und Albrecht V. 1520–1579. Neue Forschungen', Münchner Jahrbuch der bildenden Kunst, n.f. 10 (1933), pp. 147–225, here 211–12; Franz Georg Kaltwasser, 'The Common Roots of Library and Museum in the Sixteenth Century: The Example of Munich', Library History, XX/3 (2004), pp. 163–81, here 168–72.

18 Bernhard Zwitzel, the Augsburg *Stadtwerkmeister*, likely created the architectural design while Wilhelm Egckl, the Munich *Hofbaumeister*, oversaw construction. Sculptors Kaspar Weinart and Hans Aesslinger as well as painter Hans Ostendorfer helped decorate the building. Seelig, 'Die Münchner Kunstkammer', esp. pp. 1–9, figs 1–13; and Lorenz Seelig, 'Die Münchner Kunstkammer', Jahrbuch der Bayerischen Denkmalpflege, XL (1986), pp. 101–38; Esther Hoppe-Münzberg, 'The Princely Horse as a Work of Art and Its Architectural Frame: A Munich Example, a Hapsburg Model', in Felix Austria: lazos familiares, cultura politica y mecenazgo entre las cortes de los Habsburgo / Family Ties, Political Culture and Artistic Patronage between the Habsburg Courts Networks, ed. Bernardo J. García García (Madrid, 2016), pp. 203–19, esp. 212–14.

19 The building's interior spaces were altered in 1807.

20 Seelig, 'Die Münchner Kunstkammer' (2008), p. 2; Elke Bujok, 'Ethnographica in der Münchner Kunstkammer', in Diemer, Diemer and Seelig et al., Die Münchner Kunstkammer. Aufsätze und Anhänge, ed. Sauerländer, pp. 311–20, here 318.

21 Seelig, 'Die Münchner Kunstkammer' (2008), pp. 14–16.

22 Ibid., pp. 20–21, figs 2–8; Diemer, Kunstkammer, Katalog, vol. II, no. 1963.

23 Seelig, 'Die Münchner Kunstkammer' (2008), p. 18.

24 Kaltwasser, 'Common Roots', p. 172; ibid., p. 27.

25 Seelig, 'Kunstkammer, 1565–1807', pp. 90–91; Seelig, 'Die Münchner Kunstkammer' (2008), pp. 4–5, 12, figs 1, 16–17.

26 Diemer, Fickler; Diemer, Kunstkammer, Katalog; Diemer, *Kunstkammer, Aufsätze*.

27 Diemer, Kunstkammer, Katalog, vol. II, nos 121a–2.

28 Seelig, 'Kunstkammer, 1565–1807', p. 80.

29 Seelig, 'Die Münchner Kunstkammer' (2008), pp. 27–44.

30 One room in the Stadtresidenz was referred to as the *alte Kunst Camer*. Ibid., pp. 45–6; Peter Diemer, 'Wenig ergiebig für die Alte Pinakothek? Die Gemälde der Kunstkammer', in Diemer, Diemer and Seelig et al., Die Münchner Kunstkammer. Aufsäte und Anhäne, ed. Sauerländer, pp. 125–224, here 134–5.

31 In 1567 Wilhelm wrote to his father asking for permission to create his own Kunstkammer. Sigrid Sangl and Birgitta Heid, Kunst- und Wunderkammer. Burg Trausnitz, ed. Renate Eikelmann (Munich, 2007), pp. 26, 30–35.

32 Diemer, Kunstkammer, Katalog, vol. II, no. 3380; Kurt Löcher, Hans Mielich, 1516–1573. Bildnismaler in München (Munich, 2002), pp. 54–5, 271–81, no. 20.

33 Diemer, Kunstkammer, Katalog, vol. II, no. 2969.

34 Ibid., nos 2970–79.

35 The fools painted on the three-storey staircase of the Italian annexe at Burg Trausnitz in Landshut likely date to Wilhelm V's residency in the late 1560s to 1579. Maxwell,

36 Albrecht Dürer is one of the few artists listed by name and with the greatest frequency in Fickler's inventory. See Diemer, Kunstkammer, Katalog, vol. I, nos 78, 96 and vol. II, nos 1967, 2669, 2916, 2933, 3202.

37 Gisela Goldberg, 'Zur Ausprägung der Dürer-Renaissance in München', Münchner Jahrbuch der bildenden Kunst, XXXI (1980), pp. 129–75.

38 Diemer, Kunstkammer, Katalog, vol. I, nos 2989–3175, among others.

39 Diemer, 'Die Gemälde', p. 142; Kaliardos, Kunstkammer, pp. 14–15.

40 Diemer, Kunstkammer, Katalog, vol. I, nos 1–39, 90–92, 1018a/1–28.

41 Ibid., nos 1–121.

42 Ibid., no. 78.

43 Ibid., nos 135–88.

44 Ibid., nos 199–227.

45 Ibid., nos 236–89.

46 Ibid., no. 123.

47 Ibid., no. 124.

48 Ibid., no. 125.

49 Ibid., no. 126.

50 Ibid., nos 128–9, 132, 138–40.

51 Ibid., nos 127, 131, 133–83.

52 Diemer, Kunstkammer, Katalog, vol. II, nos 3359–60.

53 Diemer, 'Die Gemälde', pp. 141–4.

54 The reliefs of Julius Caesar and Nero were missing. Diemer, Kunstkammer, Katalog, vol. II, nos 2598, 2605, 2614, 2622, 2635, 2642, 2649, 2656, 2663, 2672.

55 Seelig, 'Kunstkammer, 1565–1807', p. 79.

56 Diemer, Kunstkammer, Katalog, vol. I, no. 937. See Wolfram Koeppe, ed., Art of the Royal Court: Treasures in Pietre Dure from the Palaces of Europe, exh. cat., Metropolitan Museum of Art, New York (New Haven, ct, 2008).

57 Diemer, Kunstkammer, Katalog, vol. I, no. 905a, 2.

58 Ibid., no. 978.

59 Ibid., no. 1391.

60 Ibid., nos 938 (shown here) and 1029.

61 Ibid., no. 1025.

62 Ibid., no. 977. For this technique, see Judith W. Mann, ed., Paintings on Stone: Science and the Sacred, 1530–1800, exh. cat., Saint Louis Art Museum (Munich, 2020).

63 Diemer, Kunstkammer, Katalog, vol. 1, nos 985, 998–9 and, for the drinking vessel in the form of a bear, 1002.

64 Seelig, 'Kunstkammer, 1565–1807', p. 79; ibid., no. 1027.

65 Diemer, Kunstkammer, Katalog, vol. I, nos 356, 655, 764, 1444; Katalog, vol. II, no. 1786.

66 Diemer, Kunstkammer, Katalog, vol. I, nos 319–21, 905 and 950.

67 Ibid., no. 832. Schatzkammer der Residenz, Munich, inv. no. 560.

68 Diemer, Kunstkammer, Katalog, vol. II, no. 2108.

69 José Pardo-Tomás, 'Bezoar', in New World Objects of Knowledge: A Cabinet of Curiosities, ed. Mark Thurner and Juan Pimentel (London, 2021), pp. 195–200.

70 Diemer, Kunstkammer, Katalog, vol. II, nos 1960, 1962–6. Bayerisches Nationalmuseum, Munich, inv. nos Mod. 1–5.

71 It is inscribed 'anno. 1571. iar. hat. herzog. albrecht.dies. lobliche. stat. dvrch. iacob sanndter. in. grvndt.legen. lasen.'

72 Diemer, Kunstkammer, Katalog, vol. II, no. 1946.

73 Ibid., no. 1945. The model was destroyed in 1944. Conrad Doose and Siegfried Peters, The Renaissance Fortress of Jülich (Jülich, 1998).

74 Diemer, Kunstkammer, Katalog, vol. II, nos 1947–58.

75 Ibid., nos 1951–2.

76 Ibid., no. 1959. 58.4 × 41.3 cm, c. 1525–7. Skulpturensammlungen, Berlin, inv. no. 3119.

77 Diemer, Kunstkammer, Katalog, vol. II, nos 1966 (model) and 1967 (Triumphal Arch).

78 Ibid., nos 1969–70. Most of the blocks are in the Bayerisches Nationalmuseum, Munich, inv. nos Phys 258.1–25 and R 9035–9304. I illustrate the printed map rather than the woodblocks.

79 An example is Diemer, Kunstkammer, Katalog, vol. II, no. 1798. Five of Apian's wooden quadrants are ibid., no. 1894.

80 The map was destroyed in the eighteenth century. See 'apian1563' in www.bayerische-landesbibliothek-online.de, accessed 20 July 2018.

81 Diemer, Kunstkammer, Katalog, vol. I, no. 81; Kaliardos, Kunstkammer, p. 35.

82 Diemer, Kunstkammer, Katalog, vol. II, nos 3370–71. The latter is in the Schlossmuseum, Berchtesgaden, inv. no.m iiia 121.

83 Diemer, Kunstkammer, Katalog, vol. II, nos 2250–71; Seelig, 'Die Münchner Kunstkammer' (2008), p. 30; and Brigitte Volk-Knüttel, 'Das Puppenhaus der Herzogin Anna von Bayern von 1558', in Diemer, Diemer and Seelig et al., Die Münchner Kunstkammer. Aufsäte und Anhänge ed. Sauerländer, pp. 285–92.

84 Leonie von Wilckens, Das Puppenhaus. Vom Spiegelbild des ürgerlichen Hausstandes zum Spielzeug für Kinder (Munich, 1978).

85 Leonie von Wilckens, Tageslauf im Puppenhaus. Bürgerliches Leben vor dreihundert

Jahren (Munich, 1956), pp. 9–10, pls 2–40.

86　Diemer, Kunstkammer, Katalog, vol. II, no. 3362. The elephant was displayed in the Bayerisches Nationalmuseum in Munich (no. 28/60) from 1928 until its destruction shortly after the Second World War. Annemarie Jordan Gschwend, The Story of Süleyman: Celebrity Elephants and Other Exotica in Renaissance Portugal (Zurich, 2010), pp. 15–34.

87　Diemer, Kunstkammer, Katalog, vol. II, no. 3363; Susan Maxwell, 'Every Living Beast: Collecting Animals in Early Modern Munich', in Animals and Early Modern Identity, ed. Pia Cuneo (Farnham, 2014), pp. 45–66.

88　Diemer, Kunstkammer, Katalog, vol. II, nos 2094–102.

89　For a discussion of the different types of stones and minerals used in Kunstkammer objects, see Jutta Kappel, Deutsche Steinschneidekunst aus dem Grünern Gewölbe zu Dresden, exh. cat., Deutsches Edelsteinmuseum Idar Oberstein (Dresden, 1998), pp. 179–90; John Encarnación, 'Description of Stones', in Paintings on Stone, ed. Mann, exh. cat., pp. 314–17.

90　Diemer, Kunstkammer, Katalog, vol. I, no. 339.

91　Ibid., nos 572 and 575. This process will be discussed later.

92　Ibid., nos 568, 570–73, 575, 578 (in gold), 579–80.

93　Ibid., nos 296–7, 299, 841.1–3, 842–4.

94　Dorothea Diemer, 'Gedrechselte Elfenbeine', in Diemer, Diemer and Seelig et al., Die Münchner Kunstkammer. Aufsätze und Anhänge, ed. Sauerländer, pp. 269–72; Noam Andrews, 'The Ivory Turn of Solids, Curves, and Nests', in Making Marvels: Science and Splendor at the Courts of Europe, ed. Wolfram Koeppe, exh. cat., Metropolitan Museum of Art, New York (New Haven, ct, 2019), pp. 121–8.

95　Diemer, Kunstkammer, Katalog, vol. I, nos 1486 and 1596.

96　Bujok, 'Ethnographica in der Münchner Kunstkammer'; Elke Bujok, 'Ethnographica in Early Modern Kunstkammern and Their Perceptions', Journal of the History of Collections, XXI (2009), pp. 17–32.

97　Bujok, 'Ethnographica in der Münchner Kunstkammer', p. 311.

98　Diemer, Kunstkammer, Katalog, vol. I, nos 1003, 1127, 1162–77, 1514–75, 1657, 1711; vol. II, nos 1851–77; Friederike Wappenschmidt, '"selzame und hir Landes fremde Sachen". Exotica aus Fernost im Münchner Kunstkammerinventar von 1598', in Diemer, Diemer and Seelig et al., Die Münchner Kunstkammer. Aufsätze und Anhänge, ed. Sauerländer, pp. 293–310.

99　Diemer, Kunstkammer, Katalog, vol. I, nos 1075–7, 1080. Feather works will be discussed in later chapters.

100　Ibid., nos 1581–2 to 1595.

101　Ibid., nos 1597, 1707, 1714–17.

102 Ibid., nos 1709 and 955 respectively. The ring (2 cm in diameter) is in the Schatzkammer, Munich, inv. no. 1257.

103 Diemer, Kunstkammer, Katalog, vol. II, nos 1798–838a, 1878–928, among others; and for Schlissler, see nos 1838a (dated 1556), 1918–21 and 1924.

104 These included the paired celestial and terrestrial globes (now in the Bayerische Staatsbibliothek in Munich) created in 1573–6 by Heinrich Arboreus, Philipp Apian, Hans Donauer the Elder, Ulrich Schniep and Hans Ernhofer. Seelig, 'Die Münchner Kunstkammer' (2008), p. 54, figs 27–8.

105 Diemer, Kunstkammer, Katalog, vol. I, no. 781 and for other globes, see vol. II, nos 1878–81 and 1885–6.

106 Some objects were made of plaster or terracotta. Diemer, Kunstkammer, Katalog, vol. II, nos 2206–49, 2294–586; Dorothea Diemer, 'Die Bronzen der Kunstkammer', in Diemer, Diemer and Seelig et al., Die Münchner Kunstkammer. Aufsätze und Anhänge, ed. Sauerländer, pp. 261–8.

107 Diemer, Kunstkammer, Katalog, vol. II, no. 2334. Bayerisches Nationalmuseum, Munich, no. ma 1983; Gerhard Bott, ed., Gothic and Renaissance Art in Nuremberg: 1300–1550, exh. cat., Metropolitan Museum of Art, New York, and Germanisches Nationalmuseum, Nuremberg (Munich, 1986), pp. 258–9, no. 97 (entry by William D. Wixom).

108 Diemer, Kunstkammer, Katalog, vol. II, no. 2208.

109 Ibid., nos 2587–3364; Diemer, 'Die Gemälde', pp. 141–4.

110 Diemer, Kunstkammer, Katalog, vol. II, nos 2870–73, 2875, 2880. Diemer, 'Die Gemälde', pp. 189–94.

111 Diemer, Kunstkammer, Katalog, vol. II, nos 3254–96.

112 Ibid., nos 3178, 3181, 3184, 3187, 3189, 3192, 3195 (Altdorfer), 3198, 3215, 3230, 3231–5. Fickler omitted Barthel Beham's St Helena Finding the True Cross and Jörg Breu the Younger's Artemisia Conquering Rhodes.

113 Diemer, Kunstkammer, Katalog, vol. II, no. 2927. There were portraits of his favourite wife and daughter (1, nos 3068–9), a letter that Süleyman wrote to Ferdinand I (1, no.1521), and the Turkish sultan (Süleyman [?]) on horseback (2, no. 2978), located near the entrance.

114 Diemer, Kunstkammer, Katalog, vol. II: nos 2701–2, 2715, 2916, 3201–2.

115 Seelig, 'Die Münchner Kunstkammer' (2008), pp. 51–3. For general remarks, see Renate Pieper, 'The Upper German Trade in Art and Curiosities before the Thirty Years War', in Art Markets in Europe, 1400–1800, ed. Michael North and David Ormrod (Aldershot, 1998), pp. 93–102.

116 K. S. Mathew, Indo-Portuguese Trade and the Fuggers of Germany, Sixteenth Century (New Delhi, 1997).

117 Wappenschmidt, 'Exotica', pp. 300–301, 303; Bujok, 'Ethnographica in der Münchner Kunstkammer', p. 317.

118 Bujok, 'Ethnographica in der Münchner Kunstkammer', p. 318.

119 Seelig, 'Die Münchner Kunstkammer' (2008), pp. 52–3 lists the following agents: Genoa – Adrian von Sittinghausen; Milan – Prospero and Gasparo Visconti; Rome – Bernardo Olgiati and Giovanni Paolo Castellino; Venice – David Ott, Nicolò Stopio and Francesco Bracchier.

120 Noes M. Overbeeke, 'Cardinal Otto Truchsess von Waldburg and His Role as Art Dealer for Albrecht V of Bavaria (1568–73)', Journal of the History of Collections, VI (1994), pp. 173–9.

121 Diemer, Kunstkammer, Katalog, vol. II, no. 2152; Bujok, 'Ethnographica in der Münchner Kunstkammer', p. 317.

122 Almudena Pérez de Tudela and Annemarie Jordan Gschwend, 'Luxury Goods for Royal Collectors: Exotica, Princely Gifts and Rare Animals Exchanged between the Iberian Courts and Central Europe in the Renaissance (1560–1612)', Jahrbuch des Kunsthistorischen Museums Wien, III (2001), pp. 1–127.

123 Diemer, Kunstkammer, Katalog, vol. II, nos 446, 459 and 468; Bujok, 'Ethnographica in der Münchner Kunstkammer', p. 317.

124 Diemer, Kunstkammer, Katalog, vol. II, no. 1840.

125 Diemer, Kunstkammer, KatFFFFFFFFalog, vol. I, nos 302–3, 307–8, 310.

126 Seelig, 'Kunstkammer, 1565–1807', p. 78.

127 Kaltwasser, 'Common Roots', p. 175.

128 Seelig, 'Kunstkammer, 1565–1807', p. 78; Diemer, Kunstkammer. Aufsätze, p. 365, doc. no. III.7.

129 Seelig, 'Die Münchner Kunstkammer' (2008), pp. 10–11. He brought Wilhelm a stone fish that, while broken, could be repaired and added to the collection.

130 Seelig, 'Kunstkammer, 1565–1807', p. 78.

131 Diemer, Kunstkammer. Aufsätze, p. 363, doc. Nos III.1–III.2; Thea Vignau-Wilberg, Joris and Jacob Hoefnagel: Art and Science around 1600 (Berlin, 2017), pp. 34–8, esp. 34–5.

132 Diemer, Kunstkammer, Katalog, vol. I, no. 375 (view of Seville) and vol. II, no. 2987 (Glorification of Albrecht V).

133 Diemer, Kunstkammer. Aufsätze, pp. 363–79, doc. Nos III–X.

134 He became duke in 1594 but only ruled from 1604. In Diemer, Kunstkammer. Aufsätze, p. 369 the name is reversed and his death date is given incorrectly as 1652.

135 Justin Stagl, The History of Curiosity: The Theory of Travel, 1550–1800 (Chur, 1995); Daniel Carey, 'Advice on the Art of Travel', in The Cambridge History of

Travel Writing, ed. Nandini Das and Tim Youngs (Cambridge, 2019), pp. 392–407; Karl A. E. Enenkel and Jan L. de Jong, eds, Artes Apodemicae and Early Modern Travel Culture, 1550–1700 (Leiden, 2019). I wish to thank Mara Wade for introducing me to this literary form.

136 Matthias Ekman, 'The Birth of the Museum in the Nordic Countries: Kunstkammer, Museology, and Museography', Nordisk Museologi (2018), pp. 5–26, here 15–16 citing Museographia, pp. 455–8.

137 This monstrous creature, which visitors called a hydra, a pig and, in 1592 by von Dohna, a dragon, is not listed by Fickler.

138 Hainhofer never received permission to visit the duke's Kammergalerie in the Residenz. Brigitte Volk-Knüttel, 'Maximilian Ⅰ. von Bayern als Sammler und Auftraggeber. Seine Korrespondenz mit Philipp Hainhofer, 1611–1615', in Quellen und Studien zur Kunstpolitik der Wittelsbacher vom 16. bis zum 18. Jahrhundert, ed. Hubert Glaser (Munich, 1980), pp. 83–128; Lorenz Seelig, 'Philipp Hainhofer und der Münchner Hof', in Wunder Welt. Der Pommersche Kunstschrank, ed. Christoph Emmendörffer and Christof Trepesch, exh. cat., Maximilianmuseum Augsburg (Berlin, 2014), pp. 86–95.

139 Diemer, Kunstkammer. Aufsätze, pp. 368–9, doc. no. Ⅵ.

140 Diemer, Kunstkammer, Katalog, vol. Ⅱ, no. 1972; Württembergisches Landesmuseum, Stuttgart, inv. no.kk-15-63.

141 Diemer, Kunstkammer. Aufsätze, pp. 370–77, doc. no. Ⅷ.

142 Seelig, 'Kunstkammer' (2008), pp. 85–91. Monika Bachtler, Peter Diemer and Johannes Erichsen, 'Die Bestände von Maximilians I.Kammergalerie. Das Inventar von 1641/1642', in Hubert Glaser, ed., Quellen und Studien zur Kunstpolitik der Wittelsbacher vom 16. bis zum 18. Jahrhundert (Munich, 1980), pp. 191–252; Peter Diemer, 'Materialien zu Entstehung und Ausbau der Kammmergalerie Maximilians Ⅰ. von Bayern', ibid., pp. 129–74.

143 Bayerisches Nationalmuseum, Munich, inv. Nos 4909–10.

144 Seelig, 'Die Münchner Kunstkammer' (2008), pp. 91–6.

145 Franz Georg Kaltwasser, 'Von München nach Burghausen: im Jahr 1632 wurde die Münchner Hofbibliothek vor den Schweden auf dem Wasserweg nach Burghausen in Sicherheit gebracht', Literatur in Bayern, LXⅢ (March 2001), pp. 14–30.

146 Julian Ricarda Brandsch, 'Die Friedensteinische Kunstkammer Herzog Ernst Ⅰ. des Frommen von Sachsen-Gotha und Altenburg (1601–1675)', in Ernst der Fromme (1601–1675). Bauherr und Sammler, ed. Allmuth Schuttwolf and Uta Wallenstein, exh. cat., Schlossmuseum Gotha (Gotha, 2001), pp. 21–9, also nos 2.1, 2.6, 4.3, 4.16, 4.23.

147 Seelig, 'Die Münchner Kunstkammer' (2008), pp. 96–109 on the later history.

第4章　斐迪南二世大公与安布拉斯城堡

1　Julius von Schlosser, Die Kunst- und Wunderkammern der Sprenaissance. Ein Beitrag zur Geschichte des Sammelwesens, 2nd edn (Braunschweig, 1978), pp. 45–118; Julius von Schlosser, Art and Curiosity Cabinets of the Late Renaissance: A Contribution to the History of Collecting, ed. Thomas DaCosta Kaufmann, trans. Jonathan Blower (Los Angeles, ca, 2021), pp. 93–143.

2　Alois Primisser, Die kaiserlich-königliche Ambraser-Sammlung (Vienna, 1819), p. 32.

3　Sabine Haag, Franz Kirchweger and Paulus Rainer, eds, Das Haus Habsburg und die Welt der fürstlichen Kunst-kammern im 16. und 17. Jahrhundert (Vienna, 2015), pp. 170–71.

4　Václav Bůžek, 'Erzherzog Ferdinand als Statthalter von Böhmen-Residenz, Hof, Alltagsleben und Politik', in Kaiser Ferdinand Ⅰ, 1503–1564: Das Werden der Habsburgermonarchie, ed. Wilfried Seipel, exh. cat., Kunsthistorisches Museum, Vienna (Milan, 2003), pp. 283–95; Jaroslava Hausenblasová, 'Archduke Ferdinand Ⅱ – Administrator and Governor of the Lands of the Bohemian Crown', in Ferdinand Ⅱ: 450 Years Sovereign Ruler of Tyrol, ed. Sabine Haag and Veronika Sandbichler, exh. cat., Schloss Ambras, Innsbruck (Innsbruck, 2017), pp. 23–9.

5　Sylva Dobalová and Ivan P. Muchka, 'Archduke Ferdinand Ⅱ as Architectural Patron in Prague and Innsbruck', in Ferdinand Ⅱ, ed. Haag and Sandbichler, exh. cat, pp. 39–45, esp. 39–42.

6　Hausenblasová, 'Archduke FerdinandⅡ', p. 26.

7　Further Austria included Swabia, Alsace, Sundgau, Burgau and Hagenau. Hausenblasová, 'Archduke Ferdinand Ⅱ', p. 26; Heinz Noflatscher, 'Archduke Ferdinand Ⅱ as Sovereign Ruler of Tyrol', in Ferdinand Ⅱ, ed. Haag and Sandbichler, exh. cat, pp. 31–7.

8　The oldest view of Schloss Ambras (c. 1580), taken from the east looking west, is Joris Hoefnagel's pen and ink drawing after Alexander Colin. The text mentions its biblioteca et Musaeum. FerdinandⅡ, ed. Haag and Sandbichler, exh. cat, p. 223, no. 6.1.2.

9　'The History of Ambras Castle', www.schlossambrasinnsbruck.at, accessed 5 April 2019.

10　Ruhelust burned down in 1636. Johanna Felmayer, 'Ruhelust', in Johanna Felmayer, Karl and Ricarda Oettinger, Elisabeth Scheicher with Herta Arnold-Ött and Monika Frenzel, Die Kunstdenkmäler der Stadt Innsbruck.Die Hofbauten (Vienna, 1986), pp. 626–44.

11　FerdinandⅡ, ed. Haag and Sandbichler, exh. cat, p. 306.

12　Elisabeth Scheicher, 'Schloss Ambras', in Die Kunstdenkmer der Stadt Innsbruck. Die Hofbauten, Johanna Felmayer, Karl and Ricarda Oettinger, Elisabeth Scheicher with Herta Arnold–Ött and Monika Frenzel (Vienna, 1986), pp. 509–623, here 588–607 for the Lower Castle and its history.

13 Ibid., fig. 861.

14 The engraving is published in Topographia provinciarum Austriacarum (Frankfurt, 1649). Ferdinand II, ed. Haag and Sandbichler, exh. cat., pp. 192–3, no. 5.16.

15 Schloss Ambras is a branch of the Kunsthistorisches Museum in Vienna. Most of Ambras collection was incorporated into the imperial (and now national) museums in Vienna. The following institutional abbreviations are used in the notes below: pa (Sammlungen Schloss Ambras), gg (Gemäldegalerie, Kunsthistorisches Museum, Vienna), a or b (Hofjagd- und Rüstkammer, Kunsthistorisches Museum, Vienna), kk (Kunstkammer, Kunsthistorisches Museum, Vienna) and sam (Sammlung alter Musikinstrumente, Vienna). Some objects from these museums are now exhibited in Schloss Ambras.

16 Rudolf II ordered four officials with the Tyrolean chancery clerk as recorder to inventory the palace in 1596. One of the two fair copies of the inventory remained at Schloss Ambras and the other was sent to the emperor. These are located today in the Kunsthistorisches Museum (Kunstkammer, kk 6652) and the Österreichische Nationalbibliothek (Cod. Vind. Palat. 8228). The former, used throughout this chapter, was transcribed and published in Wendelin Boeheim, ed., 'Urkunden und Regesten aus der k. k. Hofbibliothek', Jahrbuch der Kunsthistorischen Sammlungen des Allerhöchsten Kaiserhauses in Wien, VII (1888), pp. XCI–CCCXIII, specifically CCXXVI–CCCXIII, doc. no.5556, and ibid., X (1889), pp. I–XIX, here I–IX, doc. no. 5556 (continued) for the inventory, which includes Ferdinand's residences Ruhelust and Hofburg in Innsbruck, three hunting lodges in the Ahental and Schloss Ambras. For Schloss Ambras, see ibid., VII (1888), pp. CCLVIII–CCCXIII (fol. 247–483) and ibid., X (1889), pp. I–IX. The Rüstkammern documents are pp. CCLXVIII–CCLXXIX (fol. 303–46v); the Kunstkammer is pp.CCLXXIX–CCCXIII (fol. 347–483). The Library, Antiquarium, and Little Weapons room are ibid., X (1889), pp. I–IX (fol. 485–664v). Hereafter, this inventory is cited as Boeheim, 'Urkunden' (1888) and Boeheim, 'Urkunden' (1889) with page and then folio numbers. See Ferdinand II, ed. Haag and Sandbichler, exh. cat., pp. 224–5, no. 6.1.4 (Thomas Kuster) on the inventory's history.

17 I wish to thank Ms Hila Kohaner at Tel Aviv University for our conversations in 2017 when I participated in her preliminary ma thesis colloquium on the Kunstkammer and collections at Schloss Ambras.

18 The original collection of arms and armour is now divided between Schloss Ambras and the Hofjagd- und Rüstkammer of the Kunsthistorisches Museum in Vienna. Laurin Luchner, Denkmal eines Renaissancefürsten. Versuch einer Rekonstruktion

des Ambraser Museums von 1583（Vienna, 1958）; Elisabeth Scheicher, Ortwin Gamber and Alfred Auer, Die Rüstkammern［Kunsthistorisches Museum］（Vienna, 1981）; Alfred Auer, 'Das Inventarium der Ambraser Sammlungen aus dem Jahr 1621. I. Teil: Die Rüstkammern', Jahrbuch der Kunsthistorischen Sammlungen in Wien, LXXX（1984）, pp. I–CXXI; Elisabeth Scheicher, 'Historiography and Display: The "Heldenrüstkammer" of Archduke Ferdinand II in Schloss Ambras', Journal of the History of Collections, II/1（1990）, pp. 69–79; Wilfried Seipel, foreword, and Alfred Auer, Meisterwerke der Sammlungen Schloss Ambras（Milan, 2008）; and Thomas Kuster, '"dieses heroische theatrum": The Heldenrüstkammer at Ambras Castle', in Ferdinand II, ed. Haag and Sandbichler, exh. cat., pp. 83–7.

19 Ortwin Gamber, 'Erzherzog Ferdinand und die Ambraser Rüstkammern', in Scheicher, Gamber and Alfred Auer, Die Rüstkammern, pp. 24–32; Alfred Auer, 'Die Sammeltätigkeit Erzherzog Ferdinand II. in Böhmen', in Kaiser Ferdinand I, 1503–1564, ed. Seipel, exh. cat., pp. 297–303.

20 Kunsthistorisches Museum, Vienna, inv. no. kk 5073.Wilfried Seipel, ed., Wir sind Helden. Habsburgische Feste in der Renaissance, exh. cat., Schloss Ambras, Innsbruck（Vienna, 2005）, pp. 87–8, no. 3.19; Larry Silver, Marketing Maximilian: The Visual Ideology of the Holy Roman Emperor（Princeton, nj, 2008）, pp. 7–8, 37–8, 150.

21 'Jacob Schrenck von Notzing', www.de.wikipedia.org, accessed 8 April 2019.

22 Gamber, 'Erzherzog Ferdinand', pp. 28–9. For the acquisition of arms and armour for the Heroes armoury, see also Adriana Concin, 'Hans Albrecht von Sprinzenstein: An Austrian Art Agent in the Service of Archduke Ferdinand II of Tyrol', in Art Markets, Agents and Collectors: Collecting Strategies in Europe and the United States, 1550–1950, ed. Adriana Turpin and Susan Bracken（London, 2021）, pp. 33–48.

23 The 1603 inventory of the armoury is Innsbruck, Tiroler Landesregierungs-Archiv, Inventar A40/10. Luchner, Denkmal, pp.118–35.

24 The first three armoury rooms are 5 metres high and between 9.6 and 10 metres wide. Room 1 is 15.2 metres long; room 2–20 metres; room 3–22.27 metres; the trapezoidal Türkenkammer measures 10 × 5.8 × 7.28 × 9.5 metres; and the Heldenrüstkammer is estimated to have measured 24.2 × 10.9 × 19.2 metres. Luchner, Denkmal, pp. 10–106.

25 Luchner, Denkmal, fig. 40.

26 The display cabinets measure 3.33 × 1.5 × 0.58 metres.Luchner, Denkmal, figs. 43–4 and 47–50; Ferdinand II, ed. Haag and Sandbichler, exh. cat., p. 82.

27 Luchner, Denkmal, fig. 53.

28 Ferdinand's collection of around 1,000 portrait miniatures then in the Upper Castle provided models. Günther Heinz and Karl Schütz, Porträtgalerie zur Geschichte Österreichs von 1400 bis 1800（Vienna, 1982）.

29 A partial inventory was made in 1583.

30 Jakob Schrenck von Notzing, Jakob Schrenck von Notzing, Die Heldenrüstkammer (Armamentarium Heroicum) Erzherzog Ferdinands II. auf Schlo? Ambras bei Innsbruck. Faksimiledruck der lateinischen und der deutschen Ausgabe des Kupferstich-Bildinventars von 1601 bzw. 1603, ed. Bruno Thomas (Osnabrück, 1981); Scheicher, 'Historiography', p. 30, fig. 1 (Archduke Ferdinand II).

31 What follows depends heavily on the 1596 inventory (see Chapter Four, note 16); von Schlosser, Die Kunst- und Wunderkammern; Elisabeth Scheicher, Die Kunst- und Wunderkammern der Habsburger (Vienna, 1979), pp. 73–136; Elisabeth Scheicher, 'The Collection of Archduke Ferdinand II at Schloss Ambras: Its Purpose, Composition, and Evolution', in The Origins of Museums: The Cabinet of Curiosities in Sixteenth- and Seventeenth-Century Europe, ed. Oliver Impey and Arthur MacGregor [1985], 2nd edn (Oxford, 2017), pp. 29–38; and Veronika Sandbichler, '"souil schönen, kostlichen und verwunderlichen zeügs, das ainer vil monat zu schaffen hette, alles recht zu besichtigen vnd zu contemplieren'. Die Kunst- und Wunderkammer Erzherzog Ferdinands II. auf Schloss Ambras', in Das Haus Habsburg und die Welt der fürstlichen Kunstkammern im 16. und 17. Jahrhundert, ed. Sabine Haag, Franz Kirchweger and Paulus Rainer (Vienna, 2015), pp. 167–93.

32 Giovanni Battista Fontana's ceiling painting of the celestial constellations (1586), now in tract 4, was originally in the dining hall of the upper castle. It moved to the former Kunstkammer in 1856. Scheicher, 'Schloss Ambras', pp. 605–7, figs. 877–9. Sandbichler, '"souil schönen, kostlichen und verwunderlichen zeügs ... "', p. 176, fig. 5 provides a reconstruction diagram.

33 Boeheim, 'Urkunden' (1888), p. CCLXXIX, fol. 347.

34 Primisser, Ambraser-Sammlung, pp. 31–3, here 32.

35 Ferdinand depended on Schenck von Notzing's expertise throughout their decades-long association. In 1577 and 1590 he was sent to evaluate the contents of the Kunstkammer of Count Ulrich von Montfort zu Tettnang (d. 1574), which Ferdinand finally purchased on 26 May 1590. Werner Fleischhauer, 'Die Kunstkammer des Grafen Ulrich von Montfort zu Tettnang, 1574', Ulm und Oberschwaben, XLIV (1982), pp. 9–28, here 9–10 and 13.

36 Ferdinand II, ed. Haag and Sandbichler, pp. 296–7, no. 7.2. Konrad Dietz edited the text after de Roos' death.

37 Bůžek, 'Erzherzog Ferdinand als Statthalter', pp. 283 and 290.

38 Martha McCrory, 'Coins at the Courts of Innsbruck and Florence: The Numismatic Cabinets of Archduke Ferdinand II of Tyrol and Grand Duke Francesco I de' Medici', Journal of the History of Collections, VI (1994), pp. 153–72.

39 Pliny, Natural History, trans. H. Rackham, 10 vols (Cambridge, 1938–62), vols

IX（Books 33-5）and X（Books 36-7）.

40　Thomas Kuster, 'Das Antiquarium', in All'Antica. Götter und Helden auf Schloss Ambras, ed. Sabine Haag, exh. cat., Schloss Ambras, Innsbruck（Vienna, 2011）, pp. 35-8, here 36.

41　Boeheim, 'Urkunden'（1888）, pp. CCLXXIX–CCLXXXI, fol.347-56.

42　Ferdinand II, ed. Haag and Sandbichler, p. 267, no. 6.5.8.

43　Michael Cole, Cellini and the Principles of Sculpture（New York, 2002）, pp. 15-42; Sabine Haag, ed., Masterpieces of the Kunstkammer Vienna: A Brief Guide to the Kunsthistorisches Museum Vienna（Vienna, 2013）, pp. 78-9, no. 29.

44　Haag, ed., Masterpieces, pp. 108-9, no. 44. The entry is by Paulus Rainer, who refers to this as in the form of a heron.

45　Rudolf Distelberger, 'The Castrucci and the Miseroni: Prague, Florence, Milan', in Art of the Royal Court: Treasures in Pietre Dure from the Palaces of Europe, ed. Wolfram Koeppe, exh. cat., Metropolitan Museum of Art, New York（New Haven, ct, 2008）, pp. 28-39, here 35-8.

46　There is a second version in Munich. Hilda Lietzmann, Valentin Drausch und Herzog Wilhelm V. von Bayern（Munich, 1998）, pp. 127-30; Haag, Masterpieces, pp. 122-3, no. 51.

47　Boeheim, 'Urkunden'（1888）, pp. CCLXXXI–CCLXXXIII, fol. 356-63.

48　The so-called drinking cups of Friedrich III, marked with his aeiou motto, and of Maximilian I plus a third known as the Dürer Cup because it recalls one of the Nuremberg master's designs are in the Kunsthistorisches Museum, Vienna, inv. nos kk 65, 110 and 109 respectively. Haag and Kirchweger, Die Kunstkammer, pp. 74-5, 82-3.

49　Seipel, Wir sind Helden, pp. 105-6, no 3.32; Ferdinand II, ed. Haag and Sandbichler, p. 269, no. 6.5.11（with incorrect inventory folio and cupboard location）.

50　See also Seipel, Wir sind Helden, pp. 122-3, no. 4.1.2.

51　Haag, Masterpieces, pp. 116-17, no. 48.

52　Ferdinand II, ed. Haag and Sandbichler, p. 245, no. 6.3.7.

53　Haag and Kirchweger, Kunstkammer, p. 72; Haag, Masterpieces, pp. 36-7, no. 8.

54　Haag and Kirchweger, Kunstkammer, pp. 182-5; Haag, Masterpieces, pp. 120-21, no. 50; Wolfram Koeppe, ed., Making Marvels: Science and Splendor at the Courts of Europe, exh. cat., Metropolitan Museum of Art, New York（New Haven, ct, 2019）, pp. 156-7, no. 70.

55　Ernst Kris, Le Style rustique（Paris, 2005; original German edition, 1926）; Pamela H. Smith, The Body of the Artisan: Art and Experience in the Scientific Revolution（Chicago, il, 2004）, pp. 74-80; Edgar Lein, 'Über den Naturabguss von Pflanzen und Tieren', in Nürnberger Goldschmiedekunst, 1541-1868, ed. Karin Tebbe et al., 2 vols in 3 parts（Nuremberg, 2007）, vol. II, pp. 205-15; Pamela H. Smith and

Tonny Beentjes, 'Nature and Art, Making and Knowing: Reconstructing Sixteenth-Century Life-Casting Techniques', Renaissance Quarterly, LXIII (2010), pp. 128–79.

56　Cited by Haag, Masterpieces, p. 120.

57　Boeheim, 'Urkunden' (1888), pp. CCLXXXIII–CCLXXXV, fol. 363–70v. For an interesting discussion of handstones as proof of God's creativity as well as more theological concerns about the potential dangers of gold, see Henrike Haug, 'In the Garden of Eden? Mineral Lore and Preaching in the Erzgebirge', Renaissance Studies, XXXIV (2019), pp. 57–77.

58　Henrike Haug, 'Wunderbarliche Gewechse. Bergbau und Goldschmiedekunst im 16. Jahrhunderts', Kritische Berichte, xl (2012), pp. 49–63, esp. 49–51.

59　Boeheim, 'Urkunden' (1888), p. CCLXXXIV, fol. 367 recto; Seipel and Auer, Meisterwerk, pp. 82–5, nos 30–31; Haag, Masterpieces, pp. 124–5.

60　Haag and Kirchweger, Kunstkammer, pp. 186–7.

61　Boeheim, 'Urkunden' (1888), p. CCLXXXV, fol. 371–2.

62　Scheicher, Die Kunst- und Wunderkammern, pp. 99–100; Seipel and Auer, Meisterwerk, pp. 90–91, 94–5, nos 34 (glass bell piano) and 36 (dragon flute); Ferdinand II, ed. Haag and Sandbichler, pp. 329–33, nos 8.9–8.13.

63　Boeheim, 'Urkunden' (1888), pp. CCLXXXV–CCLXXXVI, fol. 372–4 V.

64　Kunsthistorisches Museum, Vienna, inv. no. kk 3020.

65　Lietzmann, Valentin Drausch, pp. 118–26.

66　Sabine Haag and Veronika Sandbichler, Die Hochzeit Erzherzog Ferdinands II. Eine Bildreportage des 16.Jahrhunderts, exh. cat., Schloss Ambras, Innsbruck (Vienna, 2010), here pp. 22 and 28.

67　Measuring 33.4 × 36.2 × 23.7 cm; 1581–2. Ambras, inv. no. pa P6873. Scheicher, Die Kunst- und Wunderkammern, pp. 28 and 102; Lietzmann, Valentin Drausch, pp. 118–22.

68　Lietzmann, Valentin Drausch, pp. 119–20. Wilhelm presented his gift to Ferdinand in February at the hunting lodge at Thurnegg im Inntal while travelling to Innsbruck for a tournament.

69　Ortwin Gamber and Christian Beaufort-Spontin, Curiositäten und Inventionen aus Kunst- und Rustkammer [Kunsthistorisches Museum] (Vienna, 1978), pp. 35–6; Lietzmann, Valentin Drausch, pp. 122–6.

70　Lietzmann, Valentin Drausch, p. 124.

71　Boeheim, 'Urkunden' (1888), pp. CCLXXXVI–CCLXXXVII, fol. 374v–9v.

72　Seipel and Auer, Meisterwerk, pp. 28–31, nos 28–9; Ferdinand II, ed. Haag and Sandbichler, pp. 271–4, nos 6.5.13–16.

73　Karl Rudolf, 'Arcimboldo im kulinarischen Wissensraum. Die Kunstkammer Kaiser

Ferdinands I (1503–1564)', in Das Haus Habsburg, ed. Haag, Kirchweger and Rainer, pp. 133–65, here 144–5, fig. 10.

74 Seipel and Auer, Meisterwerk, pp. 118–19, no. 48.

75 Andreas Vesalius, De humani corporis fabrica (Padua, 1543), p. 164.

76 Boeheim, 'Urkunden' (1888), pp. CCLXXXVII–CCLXXXVIII, fol. 380–82.

77 Scheicher, Die Kunst- und Wunderkammern, p.105; Seipel and Auer, Meisterwerk, pp.136–7, no. 57.

78 Karin Zeleny, 'Die Ambraser Bacchusgrotte', in All'Antica, ed.Sabine Haag, exh. cat., pp. 24–6.

79 Scheicher, Die Kunst- und Wunderkammern, pp. 77and 105.

80 The men's cup is 14.1 cm high; the women's ship is 7.5 × 16.5 cm. Kunsthistorisches Museum, Vienna, inv. no. kk 3307 and 3273. Seipel and Auer, Meisterwerk, pp. 134–5, no. 56.

81 Seipel and Auer, Meisterwerk, pp. 138–9, no. 58.

82 Boeheim, 'Urkunden' (1888), pp. CCLXXXVIII–CCLXCIII, fol.382–401.

83 The deck is Kunsthistorisches Museum, Vienna, inv. Nos kk 5077–5124. Two of the playing cards are lost. Haag and Kirchweger, Kunstkammer, pp. 70–71. For the other items, see Scheicher, Die Kunst- und Wunderkammern, pp. 105–6, 108; Seipel and Auer, Meisterwerk, pp. 164–7, nos 71–2.

84 Seipel, Wir sind Helden, pp. 117–32, nos 4.1–4.2 (intro.by Veronika Sandbichler); Seipel and Auer, Meisterwerk, pp. 160–61, no. 69; and Haag and Sandbichler, Die Hochzeit Erzherzog Ferdinands II, pp. 31–89, here 61, 64, and 69.

85 Peter W. Parshall, 'The Print Collection of Ferdinand, Archduke of Tyrol', Jahrbuch der kunsthistorischen Sammlungen in Wien, LXXVIII (1982), pp. 139–84, here 145.

86 Ibid., pp. 146–75.

87 Ibid., pp. 147–8, no. 1. It contains 211 prints and thirteen drawings. Ferdinand also owned a volume with 37 woodcuts by the artist and a bound copy of Dürer's Three Large Books (*Apocalypse*, *Large Passion* and *Life of the Virgin*). Ibid., pp. 148–9. Karl Schütz, ed., *Albrecht Dürer im Kunsthistorischen Museum* (Vienna, 1994), pp. 89–101, no. 9a–m.

88 Ibid., pp. 177–8.

89 Boeheim, 'Urkunden' (1888), pp. CCXCIII–CCXCIV, fol. 401–3.

90 Alessandra Russo, 'Cortés's Objects and the Idea of New Spain: Inventories as Spatial Narratives', *Journal of the History of Collections*, XXIII (2011), pp. 229–52.

91 The information about the types of bird feathers and structure come from the museum's gallery label. Scheicher, *Die Kunst- und Wunderkammern*, pp. 30 and 108; Christian Feest, 'Mexican Featherwork in Austrian Habsburg Collections', in *Images take Flight: Feather Art in Mexico and Europe, 1400–1700*, ed.

Alessandra Russo, Gerhard Wolf and Diana Fane (Munich, 2015), pp. 291–7; Linda Báez Rubí, 'Feathered Shield', in *New World Objects of Knowledge: A Cabinet of Curiosities*, ed. Mark Thurner and Juan Pimentel (London, 2021), pp. 61–5.

92 For what follows and for her detailed technical analysis of its materials and construction, see Renée Riedler, 'Materials and Technique of the Feather Shield preserved in Vienna', in *Images Take Flight*, ed. Russo, Wolf and Fane, pp. 331–41.

93 Boeheim, 'Urkunden' (1888), p. CCXCV, fol. 406v–8. Scheicher, *Die Kunst- und Wunderkammern*, p. 134.

94 Boeheim, 'Urkunden' (1888), pp. CCXCV–CCXCVI, fol.408v–11v. Scheicher, *Die Kunst- und Wunderkammern*, pp. 108–9.

95 Boeheim, 'Urkunden' (1888), p. CCXCVI, fol. 412–13.Scheicher, *Die Kunst- und Wunderkammern*, pp. 109–11.

96 Seipel and Auer, *Meisterwerk*, pp. 148–9, no. 63.

97 Scheicher, *Die Kunst- und Wunderkammern*, pp. 110–11; Seipel and Auer, *Meisterwerk*, pp. 150–53, nos 64–5.

98 Boeheim, 'Urkunden' (1888), pp. CCXCVI–CCXCVIII, fol.413–19.

99 Elisabeth Scheicher, 'Korallen in fürstlichen Kunstkammern des 16. Jahrhunderts', *Die Weltkunst*, XXIII (1 December 1982), pp. 3447–50.

100 Seipel and Auer, *Meisterwerk*, p. 108.

101 Ibid., pp. 108–9, no. 43.

102 Molly A. Warsh, *American Baroque: Pearls and the Nature of Empire, 1492–1700* (Chapel Hill, nc, 2018); Jorge Canizares-Esguerra, 'Pearls', in *New World Objects of Knowledge: A Cabinet of Curiosities*, ed. Mark Thurner and Juan Pimentel (London, 2021), pp. 171–6.

103 Boeheim, 'Urkunden' (1888), pp. CCXCVIII–CCC, fol.419v–28. Scheicher, *Die Kunst- und Wunderkammern*, pp. 91, 93, 113 and 116.

104 See McCrory, 'Coins at the Courts', pp. 154–60 for the following and other examples.

105 Ernst, Ferdinand's nephew, held multiple offices including elector and archbishop of Cologne (r. 1583–1612).McCrory, 'Coins at the Courts', p. 156.

106 Fleischhauer, 'Die Kunstkammer', pp. 20–21 and 23–4; McCrory, 'Coins at the Courts', p. 160.

107 Boeheim, 'Urkunden' (1888), pp. CCXXXVII–CCXXXVIII, fol. 68–70 and 71v–2; McCrory, 'Coins at the Courts', pp. 161–2.

108 Boeheim, 'Urkunden' (1888), p. CCXXXVIII, fol. 69 V.

109 Ibid., pp. CCC–CCCI, fol. 428–32v. Scheicher, *Die Kunstund Wunderkammern*, pp. 32, 116–19.

110 Seipel and Auer, *Meisterwerke*, pp. 184–5, no. 81. On the long history of porcelain and its export, see Robert Finlay, 'The Pilgrim Art: Cultures of Porcelain in World

History', *Journal of World History*, IX (1998), pp. 141–87 and his book of the same title (Berkeley, ca, 2010). Finlay (p. 142) cites Samuel Johnson's remark that collectors were infected with 'the contagion of china-fancy'.

111 Annemarie Jordan Gschwend and K.J.P. Lowe, *The Global City: On the Streets of Renaissance Lisbon* (London, 2015).

112 Boeheim, 'Urkunden' (1888), pp. CCCI–CCCIII, fol. 432v–46. Scheicher, *Die Kunst- und Wunderkammern*, pp. 88–91, 93, 117, 120–22.

113 Scheicher, *Die Kunst- und Wunderkammern*, pp. 88–9; Haag, *Masterpieces*, pp.114–15, no. 47.

114 Boeheim, 'Urkunden' (1888), pp. CCCIII–CCCVI, fol.446–55v. Scheicher, *Die Kunst- und Wunderkammern*, pp. 7, 122–3.

115 *Ferdinand II*, ed. Haag and Sandbichler, p. 24.

116 Boeheim, 'Urkunden' (1888), pp. CCCVI–CCCX, fol.456–71v. Scheicher, *Die Kunst- und Wunderkammern*, pp. 123–30.

117 For the duke's heart-shaped, tortoiseshell flask made in India, see Wolfram Koeppe, ed., *Making Marvels*, exh. cat., p. 90, no. 30.

118 Scheicher, *Die Kunst- und Wunderkammern*, pp. 127 and 129; Haag, *Spiel!*, p. 106, no. 3.13.

119 Scheicher, *Die Kunst- und Wunderkammern*, p. 6.

120 Boeheim, 'Urkunden' (1888), p. CCCVII, fol. 461.Scheicher, *Die Kunst- und Wunderkammern*, p. 132; Horst Bredekamp, *The Lure of Antiquity and the Cult of the Machine: The Kunstkammer and the Evolution of Nature, Art and Technology*, trans. Allison Brown (Princeton, nj, 1995), pp. 47–8; Seipel and Auer, *Meisterwerk*, pp. 190–91, no. 84.

121 Boeheim, 'Urkunden' (1888), pp. CCCX–CCCXII, fol.471v–80v. Scheicher, *Die Kunst- und Wunderkammern*, pp. 130–31.

122 Scheicher, *Die Kunst- und Wunderkammern*, p. 24; Seipel and Auer, *Meisterwerk*, pp. 132–3, no. 55.

123 Scheicher, *Die Kunst- und Wunderkammern*, p. 25; Seipel and Auer, *Meisterwerk*, pp. 122–3, no. 50.

124 Bret Rothstein, 'Making Trouble: Strange Wooden Objects and the Pursuit of Difficulty, ca. 1596', *Journal for Early Modern Cultural Studies*, XIII (2013), pp. 96–129.

125 Ambras, inv. no. pa 5429. Scheicher, *Die Kunst- und Wunderkammern*, p. 130.

126 Scheicher, *Die Kunst- und Wunderkammern*, p. 124; Seipel and Auer, *Meisterwerk*, pp. 196–7, no. 87.

127 Annemarie Jordan Gschwend, 'Eine vergessen Infantin. Katharina von Österreich, Königin von Portugal (1507–1578)', in *Frauen, Kunst und Macht. Drei Frauen aus*

dem Hause Habsburg, ed. Sabine Haag, Dagmar Eichberger and Annemarie Jordan Gschwend, exh. cat., Schloss Ambras, Innsbruck (Vienna, 2018), pp. 51–63, esp. 59 and 61.

128 Haag, *Masterpieces*, pp. 96–7, no. 38; Haag, Eichberger and Jordan Gschwend, ed., *Frauen, Kunst und Macht*, pp. 154–5, no. 4.17. A similar fan is listed in the Munich *Kunstkammer*.

129 Scheicher, *Die Kunst- und Wunderkammern*, pp. 131 and 133; Seipel and Auer, *Meisterwerk*, pp. 124–5, no. 51.

130 Scheicher, *Die Kunst- und Wunderkammern*, pp. 131 and 133.

131 Ibid., pp. 134–5.

132 The 1596 inventory merely states that the four walls are adorned with 'very artistic[and] attractive portraits and paintings'. Boeheim, 'Urkunden' (1888), p. cccxii, fol. 481v. The 1621 inventory is Kunsthistorisches Museum, Vienna, inv. no. 6653.

133 *All'Antica*, ed. Haag, exh cat., pp. 210–17, no. 4.1. The emperors cycle is listed in the 1596 inventory.

134 Scheicher, *Die Kunst- und Wunderkammern*, pp. 134–5; Seipel and Auer, *Meisterwerk*, pp. 202–3, no. 90; Christine Hertel, 'Hairy Issues: Portraits of Petrus Gonsalus and His Family in Archduke Ferdinand II's *Kunstkammer* and Their Contexts', *Journal of the History of Collection*, XIII (2001), pp. 1–22.

135 Seipel and Auer, *Meisterwerk*, pp. 206–7, no. 92.

136 It is unclear whether this Tyrolean coin cabinet (1592) was located here or in the library. 81 × 151.5 × 82.5cm. Ambras, inv. no. pa 22. Seipel and Auer, *Meisterwerk*, pp. 146–7, no. 62.

137 Boeheim, 'Urkunden' (1889), p. VIII, fol. 665r–v. Ferdinand had a larger and better-equipped workshop in the garden of Schloss Ruhelust. Boeheim, 'Urkunden' (1889), pp. CCCXLII–CCCXLIV, fol. 109–16.

138 The inventory of Schloss Ruhelust reveals that examples of most of the sorts of objects gathered in the *Kunstkammer* could be found in the rooms of his palace; however, these were fewer in number and not stored in a systematic fashion. See Johanna Felmayer, 'Ruhelust', in *Die Kunstdenkmäler der Stadt Innsbruck. Die Hofbauten*.

139 Ivo Purš, 'The Library of Archduke Ferdinand II in Ambras Castle', in *Ferdinand II*, ed. Haag and Sandbichler, exh. cat., pp. 99–103, also 284–93, nos 6.7.2–6.7.22.

140 The account is unclear on which of Maximilian's *Triumphs* hung on the wall. A nearby chest contained forty woodblocks for this (or another) *Triumph*. Boeheim, 'Urkunden' (1889), pp. III–IV, fols 638 and 641.

141 Kuster, 'Das Antiquarium'.

142 Ibid., p. 37.

143 Boeheim, 'Urkunden' (1889), pp. IV–VIII, fols 644–64v.

144 The sale was ratified by Rudolf II on 25 August 1606 though agreed to a year earlier. Primisser, *Ambraser-Sammlung*, pp. 20, 38–40.

145 Primisser, *Ambraser-Sammlung*, pp. 34–8.

146 W. G. Waters, ed. and trans., *The Journal of Montaigne's Travels to Italy by Way of Switzerland and Germany in 1580 and 1581* (London, 1903), p. 162.

147 Oscar Doering, ed., *Des Augsburger Patriciers Philipp Hainhofer Reisen nach Innsbruck und Dresden* (Vienna, 1901), pp. 66–88.

148 Ibid., pp. 83–8.

149 Ibid., p. 86.

150 Ibid., p. 88.

151 Primisser, *Ambraser-Sammlung*, pp. 21–6.

152 Purš, 'The Library', p. 102.

153 Haag, *Spiel*!, pp. 232–3, no. 4.9.

154 For the history of Schloss Ambras after 1595, see Scheicher, 'Schloss Ambras', pp. 510–11.

第5章　阿尔贝蒂娜·维廷斯家族与德累斯顿珍奇馆

1 Hendrike Haug, 'Wunderbarliche Gewechse. Bergbau und Goldschmiedekunst im 16. Jahrhunderts', *Kritische Berichte*, XL (2012), pp. 49–63, here 56.

2 What follows in this chapter relies heavily upon the many superb studies by Dirk Syndram, Martina Minning, Jochen Vötsch, Barbara Marx, Peter Plassmeyer and their colleagues. See Jochen Vötsch's careful transcriptions of the inventories of 1587, 1619, 1640 and 1741 in Dirk Syndram and Martina Minning, eds, *Die kurfürstlich-sächsische Kunstkammer in Dresden*, 4 vols (Dresden, 2010); Dirk Syndram and Martina Minning, eds, *Die kurfürstlich-sächsische Kunstkammer in Dresden. Geschichte einer Sammlung* (Dresden, 2012); and Barbara Marx and Peter Plassmeyer, eds, *Sehen und Staunen. Die Dresdner Kunstkammer von 1640* (Berlin, 2014).

3 Dirk Syndram, *Das Schloss zu Dresden. Von der Residenz zum Museum* (Munich, 2001), pp. 21–39.

4 Syndram, *Das Schloss*, pp. 29–30.

5 Dirk Syndram, *Renaissance and Baroque Treasury Art*: *The Green Vault in Dresden*, trans. Daniel Kletke (Berlin, 2004), p. 10.

6 The Saxon and Danish courts were connected through marriages, their Lutheran faith and other ties. Jutta Kappel and Claudia Brink, eds, *Mit Fortuna über Meer. Sachsen und Dänemark - Ehen und Allianzen im Spiegel der Kunst* (1548-1709), exh. cat., Residenzschloss Dresden (Berlin, 2009).

7 Dirk Syndram, 'Die Anfänge der Dresdner Kunstkammer', in *Die kurfürstlich-sächsische Kunstkammer in Dresden*, ed. Syndram and Minning, pp. 14–45, esp. 25–8.

8 The garden became the site for the famous Zwinger (1709–28) Syndram, *Das Schloss*, pp. 30–31, 154–5.

9 It was designed by Paul Buchner and erected by Hans Irmisch. The building, now called the Joanneum, has been significantly altered.
Helen Watanabe-O'Kelly, *Court Culture in Dresden: From Renaissance to Baroque* (New York, 2002), pp. 43–8; Esther Münzberg, 'Aula enim Principis non equorum videbatur–Der neue Stall- und Harnischkammern in Dresden in 1586', in *Scambio culturale con il nemico religioso. Italia e Sassonia al 1610*, ed. Sybille Ebert-Schifferer (Milan, 2007), pp. 143–51. I wish to thank Esther Hoppe-Münzberg for sharing her essay.

10 Syndram, 'Die Anfänge', pp. 15–16; Christine Nagel, 'Professionalität und Liebhaberei: die Kunstkämmerer von 1572 bis 1832', in *Die kurfürstlich-sächsische Kunstkammer in Dresden*, ed. Syndram and Minning, pp. 361–79, here 361–3, 378–9.

11 In 353 folios. Sächsisches Staatsarchiv–Hauptstaatsarchiv Dresden, 10009 Kunstkammer, Sammlungen und Galerien, no. 1. For a full transcription, see Jochen Vötsch, *Die kurfürstlich-sächsische Kunstkammer in Dresden. Das Inventar von 1587*, ed. Dirk Syndram and Martina Minning (Dresden, 2010). For what follows, also see Joachim Menzhausen, 'Elector Augustus's *Kunstkammer*: An Analysis of the Inventory of 1587', in *The Origins of Museums: The Cabinet of Curiosities in Sixteenth- and Seventeenth-Century Europe*, ed. Oliver Impey and Arthur MacGregor [1985], 2nd edn (Oxford, 2017), pp. 69–75; Watanabe-O'Kelly, *Court Culture*, pp. 71–99; and Syndram, *Das Schloss*, pp. 25–8.

12 Menzhausen, 'Kunstkammer', p. 72.

13 Watanabe-O'Kelly, *Court Culture*, p. 84.

14 Thomas DaCosta Kaufmann, 'For the Birds: Collecting, Art, and Natural History in Saxony', in *For the Sake of Learning: Essays in Honor of Anthony Grafton*, ed. Ann Blair and Anja-Silvia Goeing, 2 vols (Leiden, 2016), vol. I, pp. 481–504.

15 Dirk Syndram, 'Der Schatten des Kaisers. Zum Einfluss Rudolfs II. auf due Dresdner Kunstkammer', in *Kaiser Rudolf II. zu Gast in Dresden*, exh. cat., Staatliche Kunstsammlungen Dresden (Berlin, 2007), pp. 18–29, here 20; Syndram, 'Die Anfänge', p. 20.

16 Vötsch, *Inventar von 1587*, fols 1–78v.

17 Ibid., fols 67r–v and 71v–2r.

18 This belongs to a group of sixteen paper maps attributed to the elector. Ibid., fig. 33; Karin Kolb, Gilbert Lupfer and Martin Roth, eds, *Zukunft seit 1560. Die Ausstellung. Von der Kunstkammer zu den Staatlichen Kunstsammlungen Dresden*, exh. cat., Residenzschloss, Dresden (Berlin, 2010), pp. 28–9, no. 18.

19　Wolfram Dolz, 'Die *scientifica* in der Dresdner Kunstkammer', in *Die kurfürstlich-sächsische Kunstkammer in Dresden*, ed. Syndram and Minning（Dresden, 2012）, pp.185–99, here 185–6, 188; Andrew Morrall, 'Urban Craftsmen and the Courts in Sixteenth-Century Germany', in *The Artist between Court and City（1300–1600）*, ed. Dagmar Eichberger, Philippe Lorentz and Andreas Tacke（Petersberg, 2017）, pp.220–45, esp. 229–31 and fig. 7.

20　Kolb, Lupfer and Roth, *Ausstellung*, pp. 28–9, nos 16–17; Vötsch, *Inventar von 1587*, fol. 75r, fig. 35; Dolz, 'Die scientifica', p. 187.

21　Vötsch, *Inventar von 1587*, fig. 13; Dolz, 'Die scientifica', p. 188.

22　Vötsch, *Inventar von 1587*, figs 7–12, 14–15.

23　August possessed numerous items by Jamnizter, including a manuscript with designs for tools, which was destroyed in 1945, a writing desk and a copy of *Perspectiva corporum regularium*（1568）. A similar measuring stick, likely from the imperial collection, is in the Museum für Kunst und Gewerbe in Hamburg. Vötsch, *Inventar von 1587*, fols 45, 167v, 192v, 193v. Sven Hauschke, 'Goldschmiede als Hersteller wissenschaftlicher Instrumente und Geräte', in Karin Tebbe et al., *Nürnberger Goldschmiedekunst, 1541–1868*, 2 vols in 3 parts（Nuremberg, 2007）, vol. Ⅱ, pp. 216–32, esp. 223; Ulrike Berninger, 'Im Auftrag von Kaisern, Fürsten und anderen hohen Herren. Der Goldschmied Wenzel Jamnitzer', in *Von Nah und Fern. Zuwanderer in die Reichsstadt Nürnberg*, ed. Brigitte Korn, Michael Diefenbacher and Steven M. Zahlaus, exh. cat., Stadtmuseum Fembohaus, Nuremberg（Petersberg, 2014）, pp. 115–24, here 121–2.

24　It was damaged in 1945 when it lost its pivotable sighting arm. Vötsch, *Inventar von 1587*, fig. 14; Marx and Plassmeyer, *Sehen und Staunen*, no. 1423, fig. 38（with pre-1945 photo）; Morrall, 'Urban Craftmen', pp. 2317, figs. 7–10.

25　Vötsch, *Inventar von 1587*, fols 170v and 188; Marx and Plassmeyer, *Sehen und Staunen*, no. 875（destroyed in 1945）.

26　Vötsch, *Inventar von 1587*, figs 16–19.

27　Stephan Koja and Claudia Kryza-Gersch, eds, *Shadows of Time: Giambologna, Michelangelo and the Medici Chapel*, exh. cat., Staatliche Kunstsammlung Dresden（Munich, 2018）.

28　Vötsch, *Inventar von 1587*, fols 2r–v. This is the first item listed in the inventory.

29　Ibid., fol. 6v.

30　Ibid., fols 188r–v, no. 211; Watanabe-O'Kelly, *Court Culture*, p. 76.

31　Vötsch, *Inventar von 1587*, fols 8r–v, fig. 5. Kris Lane, 'Emeralds', in *New World Objects of Knowledge: A Cabinet of Curiosities*, ed. Mark Thurner and Juan Pimentel（London, 2021）, pp. 159–69, here 160, fig. 6.

32　This was paired with a second Moorish king holding another precious raw emerald cluster.

Dirk Syndram, Jutta Kappel and Ulrike Weinhold, *Das Historische Grüne Gewölbe zu Dresden. Die barocke Schatzkammer* (Berlin, 2007), pp. 132–3.

33 The presentation drawing, measuring 112.5 cm × 50 cm is in the Rüstkammer, Staatliche Kunstsammlung Dresden, inv.no. H 141. The positiv, the second item listed in the inventory, was in the Historisches Museum in Dresden until its destruction in 1945. Vötsch, *Inventar von 1587*, fol. 2v. Walter Hentschel, *Dresdner Bildhauer des 16. und 17. Jahrhunderts* (Weimar, 1966), pp. 56–9, 132–3, fig. 4, pls. 52–60; Jeffrey Chipps Smith, *German Sculpture of the Later Renaissance: Art in an Age of Uncertainty, c. 1520–1580* (Princeton, nj, 1994), pp. 306–7, figs 271–2; Anne Veltrup, 'Kunstkammerschränke als Spiegel der fürstlichen Ordnung', in *Die kurfürstlich sächsische Kunstkammer in Dresden*, ed. Syndram and Minning, pp. 222–35.

34 Vötsch, *Inventar von 1587*, fols 79–219; Syndram, 'Die Anfänge', pp. 25–6.

35 Ibid., fol. 231v, fig. 93.

36 Ibid., figs 77–82.

37 Ibid., fols 131v–6v (listing of August's work), and 137r–v (Egidius Lobenigk's work), figs 50–54; Jutta Kappel, 'Elfenbeinkunst in der Dresdner Kunstkammer. Entwicklungslinien eines Sammlungsbestandes (1587–1741)', in *Die kurfürstlich-sächsische Kunstkammer in Dresden*, ed. Syndram and Minning, pp. 201–21, here 202–3.

38 Vötsch, *Inventar von 1587*, fols 165–96.

39 Hans Krell's portraits were destroyed in 1945.Ibid., figs 73–4; Marx and Plassmeyer, *Sehen und Staunen*, nos 667–8, figs. 33–4; Karin Kolb, *Cranach mit einem Bestandskatalog der Gemälde in dem Staatlichen Kunstsammlungen Dresden*, ed. Harald Marx and Ingrid Mössinger, exh. cat., Kunstsammlungen Chemnitz (Cologne, 2005), pp. 208–17, nos 2.1–2.2.

40 Vötsch, *Inventar von 1587*, fols 211–64; Syndram, 'Die Anfänge', pp. 27–8.

41 Vötsch, *Inventar von 1587*, fols 215v–7v, fig. 86; and Kolb, Lupfer and Roth, *Ausstellung*, pp. 17–19, no. 1.

42 Dirk Syndram, 'Die Entwicklung der Kunstkammer unter Kurfürst Johann Georg Ⅰ', in *Die kurfürstlich-sächsische Kunstkammer in Dresden*, ed. Syndram and Minning, pp. 79–98, here 83.

43 Vötsch, *Inventar von 1587*, fol. 241v.

44 Sylvia Ferino-Pagden, ed., *Arcimboldo 1526–1593*, exh.cat., Kunsthistorisches Museum, Vienna (Milan, 2007), pp. 134–40, no. Ⅳ.8–11 (Thomas DaCosta Kaufmann); Vötsch, *Inventar von 1587*, fol. 242v, fig. 95; Kolb, Lupfer and Roth, *Ausstellung*, pp. 46–9, no. 42.

45 He also had an elephant whose eyes moved. On top was a Moorish king holding a bow

as well as another Moor playing a kettledrum. Vötsch, *Inventar von 1587*, fols 238r–v, 242v–3.

46 Vötsch, *Inventar von 1587*, fols 237v–8, fig. 96; Jessica Keating, *Animating Empire: Automata, the Holy Roman Empire, and the Early Modern World* (University Park, pa, 2018), pp. 17–28. There is a related automated ship by Schlottheim in the British Museum in London. Since antiquity, automata have been praised for their ingenuity and condemned as dangerous magic; see Alexander Marr, 'Understanding Automata in the Late Renaissance', *Journal de la Renaissance*, II (2004), pp. 205–22; Alexander Marr, '*Gentille curiosité*: Wonder-Working and the Culture of Automata in the Late Renaissance', in *Curiosity and Wonder from the Renaissance to the Enlightenment*, ed. Robert J. W. Evans and Alexander Marr (Aldershot, 2006), pp. 149–70.

47 Vötsch, *Inventar von 1587*, fols 248–88v, figs 97–8; Syndram, 'Die Anfänge', p.28.

48 Vötsch, *Inventar von 1587*, fols 263–317v, fig. 100; Syndram, 'Die Anfänge', p.28.

49 Vötsch, *Inventar von 1587*, fols 263–6v; Kolb, Lupfer, and Roth, *Ausstellung*, pp. 72–3; Klaus Thalheim, 'Minerale, Gesteine und Fossilien in der Dresdner Kunstkammer', in *Die kurfürstlich-sächsische Kunstkammer in Dresden*, ed. Syndram and Minning (Dresden, 2012), pp. 263–81, esp. 263–8, 278–80.

50 Syndram, 'Die Anfänge', pp. 40–45 (edited by Jochen Vötsch).

51 It was transferred to the Kunstkammer during the reign of Johann Georg I. Abraham Jamnitzer modelled his figure after his father Wenzel's Daphne (c. 1571–5), now in the Musée National de la Renaissance in Écouen. There are minor differences so it is uncertain whether he used the earlier mould. Syndram, *Treasury Art*, pp. 38–9; Syndram, 'Die Anfänge', p. 32, fig. 7; Marx and Plassmeyer, *Sehen und Staunen*, no. 440.

52 Syndram, 'Die Anfänge', pp. 30–38 for much of what follows. Also Ulrike Weinhold, 'Die Habsburger und die frühe Dresdner Kunstkammer', in *Die kurfürstlich-sächsische Kunstkammer in Dresden*, ed. Syndram and Minning, pp. 62–77, here 66–7.

53 Franz Aurich and Nadine Kulbe, 'Geordnetes Wissen. Die Bücher in der Kunstkammer am Dresdner Hof', in *Die kurfürstlich-sächsische Kunstkammer in Dresden*, ed. Syndram and Minning, pp. 293–8, here 293–5.

54 Syndram and Minning, ed., *Die kurfürstlich-sächsische Kunstkammer in Dresden*; Syndram, 'Die Anfänge', p. 34; Weinhold, 'Dresdner Kunstkammer', p. 67.

55 Vötsch, *Inventar von 1587*, fols 67–72. Various religious, mythological and historical paintings as well as a portrait of the king of Poland's horse were exhibited in room one.

56 Vötsch, *Inventar von 1587*, fol. 67; Marx and Plassmeyer, *Sehen und Staunen*, no. 3102. Other versions of this series were found in Kunstkammern in Ambras and Munich.

57 Syndram, 'Die Anfänge', p. 35; Weinhold, 'Dresdner Kunstkammer', p. 66.

58 Dirk Syndram, Moritz Woelk and Martina Minning, ed., *Giambologna in Dresden. Die Geschenke der Medici*, exh. cat., Dresden Residenschloss (Munich, 2006); Vötsch, *Inventar von 1587*, fols 65v-6, figs 20–22, 24.

59 Vötsch, *Inventar von 1587*, fol. 66, fig. 23.

60 Vötsch, *Inventar von 1587*, fols 9v-18.

61 Vötsch, *Inventar von 1587*, fol. 9v, fig. 6; Dolz, 'Die scientifica', pp. 196–7. Roll and Reinhold created at least six similar globes between 1584 and 1589. Klaus Maurice and Otto Mayr, ed., *The Clockwork Universe: German Clocks and Automata, 1550–1650*, exh. cat., mithsonian Institute, Washington (New York, 1980), pp. 300–301, no. 117 (Hermitage clock).

62 Jochen Vötsch, *Die kurfürstlich-sächsische Kunstkammer in Dresden. Das Inventar von 1640*, ed. Dirk Syndram and Martina Minning (Dresden, 2010), fols 313–16, 441, 444v; Marx and Plassmeyer, *Sehen und Staunen*, nos 2798, 2946–7, 2974, 2991–4, 3029, 3031, 3037, 3052, 3074, 3076.

63 Syndram, *Treasury Art*, pp. 38–9; Marx and Plassmeyer, *Sehen und Staunen*, no. 2831.

64 Marx and Plassmeyer, *Sehen und Staunen*, nos 2902a–b.

65 For example, Vötsch, *Inventar von 1619*, fols 137–9v.

66 Syndram, 'Die Anfänge', p. 36.

67 Eva Ströber, 'Porzellan als Geschenk des Grossherzogs Ferdinando I. de' Medici aus dem Jahre 1590', in *Giambologna in Dresden*, ed. Syndram, Woelk and Minning, exh. cat., pp. 103–10.

68 Vötsch, *Inventar von 1619*, fols 12–14, figs 8–9; Dirk Weber, '"Alles, was frembd, das auß den Indias kombt." Vom stummen Zeugen und illustrativen Zeugnissen exotischer Welten in der Dresdener Kunstkammer', in *Die kurfürstlich-sächsische Kunstkammer in Dresden*, ed. Syndram and Minning, pp. 247–61, here 250–51.

69 Cranach's collection included seven paintings, 113 wood cuts and 69 engravings by Albrecht Dürer. Syndram, 'Die Anfänge', p. 35.

70 Vötsch, *Inventar von 1619*, fols 1–2.

71 Syndram, 'Die Anfänge', pp. 37–8; Weinhold, 'Dresdner Kunstkammer', pp. 67–77.

72 Claudia Brink, '"auf daß Ich alles zu sehen bekhomme": Die Dresdner Kunstkammer und ihr Publikum im 17. Jahrhundert', in *Die kurfürstlich-sächsische Kunstkammer in Dresden*, ed. Syndram and Minning, pp. 381–93, here 388–9.

73　Syndram, 'Die Anfänge', pp. 56–7; Weinhold, 'Dresdner Kunstkammer', p. 69.

74　Weinhold, 'Dresdner Kunstkammer', pp. 71–2.

75　Ibid., pp. 72–3. On techniques and materials, see Judith W. Mann, ed., *Paintings on Stone: Science and the Sacred, 1530–1800*, exh. cat., St. Louis Art Museum (Munich, 2020).

76　Weinhold, 'Dresdner Kunstkammer', p. 70.

77　Syndram, 'Die Anfänge', pp. 50–51; Weinhold, 'Dresdner Kunstkammer', pp. 73–4, fig. 8; Marx and Plassmeyer, *Sehen und Staunen*, no. 2892.

78　Sabine Haag, ed., *Masterpieces of the Kunstkammer Vienna: A Brief Guide to the Kunsthistorisches Museum Vienna* (Vienna, 2013), p. 156.

79　Lisa Skogh's current research project includes Sophie and Hedwig. See 'The Kunstkammer and the Early Modern Consort: Knowledge, Networks and Influences', www.vam.ac.uk, accessed 3 October 2021.

80　The clock was in the *Kunstkammer* until Christian removed it in 1603, but it was returned on 25 April 1614. Syndram, 'Die Anfänge', pp. 58–9; Dirk Syndram, 'Die Entwicklung der Kunstkammer unter Kurfürst Johann Georg I', in *Die kurfürstlich-sächsische Kunstkammer in Dresden*, ed. Syndram and Minning, pp. 79–98, here 80–81, fig. 2; Marx and Plassmeyer, *Sehen und Staunen*, no. 2841.

81　Syndram, 'Die Entwicklung', pp. 86, 94, 97.

82　Ibid., pp. 90–91, 96.

83　Ibid., p. 96.

84　My remarks draw heavily on Jutta Kappel, *Elfenbeinkunst im Grünen Gewölbe zu Dresden* (Dresden, 2017), pp. 57–61. Also see Syndram, 'Die Entwicklung', p. 85; Marx and Plassmeyer, *Sehen und Staunen*, p. 645, no. 2787; Jutta Kappel, 'Eine Spurensuche: Jacob Zeller-Elfenbeinkünstler zwischen Dresden und Prag', in *Dresden-Prag um 1600*, ed. Beket Bukovinská and Lubomír Konečný (Prague, 2018), pp. 101–12.

85　Kappel, *Elfenbeinkunst*, p. 57.

86　Ibid., pp. 57 and 59.

87　Syndram, 'Die Entwicklung', pp. 85–6, fig. 5.

88　Oscar Doering, *Des Augsburger Patriciers Philipp Hainhofer Reisen nach Innsbruck und Dresden* (Vienna, 1901), p. 159.

89　Gerald Heres, 'Statua Danielis', *Dresdener Kunstblätter*, XXV (1981), pp. 162–6; Holly Borham, 'The Art of Confessionalism: Picturing Lutheran, Reformed, and Catholic Faith in Northwest Germany, 1580–1618', PhD diss., Princeton University, 2019, pp. 242–3. I wish to thank Holly Borham for her insights on this book.

90　Giovanni Maria Nosseni, *Chronologia und Beschreibung des grossen Bildes / welches dem König Nebuchadnezar im Traum erschienen / dessen bedeutung der Prophet*

　　　　Daniel offenbaret...（Dresden，1612）.
91　Syndram and Minning, *Geschichte einer Sammlung*, after p. 472, fold-out plans of the room locations and numbering for the 1587, 1619 and 1640 inventories.
92　Syndram, 'Die Entwicklung', pp. 92–6.
93　Marx and Plassmeyer, *Sehen und Staunen*, pp. 180–375（with annotations on many of the entry nos 383–696）.
94　Ibid., pp. 181–2, 385–7, nos 1–27.
95　Ibid., pp. 181, 385, no. 10.
96　Ibid., pp. 181, 385, no. 9.
97　Vötsch, *Inventar von 1587*, fol. 269, fig. 100; Marx and Plassmeyer, *Sehen und Staunen*, pp. 181, 386, no. 13.
98　Marx and Plassmeyer, *Sehen und Staunen*, pp. 183–218, 388–406, nos 28–377; Wolfram Koeppe, ed., *Making Marvels: Science and Splendor at the Courts of Europe*, exh.cat., Metropolitan Museum of Art, New York（New Haven, ct, 2019）, pp. 166–9, nos 79–80.
99　Marx and Plassmeyer, *Sehen und Staunen*, pp. 219–38, 407–35, nos 378–675.
100　Syndram, 'Die Anfänge', pp. 28–9; Marx and Plassmeyer, *Sehen und Staunen*, pp. 219, 407, no. 382, pl. 22.
101　Marx and Plassmeyer, *Sehen und Staunen*, pp. 222, 409–10, no. 440.
102　Only five of the ostriches survive. Syndram, 'Die Anfänge', pp. 7–8; Marx and Plassmeyer, *Sehen und Staunen*, pp. 232, 420–22, no. 579a–e, pl. 34
103　Marx and Plassmeyer, *Sehen und Staunen*, pp. 234–5, 427, nos 619–20.
104　Ibid., pp. 237–8, 432–5, nos 662–73.
105　Ibid., pp. 239–51, 436–51, nos 676–762.
106　Syndram, 'Die Anfänge', pp. 52–3; Marx and Plassmeyer, *Sehen und Staunen*, pp. 239, 436, nos 677–8.
107　Marx and Plassmeyer, *Sehen und Staunen*, pp. 244, 441–2, no. 711.
108　Syndram, 'Die Anfänge', pp. 44–5; Marx and Plassmeyer, *Sehen und Staunen*, pp. 244, 442–3, no. 714.
109　Marx and Plassmeyer, *Sehen und Staunen*, pp. 249–51, 445–51, nos 726–62.
110　Ibid., pp. 252–309, 452–579, nos 763–2000.
111　Ibid., pp. 252, 452–3, no. 765.
112　Ibid., nos 1423, 1428 and 1595.
113　Ibid., no. 1926.
114　Ibid., pp. 310–21, 580–604, nos 2001–2b.
115　Ibid., pp. 310, 580, nos 2006, 2165a–b, 2167a–b, 2181a, 2192 and 2202.
116　Ibid., pp. 322–41, 605–26, nos 2204–543.
117　Ibid., pp. 338, 621, no. 2465. These are part of a large collection of old coins and

medals that August purchased from Adolf II Occo of Augsburg, among other sources.

118 Ibid., pp. 342–75, 627–96, nos 2544–3126.
119 Syndram and Minning, *Geschichte einer Sammlung*, pp. 99–101.
120 Marx and Plassmeyer, *Sehen und Staunen*, nos 2545–624 (Georg Wecker), 2625–54 (Egidius Lobenigk) and 2655–709 (Jakob Zeller).
121 *Marcus Curtius* was perhaps a flattering reference to Christian I as a ruler who puts his subjects first. Marx and Plassmeyer, *Sehen und Staunen*, nos 2638, 2787; Kappel, *Elfenbeinkunst*, pp. 47–8.
122 Marx and Plassmeyer, *Sehen und Staunen*, no. 2599.
123 This included Reinhold and Roll's celestial globe. Ibid., no. 2851.
124 Ibid., nos 2788, 2795, 2841, 2889, 2902a–b and 2919. Also see Peter Plassmeyer, 'Renaissance Musical Automata in the Art Collection of the Saxon Electors in Dresden', in *Royal Music Machines*, ed. Jan Jaap Haspels (Zütphen, 2006), pp. 45–61.
125 Marx and Plassmeyer, Sehen und Staunen, nos 3095–6. Behind the couple was the Tree of Knowledge painted on iron.
126 Marx and Plassmeyer, *Sehen und Staunen*, nos 3065 and 3069a–b.
127 Ibid., nos 3102–26.
128 'gute ordnung, wohl gefallen laßen, und mit diesen formalien gesaget, daß er gar hübsch und fein sey'. Syndram, 'Die Entwicklung', p. 97.
129 Brink, 'Publikum', pp. 381–93, and appendices 394–407.
130 Syndram and Minning, *Geschichte einer Sammlung*, pp. 386 with figs 2–3 and 394–5 (with the list).
131 Volkmar Billig, 'Philipp Hainhofer. Der Dresdner Stallhof und die Kunstkammer. Aus dem Reisetagebuch, 1617', in *Zukunft seit 1560. Die Anthologie*, ed. Karin Kolb, Gilbert Lupfer and Martin Roth (Berlin, 2010), pp. 17–21, esp. 19–21.
132 Doering, *Hainhofer*, pp. 156–80.
133 Syndram, 'Die Anfänge', p. 39.
134 Syndram, 'Die Entwicklung', p. 95.
135 Brink, 'Publikum', p. 387.
136 Syndram, 'Die Entwicklung', pp. 87, also see 252, fig. 6.
137 Ibid., p. 89.
138 Katrin Schlechte '"Hier leuchtet / scheint und schimmerts gantz". Die Kunstkammer zur Zeit Johann Georgs II. und Johann Georgs III. im Spiegel von Tobias Beutels *Cedern=Wald*', in *Die kurfürstlich-sächsische Kunstkammer in Dresden*, ed. Syndram and Minning, pp. 109–19, esp. 111–14; see www.biodiversitylibrary.org, especially folios E1 to K3, on the *Kunstkammer*.
139 Schlechte, 'Kunstkammer'.

140 Dirk Syndram, *Die Schatzkammer Augusts des Starken. Von der Pretiosensammlung zum Grünen Gewölbe* (Leipzig, 1999); Dirk Syndram, 'August der Starke und seine Kunstkammer zwischen Tagespolitik und Museumsvision', in *Die kurfürstlich-sächsische Kunstkammer in Dresden*, ed. Syndram and Minning, pp. 120–41. On the subsequent history, see Peter Plassmeyer, '"liegen hir und da in der grösten confusion herum". Die Verwahrung der Dresdner Kunstkammer im Zwinger bis zu ihrer Auflösung im 19. Jahrhundert', ibid., pp. 142–51, esp. 142–5; and Martina Minning, 'Die Auflösung der königlich-sächsischen Kunstkammer im Jahr 1832', ibid., pp. 152–65.

141 In 1747 the paintings gallery was moved to the *Stallhof*, or stables. Virginie Spenlé, 'Von der Sammlung zum Museum: Die Dresdener Gemäldegalerie im Stallhof', *Dresdener Kunstblätter*, lii (2009), pp. 59–64.

第 6 章　鲁道夫二世在布拉格的珍奇馆

1 The literature on Rudolf and his *Kunstkammer* is extensive. What follows in this chapter depends on the work of the specialists whose writings are cited below.

2 R.J.W. Evans, *Rudolf II and His World: A Study in Intellectual History, 1576-1612* (Oxford, 1973), pp. 49–51, 56.

3 Ibid., pp. 48–51.

4 Ibid., pp. 1–2.

5 Thomas DaCosta Kaufmann, *The School of Prague: Painting at the Court of Rudolf II* (Chicago, il, 1988), pp. 7 and 17–18.

6 Cited ibid., p. 7.

7 Rosemarie Mulcahy, *Philip II of Spain: Patron of the Arts* (Dublin, 2004).

8 Rotraut Bauer and Herbert Haupt, eds, 'Inventar der Kunstkammer Kaiser Rudolfs II, 1607–1611', *Jahrbuch der kunsthistorischen Sammlungen in Wien*, n.f. 36 (1976), pp. XI – XLV and 1–140, here XXXV.

9 Helmut Trnek, Sabine Haag and Dirk Syndram, *Kaiser Rudolf II. zu Gast in Dresden*, exh. cat., Staatliche Kunstsammlungen Dresden (Munich, 2007); especially Dirk Syndram, 'Der Schatten des Kaisers. Zum Einfluss Rudolfs II. auf die Dresdner Kunstkammer', ibid., pp. 19–29.

10 Syndram, 'Der Schatten des Kaisers', p. 19.

11 Herbert Karner, ed., *Die Wiener Hofburg, 1521-1705* (Vienna, 2014), pp. 203–11; Renate Leggatt-Hofer and Reinhold Sahl, eds, *The Vienna Hofburg: Six Centuries as a European Centre of Power* (Vienna, 2018), pp. 114–16 and 132. On Ferdinand I, see Karl Rudolf, 'Arcimboldo im kulinarischen Wissensraum. Die Kunstkammer Kaiser Ferdinands I. (1503–1564)', in *Das Haus Habsburg und die Welt der fürstlichen Kunstkammern im 16. und 17. Jahrhundert*, ed. Sabine Haag, Franz Kirchweger and

Paulus Rainer (Vienna, 2015), pp. 133–65.

12 Rudolf Distelberger, 'The Habsburg Collections in Vienna during the Seventeenth Century', in *The Origins of Museums: The Cabinet of Curiosities in Sixteenth- and Seventeenth-Century Europe*, ed. Oliver Impey and Arthur MacGregor [1985], 2nd edn (Oxford, 2017), pp. 39–46, esp.39–41.

13 Gudrun Swoboda, *Die Wege der Bilder. Eine Geschichte der kaiserlichen Gemäldesammlungen von 1600 bis 1800* (Vienna, 2008), pp. 6–19 and 28–39.

14 Benedict Reid completed the hall in 1500. Eliška Fučiková, 'Der Wladislawsaal als öffentlicher Raum', in *Dresden-Prag um 1600*, ed. Beket Bukovinská and Lubomír Konečný (Prague, 2018), pp. 54–63.

15 Eliška Fučiková, 'The Collection of Rudolf II at Prague: Cabinet of Curiosities or Scientific Museum?', in *The Origins of Museums*, ed. Impey and MacGregor, pp. 47–53, esp. 48–9; Beket Bukovinská, 'The *Kunstkammer* of Rudolf II: Where It Was and What It Looked Like', in *Rudolf II and Prague*, ed. Eliška Fučiková et al., exh. cat., Prague Castle (London, 1997), pp. 199–208, here 199–200.

16 For a photograph of the current configuration of the former *Langebau* space, see Friedrich Polleroß, '"KayserlicheSchatz- und Kunstkammer". Die habsburgishen Sammlungen und ihre Öffentlichkeit im 17 Jahrhundert', in *Das Haus Habsburg*, ed. Haag, Kirchweger and Rainer (Vienna, 2015), pp. 255–95, here 257, fig. 2.

17 Alice Fornasiero and Eliška Zlatohlávková, 'The *Studiolo* of Rudolf II at Prague Castle', *Journal of the History of Collections*, XXXII (2020), pp. 239–44, esp. 241–2.

18 Bauer and Haupt, 'Inventar'.

19 Ibid., figs 3–11.

20 Friedrich, Palatinate elector (r. 1610–23), was briefly the king of Bohemia in 1619–20. 'Inventar des Nachlasses Kaiser Matthias', nach dem 5. Mai 1619', *Jahrbuch der kunsthistorischen Sammlungen des Allerhöchsten Kaiserhauses*, XX /2 (1899), pp. XLIX–CXXII (register 17408).

21 The inventory was compiled after the imperial victory at the Battle of White Mountain near Prague.'Inventar der Prager Schatz- und Kunstkammer vom 6. Dezember 1621', *Jahrbuch der kunsthistorischen Sammlungen des Allerhächsten Kaiserhauses*, XXV /2 (1905), pp. XX –LI (register 1942). There were additional inventories drafted in 1650, 1718, 1737 and 1782.

22 Bauer and Haupt, 'Inventar', p. XXVII.

23 Unless noted otherwise, the locations cited below derive from the 1621 inventory. The numbering of cupboards differs but only slightly between the two lists. Cupboards A and B become one and twenty. The former numbers shift upwards by one so cupboards one and eighteen respec tively are now two and nineteen in 1621.Bukovinská, 'The

Kunstkammer of Rudolf II', p. 202 explains the minor changes in numbering.

24　What follows is based closely on Bauer and Haupt, 'Inventar', pp. XVI - XIX and 1-3; and Beket Bukovinská, 'The Known and Unknown *Kunstkammer* of Rudolf II', in *Collection - Laboratory - Theatre: Scenes of Knowledge*, ed. Jan Lazardzig, Ludger Schwarte and Helmar Schramm (Berlin, 2005), pp. 199–227.

25　'Inventar der Prager Schatz- ... 1621', pp. XX - XXVII.

26　Ibid., p. XXII, nos 48–71.

27　Kunsthistorisches Museum, Vienna, inv. no. kk 76 and 75. 'Inventar der Prager Schatz- ... 1621', pp. XXV - XXVI, nos 273–4.

28　Bauer and Haupt, 'Inventar', nos 1874–1921; 'Inventar der Prager Schatz- ... 1621', pp. XXXI - XXXIII.

29　It sat on top of cupboard A (cupboard 1 in 1621). Bauer and Haupt, 'Inventar', no. 1874, fig. 63; 'Inventar der Prager Schatz- ... 1621', pp. XXVII- XXVIII, no. 541.

30　Bauer and Haupt, 'Inventar', nos 1907 and 1904, fig. 75.

31　'Inventar der Prager Schatz- ... 1621', pp. XXVII- XXVIII.

32　Bauer and Haupt, 'Inventar', no. 2142; Bukovinská, 'The Known and Unknown *Kunstkammer*', p. 213 (with translation).

33　Kunsthistorisches Museum, Vienna, inv. no. kk 96.'Inventar der Prager Schatz- ... 1621', XXVII- XXVIII, no. 359.

34　'Inventar der Prager Schatz- ... 1621', pp. XXVIII - XXX, nos 360–473.

35　Ibid., pp. XXVIII - XXIX, nos 398–414.

36　Ibid., pp. XXVIII, nos 382–97.

37　Ibid., pp. XXX - XXXII.

38　Rudolf Distelberger, 'The Castrucci and the Miseroni: Prague, Florence, Milan', in *Art of the Royal Court: Treasures in Pietre Dure from the Palaces of Europe*, ed. Wolfram Koeppe, exh. cat., Metropolitan Museum of Art, New York (New Haven, ct, 2008), pp. 28–39.

39　Bauer and Haupt, 'Inventar', nos 1155–6. Distelberger, 'The Castrucci and the Miseroni', p. 29. In 1609 the Flemish naturalist Anselmus Boetius de Boodt praised the Ganymede table as the eighth wonder of the world.

40　Frits Scholten et al., eds, *Adriaen de Vries, 1556–1626*, exh.cat., Rijksmuseum, Amsterdam (Zwolle, 1999), pp. 154–5, no. 16.

41　Bauer and Haupt, 'Inventar', nos 1963–83.

42　Kunsthistorisches Museum, Vienna, inv. no. kk 5496.Bauer and Haupt, 'Inventar', no. 1969, fig. 65.

43　Rudolf owned 27 sculptures by the artist and his workshop, including Susini.Manfred Leithe-Jasper, 'Bronze Statuettes by Giambologna in the Imperial and other Early Collections', in *Giambologna, 1529-1608: Sculptor to the Medici*, ed. Charles

Avery and Anthony Radcliffe, exh. cat., Royal Scottish Museum, Edinburgh (London, 1978), pp. 50–60, here 53–5.

44 Signed, 62.7 cm. Kunsthistorisches Museum, Vienna, inv. no. kk 5898. It is unknown how this entered the collection. Bauer and Haupt, 'Inventar', no. 1970, fig. 74; Kulturstiftung Ruhr and Kunsthistorisches Museum, eds, *Prag um 1600. Kunst und Kultur am Hofe Rudolfs II*, 2 vols, exh. cat., Villa Hugel, Essen, and Kunsthistorisches Museum, Vienna (Freren, 1988), vol. I, no. 48.

45 Kunsthistorisches Museum, Vienna, inv. no. kk 5814. Bauer and Haupt, 'Inventar', no. 1979; fig. 67; Manfred Leithe-Jasper, *Renaissance Master Bronzes from the Collection of the Kunsthistorisches Museum Vienna*, exh. cat., National Gallery of Art, Washington (Washington, 1986), pp. 210–13, no. 53.

46 Frits Scholten, 'Adriaen de Vries, Imperial Sculptor', in *Adriaen de Vries, 1556–1626*, ed. Frits Scholten et al., exh. cat., Rijksmuseum, Amsterdam (Zwolle, 1999), pp. 13–45, especially 22–6. Bronze-founder Martin Hilliger of Freiburg came to Prague in 1602. Until his death in 1622, Hillger may have cast most of de Vries' bronzes.

47 Bauer and Haupt, 'Inventar', no. 1975, fig. 64; Kulturstiftung Ruhr and Kunsthistorisches Museum, eds, *Prag um 1600*, vol. I, no. 57; Scholten et al., *Adriaen de Vries*, pp. 140–43, no. 13; Sabine Haag, ed., *Masterpieces of the Kunstkammer Vienna: A Brief Guide to the Kunsthistorisches Museum Vienna* (Vienna, 2013), pp. 138–9, no. 59.

48 Respectively in the Nationalmuseum, Stockholm, and National Gallery of Art, Washington, DC. Bauer and Haupt, 'Inventar', nos 1976 and 1978; Scholten et al., *Adriaen de Vries*, pp. 166–8 and 179–81, nos 20 and 24.

49 Bauer and Haupt, 'Inventar', nos 1981–3, fig. 66; Kaufmann, *School of Prague*, p. 7; Scholten et al., *Adriaen de Vries*, pp. 159–61, 172–8, nos 18, 22–3.

50 'Inventar der Prager Schatz- ... 1621', pp. XXXIV–XXXV, nos 689, 691 and 708 – cupboards eight, nine and eleven. Scholten et al., *Adriaen de Vries*, p. 176 referred, incorrectly in my opinion due to the spacing, to this as a 'kind of shrine to the emperor'.

51 Scholten et al., *Adriaen de Vries*, pp. 134–9, 144–7, 169–71, 192–4, nos 11–12, 14, 21, 29.

52 Bauer and Haupt, 'Inventar', nos 2809–14, figs 35–6. Two of these are in the Kunsthistorisches Museum, Vienna, inv. nos kk 3002 and 3397.

53 This is one of four versions attributed to Castrucci and his workshop. Kulturstiftung Ruhr and Kunsthistorisches Museum, eds, *Prag um 1600*, vol. II, no. 726; Fučiková et al., *Rudolf II and Prague*, no. II.66; Haag, *Masterpieces*, pp. 148–9, no. 64.

54 'Inventar der Prager Schatz- ... 1621', pp. XXXIII–XXXVIII.

55 'Inventar des Nachlasses Kaiser Matthias ... 1619', nos 1–884 list titles of books

presumably kept in the *Kunstkammer*. Distelberger, 'The Castrucci and the Miseroni', pp. 31–9.

56 'Inventar der Prager Schatz- ... 1621', p. XXXIV, nos 679–85.

57 Ibid., no. 911.

58 Ibid., p. XXXIV, nos 645–8.

59 Weltliche und Geistliche Schatzkammer, Vienna, inv. no. XIV 2. Bauer and Haupt, 'Inventar', no. 1; Rotraud Bauer et al., *Kunsthistorisches Museum Wien.Weltliche und Geistliche Schatzkammer - Bildführer* (Vienna, 1987), pp. 114–15, no. 138; Herbert Haupt, Thea Vignau-Wilberg, Eva Irblich, and Manfred Staudinger, *Le Bestiaire de Rodolphe II: Cod. Min. 129 et 130 de la Bibliothèque nationale d'Autriche* (Paris, 1990), pp. 122–5, no. 13.

60 Bauer and Haupt, 'Inventar', no. 1350; Bauer et al., *Weltliche und Geistliche Schatzkammer*, pp. 111–14.

61 Weltliche und Geistliche Schatzkammer, Vienna, inv.nos Kap. 321–2. Bauer and Haupt, 'Inventar', nos 616–17and 609–17 for all of his feather paintings; Bauer et al., *Le Bestiaire*, pp. 282–4, nos 101–2; Wilfried Seipel, ed., *Hauptwerke der Geistlichen Schatzkammer* (Milan, 2007), pp. 44–7, nos 11–12.

62 Alessandra Russo, 'A Contemporary Art from New Spain', in *Images take Flight: Feather Art in Mexico and Europe, 1400-1700*, ed. Alessandra Russo, Gerhard Wolf and Diana Fane (Munich, 2015), pp. 23–63, here 45–8, figs 31–2.Also see Luisa Elena Alcalá, 'Reinventing the Devotional Image: Seventeenth-Century Feather Paintings', ibid., pp. 386–405.

63 Cited in 'The *Kunst- und Wunderkammer* of Emperor Rudolf II', www.habsburger.net, accessed 7 August 2019.

64 On the subjects of alchemy and some of the noted practitioners, notably John Dee and Edward Kelley, in Rudolf's employment, see Evans, *Rudolf II*, pp. 196–242; and, more generally, Tara E. Nummedal, 'Practical Alchemy and Commercial Exchange in the Holy Roman Empire', in *Merchants and Marvels: Commerce, Science, and Art in Early Modern Europe*, ed. Pamela H. Smith and Paula Findlen (New York, 2002), pp. 201–22; Ivo Purš, 'Alchemy, the Court of Rudolf II, and Magical and Scientific Understandings of Stone', in *Paintings on Stone: Science and the Sacred, 1530-1800*, ed. Judith W. Mann, exh. cat., Saint Louis Art Museum (Munich, 2020), pp. 87–94.

65 Christina Weiler, ed., *Von Fischen, Vögeln, und Reptilien.Meisterwerke aus dem kaiserlichen Sammlungen*, exh. cat., Österreiche Nationalbibliothek, Vienna(2011), esp.pp. 9, 78, 92–127 on Rudolf, his collecting and his artists and scientists.

66 Annemarie Jordan Gschwend, 'The Emperor's Exotic and New World Animals: Hans Khevenhüller and Habsburg Menageries in Vienna and Prague', in *Naturalists in the*

Field: Collecting, Recording and Preserving the Natural World from the Fifteenth to the Twenty-First Century*, ed. Arthur MacGregor (Leiden, 2018), pp. 76–103.

67 Bauer and Haupt, 'Inventar', nos 230–31; Kaufmann, *School of Prague*, p. 202.

68 National Gallery of Art, Washington. Kaufmann, *School of Prague*, pp. 202–3; Thea Vignau-Wilberg, *Joris and Jacob Hoefnagel: Art and Science around 1600* (Berlin, 2017), pp. 98–130, no. A6. The 1607–11 inventory does list additional works by Joris Hoefnagel.Bauer and Haupt, 'Inventar', nos 2602, 2683 and 2783, among others. On Hoefnagel and the *Four Elements*, see Marisa Anne Bass, *Insect Artifice: Nature and Art in the Dutch Revolt* (Princeton, nj, 2019), pp. 12–13, 190–240, 243–5.

69 Bauer and Haupt, 'Inventar', nos 2688–91, 2693, 2696; Kulturstiftung Ruhr and Kunsthistorisches Museum, eds, *Prag um 1600*, vol. II, nos 603–5.

70 Bauer and Haupt, 'Inventar', nos 2689–90; Kulturstiftung Ruhr and Kunsthistorisches Museum, eds, *Prag um 1600*, vol. II, no. 605; Haupt et al., *Le Bestiaire*; Thea Vignau-Wilberg, 'Le "Museum de l'empereur Rodolphe II" et le Cabinet des arts et curiosités', ibid., pp. 31–63; Lee Hendrix, 'Natural History Illustrations at the Court of Rudolf II', in *Rudolf II and Prague*, ed. Eliška Fučiková et al., exh. cat., Prague Castle (London, 1997), pp. 157–71, esp. 162–6.

71 Hendrix, 'Natural History Illustrations', p. 162.

72 Haupt et al., *Le Bestiaire*, pp. 344–9, no. 12; Bukovinská, 'The Known and Unknown *Kunstkammer*', pp. 216–17, figs 6–7.

73 Cited with translation by Bukovinská, 'The Known and Unknown *Kunstkammer*', p. 216. Bauer and Haupt, 'Inventar', no. 135.

74 Haupt et al., *Le Bestiaire*, pp. 114–15, no. 9; Hendrix, 'Natural History Illustrations', p. 162.

75 Kulturstiftung Ruhr and Kunsthistorisches Museum, eds, *Prag um 1600*, vol. II, no. 605; Haupt et al., *Le Bestiaire*, pp. 118–19, no. 11.

76 Fučiková et al., *Rudolf II and Prague*, no. II.110.

77 Österreiche Nationalbibliothek, Vienna, Cod. min. 129, fols 14r and 17r. Haupt et al., *Le Bestiaire*, pp. 122–5, no. 13 and 130–31, no. 16.Other folios show shells, crabs and corals set on a green backdrop.

78 Bauer and Haupt, 'Inventar', no.28; Kulturstiftung Ruhr and Kunsthistorisches Museum, eds, *Prag um 1600*, vol. I, no. 339; Trnek, Haag and Syndram, *Kaiser Rudolf II. zu Gast*, pp. 56–7, no. 9; Haag, *Masterpieces*, pp. 173–4, no. 76; Sabine Haag and Franz Kirchweger, eds, *Die Kunstkammer. Die Schätze der Habsburger* (Vienna, 2012), pp. 202–3.

79 Bauer and Haupt, 'Inventar', no. 296; Kulturstiftung Ruhr and Kunsthistorisches Museum, eds, *Prag um 1600*, vol. I, no. 340; Haag, *Masterpieces*, pp. 170–71, no. 75; Haag

and Kirchweger, *Die Kunstkammer*, pp. 200–201.

80 Bauer et al., *Weltliche und Geistliche Schatzkammer*, no. 56.

81 Kulturstiftung Ruhr and Kunsthistorisches Museum, eds, *Prag um 1600*, vol. I, no. 342 where it is mentioned the cup is probably identical to no. 899 in the 1619 inventory. Haag and Kirchweger, *Die Kunstkammer*, pp. 196–7.

82 Bauer and Haupt, 'Inventar', no. 1363; Kulturstiftung Ruhr and Kunsthistorisches Museum, eds, *Prag um 1600*, vol. I, no. 353; Fučiková et al., *Rudolf II and Prague*, no. II.13; Trnek, Haag, and Syndram, *Kaiser Rudolf II. zu Gast*, pp. 52–4, no. 8; Haag, *Masterpieces*, pp. 178–9, no. 79. Distelberger, 'The Castrucci and the Miseroni', pp. 35–8.

83 Each statue is *c*. 71 cm high. Kunsthistorisches Museum, Vienna, kk 1118, 1122, 1126 and 1130. Klaus Pechstein, 'Kaiser Rudolf ii. und die Nürnberger Goldschmiedekunst', in *Prag um 1600. Beiträge zur Kunst und Kultur am Hofe Rudolfs II.*, ed. Kulturstiftung Ruhr and Kunsthistorisches Museum (Freren, 1988), pp. 232–43, esp. 233–4, fig. 3 (a reconstruction of the fountain); Jeffrey Chipps Smith, *German Sculpture of the Later Renaissance: Art in an Age of Uncertainty* (Princeton, nj, 1994), pp. 206, 208–11; Haag, *Masterpieces*, pp. 102–3, no. 41.

84 Jeffrey Chipps Smith, 'Wenzel Jamnitzer: Famous Yet Free?', in *The Artist between Court and City (1300–1600)*, ed. Dagmar Eichberger, Philippe Lorentz and Andreas Tacke (Petersberg, 2017), pp. 312–26, esp. 317–19.

85 Bauer and Haupt, 'Inventar', nos 1516–31, esp. 1528, figs 81–4.

86 Ibid., nos 1500, 1532–3, 1545, 1548, 1551, 2292, 2295, 2385 and 2712. Numbers 1545 and 1548 are now attributed, respectively, to Christoph Lencker of Augsburg and Nikolaus Schmidt of Nuremberg.

87 Bauer and Haupt, 'Inventar', no. 1536, fig. 85; Günter Irmscher, *Amor und Aeternitas. Das Trionfi-Lavabo Christoph Jamnitzers für Kaiser Rudolf II* (Milan, 1999); Haag, *Masterpieces*, pp. 162–3, no. 71.

88 Jessica Keating, *Animating Empire: Automata, the Holy Roman Empire, and the Early Modern World* (University Park, pa, 2018), p. 15.

89 Bauer and Haupt, 'Inventar', no. 2189; Kulturstiftung Ruhr and Kunsthistorisches Museum, eds, *Prag um 1600*, vol. I, no. 448; Haag, *Masterpieces*, pp. 152–3, no. 66. Schlottheim's other two surviving ships in the London and Écouen have been discussed in earlier chapters.

90 As translated in Haag, *Masterpieces*, p. 152. The original German text is given in Kulturstiftung Ruhr and Kunsthistorisches Museum, eds, *Prag um 1600*, vol. I, no. 448.

91 Keating, *Animating Empire*, p. 22.

92 Bauer and Haupt, 'Inventar', no. 1693; Kulturstiftung Ruhr and Kunsthistorisches

Museum, eds, *Prag um 1600*, vol. I, no. 444.

93 Bauer and Haupt, 'Inventar', nos 1495 and 2190, fig. 88; Kulturstiftung Ruhr and Kunsthistorisches Museum, eds, *Prag um 1600*, vol. I, no. 449; Fučiková et al., *Rudolf II and Prague*, no. II.207.

94 In 1607–11 this chest was stored in cupboard ten. Bauer and Haupt, 'Inventar', nos 1984–2013.

95 Four of Sadeler's plates replicate other prints by Dürer.Rainer Schoch, Matthias Mende and Anna Scherbaum, *Albrecht Dürer. Das druckgraphische Werk*, 3 vols (Munich, 2001–4), vol. I, nos 32, 39, 69, 97, 102.

96 Thomas DaCosta Kaufmann, 'Remarks on the Collections of Rudolf II: The *Kunstkammer* as a Form of *Representatio*', *Art Journal*, XXXVII (1978), pp. 22–8, esp.22–3; Thomas DaCosta Kaufmann, *Variations on the Imperial Theme in the Age of Maximilian II and Rudolf II* (New York, 1978), pp. 103–23.

97 Kaufmann, *Variations*, p. 108.

98 Kaufmann, 'Remarks', p. 23.

99 Kaufmann, *Variations*, p. 106.

100 Ibid., pp. 108–9.

101 Rudolf gave Adriaen de Vries' bust of Christian II (1603) and a pietra dura table with Christian II's coat of arms and a painting by workshop of Hans von Aachen allegorizing the victorious alliance of the two rulers (see illus. 112). The table is in the Grünes Gewölbe, Staatliche Kunstsammlungen Dresden, inv. no. II 434. Kaufmann, Variations, p. 112. In 1603 Christian II gave Dürer's Adoration of the Magi painting (1504; Uffizi) to Rudolf. Fedja Anzelewsky, Albrecht Dürer.Das malerische Werk, 2 vols, revd edn (Berlin, 1991), vol. I, pp. 188–9, no. A. 82.

102 Evans, *Rudolf II*, p. 178; Kaufmann, *Variations*, p. 105; Kaufmann, *School of Prague*, pp. 18, 32, 102.

103 Alois Primisser, *Die kaiserlich-königliche Ambraser-Sammlung* (Vienna, 1819), pp. 20, 38–40; Bauer and Haupt, 'Inventar', p. XXXV.

104 Distelberger, 'The Habsburg Collections', pp. 39–40.

105 What follows is based on Elišká Fučiková, 'The Fate of Rudolf II's Collection in Light of the History of the Thirty Years' War', in 1648 – *War and Peace in Europe. Art and Culture: Essay*, vol. II, ed. Klaus Bussmann and Heinz Schilling (Munich, 1998), pp. 173–80.

106 Fučiková, 'Fate of Rudolf II's Collection', pp. 173–4.

107 Bauer and Haupt, 'Inventar', p. XXXII.

108 Fučiková, 'Fate of Rudolf II's Collection', p. 175.

109 Ibid., p. 176.

110 Bauer and Haupt, 'Inventar', pp. XXXIII – XXXIV; Fučiková, 'Fate of Rudolf

Ⅱ's Collection', pp. 177-8.

111 Reportedly the Swedes and their allies took 470 paintings, 69 bronze figures, thousands of coins and medals, 179 ivories, fifty objects of amber and coral, six hundred agate and crystal vessels, 403 Indian curiosities, 185 works of precious stone, uncut diamonds and over three hundred mathematical instruments, among other things. Cited, but without giving a source, in 'The Kunst-und Wunderkammer of Emperor Rudolf Ⅱ', www.habsburger.net, accessed 7 August 2019.

112 For a description of these rooms based on later seventeenth-century sources, see Distelberger, 'The Habsburg Collections', pp. 40-44; Manfred Leithe-Jasper, 'Einführung', in Rotraud Bauer et al., *Kunsthistorisches Museum Wien.Weltliche und Geistliche Schatzkammer - Bildführer* (Vienna, 1987), pp. 11-18, esp. 15-17; Polleroß, '"Kayserliche Schatz- und Kunstkammer"', pp. 267-74, fig. 8.

113 Distelberger, 'The Habsburg Collections', p. 43.

114 Kunsthistorisches Museum, Vienna, inv. no. GG. 835.Anzelewsky, *Dürer*, pp. 216-21, no. A. 105.

115 Fučiková, 'Fate of Rudolf Ⅱ's Collection', pp. 178-9.

116 Bauer and Haupt, 'Inventar', no. 1979; Leithe-Jasper, *Renaissance Master Bronzes*, pp. 212-13.

117 Thomas DaCosta Kaufmann has written eloquently and compellingly about Rudolf's Kunstkammer as a means for personal and imperial representation as well as about the relation of the specific object to the macrocosm. See Kaufmann, 'Remarks'; Kaufmann, *Variations*, pp. 103-23; Kaufmann, *School of Prague*, pp. 7-26; and Thomas DaCosta Kaufmann, *Arcimboldo: Visual Jokes, Natural History, and Still-Life Painting* (Chicago, il, 2009), pp. 92, 99-122, among other publications.

118 Fučiková, 'The Collection of Rudolf Ⅱ', p. 53.

第7章 格拉茨、斯图加特和卡塞尔的珍奇馆

1 Joachim von Sandrart, *Teutsche Academie der edlen Bau-, Bild- und Malerei-Künste*, 3 vols (Nuremberg, 1675-1680), intro. by Christian Klemm (Nördlingen, 1994 reprint), vol.Ⅱ, part 2, pp. 71-91.

2 Susanne König-Lein, '"mit vielen seltenheiten gefüllet": Die Kunstkammer in Graz unter Erzherzog Karl Ⅱ.von Innerösterreich und Maria von Bayern', in *Das Haus Habsburg und die Welt der fürstlichen Kunstkammern im 16.und 17. Jahrhundert*, ed. Sabine Haag, Franz Kirchweger, and Paulus Rainer (Vienna, 2015), pp. 195-227.

3 Ibid., p. 196.

4 Ibid., pp. 201 and 203.

5 Ibid., pp. 196 and 202.

6 Lorenz Seelig, 'Die Münchner Kunstkammer', in Dorothea Diemer, Peter Diemer, Lorenz Seelig et al., *Die Münchner Kunstkammer. Aufsätze und Anhänge*, ed. Willibald Sauerländer (Munich, 2008), pp. 1–114, here 46.

7 Friederike Wappenschmidt, '"selzame und hir Landes fremde Sachen". Exotica aus Fernost im Münchner Kunstkammerinventar von 1598', in Diemer, Diemer, Seelig et al., *Die Münchner Kunstkammer*, ed. Sauerländer, pp. 293–309, here 301.

8 Wappenschmidt. 'Exotica', p. 300.

9 König-Lein, 'Graz', pp. 196–7.

10 Maria collected costumed dolls.Brigitte Volk-Knüttel, 'Das Puppenhaus der Herzogin Anna von Bayern von 1558', in Diemer, Diemer, Seelig et al., *Die Münchner Kunstkammer*, ed.Sauerländer, pp.285–92, here 285 and 291; also see p.352, document 4.

11 König-Lein, 'Graz', pp. 208–9.

12 Ibid., pp. 201–9 for what follows.

13 Ibid., p. 205.

14 Ibid., pp. 201–2, fig. 3.

15 Ibid., p. 199.

16 Of the original 109 sheets, nos 49–109 are in the Albertina, Vienna, inv. nos 25205–63. Nos 1–48 are lost.König-Lein, 'Graz', pp. 197–8, fig. 1; Eva Michel and Maria Luise Sternath, eds, *Emperor Maximilian I and the Age of Dürer*, exh. cat., Albertina, Vienna (Munich, 2012), pp.224–37, no. 53.

17 Albertina, Vienna, inv.no.25232.Michel and Sternath, *Emperor Maximilian I*, fig.79.

18 This was created by Hans Burgkmair, Altdorfer, Dürer and their assistants.Michel and Sternath, Emperor Maximilian I, pp. 268–73, nos 68a–b.

19 König-Lein, 'Graz', p. 209.

20 Ibid., p. 202.

21 Sabine Hess, 'Die Neue Welt in Stuttgart. Die Kunstkammer Herzog Friedrichs I. und der Anfzug zum Ringrennen am 25. February 1599', in *Hofkultur um 1600. Die Hofmusik Herzog Friedrichs I. von Württemberg und ihr kulturelles Umfeld*, ed. Susanne Borgards and Ulrich Günther (Ostfildern, 2010), pp. 139–65, here 139–40.

22 Werner Fleischhauer, *Die Geschichte der Kunstkammer der Herzöge von Württemberg in Stuttgart* (Stuttgart, 1976), pp. 44–7.

23 Niklas Konzen, 'Die archivalische Überlieferung im Hauptstaatsarchiv Stuttgart', in *Die Kunstkammer der Herzöge Württemberg*, 3 vols, exh. cat., Landesmuseum Württemberg (Stuttgart, 2017), vol.I, pp. 45–65; and Carola Fey, 'Hauptbücher, Inventare, Reiseberichte und weitere Schriftzeugniss', ibid., vol.I, pp. 67–71.

24 Fleischhauer, *Kunstkammer*, pp. 7–12; Carola Fey, 'Die Geschichte der württembergischen Kunstkammer', in *Die Kunstkammer der Herzöge Württemberg*, vol. I, pp. 73–101, here 73–4.

25 Peter Rückert, 'Fürst ohne Grenzen: Herzog Friedrich I. von Württemberg auf Reisen', in *Hofkultur um 1600. Die Hofmusik Herzog Friedrichs I. von Württemberg und ihr kulturelles Umfeld*, ed. Susanne Borgards and Ulrich Günther (Ostfildern, 2010), pp. 207–34, here 210–11 and 214–15, fig. 1.

26 Rückert, 'Fürst ohne Grenzen', pp. 215–21.

27 Ibid., pp. 222–8.

28 Ibid., p. 227 quoting Heinrich Schickhardt (see next note).

29 Württemergische Landesbibliothek Stuttgart, Cod.Hist. 4° 148; Rückert, 'Fürst ohne Grenzen', pp. 224–5; André Bouvard, ed., *Heinrich Schickhardt. Voyage en Italie/Rei? in Italien (Novembre 1599-Mai 1600)* (Montbéliard, 2002), p. 358.

30 Hess, 'Die Neue Welt', pp. 143–6; Fey, 'Die Geschichte', pp.75–6.

31 Rathgeb's *Kurtze und warhaffte Beschreibung der Badenfahrt* (1602) describes 86 different 'Laden' or containers. Hess, 'Die Neue Welt', p.143.

32 See our comments on Paludanus below in the sections on Kassel and Gottorp.

33 Fleischhauer, *Kunstkammer*, pp. 2–3; Fey, 'Die Geschichte', p. 76.

34 Hess, 'Die Neue Welt', pp.147–63, figs 8–15; Kerstin Volker-Saad, 'Curiosa, Pretiosa, Exotica: Begehrte Objekte fremder Völker', in *Die Kunstkammer der Herzöge von Württemberg*, 3 vols, exh. cat., Landesmuseum Württemberg (Stuttgart, 2017), vol. I, pp.135–47, here 136–7.

35 The other feather work shows a yellow meander ing fret edged in red on a green field; 71 cm diameter; Landesmuseum Württemberg, inv. no. E 1402. Die Kunstkammer der Herzöge Württemberg, pp. 164–71, nos 9–10; Linda Báez Rubí, 'Feathered Shield', in New World Objects of Knowledge: A Cabinet of Curiosities, ed. Mark Thurner and Juan Pimentel (London, 2021), pp. 61–5 notes prints by Theodor de Bry, published in 1591, that provided general visual models for this pageant.

36 Diana Fane, 'Feathers, Jade, Turquoise, and Gold', in Images Take Flight: Feather Art in Mexico and Europe, 1400–1700, ed. Alessandra Russo, Gerhard Wolf and Diana Fane (Munich, 2015), pp. 101–17, here 107–9.

37 Fleischhauer, *Kunstkammer*, p. 3.

38 *Die Kunstkammer der Herzöge Württemberg*, vol. I, p. 170.

39 Adolf von Oechelhäuser, 'Philipp Hainhofers Bericht über die Stuttgarter Kindtaufe im Jahre 1616', *Neue Heidelberger Jahrbücher*, I (1891), pp. 254–335, here 306-10; Fleischhauer, *Kunstkammer*, pp. 13–18.

40 Fleischhauer, *Kunstkammer*, p. 14; Michael Wenzel, 'Akteur zwischen Hof und Stadt: Philipp Hainhofers vielgestaltige Karrieren. Eine Einführung', in *Wolfenbüttler*

Barock-Nachrichten, 41（2014）, pp. 1–14, here 10–12.

41　Fleischhauer, *Kunstkammer*, p. 14.

42　Ibid., p. 17.

43　*Die Kunstkammer der Herzöge Württemberg*, vol. II, pp. 810–13, no. 259.

44　Fleischhauer, *Kunstkammer*, p.18.

45　Fey, 'Die Geschichte', pp.76–8.

46　Fleischhauer, *Kunstkammer*, pp. 39–40; Fey, 'Die Geschichte', p. 77.

47　Fleischhauer, *Kunstkammer*, p.33.

48　Carola Fey, 'Ordnung, Präsentation und Kommunikation', in *Die Kunstkammer der Herzöge Württemberg*, vol. I, pp. 103–31, here 121.

49　Ingrid Hanack, ed., *Die Tagebücher des Herzogs Johann Friedrich von Württemberg aus den Jahren 1615-17.Edition, Kommentar, Versuch einer Studie*（Göppingen, 1972）, p.39.

50　Fleischhauer, *Kunstkammer*, pp. 33–5; Fey, 'Die Geschichte', pp. 79–81.

51　Fleischhauer, *Kunstkammer*, pp. 46–7.

52　Ibid., pp. 44–7; Fey, 'Die Geschichte', pp. 79–80.

53　Fleischhauer, *Kunstkammer*, pp. 47–8.

54　The bronze foot is illustrated in Fey, 'Die Geschichte', p. 82.

55　Fleischhauer, *Kunstkammer*, pp. 48–57; Fey, 'Die Geschichte', pp. 83–5; Fey, 'Ordnung', pp. 251–2.

56　The 1624 *Inventar einer Kunstkammer* ... is accessible at www2. landesarchiv-bw.de/ofs21/bild_zoom/zoom.php.

57　*Die Kunstkammer der Herzöge Württemberg*, vol. I, no. 117, and vol. II, no.195.

58　For a selection of the objects once in the Guth collection, see *Die Kunstkammer der Herzöge Württemberg*, vol. I, nos 64–5, 104–5, 114, 116 and vol. II, nos 132, 137–8, 196–8, 201–2, 216, 247–9. See ibid., vol. I, p. 33 for a photograph of the museum's *studiolo* display.

59　Fleischhauer, *Kunstkammer*, pp. 58–67.

60　Fleischhauer, *Kunstkammer*, pp. 77–84; Fey, 'Die Geschichte', pp. 86–9.

61　Fey, 'Die Geschichte', pp. 86–7; Fey, 'Ordnung', p. 109.

62　Fleischhauer, *Kunstkammer*, pp. 79–80.

63　Fey, 'Ordnung', pp. 109–14.

64　Fleischhauer, *Kunstkammer*, pp. 85–6.

65　*Die Kunstkammer der Herzöge Württemberg*, vol. I, pp.28–9.The engraving likely reflects Schmidlin's arrangement created during the last years of Eberhard's life. For the subsequent history of the ducal collection, see Fey, 'Ordnung', pp.114–31.

66　*Die Kunstkammer der Herzöge Württemberg*, vol. II, pp. 714–16, no. 241.

67　Birgit Kümmel, 'Die Kunst- und Wunderkammer Moritz des Gelehrten', in *Moritz der Gelehrte. Ein Renaissancefürst in Europa*, ed. Heiner Borggrefe, Vera Lüpkes, and Hans Ottomeyer, exh. cat., Weserrenaissance-Museum Schloß Brake (Eurasburg, 1997), pp. 197–201, here 197; Ludolf von Mackensen, 'Die Kasseler Wissenschaftskammer oder die Vermessung des Himmels, der Erde und der Zeit', ibid., pp.385–90.

68　Fritz Wolff, 'Theatre am Hofe des Landgrafen Moritz', in *Moritz der Gelehrte. Ein Renaissancefürst in Europa*, ed. Heiner Borggrefe, Vera Lüpkes, and Hans Ottomeyer, exh. cat., Weserrenaissance-Museum Schloß Brake (Eurasburg, 1997), pp.309–14 and no.339.

69　Franz Adrian Dreier, 'Zur Geschichte der Kasseler Kunstkammer', *Zeitschrift des Vereins für Hessische Geschichte und Landeskunde*, LXXII (1961), pp.123–45; Franz Adrian Dreier, 'The *Kunstkammer* of the Hessian Landgraves in Kassel', in *The Origins of Museums: The Cabinet of Curiosities in Sixteenth- and Seventeenth-Century Europe*, ed.Oliver Impey and Arthur MacGregor [1985], 2nd edn (Oxford, 2017), pp.102–9; Birgit Kümmel, *Der Ikonoklast als Kunstliebhaber. Studien zu Landgraf Moritz von Hessen-Kassel (1592–1627)* (Marburg, 1996), pp.156–69; Birgit Kümmel, 'Die Kunst-und Wunderkammer Moritz des Gelehrten'; Antje Scherner, 'Kunstkammer-Kunsthaus-Kabinett. Zur Geschichte der Kasseler Sammlungen im 17.und frühen 18.Jahrhundert.Zwischen fürstlichen Repräsentation und Bildungsanspruch', in *Auf dem Weg zum Museum*, ed.Alexis Joachimides, Charlotte Schreiter and Rüdiger Splitter (Kassel, 2016), pp.99–126, esp.104–10.

70　Inventories of silver were compiled in 1577, 1606 and 1613.Kümmel, *Der Ikonoklast*, pp.156–7.

71　Hans Ottomeyer, 'Das Buffet Moritz des Gelehrten', in *Moritz der Gelehrte.Ein Renaissancefürst in Europa*, ed.Heiner Borggrefe, Vera Lüpkes and Hans Ottomeyer, exh. cat., Weserrenaissance-Museum Schloß Brake (Eurasburg, 1997), pp.163–9, also nos 193–4.

72　On the palace during the reigns of Wilhelm and Moritz, see Dorothea Heppe, *Das Schloss der Landgrafen von Hessen in Kassel von 1557 bis 1811* (Marburg, 1995), pp. 92–144 and fig. 35 for Matthäus Merian's 1646 engraved plan of Kassel; Borggrefe, Lüpkes and Ottomeyer, *Moritz der Gelehrte*, p. 57, no. 52.

73　On the theatrical items, see Horst Nieder, 'Höfisches Fest und internationale Politik', in *Moritz der Gelehrte*, ed. Borggrefe, Lüpkes and Ottomeyer, pp. 141–8, also nos 178–89.

74　Dreier, 'Zur Geschichte', p. 128.

75　Ibid.

76　Kümmel, 'Die Kunst- und Wunderkammer', p. 197.

77　Johann Justus Winkelmann, *Gründliche und wahrhafte Beschreibung der*

Fürstenthümer Hessen und Hersfeld (Bremen, 1697), p. 281; cited in Kümmel, *Der Ikonoklast*, pp. 161–2.

78 Scherner, 'Kunstkammer–Kunsthaus–Kabinett', p. 107.

79 At www.wikipedia.org/wiki/Jan_Huyghen_van_Linschoten; accessed on 5 November 2019.

80 Translation given in Dreier, 'The *Kunstkammer* of the Hessian Landgraves', p. 105. For the original text, see Max Bär, ed. 'Lupold von Wedels Beschreibung seiner Reisen und Kriegserlebnisse', *Baltische Studien*, XIV (1895), pp. 1–609, here 573–4.

81 On the antiquities, Dreier, 'Zur Geschichte', p.130.

82 Dreier, 'The *Kunstkammer* of the Hessian Landgraves', p.105.

83 Borggrefe, Lüpkes and Ottomeyer, *Moritz der Gelehrte*, no. 235 and p. 388, fig. 5.

84 Guillaume de Salluste (1544–90), *Deuine Weekes and Workes*, trans. Joshua Suvester (London, 1605), cited by Alexander Marr, 'Understanding Automata in the Late Renaissance', *Journal de la Renaissance*, II (2004), pp. 205–22, here 221.

85 Kümmel, *Der Ikonoklast*, pp. 107–9, here 107.

86 154 cm in diameter; *c*.1600.Löwenburg, Kassel, inv. no.47.2445.Kümmel, *Der Ikonoklast*, pp.132–56; Borggrefe, Lüpkes and Ottomeyer, *Moritz der Gelehrte*, no. 279.

87 Kümmel, *Der Ikonoklast*, pp. 109–32; Borggrefe, Lüpkes and Ottomeyer, *Moritz der Gelehrte*, nos 280 and 436.

88 For what follows, see Dreier, 'Zur Geschichte', pp. 130–39; Dreier, 'The *Kunstkammer* of the Hessian Landgraves', pp.106–8.

89 Christian Theuerkauff, 'The Brandenburg *Kunstkammer* in Berlin', in *The Origins of Museums*, ed. Impey and MacGregor, pp. 110–20; Eva Dolezel, *Der Traum vom Museum: Die Kunstkammer im Berliner Schloss um 1800 – eine museumsgeschichtliche Verortung* (Berlin, 2019).

90 Juliane Ricarda Brandsch, 'Die Friedensteinische Kunstkammer Herzog Ernst I. des Frommen von Sachsen-Gotha und Altenburg (1601–1675)', in *Ernst der Fromme (1601–1675). Bauherr und Sammler*, ed. Juliane Ricarda Brandsch, exh. cat., Schlossmuseum Gotha (Gotha, 2001), pp. 21–9; Stefanie Harnisch, '"Allerley Meisterstück". Der fürstliche Kunstbesitz im Grünen Schloss zu Weimar und die Anfänge der Gothaer Kunstkammer', in Mens et Manus.Kunst und Wissenschaft an den Höfen der Ernestiner, ed. Franziska Bomski, Hellmut Th. Seemann and Thorsten Valk (Weimar, 2016), pp. 171–85, esp. 178–85.

91 The sections were labelled: artistic paintings, sculptures, engravings and illustrated books, other sculptures, cut precious stones, clocks, turned art pieces, mathematical and optical instruments, antiquities and coins, ores and minerals, abnormal *naturalia*, valuable crafted chests, cabinets, and tables, foreign objects, special

masterpieces, skeletons, and works in silver and gold.

92　Inv. 1657, fol. 69; Brandsch, 'Die Friedensteinische Kunstkammer', p.25, fig. 13.

93　Mogens Bencard et al., Gottorf im Glanz des Barock.Kunst und Kultur am Schleswiger Hof 1544–1713, vol.Ⅱ: Die Gottorfer Kunstkammer, ed. Heinz Spielmann and Jan Drees（Schleswig, 1997）.

94　Elio Christoph Brancaforte, Visions of Persia: Mapping the Travels of Adam Olearius（Cambridge, ma, 2003）.

95　H.D.Schepelern, 'Natural Philosophers and Princely Collectors: Worm, Paludanus, and the Gottorp and Copenhagen Collections', in The Origins of Museums, ed. Impey and MacGregor, pp. 121–8, esp.125–6.

96　Mattias Ekman, 'The Birth of the Museum in the Nordic Countries: Kunstkammer, Museology, and Museography', Nordisk Museologi（2018）, pp. 5–26, here 11–12. Also see Jan Drees, 'Die "Gottorfische Kunstkammer".Anmerkungen zu ihrer Geschichte nachhistorischen Textzeugnissen', in Gottorf im Glanz des Barock. Kunst und Kultur am Schleswiger Hof, 1544–1713, vol.Ⅱ: Die Gottorfer Kunstkammer, ed. Heinz Spielmann and Jan Drees（Schleswig, 1997）, pp. 11–48.

97　Adam Olearius, Gottorfische Kunst-Kammer...（Schleswig, 1666; 2nd edn 1674）.

98　Jorgen Hein, 'Learning versus Status? Kunstkammer or Schatzkammer', Journal of the History of Collections, XIV（2002）, pp. 177–92; Bente Gundestrup, 'From the Royal Kunstkammer to the Modern Museums of Copenhagen', in The Origins of Museums, ed. Impey and MacGregor, pp. 128–35, here 131. King Frederick Ⅲ of Denmark and Norway（r. 1648–70）acquired the famed collection of Ole（Olaus）Worm in 1655, a year after the University of Copenhagen professor died of plague. The *Museum Wormianum, seu Historia Rerum Rariorum*（Leiden, 1655）, his collection catalogue, contains sections on minerals, plants, animals, and archaeological and ethnographic objects. By 1650 the *Kunstkammer* occupied eight rooms near the library in the royal palace in Copenhagen. *Naturalia*, *artificialia*, antiquities and armour, mathematical instruments, exotic and ethnographic artifacts, coins and medals, and scale models each were given separate rooms. The library and *Kunstkammer* were moved to a new purpose-built structure in 1673.Jorgen Hein, The Treasure Collection at Rosenborg Castle, 3 vols（Copenhagen, 2009）, vol.Ⅰ: The Inventories of 1696 and 1718, esp. pp. 9–19, 40–83; Ekman, 'The Birth of the Museum', p. 12. Portions of the Worm and Gottorp collections remain in Copenhagen museums; see https://digital.sciencehistory.org, accessed 6 November 2019.

第 8 章　珍奇柜里的世界

1　Dieter Alfter, *Die Geschichte des Augsburger Kabinettschranks*（Augsburg, 1986）; Anne Veltrup, 'Kunstkammerschränke als Spiegel der fürstlichen Ordnung', in *Die kurfürstlich-sächsische Kunstkammer in Dresden. Geschichte einer Sammlung*, ed.Dirk Syndram and Martina Minning（Dresden, 2012）, pp.222-35; Christoph Emmendörffer and Christof Trepesch, eds, *Wunder Welt.Der Pommersche Kunstschrank*, exh.cat., Maximilianmuseum Augsburg（Berlin, 2014）, nos 52-61; Andrew Morrall, 'Art, Geometry, and the Landscape of Ruin in the Sixteenth-Century German Kunstkabinett', in *Imagery and Ingenuity in Early Modern Europe: Essays in Honor of Jeffrey Chipps Smith*, ed. Catharine Ingersoll, Alisa McCusker and Jessica Weiss（Turnhout, 2018）, pp.201-12; and see the literature cited below.Brantly Hancock Moore, a doctoral student at the University of North Carolina, Chapel Hill, is preparing a dissertation on art cabinets.For a wide-ranging discussion of cabinets and drawers, see Glenn Adamson, 'The Labor of Division: Cabinetmaking and the Production of Knowledge', in Ways of Making and Knowing: The Material Culture of Empirical Knowledge, ed.Pamela H.Smith, Amy R.W.Meyers and Harold J. Cook（Ann Arbor, mi, 2014）, pp.243-79. On Antwerp cabinets, see Nadia Baadj, 'Collaborative Craftsmanship and Chimeric Creation in Seventeenth-Century Antwerp Art Cabinets', in *Sites of Mediation: Connected Histories of Places, Processes, and Objects in Europe and Beyond, 1450-1650*, ed.Susanna Burghartz, Lucas Burkart and Christine Göttler（Leiden, 2016）, pp.270-96.In the early seventeenth century, Antwerp painters, such as Jan Brueghel the Elder and Frans Francken the Younger, created a new theme of the collector's room filled with paintings, sculptures, graphic arts and many of the sorts of items found in a *Kunstkammer*. These pictures often include a collector's art cabinet with doors and drawers opened.Ariane van Suchtelen and Ben van Beneden, *Room for Art in Seventeenth-Century Antwerp*, exh. cat., Rubenshuis, Antwerp（2009）, figs 9 and 12.

2　Sabine Haag and Franz Kirchweger, ed., Die Kunstkammer.Die Schätze der Habsburger（Vienna, 2012）, pp.172-5.

3　The Augsburg cabinet, dating around 1630, in the J. Paul Getty Museum exemplifies the contemporary fascination for highly complex furniture designs with multiple openings. See www.getty.edu.

4　Virginie Spenlé, 'Der Kabinettschrank und seine Bedeutung für die Kunst- und Wunderkammer des 17.Jahrhunderts', in Möbel als Medien.Beiträge zu einer Kulturgeschichte der Dinge, ed.Sebastian Hackenschmidt and Klaus Engelhorn（Bielefeld, 2011）, pp.69-83, here 74-5.

5　Michael Wenzel, Philipp Hainhofer: Handeln mit Kunst und Politik（Berlin, 2020）.

6　Barbara Mundt, Der Pommersche Kunstschrank des Augsburger Unternehmers Philipp Hainhofer für den gelehrten Herzog Philipp Ⅱ. von Pommern（Munich, 2009）, pp. 14-19.

7　Oscar Doering, Des Augsburger Patriciers Philipp Hainhofer Reisen nach Innsbruck und

Dresden (Vienna, 1901), pp.251-89; Mundt, Kunstschrank, pp.63-9.
8   Cited in Hans-Olof Boström, 'Philipp Hainhofer and Gustavus Adolphus's Kunstschrank in Uppsala', in The Origins of Museums: The Cabinet of Curiosities in Sixteenth and Seventeenth-Century Europe, ed. Oliver Impey and Arthur MacGregor [1985], 2nd edn (Oxford, 2017), pp.90–101, here 90.
9   Boström, 'Kunstschrank in Uppsala', p.96.
10 The Jesuits delivered the cabinet to China. Annette Schommers, 'Der Kunstschrank Herzog Maximilians I. von Bayern für den Kaiser von China', in Wunder Welt, ed. Emmendörffer and Trepesch, exh. cat., pp.97–115.
11 Ronald Gobiet, ed., Der Briefwechsel zwischen Philipp Hainhofer und Herzog August d. J. von Braunschweig-Lüneburg (Munich, 1984). Besides creating one of Germany's most important libraries in Wolfenbüttel, Duke August possessed a noted collection of art and curiosities. Paul Raabe and Eckhard Schinkel, *Sammler*, *Fürst*, *Gelehrter*, *Herzog August zu Braunschweig und Lüneburg 1579-1666*, exh. cat., Herzog August Bibliothek, Wolfenbüttel (Wolfenbüttel, 1979); Lorenz Seelig, 'Die Exotica-Erwerbungen Herzog Augusts des Jüngeren zu Braunschweig und Lüneburg', in *Ethnographica in Braunschweig* (*Sammlungskataloge des Herzog Anton Ulrich-Museum*, vol. XIX), ed. Claudia Schmitz (Dresden, 2016), pp.23–42.
12 Mundt, Kunstschrank; Emmendörffer and Trepesch, Wunder Welt; Wenzel, Philipp Hainhofer.
13 Oscar Doering, Des Augsburger Patriciers Philipp Hainhofer Beziehungen zum Herzog Philipp II. von Pommern-Stettin. Correspondenzen aus den Jahren, 1610–1619 (Vienna, 1894).
14 Mundt, Kunstschrank, pp.164–6.
15 Doering, Beziehungen, pp.119–20; Mundt, Kunstschrank, p.127 and on the Stettin Kunstkammer, pp.126–30.
16 Mundt, Kunstschrank, pp. 130–31, fig. III. 41.
17 Christoph Emmendörffer, 'Wunderwelt. Der Pommersche Kunstschrank und sein "Hainhofer-Code"', in Wunder Welt, ed. Emmendörffer and Trepesch, exh.cat., pp.32–57, here 54, fig.15; Wenzel, Philipp Hainhofer, pp.202–8.
18 Mundt, Kunstschrank, pp.130–33, figs III. 42-3; Emmendörffer and Trepesch, Wunder Welt, pp.256–7, no.35.
19 Doering, Beziehungen, p.274.
20 Mundt, Kunstschrank, pp. 26–8.
21 Ibid., pp.171–389; Emmendörffer and Trepesch, Wunder Welt, pp. 278–335, no.46; Wenzel, Philipp Hainhofer, pp. 225–43.
22 Mundt, Kunstschrank, pp.159–64, nos P 183a–b.
23 Ibid., p.163, fig. IV 25.

24 Spenlé, 'Der Kabinettschrank', p.78.
25 Doering, Beziehungen, p.191; Mundt, Kunstschrank, p.25.
26 Spenlé, 'Der Kabinettschrank', p. 74.
27 Doering, Beziehungen, p.290.
28 Emmendörffer and Trepesch, *Wunder Welt*, pp. 276–7, no. 45; Wenzel, Philipp Hainhofer, p.283, fig.90.There is a second sketch of the lower table in Herzog August Bibliothek, Wolfenbüttel, Cod. Guelf.83 Extrav, fol. 135v
29 She is not Euterpe, the muse of music, who is shown below.
30 Mundt, *Kunstschrank*, pp.154–5, fig.18.
31 Ibid., pp.210–14.
32 Joaneath Spicer, 'Painting on Stone for the Decoration of Table Cabinets, Featuring Those by Philipp Hainhofer', in *Paintings on Stone: Science and the Sacred, 1530-1800*, ed.Judith W. Mann, exh. cat., Saint Louis Art Museum (Munich, 2020), pp.67–75.
33 Mundt, Kunstschrank, p.213, fig. V. 13.
34 Boström, 'Kunstschrank in Uppsala', pp.98–9.
35 Mundt, Kunstschrank, p.127.
36 Emmendörffer and Trepesch, Wunder Welt, pp.326–7.
37 Mundt, Kunstschrank, pp.177–9.
38 Ibid., p. 177.
39 Greger Sundin, 'The Games of Philipp Hainhofer: Ludic Appreciation and Use in Early Modern Art Cabinets', in Games and Game Playing in European Art and Literature, 16th-17th Centuries, ed. Robin O'Bryan (Amsterdam, 2019), pp. 249–76; Greger Sundin, A Matter of Amusement: The Material Culture of Philipp Hainhofer's Games in Early Modern Princely Collections (Uppsala, 2020).
40 Mundt, Kunstschrank, pp. 224–37, no. P 77.
41 Ibid., pp. 238–59.
42 Lorenz Seelig, 'Philipp Hainhofer und der Münchner Hof', in Wunder Welt, ed. Emmendörffer and Trepesch, exh. cat., pp. 86–95, here 94.
43 Emmendörffer, 'Wunderwelt', pp. 45–6.
44 Munich, Bayerische Staatsbibliothek, Mus.Ms.A1, fol.222.Emmendörffer, 'Wunderwelt', pp. 46–7, fig. 10.
45 Orlando di Lasso, Penitential Psalms, Munich, Bayerische Staatsbibliothek, Mus. Ms. A2, fols 183–4; Emmendörffer, 'Wunderwelt', pp. 47–8, figs 11–12.
46 Mark A. Meadow and Bruce Robertson, ed.and trans., The First Treatise on Museums: Samuel Quiccheberg's Inscriptiones, 1565 (Los Angeles, ca, 2013), p.42, pl.1.
47 Emmendörffer, 'Wunderwelt', pp.54–6.
48 Meadow and Robertson, Quiccheberg, pp.83–4.

49 Emmendörffer, 'Wunderwelt', pp. 55–6, fig. 16.
50 Mundt, Kunstschrank, p.101, fig.Ⅲ.26.
51 Ibid., pp.94–5.
52 Ibid., p.12; Guido Hinterkeuser, 'Der Pommersche Kunstschrank in Berlin.Die Stationen bis zum Untergang', in Wunder Welt, ed.Emmendörffer and Trepesch, exh.cat., pp. 59–73, here 59–61.
53 The cabinet was the subject of Hans Cürlis's *Eine Welt im Schrank* (1934), a National Socialist propaganda movie. Bénédicte Savoy, '1934: Der Film zum Schrank', in *Wunder Welt*, ed. Emmendörffer and Trepesch, exh. cat., pp.75–7.
54 Mundt, *Kunstschrank*, pp.15–17; Wenzel, *Philipp Hainhofer*, pp.25–39.
55 Boström, 'Kunstschrank in Uppsala'; Wolfram Koeppe, ed., Art of the Royal Court: Treasures in Pietre Dure from the Palaces of Europe, exh.cat., Metropolitan Museum of Art, New York (New Haven, ct, 2008), pp.238–41, no.78; Sundin, 'The Games of Philipp Hainhofer'; Wenzel, Philipp Hainhofer, pp.252–75, pls.34, 43–51, 53–7, 59, 70.
56 Wenzel, Philipp Hainhofer, pl.7.
57 Boström, 'Kunstschrank in Uppsala', p.97, plates 34–5.
58 Ibid., p.94.On Hainhofer's description of the presentation, see Christoph Emmendörffer, 'Wunde Welt.Hainhofers Diarium der Schwedischen Besatzung Augsburg', in Wunder Welt, ed. Emmendörffer and Trepesch, exh. cat., pp. 467–539, here 485–91.
59 Boström, 'Kunstschrank in Uppsala', p.101.
60 It is in the Tesoro dei Granduchi, Pitti Palace, Gallerie degli Uffizi, Florence, inv. no.oda Pitti 1911 no.1541.It measures 200cm × 139cm × 93cm. Boström, 'Kunstschrank in Uppsala', p.95; Seelig, 'Münchner Hof', p.94; Mundt, Kunstschrank, p.16, fig.I.9; Barbara Mundt, 'Der Pommersche Kunstschrank', in Wunder Welt, ed.Emmendörffer and Trepesch, exh. cat., pp.20–31, here 26, fig.9; Wenzel, Philipp Hainhofer, pp.243–52, fig.5, pls 30–31.
61 Wenzel, Philipp Hainhofer, pp. 243–52, fig. 74, pl. 31.
62 The cabinet, minus its now lost contents, is in the Kunsthistorisches Museum, Vienna, inv. no.kk 3403.It measures 66cm × 62cm × 43.3cm. Gerlinde Bach, 'Philipp Hainhofer und ein Kabinettschrank des Kunsthistorischen Museums in Wien', Jahrbuch der Kunsthistorischen Sammlung in Wien, xci (1995), pp. 111–51; Haag and Kirchweger, Die Kunstkammer, pp.252–3.
63 Boström, 'Kunstschrank in Uppsala', p.94.

结束语

1 Bente Gundestrup, 'From the Royal Kunstkammer to the Modern Museums of Copenhagen', in The Origins of Museums: The Cabinet of Curiosities in Sixteenth-

and Seventeenth-Century Europe, ed.Oliver Impey and Arthur MacGregor [1985], 2nd edn (Oxford, 2017), pp.128-35; Oleg Neverov, '"His Majesty's Cabinet"and Peter i's Kunstkammer', ibid., pp.54-61; Johannes Neuhardt, ed., Dommuseum und alte Erzbischöfliche Kunst- und Wunderkammer zu Salzburg.Katalog, 2nd revd edn (Salzburg, 1981); Lisa Skogh, 'The Pretiosa Cabinet at Ulriksdal Palace', in Queen Hedwig Eleonora and the Arts: Court Culture in Seventeenth-Century Northern Europe, ed.Kristoffer Neville and Lisa Skogh (London, 2017), pp.59-77; Florian Thaddäus Bayer, 'A Surviving Curiosity: The Esterházy Kunstkammer', in Making Marvels: Science and Splendor at the Courts of Europe, ed.Wolfram Koeppe, exh.cat., Metropolitan Museum of Art, New York (New Haven, ct, 2019), pp. 59-65.

2　Bayer, 'A Surviving Curiosity', p. 59.

3　Ibid., p. 65.

4　Silvio A. Bedini, 'The Evolution of Science Museums', Technology and Culture, 6 (1965), pp.1-29; Andreas Grote, ed., Macrocosmos in Microcosmo. Die Welt in der Stube. Zur Geschichte des Sammelns 1450 bis 1800 (Wiesbaden, 1994); Thomas DaCosta Kaufmann, 'Antiquarianism, the History of Objects, and the History of Art before Winckelmann', Journal of the History of Ideas, 62 (2001), pp.523-41; Arthur MacGregor, Curiosity and Enlightenment: Collectors and Collections from the Sixteenth to the Nineteenth Century (New Haven, ct, 2007).

5　See the various essays on the Kammergalerie in Hubert Glaser, ed., Quellen und Studien zur Kunstpolitik der Wittelsbacher vom 16.bis zum 18.Jahrhundert (Munich, 1980).

6　Eva Frodl-Kraft, intro., Die Kunstdenkmäler des Benediktinerstiftes Kremsmünster. ii.Teil–Die stiftlichen Sammlungen und die Bibliothek (Vienna, 1977); MacGregor, Curiosity and Enlightenment, p. 229.

7　Tristan Weddigen, 'The Picture Galleries of Dresden, Düsseldorf, and Kassel: Princely Collections in Eighteenth-Century Germany', in The First Modern Museums of Art: The Birth of an Institution in 18th- and Early-19th-Century Europe, ed.Carole Paul (Los Angeles, ca, 2012), pp.145-65, esp.147-52.

8　Peter Plassmeyer, '"liegen hir und da in der grösten confusion herum".Die Verwahrung der Dresdner Kunstkammer im Zwinger bis zu ihrer Auflösung im 19.Jahrhundert', in Die kurfürstliche-sächsische Kunstkammer in Dresden.Geschichte einer Sammlung, ed.Dirk Syndram and Martina Minning (Dresden, 2012), pp.142-51.

9　Brian W.Ogilvie, The Science of Describing: Natural History in Renaissance Europe (Chicago, il, 2006), pp.268-9.

10　Adam Bartsch, Le Peintre Graveur, 21 vols (Vienna, 1803-21).

11　Eugenio Lo Sardo, ed., Athanasius Kircher. Il Museo del Mondo, exh.cat., Palazzo di Venezia, Rome (Rome, 2001); Tina Asmussen, Scientia Kircheriana. Die

Fabrikation von Wissen bei Athanasius Kircher (Affalterbach, 2016).

12　The collections of Leiden University, with its anatomical theatre and botanical garden, and the Ashmolean Museum (1683) at Oxford University, with its original mix of *naturalia* and antiquities, exemplify the rise of new institutions. Also see Thomas DaCosta Kaufmann, *The Mastery of Nature* (Chicago, il, 1993), pp.174–94, here 192–4.

13　MacGregor, *Curiosity and Enlightenment*, pp.213–97; James J. Sheehan, *Museums in the German Art World: From the End of the Old Regime to the Rise of Modernism* (Oxford, 2000); Jeffrey Chipps Smith, *Albrecht Dürer and the Embodiment of Genius: Decorating Museums in the Nineteenth Century* (University Park, pa, 2020), pp.6–18.

14　Renate Eikelmann, ed., *Kunst-und Wunderkammer. Burg Trausnitz* (Munich, 2007).

精选参考文献

Ackermann, Hans Christoph, 'The Basle Cabinets of Art and Curiosities in the Sixteenth and Seventeenth Centuries', in The Origins of Museums: The Cabinet of Curiosities in Sixteenth- and Seventeenth-Century Europe, ed.Oliver Impey and Arthur MacGregor [1985], 2nd edn (Oxford, 2017), pp.62–8

Balsinger, Barbara Jeanne, 'The Kunst- und Wunderkammern: A Catalogue Raisonne of Collecting in German, France, and England, 1565–1750', PhD dissertation (University of Pittsburgh, 1970)

Bauer, Rotraud, and Herbert Haupt, eds, 'Inventar der Kunstkammer Kaiser Rudolfs II., 1607–1611', Jahrbuch der kunsthistorischen Sammlungen in Wien, Neue Folge 36 (1976), pp. XI–XIV and 1–140

Bencard, Mogens, et al., Gottorf im Glanz des Barock.Kunst und Kultur am Schleswiger Hof 1544–1713, vol.II: Die Gottorfer Kunstkammer, ed.Heinz Spielmann and Jan Drees (Schleswig, 1997)

Berliner, Rudolf, 'Zur älteren Geschichte der allgemeinen Museumslehre in Deutschland', Münchner Jahrbuch der Bildenden Kunst, Neue Folge 5 (1928), pp.327–52

Bleichmar, Daniela, 'Looking at Exotica in Baroque Collections: The Object, the Viewer, and the Collection as a Space', in The Gentleman, the Virtuoso, the Inquirer: Vincencio Juan de Lastanosa and the Art of Collecting in Early Modern Spain, ed.Mar Rey Bueno and Miguel López Pérez (Middlesex, 2008), pp.64–81

——, 'The Cabinet and the World: Non-European Objects in Early Modern European Collections', Journal of the History of Collections, 33 (2021); https://doi:10.1093/jhc/fhaa059

Boeheim, Wendelin, ed., 'Urkunden und Regesten aus der k.k.Hofbibliothek', Jahrbuch der Kunsthistorischen Sammlungen des Allerhöchsten Kaiserhauses in Wien, 7 (1888), pp. XCI–CCCXIII

——, ed., 'Urkunden und Regesten aus der k.k.Hofbibliothek', Jahrbuch der Kunsthistorischen Sammlungen des Allerhöchsten Kaiserhauses in Wien, 10 (1889), pp. I-XIX

Borggrefe, Heiner, Vera Lüpkes and Hans Ottomeyer, eds, Moritz der Gelehrte. Ein Renaissancefürst in Europa, exh. cat., Weserrenaissance-Museum Schloß Brake (Eurasburg, 1997)

Brakensiek, Stephan, 'Samuel Quicchelberg: Gründungsvater oder Einzeltäter? Zur Intention der Inscriptiones vel Tituli Theatri amplissimi (1565) und ihrer Rezeption im Sammlungswesen Europas zwischen 1550 und 1820', Metaphorik.de, 14 (2008), pp.231-52, www.metaphorik.de/14/Brakensiek.pdf

Brandsch, Julian Ricarda, 'Die Friedensteinische Kunstkammer Herzog Ernst I. des Frommen von Sachsen Gotha und Altenburg (1601-1675)', in Ernst der Fromme (1601-1675). Bauherr und Sammler, ed. Allmuth Schuttwolf and Uta Wallenstein, exh. cat., Schlossmuseum Gotha (2001), pp. 21-9

Bredekamp, Horst, The Lure of Antiquity and the Cult of the Machine: The Kunstkammer and the Evolution of Nature, Art and Technology, trans. Allison Brown (Princeton, nj, 1995)

Bujok, Elke, 'Ethnographica in Early Modern Kunstkammern and Their Perceptions', Journal of the History of Collections, XXI (2009), pp. 17-32

Bukovinská, Beket, 'The Kunstkammer of Rudolf II: Where It Was and What It Looked Like', in Rudolf II and Prague, ed.Eliška Fučikova et al., exh.cat., Prague Castle (London, 1997), pp.199-208

——, 'The Known and Unknown Kunstkammer of Rudolf II', in Collection-Laboratory-Theater: Scenes of Knowledge, ed.Jan Lazardzig, Ludger Schwarte and Helmar Schramm (Berlin, 2005), pp. 199-227

Dämmig, Matthias, 'Gabriel Kaltemarckts Bedencken, wie eine kunst-cammer aufzurichten seyn mochte von 1587 mit einer Einleitung', in Die kurfürstlich-sächsische Kunstkammer in Dresden. Geschichte einer Sammlung, ed. Dirk Syndram and Martina Minning (Dresden, 2012), pp. 46-61

Davies, Surekha, 'Catalogical Encounters: Worldmaking in Early Modern Cabinets of Curiosities', in Early Modern Things: Objects and Their Histories, 1500-1800, ed.Paula Findlen, 2nd edn (London, 2021), pp. 227-54

Diemer, Dorothea, Peter Diemer, Lorenz Seelig et al., Die Münchner Kunstkammer, Katalog, 2 vols, submitted by Willibald Sauerländer (Munich, 2008)

——, Peter Diemer, Lorenz Seelig et al., Die Münchner Kunstkammer. Aufsätze und Anhänge, submitted by Willibald Sauerländer (Munich, 2008)

Diemer, Peter, Elke Bujok and Dorothea Diemer, eds, Johann Baptist Fickler. Das Inventar der Münchner herzoglichen Kunstkammer von 1598. Editionsband-Transkription der Inventarhandschrift cgm 2133（Munich, 2004）

Distelberger, Rudolf, 'The Habsburg Collections in Vienna during the Seventeenth Century', in The Origins of Museums: The Cabinet of Curiosities in Sixteenth-and Seventeenth-Century Europe, ed. Oliver Impey and Arthur MacGregor［1985］, 2nd edn（Oxford, 2017）, pp. 39-46

Doering, Oscar, Des Augsburger Patriciers Philipp Hainhofer Beziehungen zum Herzog Philipp Ⅱ. von Pommern-Stettin.Correspondenzen aus den Jahren 1610-1619（Vienna, 1894）

——, Des Augsburger Patriciers Philipp Hainhofer Reisen nach Innsbruck und Dresden（Vienna, 1901）

Dolezel, Eva, Der Traum vom Museum: Die Kunstkammer im Berliner Schloss um 1800 – eine museumsgeschichtliche Verortung（Berlin, 2019）

Drees, Jan, 'Die "Gottorfische Kunstkammer".Anmerkungen zu ihrer Geschichte nachhistorischen Textzeugnissen', in Gottorf im Glanz des Barock. Kunst und Kultur am Schleswiger Hof, 1544-1713, vol.Ⅱ: Die Gottorfer Kunstkammer, ed. Heinz Spielmann and Jan Drees（Schleswig, 1997）, pp. 11-48

Dreier, Franz Adrian, 'Zur Geschichte der Kasseler Kunstkammer', Zeitschrift des Vereins für Hessische Geschichte und Landeskunde, 72（1961）, pp. 123-45

——, 'The Kunstkammer of the Hessian Landgraves in Kassel', in The Origins of Museums: The Cabinet of Curiosities in Sixteenth- and Seventeenth-Century Europe, ed. Oliver Impey and Arthur MacGregor［1985］, 2nd edn（Oxford, 2017）, pp. 102-9

Eichberger, Dagmar, Leben mit Kunst, Wirken durch Kunst.Sammelwesen und Hofkunst unter Margarete von Österreich, Regentin der Niederlande（Turnhout, 2002）

Ekman, Mattias, 'The Birth of the Museum in the Nordic Countries: Kunstkammer, Museology, and Museography', Nordisk Museologi（2018）, pp. 5-26

Emmendörffer, Christoph, and Christof Trepesch, eds, Wunder Welt. Der Pommersche Kunstschrank, exh. cat., Maximilianmuseum Augsburg（Berlin, 2014）

Evans, Robert J. W., and Alexander Marr, eds, Curiosity and Wonder from the Renaissance to the Enlightenment（Aldershot, 2006）

Fey, Carola, 'Die Geschichte der württembergischen Kunstkammer', in Die Kunstkammer der HerzögeWürttemberg, 3 vols, exh. cat., Landesmuseum Württemberg（Stuttgart, 2017）, vol.Ⅰ, pp. 73-101

Findlen, Paula, '"The Museum": Its Classical Etymology and Renaissance Genealogy', Journal of the History of Collections, 1（1989）, pp. 59-78

——, Possessing Nature: Museums, Collecting, and Scientific Culture in Early Modern Italy（Berkeley, ca, 1994）

——, ed., Early Modern Things: Objects and Their Histories, 1500-1800, 2nd edn（London, 2021）

Fleischhauer, Werner, Die Geschichte der Kunstkammer der Herzöge von Württemberg in Stuttgart (Stuttgart, 1976)

Fučiková, Eliška, 'The Collection of Rudolf II at Prague: Cabinet of Curiosities or Scientific Museum?', in The Origins of Museums: The Cabinet of Curiosities in Sixteenth- and Seventeenth-Century Europe, ed. Oliver Impey and Arthur MacGregor [1985], 2nd edn (Oxford, 2017), pp.47-53

——, 'The Fate of Rudolf II's Collection in Light of the History of the Thirty Years' War', in 1648: War and Peace in Europe, vol. II: Art and Culture, ed. Klaus Bussmann and Heinz Schilling (Munich, 1998), pp. 173-80

——, et al., eds, Rudolf II and Prague, exh. cat., Prague Castle (London, 1997)

Gobiet, Ronald, ed., Der Briefwechsel zwischen Philipp Hainhofer und Herzog August d. J. von Braunschweig Lüneburg (Munich, 1984)

Göttler, Christine, and Mia Mochizuki, eds, The Nomadic Object: The Challenge of World for Early Modern Religious Art (Leiden, 2017)

Grote, Andreas, ed., Macrocosmos in Microcosmo. Die Welt in der Stube. Zur Geschichte des Sammelns 1450 bis 1800 (Wiesbaden, 1994)

Gundestrup, Bente, 'From the Royal Kunstkammer to the Modern Museums of Copenhagen', in The Origins of Museums: The Cabinet of Curiosities in Sixteenth- and Seventeenth-Century Europe, ed. Oliver Impey and Arthur MacGregor [1985], 2nd edn (Oxford, 2017), pp. 128-35

Gutfleisch, Barbara, and Joachim Menzhausen, '"How a Kunstkammer should be formed": Gabriel Kaltemarckt's Advice to Christian i of Saxony on the Formation of an Art Collection, 1587', Journal of the History of Collections, 1 (1989), pp. 3-32

Haag, Sabine, ed., Masterpieces of the Kunstkammer Vienna: A Brief Guide to the Kunsthistorisches Museum Vienna (Vienna, 2013)

——, and Franz Kirchweger, eds, Die Kunstkammer. Die Schätze der Habsburger (Vienna, 2012)

——, and Veronika Sandbichler, eds, Ferdinand II: 450 Years Sovereign Ruler of Tyrol, exh. cat., Schloss Ambras, Innsbruck (2017)

Hajós, Elizabeth M., 'The Concept of an Engravings Collection in the Year 1565: Quicchelberg, Inscriptiones vel Tituli Theatri Amplissimi', Art Bulletin, 40 (1958), pp. 151-6

Harnisch, Stefanie, '"Allerley Meisterstück".Der fürstliche Kunstbesitz im Grünen Schloss zu Weimar und die Anfänge der Gothaer Kunstkammer', in Mens et Manus. Kunst und Wissenschaft an den Höfen der Ernestiner, ed.Franziska Bomski, Hellmut Th.eemann and Thorsten Valk (Weimar, 2016), pp.171-85

Hein, Jørgen, 'Learning versus Status? Kunstkammer or Schatzkammer', Journal of the History of Collections, XIV (2002), pp. 177-92

Heppe, Dorothea, Das Schloß der Landgrafen von Hessen in Kassel von 1557 bis 1811 (Marburg, 1995)

Historisches Museum Basel, ed., Die grosse Kunstkammer.Bürgerliche Sammler und Sammlungen in Basel, exh. cat. (Basel, 2011)

Impey, Oliver, and Arthur MacGregor, eds, The Origins of Museums. The Cabinet of Curiosities in Sixteenth- and Seventeenth-Century Europe [1985], 2nd edn (Oxford, 2017)

'Inventar des Nachlasses Kaiser Matthias, nach dem 5. Mai 1619', Jahrbuch der kunsthistorischen Sammlungen des Allerhöchsten Kaiserhauses, XX/2(1899), pp. XLIX-CXXII (register 17408)

'Inventar der Prager Schatz- und Kunstkammer vom 6.Dezember 1621', Jahrbuch der kunsthistorischen Sammlungen des Allerhöchsten Kaiserhauses, XV/2 (1905), pp. XX-LI (register 1942)

Jordan Gschwend, Annemarie, The Story of Süleyman: Celebrity Elephants and Other Exotica in Renaissance Portugal (Zurich, 2010)

Kaliardos, Katharina Pilaski, The Munich Kunstkammer: Art, Nature, and the Representation of Knowledge in Courtly Contexts (Tübingen, 2013)

Kaltwasser, Franz Georg, 'The Common Roots of Library and Museum in the Sixteenth Century: The Example of Munich', Library History, XX/3 (2004), pp.163-81

Kappel, Jutta, Deutsche Steinschneidekunst aus dem Grünern Gewölbe zu Dresden, exh. cat., Deutsches Edelsteinmuseum Idar-Oberstein (Dresden, 1998)

——, Elfenbeinkunst im Grünen Gewölbe zu Dresden (Dresden, 2017)

Karner, Herbert, ed., Die Wiener Hofburg 1521-1705 (Vienna, 2014)

Kaufmann, Thomas DaCosta, 'Remarks on the Collections of Rudolf XX: The Kunstkammer as a Form of Representatio', Art Journal, XXXVIII/1 (1978), pp. 22-8

——, Variations on the Imperial Theme in the Age of Maximilian II and Rudolf II (New York, 1978)

——, 'Die Kunst- und Wunderkammern der Spätrenaissance.A Landmark Reconsidered', in Julius von Schlosser, Art and Curiosity Cabinets of the Late Renaissance: A Contribution to the History of Collecting, ed.Thomas DaCosta Kaufmann, trans. Jonathan Blower (Los Angeles, ca, 2020), pp. 1-50

Keating, Jessica, Animating Empire: Automata, the Holy Roman Empire, and the Early Modern World (University Park, pa, 2018)

——, and Lia Markey, '"Indian"Objects in Medici and Austrian-Habsburg Inventories: A Case-Study of the Sixteenth-Century Term', Journal of the History of Collections, XXIII/2 (2011), pp.283-300

Keller, Vera, 'Johann Daniel Major (1634-1693)and the Experimental Museum',

Journal of the History of Collections, 33 (2021), pp. 459–68.

Kenseth, Joy, ed., The Age of the Marvelous, exh.cat., Hood Museum, Dartmouth College (Hanover, nh, 1991)

Koeppe, Wolfram, ed., Art of the Royal Court: Treasures in Pietre Dure from the Palaces of Europe, exh. cat., Metropolitan Museum of Art, New York (New Haven, ct, 2008)

——, Making Marvels: Science and Splendor at the Courts of Europe, exh. cat., Metropolitan Museum of Art, New York (New Haven, ct, 2019)

Kolb, Karin, Gilbert Lupfer and Martin Roth, eds, Zukunft seit 1560. Die Ausstellung. Von der Kunstkammer zu den Staatlichen Kunstsammlungen Dresden, exh. cat., Residenzschloss, Dresden (Berlin, 2010)

——, Gilbert Lupfer and Martin Roth, eds, Zukunft seit 1560.Die Anthologie (Berlin, 2010)

König-Lein, Susanne, '"mit vielen seltenheiten gefüllet": Die Kunstkammer in Graz unter Erzherzog Karl II. von Innerösterreich und Maria von Bayern', in Das Haus Habsburg und die Welt der fürstlichen Kunstkammern im 16.und 17. Jahrhundert, ed. Sabine Haag, Franz Kirchweger and Paulus Rainer (Vienna, 2015), pp. 195–227

Kulturstiftung Ruhr and Kunsthistorisches Museum, eds, Prag um 1600. Kunst und Kultur am Hofe Rudolfs II., 2 vols, exh. cat., Villa Hugel, Essen, and Kunsthistorisches Museum, Vienna (Freren, 1988)

——, Prag um 1600. Beiträge zur Kunst und Kultur am Hofe Rudolfs II (Freren, 1988)

Kümmel, Birgit, Der Ikonoklast als Kunstliebhaber. Studien zu Landgraf Moritz von Hessen-Kassel (1592-1627) (Marburg, 1996)

Landolt, Elisabeth, et al., Das Amerbach-Kabinett. Beiträge zu Basilius Amerbach (Basel, 2011)

Leggatt-Hofer, Renate, and Reinhold Sahl, eds, The Vienna Hofburg: Six Centuries as a European Centre of Power (Vienna, 2018)

Liebenwein, Wolfgang, Studiolo: Die Entstehung eines Raumtyps und seine Entwicklung bis um 1600 (Berlin, 1977)

Luchner, Laurin, Denkmal eines Renaissancefürsten. Versuch einer Rekonstruktion des Ambraser Museums von 1583 (Vienna, 1958)

MacGregor, Arthur, Curiosity and Enlightenment: Collectors and Collections from the Sixteenth to the Nineteenth Century (New Haven, ct, 2007)

Mann, Judith W., ed., Paintings on Stone: Science and the Sacred, 1530–1800, exh. cat., Saint Louis Art Museum (Munich, 2020)

Marr, Alexander, 'Understanding Automata in the Late Renaissance', Journal de la Renaissance, II (2004), pp. 205–22

Marx, Barbara, and Peter Plassmeyer, eds, Sehen und Staunen. Die Dresdner Kunstkammer von 1640 (Berlin, 2014)

Maurice, Klaus, and Otto Mayr, eds, The Clockwork Universe: German Clocks and Automata, 1550–1650, exh. cat., Smithsonian Institute, Washington (New York, 1980)

Meadow, Mark A., 'Merchants and Marvels: Hans Jacob Fugger and the Origins of the Wunderkammer', in Merchants and Marvels: Commerce, Science, and Art in Early Modern Europe, ed. Pamela H. Smith and Paula Findlen (New York, 2002), pp. 182–200

——, 'Introduction', in The First Treatise on Museums: Samuel Quiccheberg's Inscriptiones, 1565, ed. and trans. Mark A. Meadow and Bruce Robertson (Los Angeles, ca, 2013), pp. 1–41

——, and Bruce Robertson, eds and trans., The First Treatise on Museums: Samuel Quiccheberg's Inscriptiones, 1565 (Los Angeles, ca, 2013)

Melzer, Christien, Von der Kunstkammer zum Kupferstich Kabinett. Zur Frühgeschichte des Graphiksammelns in Dresden (1560–1738) (Hildesheim, 2010)

Menzhausen, Joachim, 'Elector Augustus's Kunstkammer: An Analysis of the Inventory of 1587', in The Origins of Museums: The Cabinet of Curiosities in Sixteenth- and Seventeenth-Century Europe, ed. Oliver Impey and Arthur MacGregor [1985], 2nd edn (Oxford, 2017), pp. 69–75

Müller, Jürgen, 'Renovatio artis saxoniae. Zur Deutung von Gabriel Kaltemarckts "Bedenken" aus dem Jahre 1587', in Dresden-Prag um 1600, ed. Beket Bukovinská and Lubomír Konečný (Prague, 2018), pp. 87–100

Mundt, Barbara, Der Pommersche Kunstschrank des Augsburger Unternehmers Philipp Hainhofer für den gelehrten Herzog Philipp II. von Pommern (Munich, 2009)

——, 'Der Pommersche Kunstschrank', in Wunder Welt. Der Pommersche Kunstschrank, ed. Christoph Emmendörffer and Christof Trepesch, exh. cat., Maximilianmuseum Augsburg (Berlin, 2014), pp. 20–31

Nagel, Christine, 'Professionalität und Liebhaberei: die Kunstkämmerer von 1572 bis 1832', in Die kurfürstlich sächsische Kunstkammer in Dresden. Geschichte einer Sammlung, ed. Dirk Syndram and Martina Minning (Dresden, 2012), pp. 361–79

Neverov, Oleg, '"His Majesty's Cabinet" and Peter i's Kunstkammer', in The Origins of Museums: The Cabinet of Curiosities in Sixteenth- and Seventeenth-Century Europe, ed. Oliver Impey and Arthur MacGregor [1985], 2nd edn (Oxford, 2017), pp. 54–61

Öffentliche Kunstsammlung Basel, ed., Sammeln in der Renaissance. Das Amerbach-Kabinett, 4 vols, exh. cat. (Basel, 1991)

Ogilvie, Brian W., The Science of Describing: Natural History in Renaissance

Europe (Chicago, il, 2006)

Olearius, Adam, Gottorffische Kunst-Kammer ... [1666], 2nd edn (Schleswig, 1674)

Olmi, Giuseppe, 'Science-Honour-Metaphor: Italian Cabinets of the Sixteenth and Seventeenth Centuries', in The Origins of Museums: The Cabinet of Curiosities in Sixteenth- and Seventeenth-Century Europe, ed. Oliver Impey and Arthur MacGregor [1985], 2nd edn (Oxford, 2017), pp. 5-16

Pérez de Tudela, Almudena, and Annemarie Jordan Gschwend, 'Luxury Goods for Royal Collectors: Exotica, Princely Gifts and Rare Animals Exchanged between the Iberian Courts and Central Europe in the Renaissance (1560-1612)', Jahrbuch des Kunsthistorischen Museums Wien, 3 (2001), pp.1-127

Pieper, Renate, 'The Upper German Trade in Art and Curiosities before the Thirty Years War', in Art Markets in Europe, 1400-1800, ed. Michael North and David Ormrod (Aldershot, 1998), pp. 93-102

Plassmeyer, Peter, 'Renaissance Musical Automata in the Art Collection of the Saxon Electors in Dresden', in Royal Music Machines, ed. Jan Jaap Haspels (Zütphen, 2006), pp. 45-61

Raabe, Paul, and Eckhard Schinkel, Sammler, Fürst, Gelehrter, Herzog August zu Braunschweig und Lüneburg 1579-1666, exh. cat., Herzog August Bibliothek, Wolfenbüttel (Wolfenbüttel, 1979)

Roth, Harriet, ed., Der Anfang der Museumslehre in Deutschland. Das Traktat 'Inscriptiones vel Tituli Theatri Amplissimi' von Samuel Quiccheberg (Berlin, 2000)

Rudolf, Karl, 'Arcimboldo im kulinarischen Wissensraum.Die Kunstkammer Kaiser Ferdinands I. (1503-1564)', in Das Haus Habsburg und die Welt der fürstlichen Kunstkammern im 16. und 17. Jahrhundert, ed. Sabine Haag, Franz Kirchweger and Paulus Rainer (Vienna, 2015), pp. 133-65

Russo, Alessandra, 'Cortés's Objects and the Idea of New Spain: Inventories as Spatial Narratives', Journal of the History of Collections, XXIII/2 (2011), pp. 229-52

——, Gerhard Wolf and Diana Fane, eds, Images Take Flight: Feather Art in Mexico and Europe, 1400-1700 (Munich, 2015)

Sangl, Sigrid, and Birgitta Heid, Kunst-und Wunderkammer.Burg Trausnitz, ed.Renate Eikelmann (Munich, 2007)

Scheicher, Elisabeth, Die Kunst-und Wunderkammern der Habsburger, ed.Christian Brandstätter (Vienna, 1979)

——, 'Korallen in fürstlichen Kunstkammern des 16.Jahrhunderts', Die Weltkunst, 23 (1 December 1982), pp. 3447-50

——, 'The Collection of Archduke Ferdinand II at Schloss Ambras: Its Purpose, Composition, and Evolution', in The Origins of Museums: The Cabinet of Curiosities in Sixteenth-and Seventeenth-Century Europe, ed. Oliver Impey and Arthur MacGregor [1985], 2nd edn (Oxford, 2017), pp. 29-38

Schepelern, H. D., 'Natural Philosophers and Princely Collectors: Worm, Paludanus, and the Gottorp and Copenhagen Collections', in The Origins of Museums: The Cabinet of Curiosities in Sixteenth- and Seventeenth Century Europe, ed. Oliver Impey and Arthur MacGregor [1985], 2nd edn (Oxford, 2017), pp. 121-8

Scherner, Antje, 'Kunstkammer-Kunsthaus-Kabinett. Zur Geschichte der Kasseler Sammlungen im 17. und frühen 18. Jahrhundert. Zwischen fürstlicher Repräsentation und Bildungsanspruch', in Auf dem Weg zum Museum, ed. Alexis Joachimides, Charlotte Schreiter and Rüdiger Splitter (Kassel, 2016), pp. 99-126

Schlosser, Julius von, Die Kunst- und Wunderkammern der Spätrenaissance. Ein Beitrag zur Geschichte des Sammelwesens [Leipzig, 1908], 2nd edn (Braunschweig, 1978)

——, Art and Curiosity Cabinets of the Late Renaissance: A Contribution to the History of Collecting, ed. Thomas DaCosta Kaufmann, trans. Jonathan Blower (Los Angeles, ca, 2021)

Schulz, Eva, 'Notes on the History of Collecting and of Museums', Journal of the History of Collections, 2 (1990), pp. 205-18

Seelig, Lorenz, 'The Munich Kunstkammer, 1565-1807', in The Origins of Museums: The Cabinet of Curiosities in Sixteenth- and Seventeenth-Century Europe, ed. Oliver Impey and Arthur MacGregor [1985], 2nd edn (Oxford, 2017), pp. 76-89

——, 'Die Münchner Kunstkammer', Jahrbuch der Bayerischen Denkmalpflege, 40 (1986), pp. 101-38

——, 'Die Münchner Kunstkammer', in Die Münchner Kunstkammer.Aufsätze und Anhänge, Dorothea Diemer, Peter Diemer, Lorenz Seelig, et al., submitted by Willibald Sauerländer (Munich, 2008), pp. 1-114

——, 'Philipp Hainhofer und der Münchner Hof', in Wunder Welt.Der Pommersche Kunstschrank, ed. Christoph Emmendörffer and Christof Trepesch, exh. cat., Maximilianmuseum Augsburg (Berlin, 2014), pp. 86-95

Seipel, Wilfried, ed., Kaiser Ferdinand I. 1503-1564. Das Werden der Habsburgermonarchie, exh.cat., Kunsthistorisches Museum, Vienna (Milan, 2003)

——, foreword, and Alfred Auer, Meisterwerke der Sammlungen Schloss Ambras (Milan, 2008)

Smith, Pamela H., and Paula Findlen, eds, Merchants and Marvels: Commerce, Science, and Art in Early Modern Europe (New York, 2002)

Spenlé, Virginie, 'Von der Sammlung zum Museum: Die Dresdener Gemäldegalerie im Stallhof', Dresdener Kunstblätter, 52 (2009), pp. 59-64

——, 'Der Kabinettschrank und seine Bedeutung für die Kunst- und Wunderkammer des 17. Jahrhunderts', in Möbel als Medien. Beiträge zu einer Kulturgeschichte der Dinge, ed.Sebastian Hackenschmidt and Klaus Engelhorn (Bielefeld, 2011), pp. 69-83

Stagl, Justin, The History of Curiosity: The Theory of Travel, 1550-1800 (Chur, 1995)

Sundin, Greger, 'The Games of Philipp Hainhofer: Ludic Appreciation and Use in Early Modern Art Cabinets', in Games and Game Playing in European Art and Literature, 16th-17th Centuries, ed. Robin O'Bryan (Amsterdam, 2019), pp. 249-76

Syndram, Dirk, Das Schloß zu Dresden. Von der Residenz zum Museum (Munich, 2001)

——, 'Die Anfänge der Dresdner Kunstkammer', in Die kurfürstlich-sächsische Kunstkammer in Dresden.Geschichte einer Sammlung, ed. Dirk Syndram and Martina Minning (Dresden, 2012), pp. 14-45

——, 'Die Entwicklung der Kunstkammer unter Kurfürst Johann Georg I', in Die kurfürstlich-sächsische Kunstkammer in Dresden. Geschichte einer Sammlung, ed. Dirk Syndram and Martina Minning (Dresden, 2012), pp. 79-98

——, and Martina Minning, eds, Die kurfürstlich-sächsische Kunstkammer in Dresden, 4 vols (Dresden, 2010)

——, and Martina Minning, eds, Die kurfürstlich-sächsische Kunstkammer in Dresden. Geschichte einer Sammlung (Dresden, 2012)

Theuerkauff, Christian, 'The Brandenburg Kunstkammer in Berlin', in The Origins of Museums: The Cabinet of Curiosities in Sixteenth- and Seventeenth-Century Europe, ed. Oliver Impey and Arthur MacGregor [1985], 2nd edn (Oxford, 2017), pp. 110-20

Thornton, Dora, The Scholar in His Study: Ownership and Experience in Renaissance Italy (New Haven, ct, 1997)

Thurner, Mark, and Juan Pimentel, eds, New World Objects of Knowledge: A Cabinet of Curiosities (London, 2021)

Trnek, Helmut, Sabine Haag and Dirk Syndram, Kaiser Rudolf II. zu Gast in Dresden, exh. cat., Staatliche Kunstsammlungen Dresden (Munich, 2007)

Turner, Gerard, 'The Cabinet of Experimental Philosophy', in The Origins of Museums: The Cabinet of Curiosities in Sixteenth- and Seventeenth-Century Europe, ed. Oliver Impey and Arthur MacGregor [1985], 2nd edn (Oxford, 2017), pp. 214-22

Turpin, Adriana, 'The New World Collections of Duke Cosimo I de'Medici and Their Role in the Creation of a Kunst-and Wunderkammer in the Palazzo Vecchio', in Curiosity and Wonder from the Renaissance to the Enlightenment, ed.Robert J.W.Evans and Alexander Marr (Aldershot, 2006), pp.63-85

Veltrup, Anne, 'Kunstkammerschränke als Spiegel der fürstlichen Ordnung', in Die kurfürstlich-sächsische Kunstkammer in Dresden. Geschichte einer Sammlung, ed.Dirk Syndram and Martina Minning (Dresden, 2012), pp. 222-35

Vignau-Wilburg, Théa, 'Le "Museum de l'empereur Rodolphe II" et le Cabinet des arts et curiosités', in Le Bestiaire de Rodolphe II: Cod.Min.129 et 130 de la Biblioth è que nationale d'Autriche, Herbert Haupt, Thea Vignau-Wilberg, Eva Irblich and Manfred Staudinger (Paris, 1990), pp.31-63

Volk-Knüttel, Brigitte, 'Maximilian I. von Bayern als Sammler und Auftraggeber. Seine Korrespondenz mit Philipp Hainhofer 1611-1615', in Quellen und Studien zur Kunstpolitik der Wittelsbacher vom 16. bis zum 18.Jahrhundert, ed. Hubert Glaser (Munich, 1980), pp. 83-128

Vötsch, Jochen, Die kurfürstlich-sächsische Kunstkammer in Dresden, 4 vols: Das Inventar von 1587; Das Inventar von 1619; Das Inventar von 1640; Das Inventar von 1741, ed. Dirk Syndram and Martina Minning (Dresden, 2010)

Weiler, Christina, ed., Von Fischen, Vögeln, und Reptilien.Meisterwerke aus dem kaiserlichen Sammlungen, exh. cat., Österreiche Nationalbibliothek, Vienna (2011)

Weinhold, Ulrike, 'Die Habsburger und die frühe Dresdner Kunstkammer', in Die kurfürstlich-sächsische Kunstkammer in Dresden. Geschichte einer Sammlung, ed. Dirk Syndram and Martina Minning (Dresden, 2012), pp. 62-77

Wenzel, Michael, Philipp Hainhofer. Handeln mit Kunst und Politik (Berlin, 2020)

Weston, Dagmar Motycka, '"Worlds in Miniature": Some Reflections on Scale and the Microcosmic Meaning of Cabinets of Curiosity', Architectural Research Quarterly, xiii (March 2009), pp. 37-4

Winkelmann, Johann Justus, Gründliche und wahrhafte Beschreibung der Fürstenthümer Hessen und Hersfeld (Bremen, 1697)

插图列表

图1　迪尔克·德夸德·范拉费斯泰因可能创作的树胶水彩画《犀牛角、犀牛牙、兽皮和车床旋制犀牛容器》，收藏于鲁道夫二世博物馆。

图2　尼克劳斯·普法夫用非洲犀牛角、非洲疣猪獠牙和镀银金器制成的《酒杯》（1611），尺寸：49.7厘米×27.5厘米×17.7厘米。收藏于维也纳艺术史博物馆（编号：3709）。

图3　阿尔布雷希特·丢勒（Albrecht Dürer，1471—1528）绘制的木刻版画《犀牛》（1515），尺寸：24.8厘米×31.7厘米。收藏于美国纽约大都会艺术博物馆（1919年朱尼厄斯·斯宾塞·摩根赠予）。

图4　阿尔布雷希特·阿尔特多费（Albrecht Altdorfer）绘制的木版画《马克西米利安一世皇帝的凯旋门》（1515）中的宝库细节，尺寸：17.2厘米×26.9厘米。图片©The Trustees of the British Museum，London/Art Resource，ny.

图5　费兰托·因佩拉托（Ferrante Imperato）绘制的木版画《小溪（德尔）的自然史·第二十八卷》（1599）的扉页画。收藏于韦尔科姆收藏馆（cc by 4.0）。

图6　约翰·格奥尔格·欣茨（Johann Georg Hinz）（海因茨）绘制的油画《收藏柜》（1666），尺寸：114.5厘米×93.3厘米。图片来源：bpk Bildagentur / Hamburger Kunsthalle（Inv. Nr. hk-435）/ Elke Walford/Art Resource，ny.

图7　萨穆埃尔·奎切伯格所著《理想博物馆的建设指南》（1565）的扉页。图片来源：慕尼黑巴伐利亚国立图书馆（Res. 4 H.eccl.455）。

图8　马太·梅里安（Matthäus Matthaus）绘制的《波美拉尼亚-斯德丁（Pommern-Stettin）公爵宫殿》，1619年马丁·泽勒雕刻《选帝侯地形图、勃兰登堡门和波美拉尼亚公爵》（法兰克福河畔，1652）。图片来源：洛杉矶盖蒂研究所。

图9　亚当·奥利瑞斯的《戈托普艺术厅》（1666）的扉页。图片来源：洛杉矶盖蒂研究所。

图10　卡斯珀·弗里德里克·奈歇尔（Caspar Friedrich Neickel）的《博物馆志》（Museographia，1727）的卷首插图。收藏于沃尔芬堡出版社赫尔佐格·奥古

图 11　弗里德里西的藏品目录的一页，来自老卢卡斯·克拉纳赫（Lucas Cranachthe Elder，1472—1553）在《威滕伯格圣者书》（*Wittenberg Heiltumsbuch*，1510）中珍珠之母圣骨匣上的木刻画。图片来源：杰弗里·奇普斯·史密斯

图 12　维托雷·卡尔帕乔绘制的板面蛋彩画《在书房中的圣·奥古斯丁》（1502 ~ 1507），尺寸：141 厘米 ×210 厘米。图片来源：Scuola di San Giorgio degli Schiavoni，Venice/photo Scala，Florence/Art Resource，ny.

图 13　弗朗西斯科一世·德·美第奇的画室（1570 ~ 1575），位于佛罗伦萨维奇奥宫（旧宫）。图片来源：Scala，Florence/Art Resource，ny.

图 14　位于梅赫伦镇的萨伏依宫的庭院。图片来源：维克多·豪克（公有领域）。

图 15　位于梅赫伦镇的萨伏依宫的平面图。图片来源：达格玛·艾希伯格（Dagmar Eichberger）。

图 16　康拉德·梅特用黄杨木制成的半身像作品《奥地利的玛格丽特和萨瓦的菲利贝尔》（约 1515 ~ 1525），尺寸：10.7 厘米 ×26.7 厘米 ×9 毫米和 12.5 厘米 ×29 厘米 ×108 厘米。图片 ©The Trustees of the British Museum，London（wb.261）/Art Resource，NY.

图 17　迪特里希·施罗（Dietrich Schro）创作的雪花石膏半身像《奥特海因里奇》（约 1556），尺寸：30.2 厘米 ×38.2 厘米。收藏于法国巴黎的卢浮宫博物馆。图片来源：Jean-Pol Grandmont（cc by 4.0）。

图 18　马太·梅里安（Matthäus Merian）的巴塞尔平面图，刻于马丁·采勒（Martin Zeiller）的《赫尔维希亚地形》（*Topographia Helvetiae*，1642）。图片来源：巴塞尔大学（ej I 39）。

图 19　马赛厄斯·吉热于约 1578 年为巴西利厄斯二世·阿默巴赫制作的木制钱币箱，尺寸：45.9 厘米 ×73.3 厘米 ×55.6 厘米。图片 ©Historisches Museum Basel（Inv. 1908.16），photo Peter Portner（cc by-sa 4.0）。

图 20　温策尔·雅姆尼策及其工作室制作马德里皇家赤脚修女会（Descalzas Reales）中圣·维克托（St Victor）圣骨匣上的一条雕带所使用的铅制金匠模板（约 1570），尺寸：2.0 厘米 ×8.2 厘米。图片 ©Historisches Museum Basel（Inv. 1904.1468），photo Maurice Babey（CCBY-SA 4.0）。

图 21　老汉斯·博克绘制的帆布油画《费利克斯·普拉特》（1584），尺寸：227 厘米 ×156 厘米。图片来源：巴塞尔大学（Inv. 84）。

图 22　汉斯·米利希（Hans Mielich）绘制的羊皮画《下国际象棋的阿尔布雷希特公爵和公爵夫人安娜》（1552），是《珍宝书》（*Kleinodienbuch*）中的原稿，尺寸：21.5 厘米 ×15.5 厘米。收藏于德国慕尼黑巴伐利亚国立图书馆（Cod.icon. 429，fol. 1v）。图片来源：巴伐利亚州立图书馆。

图 23　丹尼尔·祖廷格（Daniel Suttinger）绘制的《霍夫堡皇宫的鸟瞰图》（*bird's-eye view of the Hofburg*，1683），来自 1683 在维也纳出版的《奥地利维也纳城豪布特翁德王宫的土耳其开塞利围城》的地图局部，尺寸：53 厘米 ×36

厘米（全部）。收藏于奥地利国家图书馆（Inv.-Nr.ab ...9 kar mag）。图片 ©önb Vienna.

图24　雅各布·斯特拉达（Jacopo Strada）、伯纳德（Bernard）和西蒙·茨维策尔（Simon Zwitzel）设计的艺术收藏馆，1572年竣工（后来又做过修缮），位于慕尼黑王宫。图片来源：杰弗里·奇普斯·史密斯。

图25　慕尼黑从前的马厩和艺术收藏馆（1563~1567），后为老造币厂［Alte Münze（Old Mint）］。图片来源：杰弗里·奇普斯·史密斯。

图26　慕尼黑王宫和马厩的局部，截取雅各布·桑特纳（Jakob Sandtner）于1571年用椴木制成的慕尼黑模型（后来做过修改），尺寸：186厘米×200厘米×17厘米（全部）。收藏于德国巴伐利亚国家博物馆（Inv.-Nr. Modell 1）。图片 ©Bayerisches Nationalmuseum/Karl-Michael Vetters.

图27　慕尼黑艺术收藏馆的平面图，带有图例。

图28　汉斯·米利希的油画《默特尔·维茨》（1545），尺寸：65.1厘米×49厘米。收藏于德国巴伐利亚国家博物馆（Inv.-Nr. L 77/330）。图片 ©Bayerisches Nationalmuseum.

图29　约1565年在米兰由天青石制成的大口水壶，饰有金、镀银、绿宝石、红宝石和钻石，尺寸：19.5厘米×9厘米×6.5厘米。收藏于慕尼黑市议会（Kat. 506）。图片 ©Bayerische Schlösserverwaltung/Josef Ernst.

图30　约1565年在米兰由天青石制成的水盆，饰有金、镀银、绿宝石、红宝石和钻石，尺寸：5.8厘米×30.6厘米×38.3厘米。收藏于慕尼黑市议会（Kat. 507）。图片 ©Bayerische Schlösserverwaltung/Josef Ernst.

图31　约1543年在斯里兰卡由象牙制成的首饰盒，饰有金子、红宝石和蓝宝石，尺寸：18厘米×30厘米×16厘米。收藏于慕尼黑市议会（Inv. ResMüSch. 1241）。图片 ©Bayerische Schlösserverwaltung/Rainer Herrmann and Ulrich Pfeuffer.

图32　汉斯·穆尔特舍尔大约于1430年在巴伐利亚制作的巴伐利亚索伦霍芬灰岩雕刻（约1430），巴伐利亚，尺寸：58厘米×31厘米×8厘米。收藏于德国巴伐利亚国家博物馆（Inv.-Nr. ma 936）。图片 ©Bayerisches Nationalmuseum.

图33　雅各布·桑特纳于1571年用椴木制成的慕尼黑的模型，后来又做过修改，尺寸：186厘米×200厘米×17厘米（全部）。收藏于德国巴伐利亚国家博物馆（Inv.-Nr. Modell 1）。图片 ©Bayerisches Nationalmuseum/Bastian Krack.

图34　菲利普·阿皮安、沃尔夫·施特劳斯和约斯特·安曼于1568年制成的巴伐利亚地图（Bairische Landtafeln），由24幅彩色木刻图合成，尺寸：156厘米×159厘米（全部）。收藏于慕尼黑巴伐利亚国立图书馆（Hbks/F 15）。

图35　1639年木制结构的玩偶之家，尺寸：217厘米×152厘米×52厘米。收藏于德国巴伐利亚国家博物馆（Inv.-Nr.hg 4063）。图片 ©Germanisches Nationalmuseum/Monika Runge.

图36　大象苏莱曼（1553年死亡），1928年被移至拜恩州（巴伐利亚州）慕尼黑的国家博物馆时拍摄。图片来源：多萝西娅·迪默（原巴伐利亚博物馆，慕尼

图37 温策尔·雅姆尼策于16世纪40年代用蜗状海螺壳制造的《海螺水壶》，饰有镀银和珐琅，尺寸：32.5厘米×13.2厘米×9厘米。收藏于慕尼黑市议会（Kat. Res MüSch.567）。图片©Bayerische Schlösserverwaltung/Maria Scherf and Rainer Herrmann.

图38 1350年前米斯泰克人的手抄本，尺寸：26.5厘米×22厘米（每单），总长度1350厘米。收藏于奥地利国立图书馆（Cod. Mex. 1，fol. 35r）。图片©önb Vienna.

图39 16世纪70年代由象牙制成的天球仪和地球仪，饰有黄金和珐琅。收藏于慕尼黑市议会（Inv.-Nr. ResMüSch.0619–0620）。图片©Bayerische Schlösserverwaltung/Maria Scherf and Rainer Herrmann.

图40 亚当·克拉夫特和老彼得·菲舍尔的青铜塑像《折树枝者》（约1490），尺寸：36.8厘米×34厘米×19厘米。收藏于德国巴伐利亚国家博物馆（Inv.-Nr. MA 1983）。图片来源：杰弗里·奇普斯·史密斯。

图41 阿尔布雷希特·阿尔特多费绘制的板面油画《亚历山大大帝与大流士在伊苏斯的战役（公元前333年）》（1529），尺寸：158.4厘米×120.3厘米。收藏于慕尼黑老绘画陈列馆（Inv.-Nr. 688）。

图42 安布拉斯城堡的上宫。图片来源：杰弗里·奇普斯·史密斯。

图43 弗朗西斯科·塞加拉（Francesco Segala）制作的彩色蜡像《斐迪南二世大公》（约1580），饰有水晶、宝石和珍珠，尺寸：22.3厘米×19.9厘米（包含框架）。收藏于维也纳艺术史博物馆（kk 3085）。图片来源：khm-Museumsverband.

图44 安布拉斯城堡的下宫。图片来源：杰弗里·奇普斯·史密斯。

图45 下宫的重建平面图。根据劳林·卢克纳的《文艺复兴时期的王室纪念碑：试图重建安布拉斯博物馆》（1583）。

图46 马托伊斯·梅里安的蚀刻版画《安布拉斯城堡》，来自马丁·泽耶（Martin Zeiller）的《奥地利各州地志》（*Topographia Provinciarum Austriacarum*，1649），尺寸：19.5厘米×30.8厘米。

图47 安布拉斯城堡的名人军械馆。图片来源：杰弗里·奇普斯·史密斯。

图48 梅尔希奥·普法伊费尔于1560年制成的巨人巴特尔梅·博恩的铁质盔甲。收藏于因斯布鲁克的安布拉斯城堡（Inv.-Nr. A 634）。图片来源：杰弗里·奇普斯·史密斯。

图49 多米尼克斯·库斯托斯（Dominicus Custos）模仿乔凡尼·巴蒂斯塔·丰塔纳（Giovanni Battista Fontana）的原作，雕刻作品《马克西米利安二世皇帝》，来自雅各布·施伦克·冯·诺青的《英雄名册》（1601）。

图50 安布拉斯城堡艺术收藏馆对原藏品用摄影图片的再现。图片来源：杰弗里·奇普斯·史密斯。

图51 第一个展柜中的原藏品（金器）用摄影图片的再现。图片来源：杰弗里·奇

普斯·史密斯。

图 52　贝内文托·切利尼创作的《盐碟》(1540～1543)，饰有黄金、珐琅和黑檀木底座，尺寸：26.3 厘米 ×28.5 厘米 ×21.5 厘米。收藏于维也纳艺术史博物馆（kk 881）。图片©Jononmac46（CC BY-SA 4.0）。

图 53　萨拉基家庭工坊创作的苍鹭状容器（约 1590），由水晶、绿宝石、紫晶、红宝石、珍珠、莱茵石、黄金制成，局部饰有珐琅，尺寸：39.4 厘米 × 约 50 厘米 ×23.3 厘米。收藏于维也纳艺术史博物馆（kk 2401）。图片来源：khm-Museumsverband.

图 54　格雷戈尔·贝尔、瓦伦丁·德劳施、海因里希·瓦格纳制作的《作为猎手的熊》(1580～1581)，由镀银、黄金、黄铜、铁、红宝石、蓝宝石、珍珠和龙涎香制成。收藏于维也纳艺术史博物馆（kk 1094）。图片来源：khm-Museumsverband.

图 55　约翰·泽赫尔可能创作的匈牙利轻骑兵骑手形状的镀银杯子（1580～1582），尺寸：53.3 厘米 ×25 厘米。收藏于维也纳艺术史博物馆（kk 6853）。图片来源：khm-Museumsverband.

图 56　科内利斯·格罗斯用角制作的镀银酒杯（1560～1570），由龟甲、珐琅制成，尺寸：29. 厘米 ×35 厘米。收藏于维也纳艺术史博物馆（kk 889）。图片来源：khm-Museumsverband.

图 57　莱昂哈德一世·布拉姆将椰子壳改成弄臣小丑的杯子（1556），部分镀银，尺寸：19 厘米 ×20 厘米 ×14.5 厘米。收藏于维也纳艺术史博物馆（kk 911）。图片来源：杰弗里·奇普斯·史密斯。

图 58　纽伦堡艺术家设计的镀银的餐桌装饰物（约 1450），饰有鲨鱼牙齿化石和石英。收藏于维也纳艺术史博物馆（kk 89）。图片来源：khm-Museumsverband.

图 59　温策尔·雅姆尼策制作的银质书写文具盒（1560～1570），尺寸：6 厘米 ×22.7 厘米 ×10.2 厘米。收藏于维也纳艺术史博物馆（kk1155-64）。图片©James Steakley（CC BY-SA 3.0）。

图 60　卡斯珀·乌利希（Caspar Ulich）于 16 世纪后期创作的缩景石《带有大卫和拔示巴的桌上喷泉》，饰有各种矿物、镀银和珐琅。收藏于维也纳艺术史博物馆（kk 4161）。图片来源：khm-Museumsverband.

图 61　汉斯·施洛特海姆可能创作的《塔钟》(约 1580)，镀金青铜，饰有部分身着服装的人物、镜子、金属和漆木，尺寸：110.8 厘米 ×24.7 厘米 ×20.5 厘米。收藏于维也纳艺术史博物馆（kk 838）。图片来源：khm-Museumsverband.

图 62　《带有鱼化石的灰岩板》(1543)，其中的灰岩板是巴伐利亚索伦霍芬灰岩，收藏于维也纳自然博物馆（Geologie-Paläontologie, Inv.-Nr. 1880-0017-0995）。

图 63　保罗·赖歇尔用索伦霍芬灰岩创作的《骷髅骨架神龛》，饰有黑檀木框、镀金、玻璃镜子和水晶，尺寸：82.3 厘米 ×32 厘米。收藏于维也纳艺术史博物馆（kk 4450）。图片来源：khm-Museumsverband.

图64 16世纪后半叶，由铁、皮革和天鹅绒制成的捕捉椅，尺寸：114厘米×60厘米×52厘米。收藏于维也纳艺术史博物馆（kk 289）。图片来源：杰弗里·奇普斯·史密斯。

图65 康拉德·维茨的工坊或上莱茵地区的艺术家制作的一副以打猎为主题的纸牌中的一张苍鹭老K（1440—1445），用笔、水彩和暗色的纸绘制，以金壳装饰，尺寸：15.8厘米×9.8厘米。收藏于维也纳艺术史博物馆（kk 5022）。图片来源：khm-Museumsverband.

图66 西格蒙德·埃尔泽塞尔（Sigmund Elsässer）创作的《巴伐利亚的大公斐迪南二世和公爵威廉五世》（1582），景象取自大公斐迪南和安娜·卡泰丽娜·贡扎加的婚礼庆典手册，尺寸：43厘米×29.6厘米。
收藏于维也纳艺术史博物馆（kk 5270）。图片来源：khm-Museumsverband.

图67 墨西哥的羽毛头饰（约1515），由6种羽毛、木杆、纤维、纸、棉花、皮革、黄金和黄铜制成，尺寸：130厘米×178厘米。收藏于维也纳世界博物馆（Inv.-Nr.10402）。图片来源：khm-Museumsverband.

图68 饰有北美小郊狼的墨西哥羽毛盾牌（约1500），由6或7种羽毛、黄金叶饰、芦苇、棉花和皮革制成。收藏于维也纳世界博物馆（Inv.-Nr. 43380）。图片来源：khm-Museumsverband.

图69 因斯布鲁克宫廷的玻璃工坊制成的饰有耶稣在十字架上被钉死情景的带盖的杯子（1570~1591），饰有镀金和珐琅的玻璃。收藏于维也纳世界博物馆（kk 3314）。图片来源：khm-Museumsverband.

图70 16世纪后半叶神圣罗马帝国的艺术大师设计的珊瑚橱，由木材、珍珠、珍珠母、珊瑚、石膏、缎子、玻璃、金饰、青铜、天青石和镀金制成，尺寸：66厘米×55厘米×56.2厘米。收藏于安布拉斯城堡（Inv.-Nr. PA 961）。图片来源：khm-Museumsverband.

图71 珊瑚橱（图70）的局部。图片来源：杰弗里·奇普斯·史密斯。

图72 中国明代的青花瓷盘子，是上了钴蓝色（艳蓝色）釉的瓷器。收藏于安布拉斯城堡（Inv.-Nr. PA 1090）。图片来源：khm-Museumsverband.

图73 由木板、纸板、铁丝、贝壳、苔藓和石膏制成的"摇晃箱"，尺寸：12.5厘米×23.8厘米×17.4厘米。收藏于维也纳艺术史博物馆（kk 5432）。图片来源：khm-Museumsverband.

图74 "摇晃箱"的局部细节。收藏于维也纳艺术史博物馆（kk 5432）。图片来源：khm-Museumsverband.

图75 16世纪后半叶，因斯布鲁克宫廷切削工艺车间制作的木器"书写用的文具"，尺寸：44厘米×21厘米。收藏于安布拉斯城堡（Inv.-Nr. PA779）。图片来源：khm-Museumsverband.

图76 木制螺旋状的环盘，1596年之前完成制作。收藏于安布拉斯城堡（Inv.-Nr. PA 742）。图片来源：杰弗里·奇普斯·史密斯。

图77 16世纪10年代汉斯·莱因贝格尔创作的作品"死神"。收藏于安布拉斯城堡

图78　1542年，在科特由象牙和动物的角制成孔雀扇，尺寸：43厘米×33厘米。收藏于维也纳艺术史博物馆（kk 4751）。图片来源：khm-Museumsverband.

图79　16世纪下半叶，大公斐迪南打猎的战利品——由动物的角、木头、象牙、雄鹿和各种猎物做的奖杯，尺寸：55厘米×15厘米。收藏于维也纳艺术史博物馆（kk 3730）。图片来源：khm-Museumsverband.

图80　安布拉斯城堡艺术收藏馆的墙面上对原藏品用摄影图片的再现。图片来源：杰弗里·奇普斯·史密斯。

图81　16世纪下半叶神圣罗马帝国画家模仿威尼斯画家提香的原画，绘制的木板油画《12位罗马皇帝的肖像》，每张尺寸：40厘米×30厘米。收藏于维也纳艺术史博物馆（Inv.-Nr.8070-8081）。图片来源：杰弗里·奇普斯·史密斯。

图82　神圣罗马帝国画家创作的帆布油画《佩德罗·冈萨雷斯》（约1580），尺寸：190厘米×80厘米。收藏于维也纳艺术史博物馆（gg 8329）。图片来源：khm-Museumsverband.

图83　16世纪末期神圣罗马帝国画家创作的帆布油画《巴特尔梅·博恩和托默勒》，尺寸：266.8厘米×162.5厘米。收藏于维也纳艺术史博物馆（gg 8299）。图片来源：khm-Museumsverband.

图84　曾经的安布拉斯城堡图书馆，现在是艺术收藏馆的展览空间。图片来源：杰弗里·奇普斯·史密斯。

图85　小卢卡斯·克拉纳赫（Lucas Cranach the Younger）绘制的画板油画《萨克森选帝侯奥古斯特一世》（1565），尺寸：210厘米×92厘米。图片来源：bops Bildagentur/Staatliche Kunstsammlungen Dresden（Rüstkammer, Inv.-Nr.H0094）/Elke Estel/Hans-Peter Klut/ArtResource, ny.

图86　木制的德累斯顿宫模型，保罗·布赫纳创作，时间稍早于1590年，阴影部分的是珍奇馆的位置，模型在二战中被毁。收藏于德累斯顿国家艺术收藏馆，经许可转载。

图87　德累斯顿宫西北翼。图片来源：杰弗里·奇普斯·史密斯。

图88　小卢卡斯·克拉纳赫绘制画板油画《安娜——丹麦女选帝侯》（1564），尺寸：212厘米×93.5厘米。图片来源：bpk Bildagentur/Staatliche Kunstsammlungen Dresden（Rüstkammer, Inv.-Nr. H 0095）/Elke Estel/Hans-Peter Klut/Art Resource, ny.

图89　珍奇馆平面图，根据保罗·布赫纳（Paul Bucher）的宫廷模型和1587年藏品目录整理。收藏于德累斯顿国家艺术收藏馆，经许可转载。

图90　珍奇馆平面图，根据保罗·布赫纳制作的宫殿模型、戴维·乌斯劳布（David Uslaub）的平面图以及1619年藏品清单绘制。收藏于德累斯顿国家艺术收藏馆，经许可转载。

图91　珍奇馆平面图，根据保罗·布赫纳的宫殿模型和1640年藏品目录绘制。收藏于德累斯顿国家艺术收藏馆，经许可转载。

图92 《德累斯顿周边图》，由奥古斯特一世于1584年之前用笔和水彩绘制，尺寸：18.5厘米×18.0厘米。收藏于撒克逊州立大学图书馆（slub）德累斯顿（Inv.-Nr. Mscr.Dresd.K.339），photo slub/Deutsche Fotothek。

图93 黄铜镀金的测距仪，由老克里斯托夫·席斯勒（Christoph Trechsler）于1584年制作，尺寸：42厘米×17厘米。收藏于撒克逊州立大学图书馆（slub）德累斯顿（Inv.-Nr. Mscr.Dresd.K.339），photo slub/Deutsche Fotothek。图片来源：Staatliche Kunstsammlungen Dresden（Mathematisch-Physikalischer Salon, Inv.-Nr. Ciii a4）。图片来源：杰弗里·奇普斯·史密斯。

图94 黄铜镀金的几何正方形，由老克里斯托夫·席斯勒于1569年制作，尺寸：37.5厘米×37.5厘米。收藏于德累斯顿国家艺术收藏馆（数学-物理沙龙，Inv.-Nr.CI1）。图片来源：杰弗里·奇普斯·史密斯。

图95 几何正方形（局部）。收藏于德累斯顿国家艺术收藏馆（数学-物理沙龙，Inv.-Nr.CI1）。图片来源：杰弗里·奇普斯·史密斯。

图96 米开朗琪罗作品《夜》的条文大理石复制品（1570），可能出自詹博洛尼亚之手，尺寸：45厘米×45厘米×14.5厘米。收藏于德累斯顿国家艺术收藏馆（雕塑收藏，Inv.-Nr. H4 5/32）。图片来源：杰弗里·奇普斯·史密斯。

图97 嵌着绿宝石的铁矿石，挖掘于16世纪中叶，长24.5厘米。图片来源：bpk Bildagentur/Staatliche Kunstsammlungen Dresden（Grünes Gewölbe, Inv.-Nr.viii 303）/Jürgen Karpinski/Art Resource，ny。

图98 木制的固定式管风琴（positiveorgan），由克里斯托夫二世·瓦尔特于1583—1584年制作，约长300厘米。图片来源：作者档案、原历史博物馆、德累斯顿（Inv.-Nr. F22）。

图99 铁钻，由纽伦堡大师在1555—1587年制作，主要材质为铁（部分被黄金和黑染料蚀刻）和梨木，尺寸：约90厘米×54厘米。收藏于德累斯顿国家艺术收藏馆（武器室，Inv.-Nr. P 234）。图片来源：杰弗里·奇普斯·史密斯。

图100 16世纪下半叶的园艺工具。收藏于德累斯顿国家艺术收藏馆（武器室）。图片来源：杰弗里·奇普斯·史密斯。

图101 车削的象牙，由萨克森的选帝侯奥古斯特一世在1580—1585年制作，高9.6厘米，底座直径4.9厘米。图片来源：bpk Bildagentur/Staatliche Kunstsammlungen Dresden（Grünes Gewölbe, Inv.-Nr. ii 455）/Jürgen Karpinski/Art Resource，ny。

图102 金属丝拉伸台，由伦哈德·丹纳（Leonhard Danne）等于1565年制造，尺寸：79厘米×422厘米×21厘米。收藏于法国国家文艺复兴博物馆（inv. no. ecl16880）。图片©rmn-Grand Palais/Stéphane Maréchalle/Art Resource, ny。

图103 帆布油画《秋》，由阿钦博尔多（Arcimboldo）于1573年绘制，尺寸：76厘米×63.5厘米。收藏于法国巴黎卢浮宫博物馆（inv. no. rf 1964 32），图片©rmn-Grand Palais/Franck Raux/Art Resource，ny。

图104 自行船，由汉斯·施洛特海姆大约在1580年制造，主要材质为铁镀金、黄

铜和珐琅，尺寸：100厘米×70厘米。收藏于法国国家文艺复兴博物馆（inv. no. ecl 2739）。图片©rmn-Grand Palais/Gérard Blot/Art Resource，ny.

图105 《达芙妮》，由亚伯拉罕·雅姆尼策在1580～1586年模仿文策尔·雅姆尼策的作品制造的复制品，主要材质为银质，部分镀金并镶嵌有红珊瑚，尺寸：64.6厘米×33.5厘米。收藏于德累斯顿国家艺术收藏馆（德语，Inv.-Nr. IV 260）。图片来源：杰弗里·奇普斯·史密斯。

图106 青铜雕像《墨丘利》，由詹博洛尼亚大约在1586年制作，包括底座高72.7厘米。图片来源：bpk Bildagentur/Staatliche Kunstsammlungen Dresden（Grünes Gewölbe，Inv.-Nr.ix94）/Jürgen Karpinski/Art Resource，ny.

图107 天体球局部。天体球由格奥尔格·罗尔和约翰内斯·赖因霍尔德于1586年制作，主要材质为青铜和铜镀金。收藏于德累斯顿国家艺术收藏馆（数学 - 物理沙龙，Inv.-Nr.EII2）。图片来源：杰弗里·奇普斯·史密斯。

图108 天体球的全景图。天体球由格奥尔格·罗尔和约翰内斯·赖因霍尔德于1586年制作，主要材质为青铜和铜镀金，直径主要20.5厘米，整体高度56.5厘米。收藏于德累斯顿国家艺术收藏馆（数学 - 物理沙龙，Inv.-Nr. EII2）。图片©Ad Meskens（CC BY-SA4.0）。

图109 银质珠宝箱，由尼古劳斯·施密特于1585年制造（或许是依照文策尔·雅姆尼策的设计），尺寸：50厘米×54厘米×36厘米。收藏于德累斯顿国家艺术收藏馆（德语，Inv.-Nr.IV 115）。图片来源：杰弗里·奇普斯·史密斯。

图110 吕讷堡镜，由卢勒夫·迈尔和迪里希·乌特玛克在1587—1592年制作，尺寸：115厘米×85厘米。收藏于德累斯顿国家艺术收藏馆（德语，Inv.-Nr. IV 110）。图片来源：杰弗里·奇普斯·史密斯。

图111 吕讷堡镜的局部，主要材质为在木质内核上包银和镀金、镜面玻璃、紫水晶、石榴石、水晶石和刻花玻璃。收藏于德累斯顿国家艺术收藏馆（德语，Inv.-Nr.IV 110）。图片来源：杰弗里·奇普斯·史密斯。

图112 选帝侯克里斯蒂安二世青铜像，由阿德里安·德弗里斯于1603年制作，尺寸：96厘米×66厘米×41厘米。图片来源：bpk Bildagentur/ Staatliche Kunstsammlungen Dresden（Skulpturensammlung, Inv.-Nr. H4 001/004）/Hans-Peter Klut/Elke Estel.

图113 选帝侯克里斯蒂安二世的砾石盾徽，由卡斯特鲁奇（Castrucci）工坊在1604～1607年制作，尺寸：26.5厘米×21.5厘米。图片来源：bpk Bildagentur/Staatliche Kunstsammlungen Dresden（Grünes Gewölbe, Inv.-Nr. II 434）/Jürgen Karpinski/Art Resource，ny.

图114 油画《选帝侯克里斯蒂安二世和人格化的胜利和平之神》，由汉斯·冯·亚琛在碧玉上绘制。图片来源：bpk Bildagentur/Staatliche Kunstsammlungen Dresden（Grünes Gewölbe, Inv.-Nr.ii434）/Jürgen Karpinski/Art Resource，ny.

图115 自动装置——骑在人头马神兽上的狄安娜女神，由约翰·雅各布·巴赫曼和不知名制表匠（或许是梅尔希奥·迈尔）在1606～1610年制作，主要材质

349

为银（部分镀金）、珐琅、黄铜、钢、红宝石、绿宝石、象牙和木材。图片来源：bpk Bildagentur/Staatliche Kunstsammlungen Dresden（Grünes Gewölbe, Inv.-Nr.Ⅳ150）/Jürgen Karpinski/Art Resource，ny.

图116 塔钟，由汉斯·施洛特海姆大约在1601年制作，主要材质为银、黄铜、铁镀金、钢、木材、皮革和水晶石，尺寸：112厘米×60厘米×60厘米。图片来源：bpk Bildagentur/Staatliche Kunstsammlungen Dresden（Grünes Gewölbe, Inv.-Nr.V140）/Jürgen Karpinski/Art Resource，ny.

图117 横帆战舰，由雅各布·策勒于1620年制作，尺寸：115厘米×80厘米。收藏于德累斯顿国家艺术收藏馆（Grünes Gewölbe, Inv.-Nr.Ⅱ107）。图片来源：杰弗里·奇普斯·史密斯。

图118 横帆战舰的局部，主要材质为象牙、金线和钢。收藏于德累斯顿国家艺术收藏馆（Grünes Gewölbe, Inv.-Nr.Ⅱ107）。图片来源：杰弗里·奇普斯·史密斯。

图119 纳布霍多索利斯雕像（丹妮丽丝雕像），由埃吉迪乌斯二世·萨德勒、乔瓦尼·马丽亚·诺塞尼于1602年制作，尺寸：53.4厘米×33.5厘米。图片来源：Sächsische Landesbibliothek–Staats–und Universitätsbibliothek（slub）Dresden（Inv.-Nr. Hist.univ.A.403），photo slub/Deutsche Fotothek.

图120 手状的萨克森宗谱木刻，由洛伦茨·福斯特于1586年制作。图片来源：Princeton University Library, Special Collections–Rare Books（2009–1746N）.

图121 俄耳普斯桌钟，由格奥尔格·伯恩哈特在1575~1576年制作，主要材质为玻璃、黄金、珐琅、钻石、红宝石、水晶石、绿松石和铁。高21.3厘米。图片来源：bpk Bildagentur/Staatliche Kunstsammlungen Dresden（Grünes Gewölbe, Inv.-Nr.vi19）/Jürgen Karpinski/Art Resource，ny.

图122 鸵鸟杯，由埃利亚斯·盖尔在1589~1595年制作，主要材质为银镀金和抛光的鸵鸟蛋，尺寸：46.7厘米×26厘米。图片来源：bpk Bildagentur/Staatliche Kunstsammlungen Dresden（Grünes Gewölbe, Inv.-Nr.iii228）/Jürgen Karpinski/Art Resource，ny.

图123 鹦鹉，由弗里德里克·希勒布兰德在1593~1602年制作，主要材质为珍珠母、银镀金、红宝石和珐琅，尺寸：32.5厘米×19厘米。图片来源：bpk Bildagentur/Staatliche Kunstsammlungen Dresden（Grünes Gewölbe, Inv.-Nr.Ⅲ151）/Jürgen Karpinski/Art Resource，ny.

图124 旅行箱，由埃利亚斯·盖尔于1600年制作，主要材质为柚木镶珍珠母、银镀金和天鹅绒。收藏于德累斯顿国家艺术收藏馆（Grünes Gewölbe, Inv.-Nr.Ⅲ247）。图片来源：杰弗里·奇普斯·史密斯。

图125 写字箱，由约翰·凯勒塔勒在1585~1611年制作，主要材质为黑檀，部分银镀金，尺寸：92厘米（最初120厘米，现在的是失去王冠的数据）×83.6厘米×76.6厘米。图片来源：bpk Bildagentur/Staatliche Kunstsammlungen Dresden（Grünes Gewölbe, Inv.-Nr.I20）/Jürgen Karpinski/Art Resource，ny.

图126 8号房间复建想象图（根据1640年布局），由赖因加德·阿尔贝特于2011

年绘制。图片来源：bpk Bildagentur/Staatliche Kunstsammlungen Dresden/Art Resource，ny.

图 127　《马库斯·库尔提乌斯》，由埃伊迪乌斯·洛贝尼格于约 1591 年制作，主要材质为象牙。收藏于德累斯顿国家艺术收藏馆（Grünes Gewölbe，Inv.-Nr.Ⅱ 18）。图片来源：杰弗里·奇普斯·史密斯。

图 128　德累斯顿珍奇馆的来宾登记簿（记录在马丁·路德于 1597 年制作的《家庭祈祷书》上，使用期为 1598—1638 年），尺寸：33 厘米 ×21 厘米 ×11.8 厘米。图片来源：bpk Bildagentur/Staatliche Kunstsammlungen Dresden（Grünes Gewölbe，Inv.-Nr.1983/1）/Hans-Peter Klut/Art Resource，ny.

图 129　鲁道夫二世铜像，由阿德里安·德弗里斯于 1602 年制作。高 112 厘米。收藏于维也纳艺术史博物馆（kk 5506）。图片来源：KHM-Museumsverband.

图 130　版画《弗拉迪斯拉夫大厅》，由埃吉迪乌斯二世·萨德勒于 1607 年绘制，尺寸：55.5 厘米 ×60 厘米。收藏于纽约大都会艺术博物馆（哈里斯布里斯班迪克基金，1953）。

图 131　鲁道夫二世时期的布拉格城堡的平面图。
①西班牙大厅，最初在底层有马厩，在上部第一层有个画廊。
②皇家马厩，上部第一层有个雕塑陈列室。
③长楼，原本在底层有马具室，珍奇馆在上部的第一层，第二层是艺术陈列室。
来自《鲁道夫二世统治时期的布拉格：帝国首都的风格主义艺术和建筑，1583～1612》（布拉格，2015），经布拉格查尔斯大学、卡洛利纳姆出版社许可复制。

图 132　中翼上部第一层的平面图（18 世纪上半叶）。图片来源：Archiv Pražského hradu，Prague（fond Stará plánová sbírka，sign.113/18）.

图 133　查理五世铜像，由莱昂内·莱昂尼于 1555 年制作。高 113 厘米。收藏于维也纳艺术史博物馆（kk 5504）。图片 ©James Steakley（CC BY-SA 3.0）。

图 134　青铜雕塑作品《强夺赛宾女子》，由詹博洛尼亚于 1580 年制作，尺寸：59.5 厘米 ×24 厘米 ×28 厘米。收藏于维也纳艺术史博物馆（kk 5899）。图片来源：khm-Museumsverband.

图 135　青铜浮雕《匈牙利抗击土耳其的战争》，由阿德里安·德弗里斯在 1604—1605 年制作，尺寸：71 厘米 ×88.5 厘米 ×9 厘米。收藏于维也纳艺术史博物馆（kk 5474）。图片来源：khm-Museumsverband.

图 136　布拉格城堡区鸟瞰图，由乔瓦尼·卡斯特鲁奇或其工作室在 1606 年后用玛瑙和碧玉制成，尺寸：11.5 厘米 ×23.8 厘米。收藏于维也纳艺术史博物馆（kk 3060）。图片来源：khm-Museumsverband.

图 137　公元 4 世纪的玛瑙盘，可能来自君士坦丁堡。收藏于维也纳的世俗和精神宝库（Inv.-Nr. ws XIV 1）。图片来源：杰弗里·奇普斯·史密斯。

图 138　羽毛马赛克肖像画《圣母玛利亚》，由胡安·巴普蒂丝塔·奎丽丝在 16 世

纪 90 年代完成创作，尺寸：25.4 厘米 ×18.2 厘米。收藏于维也纳艺术史博物馆（gs Kap 322）。图片来源：khm-Museumsverband.

图 139 《渡渡鸟》，由丹尼尔·弗勒施尔在年久变色的羊皮纸上运用混合技法进行绘制，藏于鲁道夫二世博物馆，尺寸：40.5 厘米 ×29.5 厘米。收藏于奥地利国家图书馆（Cod.Min.130, fol. 31r）。图片 ©önb Vienna.

图 140 两只犀牛角，由迪尔克·德夸德·范拉费斯泰因在年久变色的羊皮纸上运用混合技法创作，藏于鲁道夫二世博物馆，尺寸：40.5 厘米 ×29.5 厘米。收藏于奥地利国家图书馆（Cod. Min. 129, fol. 12r）。图片 ©önb Vienna.

图 141 带有金丝饰品、红宝石和珍珠的非洲犀牛角。收藏于维也纳艺术史博物馆（kk 3702）。图片来源：khm-Museumsverband.

图 142 塞舌尔坚果制成的大口水壶，由尼古劳斯·普法夫和安东·施韦因伯格于 1602 年制成。收藏于维也纳艺术史博物馆（kk 6872）。图片来源：khm-Museumsverband.

图 143 带盖的杯子，由扬·维尔梅寅在 1600～1605 年制作，主要材料为独角鲸的牙、金、珐琅、钻石、红宝石以及镶嵌玛瑙和象牙的双浮雕贝壳。收藏于维也纳艺术史博物馆（kk 1113）。图片来源：khm-Museumsverband.

图 144 水壶，由奥塔维奥·米塞罗尼和工作室在 1588～1600 年和 1608 年制作，主要材质为玉髓和黄金，尺寸：35.5 厘米 ×22 厘米 ×14.5 厘米。收藏于维也纳艺术史博物馆（kk 1866）。图片来源：khm-Museumsverband.

图 145 青铜镀金雕像谷神刻瑞斯，1569～1578 年由文策尔·雅姆尼策设计，约翰·格雷戈尔·范·德尔·沙尔特完成制作，尺寸：72 厘米 ×35 厘米 ×23 厘米，基座尺寸：15 厘米 ×15 厘米。收藏于维也纳艺术史博物馆（kk 1122）。图片来源：khm-Museumsverband.

图 146 "凯旋"的盆，由克里斯多夫·雅姆尼策在 1601～1602 年制作，主要材质为银镀金和珐琅，尺寸：64.7 厘米 ×53 厘米 ×12 厘米。收藏于维也纳艺术史博物馆（kk 1104）。图片来源：khm-Museumsverband.

图 147 "凯旋"大口水壶，由克里斯多夫·雅姆尼策在 1601～1602 年制作，主要材质为银镀金和珐琅，尺寸：43.5 厘米 ×27.5 厘米 ×17.5 厘米。收藏于维也纳艺术史博物馆（kk 1128）。图片来源：khm-Museumsverband.

图 148 自行船，由汉斯·施洛特海姆于 1585 年制作，主要材质为铁、银镀金、黄铜、珐琅和油画，尺寸：67 厘米 ×66 厘米。收藏于维也纳艺术史博物馆（kk 874）。图片来源：杰弗里·奇普斯·史密斯.

图 149 自动装置《酒神巴克斯的凯旋》，由汉斯·施洛特海姆（制作八音盒）和西尔维斯特二世·埃伯林（推测）在 1602～1606 年制作，主要材质为银镀金、铜合金和铁，尺寸：43 厘米 ×53 厘米 × 约 17 厘米。收藏于维也纳艺术史博物馆（kk 959）。图片来源：khm-Museumsverband.

图 150 桌钟，由迈克尔·施内贝格尔和扬·维尔梅寅于 1606 年制作，主要材质为铜镀金、水晶石、黄金、珐琅、石榴石、铜合金和铁，尺寸：12.6 厘米 ×

8.4厘米×8.4厘米。收藏于维也纳艺术史博物馆（kk 1148）。图片来源：khm-Museumsverband.

图151　铜版画《格拉茨全景图》，由劳伦茨·范·德西佩、文策斯劳斯·霍拉于17世纪30年代创作，尺寸：37.5厘米×88.2厘米。图片©The Trustees of the British Museum, London（1854, 1113.109）/Art Resource, NY.

图152　米斯特克人的木制雕像"火与闪电之神"，发现于15世纪，镶嵌着蜗牛壳、绿松石和金、银。收藏于维也纳世界博物馆（Inv.-Nr. 12585）。图片来源：杰弗里·奇普斯·史密斯。

图153　水彩、水粉画《马克西米利安一世凯旋图》中宝物运输的场景，由阿尔布雷希特·阿尔特多费绘制，尺寸：45厘米×120厘米。收藏于维也纳阿尔贝蒂娜博物馆（Inv.-Nr.25232），图片来自阿尔贝蒂娜博物馆。

图154　马特乌斯·梅里安（Matthäus Merian）的作品《斯图加特的公爵娱乐花园》。图片©Universitätsbibliothek Heidelberg.

图155　扮成美洲女王的符腾堡公爵弗里德里希一世及随从，创作于1599年，使用褐色墨水绘制，以水彩、不透明色彩和黄金着色，尺寸：29.9厘米×53.3厘米。收藏于魏玛古典艺术学院（Graphische Sammlungen, Inv.-Nr.kk 205, sheet 6），图片来自魏玛古典艺术学院，Bestand Museen/Hannes Bertram.

图156　阿兹特克羽盾，可追溯到1520年前后。直径75.5厘米。收藏于德国斯图加特州博物馆（Inv.-Nr.kkorange 6）。图片©Landesmuseum Württemberg, Stuttgart/Hendrik Zwietasch（cc by 4.0）.

图157　绘制在云杉板上的祭坛饰品，由海因里希·菲尔毛雷尔于1540年绘制，尺寸：98厘米×91厘米（中心面板）和185厘米×101厘米（每翼）。收藏于维也纳艺术史博物馆（Gemäldegalerie, 870）。图片来源：khm-Museumsverband.

图158　古老的皇帝（可能是君士坦丁）玉髓雕刻（320~330），尺寸：7.1厘米×5.04厘米×2.19厘米。收藏于符腾堡国家博物馆（Inv.-Nr.kk grün 266）。图片©Landesmuseum Württemberg, Stuttgart/Hendrik Zwietasch.

图159　犀牛杯，可能由纽伦堡艺术家于17世纪早期创作，主要材质为犀牛角和银制镀金，尺寸：16.8厘米×11厘米（包括杯盖）。收藏于符腾堡国家博物馆（Inv.-Nr. kk braun-blau）。图片©Landesmuseum Württemberg, Stuttgart/Hendrik Zwietasch.

图160　刻板绘画《旧游艺房第一层上部的大房间》，由路德维希·佐姆在17世纪70年代创作刻板。

图161　《卡塞尔及周边地形的平面图》（1655），由马托伊斯·墨里安基于马丁·采勒（Martin Zeiller）的测绘结果进行设计。图片©Universitätsbibliothek Heidelberg.

图162　卡塞尔带有马厩的建筑，由汉斯和耶罗尼米斯·穆勒于1591~1593年建造，此为1945年前之前拍摄的照片。照片由卡塞尔大学图书馆提供。

图163　机械金龟子，制造于15世纪，主要材质为钢、瓷釉、黄铜和镀金。收藏于

卡塞尔国家博物馆、天文学和技术史博物馆（Inv.-Nr.apk U 90），图片来自黑森卡塞尔博物馆。

图164　带有黑森地图的展柜，由安德烈亚斯·普勒宁格（Andreas Pleninger）于1605年制作，主要材质为索尔恩霍芬石灰岩，尺寸：106厘米×130厘米。收藏于卡塞尔国家博物馆、天文学和技术史博物馆（Inv.-Nr. mat 158a/apk C11）。图片来源：Museumslandschaft Hessen Kassel/Arno Hensmanns.

图165　位于哥达的弗里登施泰因宫，建成于1654年。图片©Michael Sander（cc by-sa 3.0）。

图166　蒂罗尔大公斐迪南二世的珍奇柜（前部关闭）。制作时间约为1582年。材质：乌木、橡木、胡桃木和银。制作地点为德国南部或蒂罗尔，尺寸：75厘米×62厘米×45厘米。收藏于维也纳艺术史博物馆（kk 883）。图片来源：khm-Museumsverband.

图167　蒂罗尔大公斐迪南二世的珍奇柜（前部打开）。收藏于维也纳艺术史博物馆（kk 883）。图片来源：khm-Museumsverband.

图168　卢卡斯·基利安大约在1628年绘制的黑粉笔画《菲利普·海因霍夫》，尺寸：14.5厘米×10.7厘米。美国纽约梦露·沃莎收藏，图片来自梦露·沃肖。

图169　1611~1617年，乌尔里希·鲍姆加特纳等用乌木和其他材料制作的波美拉尼亚写字台（前视图），尺寸：140厘米×93厘米×85厘米。图片来源：bpk Bildagentur/Kunstgewerbemuseum，smb（Inv.pk 2780/5）/Meisenbach，Riffart Co./Art Resource，nigh.

图170　1610~1611年，据说是约翰·马赛尼斯·卡格绘制的水彩画《庄园》，尺寸：56.5厘米×65.5厘米。收藏于沃尔芬堡的赫尔佐格·奥古斯特图书馆（Cod.Guelf.83 Extrav，fol.122r），图片来自赫尔佐格·奥古斯特图书馆。

图171　1611~1617年，乌尔里希·鲍姆加特纳等用乌木、银、宝石、象牙、珐琅、檀香木和皮革制作的波美拉尼亚珍奇柜（正面打开，珀加索斯组被拿掉），尺寸：136厘米×115厘米。图片来源：bpk Bildagentur/ Kunstgewerbemuseum，smb（Inv.pk 2780/17P 183b）/Meisenbach，Riffart Co./Art Resource，ny.

图172　安东·莫扎特在1614~1615年绘制的油画《波美拉尼亚珍奇柜献柜图》。详细描绘了菲利普·海因霍夫向菲利普二世公爵和公爵夫人索菲介绍柜子，尺寸：45.4厘米×39.5厘米。图片来源：Kunstgewerbemuseum，smb（Inv.-Nr. P 183 a）。

图173　油画《波美拉尼亚珍奇柜献柜图》（局部）。图片来源：Kunstgewerbemuseum，smb（Inv.-Nr. P 183 a）。

图174　铜制人名牌（贴在图172展示的画面背后）。铜片尺寸：15.2厘米×25.4厘米。图片来源：bpk Bildagentur/Kunstgewerbemuseum，smb（Inv.pk 2780/17 P 183b）/Meisenbach，Riffart Co./Art Resource，ny.

图175　波美拉尼亚珍奇柜的低桌设计图（约1617）。珍奇柜尺寸：57.5厘米×50厘米。收藏于沃尔芬堡的赫尔佐格·奥古斯特图书馆（Cod. Guelf.83 Extrav，fol.134r），图片来自赫尔佐格·奥古斯特图书馆。

图 176　波美拉尼亚珍奇柜设计图及柜子前视图（约 1617）。珍奇柜尺寸：57.5 厘米×50 厘米。收藏于沃尔芬堡的赫尔佐格·奥古斯特图书馆（Cod. Guelf.83 Extrav，fol.136r），图片来自赫尔佐格·奥古斯特图书馆。

图 177　建造于 1617 年前的波美拉尼亚珍奇柜的书写板，主要材质为木材、切割的石材、银。马赛厄斯·卡格负责设计，乌尔里希·鲍姆加特纳负责木工活，马赛厄斯·瓦尔鲍姆和保罗·戈蒂希负责银制品，丹尼尔·格里斯贝克负责石材切割，安东·莫扎特负责绘画，尺寸：1.4 厘米×43.8 厘米×34.7 厘米。图片来源：bpk Bildagentur/Kunstgewerbemuseum，smb（Inv. P 90）/Helge Mundt/Art Resource，ny.

图 178　书写板右上角的镇定自若的海神尼普顿。图片来源：bpk Bildagentur/Kunstgewerbemuseum，smb（Inv. P 90）/Markus Hilbich/Art Resource，ny.

图 179　波美拉尼亚珍奇柜中安装在波美拉尼亚狮身鹰首怪兽上的钟表，由格奥尔格·施密特（Georg Schmidt）在 1617 年前用青铜镀金、黄铜和水晶等制作而成，尺寸：18 厘米×10 厘米。图片来源：bpk Bildagentur/Kunstgewerbemuseum，smb（Inv. P 6）/Saturia Linke/Art Resource，ny.

图 180　波美拉尼亚珍奇柜中的游戏盘，由乌尔里希·鲍姆加特纳和保罗·戈蒂希在 1614 年前用各种木材、银、象牙和珍珠母制成，尺寸：4.5 厘米×46 厘米×37.5 厘米。图片来源：bpk Bildagentur/Kunstgewerbemuseum，smb（Inv. P 77）/Helge Mundt/Art Resource，ny.

图 181　柏林的装饰艺术博物馆展出的波美拉尼亚珍奇柜中的部分实物。图片来源：杰弗里·奇普斯·史密斯。

图 182　古斯塔夫·阿道夫的珍奇柜（门打开时的正面图）。由各种木材、宝石、贝壳和其他材料制成，高 184 厘米（无底座）。收藏于乌普萨拉大学博物馆。

图 183　古斯塔夫·阿道夫的珍奇柜（局部），其顶部是一个斜坐在大塞舌尔坚果上的维纳斯。

图 184　古斯塔夫·阿道夫的珍奇柜局部场景画（1625）。收藏于乌普萨拉大学博物馆。

图 185　泰代斯基写字台的演示图，尺寸：33.5 厘米×20 厘米。收藏于沃尔芬堡的赫尔佐格·奥古斯特图书馆（Cod. Guelf.6.6 Aug. 2°，fol.352r），图片来自赫尔佐格·奥古斯特图书馆。

图 186　位于奥地利福希滕斯泰因城堡的埃斯泰尔哈吉艺术收藏馆（1692 年创建）。收藏于奥地利的福克滕斯坦城堡。图片来源：Esterházy Privatstiftung，Eisenstadt Palace/Andreas Hafenscher.

图 187　俄罗斯圣彼得堡艺术珍品博物馆的双头牛犊。图片来源：杰弗里·奇普斯·史密斯。

图 188　奥地利克雷姆斯明斯特本笃会修道院的数学塔（1748~1759）。位于奥地利的克雷姆斯明斯特。图片 ©Isiwal（cc by-sa 3.0 at）。

图 189　美国巴尔的摩的小型私人艺术博物馆——沃尔特斯（Walters）艺术博物馆的艺术收藏品展示（始于 2005 年）。

索引

A

阿道弗斯·奥科，88、137
阿德里安·德弗里斯，162、176、182、191、193-195、213
阿尔贝蒂娜·维廷斯，139、150
阿尔布雷希特·阿尔特多费，10-11、84-85、220-221
阿尔布雷希特·丢勒，8、25、67、84、116、118、182、209
阿尔布雷希特五世，13、17、45、57-58、72、84、104、145、216-217、256、266
阿方索二世，104、123
阿塔纳休斯·基歇尔，266
阿兹特克羽毛盾牌，224
埃伯哈特三世，228-229、231-233
埃利亚斯·盖尔，170-172、180
埃伊迪乌斯·洛贝尼格，152、159、174、176
安布拉斯城堡，12、40、63、65、94-101、103-104、109-110、115-116、121、124、128、131-132、134-138、140、145、184、197-198、210-211、213-214、218、225、267

安德烈亚·洛雷当，61
安德烈亚斯·普勒宁格，238-239
安东·梅廷，87
安东·莫扎特，249、253
奥地利的安娜，58、104
奥地利的凯瑟琳，76、130
奥地利的玛格丽特，13、36、44-45、118
奥尔格·韦克，174
奥古斯特二世，140、181
奥古斯特一世，24、139-140、142、144-153、155-157、166-171、173-174、177、179-180、185
奥兰多·迪·拉索，255
奥勒·沃尔姆，233

B

巴尔的摩，266-267
巴伐利亚地图，74-76
巴塞尔，13、17、36、48-51、53、55-56
巴特尔梅·博恩，100
巴托洛梅乌斯·施普兰格尔，157、211
柏林，140、240、249、256-257
保罗·布赫纳，143-144、153
保罗·赖歇尔，114

贝内文托·切利尼，105-106
本笃会修道院，264
伯纳迪诺·坎皮，157、177
勃兰登堡选帝侯弗里德里希·威廉，248
捕捉椅，114-115
布拉格宫廷，193、206、217
布鲁塞尔库德伯格宫，35

C

苍鹭，105-106、116、198
藏品清单，35、143-144、149、157、168、189-192、194-195、197、199、201、204、206、211-214、222、224、263
测距仪，147
查尔斯五世，42
《忏悔诗》，255

D

达芙妮，15
达维德·翁格纳德，218
大口水罐，191
戴维·乌斯劳布，143-144、165、168、177
丹麦的安娜，141
丹尼尔·弗莱舍尔，174
德累斯顿，11、13、17、24、26、63、93、139-140、144-147、153、157、159-160、163、165、168、170、177-181、185、212、217-218、222、236、252、265
地球仪，32、52、82、90、147、158-160、168、173-174、190-191、193-194、233、240
狄奥多西·海塞尔，165
迪尔克·德夸德·范拉费斯泰因，199、201
第谷·布雷赫，215、223

洞穴，11、219、252
独角鲸牙齿，200
独角兽角，179、197、210
渡渡鸟，199
镀金耶稣受难雕像，299

F

菲拉雷特，158、176
菲利克斯·普拉特，48
菲利普·阿皮安，74-75
菲利普·海因霍夫，15、17、28、67、71、88、91、168、179、225、245
菲利普·朗格，210
斐迪南二世，40、68、94-97、99-101、103-105、107、110-111、113-118、121、123-131、133-135、137-138、179、181、184-185、198、211-212、216、218、220、229、243-244、260、267
斐迪南三世，181、213
斐迪南一世，6、40、58、61、94-96、110、118-119、126、183、185、197、216
费兰托·因佩拉托，14-15
弗朗赛斯科·安杰洛尼，34
弗朗西斯·培根，10
弗朗西斯科一世·德·美第奇，39、104
《弗朗西斯·德·美第奇大公的寓言》，194、214
弗里德里希三世皇帝，127
弗里登施泰因宫，93、241
佛罗伦萨，25、38-39、70、83、104、142、148、183-184、186、191、193-194、213、223、228、246、260

357

G

哥本哈根城堡，262

哥达，93、240–241

格奥尔格·劳厄，266

格奥尔格·蒙特福特，218

格奥尔格·施密特，254

格拉茨，13、216–218、220–222

戈托普，30–31

工作室，36–37、39、52、104、134、142–143、145、151–152、157、173、194–196、199、203、211、235

管风琴，127、150、173、252

贵族收藏，48

滚球钟表，164

H

海因里希·菲尔毛雷尔，227

汉斯·冯·亚琛，163、186、205、211

汉斯·凯勒塔勒，168

汉斯·克芬许勒，186、199、217

汉斯·莱因贝格尔，129–130

汉斯·罗滕哈默，247–248

汉斯·米利希，58–59、67、84、255

汉斯·舍格勒，226

汉斯·施弗尔斯太因，174

汉斯·施洛特海姆，111–112、153–154、159、164、174、206–208

汉斯·雅各布·福格尔，17–18、59、61、86

好人菲利普，35

赫拉德斯琴宫，182、187

亨德里克·霍尔齐厄斯，238

胡安·巴普蒂丝塔·奎丽丝，198

胡贝特·格哈德，176、191

霍夫堡，185、212–213

霍夫堡宫，60

J

机械室，152

几何正方形，148

祭坛装饰品，227

家具，5、14、48、50、76、145、150、157、190、235、246、261

家庭画廊，92–93

《家庭祈祷书》，177–178

甲壳虫，259

奖章，35、43、49、51、55、174、193

教皇格列高利十三世，96、218

教会宝库，213–214

《酒神巴克斯的凯旋》，176、208

旧宫，39、62–63

旧游艺房，229、232–233

军械库，11、20、78、93、142、179、221、259–260

K

卡尔·汉斯·赫尼西，212

卡尔·林奈，265

卡尔一世，239–240

卡塞尔，13、63、216、233–240、264–265

卡斯珀·弗里德里克·奈歇尔，32–33

康拉德·波伊廷格，20

康拉德·格斯纳，4、21、54

康拉德·梅特，43–44

康拉德·维茨，116

科西莫·德·美第奇，148、155

科学仪器，34、37、45、56、66、82、140、145、173、181、192、212、222、236、265

克里斯蒂安·希耶布林，174、177

克里斯蒂安二世，89、140、160、162–165、177、185、210

克里斯蒂安一世，24–26、140、142、144、

152-153、156-160、169、173-174、177、185

克里斯托夫·席斯勒，82、146-148、173

克里斯托福罗·马德鲁措，87

孔雀，79、130、159、192、219、225

库房，205

《骷髅骨架神龛》，114

盔甲，10-11、28、93、97、99-101、124、127、137、142、194

L

拉丝台，169

哈德一世·布拉姆，108-109

莱昂内·莱昂尼，191-192、194

莱奥·奎切伯格，6

兰茨胡特，61、66、73-74、129、266

老彼得·布吕格尔，182、196、212

老卢卡斯·克拉纳赫，152、171、173

老普林尼，40、104

雷米吉乌斯·菲斯奇，56

《理想博物馆的建设指南》17-18

利奥波德·威廉，193、212

利奥波德一世，82、138、213

猎物，106、131、155、160、169、254

卢卡斯·布鲁恩，26、165

卢卡斯·基利安，246

鲁道夫二世，7-8、11、60、92、110-111、137、145、149、160、162-163、165、182-191、193-206、208-215、217、233、264

鲁道夫二世博物馆，200-201

路德维希七世，72

路德维希三世，222

路德维希十世，58、66、72

伦哈德·富克斯，21

罗马皇帝，27、40、61、70、131-132、158、182、213

罗盘，147-148

洛伦茨·福特斯，168-169

洛伦茨·泽利希，64、269

吕讷堡镜，161

旅行箱，171-172、180

绿色穹顶，140

M

马蒂亚斯，179、183、185、189、211-213

马蒂亚斯一世，96

马丁·路德，27、48、170、177-178、227

马厩，11、28、30、62-64、76、97、136、142、181、187-188、190、210、229、234-235、237

马克西米利安二世，6、19-20、60、76、78、96、101-102、104-105、110、145、149、153、174、180、183、185、198、204、216-217

马克西米利安三世，137、210-211

《马克西米利安一世皇帝的凯旋门》，10、74

马库斯·奥勒留，195

《马库斯·库尔提乌斯》，174、176

马特乌斯·梅里安，223

马靴，90

玛瑙戒指，246

玛瑙盘，197、210

梅尔希奥·迈尔，163-164

梅赫伦，13、36、40-42、45

美洲女王，224-225

米开朗琪罗，25、148-149、177、205

米斯泰克人的手抄本，81

明代瓷器，160

墨丘利，48、125、194、239

慕尼黑艺术收藏馆，21、30、57、62-63、

65–69、71–74、76–86、91、264
慕尼黑珍奇馆，216、241、248、256

N

尼古劳斯·哥白尼，4
尼古劳斯·普法夫，202
尼古劳斯·施密特，159
尼古劳斯·施瓦贝，159
尼科洛·马基雅维利，38
尼克劳斯·曼纽尔·多依奇，50
《涅索斯劫持得伊阿尼拉》，226、233
弄臣小丑杯，108
诺伊堡宫，47–48

P

佩德罗·冈萨雷斯，9、132–133、199
喷泉，11、83、111、204–205、232、234、247、251
皮耶罗·杜奥多，210
葡萄牙国王曼努埃尔一世，8

Q

齐梅恩伯爵威廉·维尔纳，6
奇珍异宝，5、34、40、42、45、48、222、266
《强夺萨宾女子》，191
"强人"奥古斯特二世，181
乔瓦尼·马丽亚·诺塞尼，155、157、165、167、169
乔瓦尼·马丽亚·诺赛尼，155、157、165、167、169
切萨雷·德斯特，194、210
轻骑兵，101、107–108

R

让·德·贝里公爵，35

人工类物品，30、145、191
日晷，230、232
日晷仪，82、111
瑞典国王古斯塔夫·阿道夫，181、241、257

S

萨克森智者弗里德里西，35
萨拉基家庭工坊，105–106
萨穆埃尔·奎切伯格，13、17–19、21、65、256
萨瓦的菲利贝尔，43–44
塞巴斯蒂安·施托斯科普夫，231
三十年战争，13、46、167、180–181、189、212、240、260
上城，196
圣骨匣，35、52
圣母玛利亚，43、45、48、72、121、198
圣物箱，11、230
《世界大观》，5
施洗者约翰，219
十字架，35、110–111、119、121–122、151、162、218、227
《收藏柜》，16
《书房中的圣·奥古斯丁》，37
书写箱，171
数学塔，188–190、196、264
双头牛犊，9、263
水壶，70、79、120、196、202–206
《四季》，173、185
斯德丁宫，28、246、257
斯特凡努斯·皮格修斯，137
斯图加特珍奇馆，222、224、231、233、237
苏尔蒙德·路德维希博物馆，267
苏莱曼一世，67、84
缩景石，91–92、110–112、173、179

T

塔钟，111–113、164、176、179

天球仪，82、191、194

天文观察台，233

图书馆，11、17–18、20–21、24、26、28、30、41–43、46–47、49–50、53、55、59、61–62、65、68、74–75、82、86、93、97、99、103–104、115、119、124、134–136、138、212、242

托比亚斯·比特尔，26

《托德林》，44

鸵鸟杯，170–171

W

瓦伦丁·德劳施，106、111

玩偶之家，76–77、91–92

《万人殉道者》，214

王冠，150、173

威廉·比希勒，91、256

威廉四世，58、67、72、84、92–93、160、233–235、240

威廉五世，53、58、61、66、68、74、76、80、86–88、104、111、116–117、127、133、170、216–217、220、245、266

维尔茨堡，20、241

维利巴尔德·因霍夫，20

维特尔斯巴赫家族，57–59、61、65、72、74、80、93

维托雷·卡尔帕乔，37

维也纳，5–6、10、12、40、60–61、63、78、82、84、116、138、145、153、184–185、187、189–190、199–201、205、208、211–214、216–218、220–222、228–229、266

文策尔·雅姆尼策，148、156、159、171、173、204、206

沃尔夫冈·基利安，252

沃尔特斯艺术博物馆，266

乌尔里克斯戴尔皇宫，262

乌尔里希·鲍姆加特纳，246、248、250、253、255

乌利塞·阿尔德罗万迪，4、22、177

X

西班牙大厅，97、134、187

西班牙国王菲利普二世，87、124、183–184、217

西格蒙德·埃尔泽塞尔，117

西莫内·西蒙尼，153

犀牛杯，8、230–231

犀牛角，6–8、78、134、174、191–192、200–201、206、218、228–229、231、240、242

《犀牛角、犀牛牙、兽皮和车床旋制犀牛容器》，7

下宫，97–99

夏屋，189、218–219

先例，36

《享乐之地》，196

象牙横帆战舰，166

小卢卡斯·克拉纳赫，139、142、160、168、171、173

新硬币柜，174

星盘，38、47、111、147–148、239

《匈牙利抗击土耳其的战争》，195

雪花石膏，46、120、124、138、181

Y

雅各布·拉特格布，224

雅各布·施伦克，102、124

雅各布·斯特拉达，61、62、68、86、93

亚伯拉罕·奥特柳斯，5、68、88、238

361

亚伯拉罕·雅姆尼策，155–156、170

亚当·奥利瑞斯，28、30

亚当·巴尔奇，266

亚当·乌尔里希·施米德林，231

《亚历山大大帝与大流士三世国王在伊苏斯的战役（公元前 333 年）》，84–85

《亚马逊之战》，174

盐碟，105、120

扬·呼格吉勒图·范·林斯霍滕，237

扬·维尔梅寅，202、203、209

《夜》，148–149

艺术家名单，27

艺术书籍，232

因斯布鲁克，12–13、40、78、94、96、99–101、104、111、121、129、134、137、138、140、184、211、217

银拱屋，234–236

饮酒游戏，115

鹦鹉，170–171、198、208、217–218

硬币，9、19、21、57、61、68、88、123–125、137–138、153、173、181、190、193、197、220

硬币展柜，134

鱼化石，113

约阿希姆·弗里德里希，240

约翰·贝茨，230

约翰·弗里德里希一世，230

约翰·格奥尔格·欣茨，15–16

约翰·格奥尔格一世，140、165–167、171、176–177、179–181、212

约翰·马赛厄斯·卡格，247

约翰·雅各布·巴赫曼，163–164

约翰·雅各布·古特·冯·祖尔茨 – 杜尔希豪森，229、233

约翰·尤斯特·温克尔曼，236、238

约翰内斯·开普勒，4、215、222

约翰内斯·施韦格勒，247

约里斯·赫夫纳格尔，88、199

约斯特·比尔吉，160、233

Z

詹博洛尼亚，149、157–158、176–177、179、191–192、194、205、213–214

长廊，61、188

《折树枝者》，83

《珍宝书》，58

《指南》17–18、23、27、256

"智者"威廉四世，233

朱利奥·卡米罗，22

朱利叶斯二世，126

朱塞佩·阿钦博尔多，153、173、185

朱塞佩·奥尔米，6

桌面，134、150、153、193、257

桌上喷泉，112、234

自然物品，15、34、53、80、236

自行船，153、179、206–207

宗教物品，27

座钟，16、47